启真馆 出品

Léonard De Vinci

[法]
塞尔日·布朗利
Serge Bramly

著

林珍妮
译

达·芬奇传

ZHEJIANG UNIVERSITY PRESS
浙江大学出版社

图书在版编目（CIP）数据

达·芬奇传 /（法）塞尔日·布朗利著；林珍妮译 . —
杭州：浙江大学出版社，2018.7
书名原文：Léonard de Vinci
ISBN 978-7-308-18053-5

I. ①达… II. ①塞… ②林… III. ①达·芬奇
(Leonardo, da Vinci 1452-1519) —传记 IV.
① K835.465.72

中国版本图书馆 CIP 数据核字（2018）第 048939 号

达·芬奇传

[法] 塞尔日·布朗利 著　林珍妮 译

责任编辑	周红聪
文字编辑	张　颐
责任校对	王　军
装帧设计	罗　洪
出版发行	浙江大学出版社
	（杭州天目山路 148 号　邮政编码 310007）
	（网址：http://www.zjupress.com）
排　　版	北京大观世纪文化传媒有限公司
印　　刷	北京中科印刷有限公司
开　　本	635mm×965mm　1/16
印　　张	30
插　　页	6
字　　数	372 千
版 印 次	2018 年 7 月第 1 版　2018 年 7 月第 1 次印刷
书　　号	ISBN 978-7-308-18053-5
定　　价	82.00 元

浙江大学出版社发行中心联系方式：(0571) 88925591；http://zjdxcbs.tmall.com

《蒙娜丽莎》
（巴黎，卢浮宫）

《天使报喜图》
（佛罗伦萨，乌菲兹美术馆）

《贝诺瓦的圣母》
（圣彼得堡，隐修院博物馆）

《怀抱白鼬的女子》
（波兰，克拉科夫国家博物馆）

《施洗者圣约翰》
（巴黎，卢浮宫）

《吉内芙拉·班奇的肖像》
（华盛顿，美国国家美术馆）

《岩间圣母》
（巴黎，卢浮宫）

《音乐家肖像》
（米兰，安布罗西亚纳美术馆）

《最后的晚餐》
（米兰，圣慈玛利亚修道院）

《圣安娜、圣母与圣子》
（巴黎，卢浮宫）

作者前言

　　许多年前，我就着手写下这本书的最初几行字，当时我受着儿时激情的驱使，深深着迷于一个古老的梦境，我还看不到这一梦境和激情局限了我对莱奥纳多·达·芬奇的理解。如同弗洛伊德和许多在我之前的人一样，我们是读着马雅可夫斯基和佩特的书长大的，对人物拥有异常浪漫的想法。

　　如果说几个世纪以来人们对达·芬奇这位艺术家的兴趣从未中断过，事实上，这该归因于 1830 年那场伟大的启蒙运动①，是它试图揭开此人的真相——但只是从错误的阐释中诞生了神话而已。歌德已经开辟了道路。人们于是从达·芬奇留下的难以解读的笔记的副本着手，辨读其令人困惑的镜写字。泰奥菲勒·戈蒂埃说他具有"独特的、几乎是魔法般的魅力"，波德莱尔说他有"一个温柔的微笑 / 满含神秘"。神秘和具有魔力，当时人们如此形容这位文艺复兴时期的大师，如果说趣味取决于时代潮流，这就是那个时代"哥特风"的反映。

　　这种浪漫的看法依然盛行，在某种程度上，当今所有研究的首要任

---

① 编者注：此处的启蒙运动指 18 世纪晚期、19 世纪前半期的欧洲浪漫主义运动。

务就是与之斗争。结合这个艺术家和学者所处的环境，重估他的作品和背景——这绝不仅仅是去除围绕着他的神话这么简单：我们都知道，事实常常胜于虚构。

　　莱奥纳多·达·芬奇曾写道："了解越全面，爱就越炽热。"我们至少该为忠于这一公理而努力吧！

塞尔日·布朗利

目录

第一章

在镜子的包围中

若人物的表情能最好地表现背后的激情，这张画像
就更值得称道了。

——莱奥纳多·达·芬奇

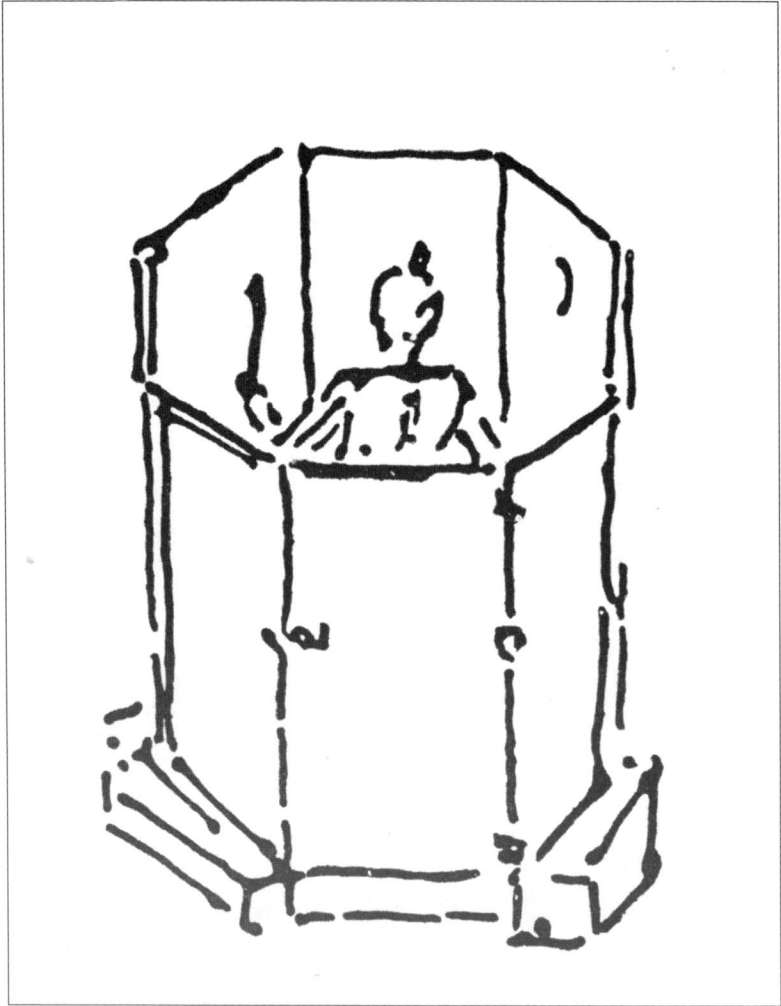

《身处镜子包围中的男人》
（巴黎，学院图书馆）

都灵大教堂里有一只由铁、大理石和银制的三重圣骨盒，据说里面存放着的是耶稣的裹尸布。而离这教堂不远的都灵皇家图书馆，则收藏着一幅最不受争议的莱奥纳多·达·芬奇的自画像（图1.1）。这幅红粉笔画画在中幅纸上（33.3厘米×21.4厘米），是很精细的作品。不知是谁——但绝对是16世纪的人——在下面署上了画家的名字：莱奥纳多·达·芬奇，还用黑石添写了一句："他本人高龄时期的自画像"（ritratto di se stesso assai vecchio）①，纸上布满棕红色霉斑，字迹已难以辨认。就像耶稣裹尸布已经不会在特殊场合下展出供信徒瞻仰一样，这幅自画像也不再对公众开放。因年深日久，它被空气和阳光侵蚀得非常厉害。

　　这也是莱奥纳多的命运——我们可以这么说，至少他是这样认为的：既出名又神秘，如同神话中被埋在黑暗里的宝物。莱奥纳多有一本

---

① 大部分专家认为都灵的红粉笔画是莱奥纳多的自画像，但仍有一些人怀疑画中人物只是一个不知名的老人。说实话，有关莱奥纳多的一切很少有不引起争议和怀疑的，照里希特（编者注：让·保罗·里希特是历史上破解莱奥纳多笔记的第一人）看来，此画的题字（几乎无法辨认）也是这样：Lionardo it...lm（或是 lai）/fatto da lui stesso assai vecchio。我在此书中采用的是波帕姆的抄本。

图 1.1 《达·芬奇自画像》
（都灵，皇家图书馆）

笔记本从不离身，他习惯把它夹在他画的草图里，在里面记着他认为重要的东西，也就是他观察和思考的结果，如账本一样历历在目。其中有一句引自奥维德的《变形记》："啊，希腊人，我怀疑能有人记述我的业绩，尽管你们了解。因为我创造时没人见证，黑夜的魔鬼是我的同谋。"我觉得这句话在某种程度上成了他的座右铭。

若不先接受或划定他的阴暗部分，要了解莱奥纳多就毫无希望了么？

都灵的这张自画像被广为复制，四处传播。然而奇怪的是，原件经拍摄后，经过了照相制版工的操作，或尺寸缩小后，画中的表情就变了——人变了。不管如何小心，大部分复制品都像是用之前的复制品复制出来的。有时反差加大了，皱纹深了，唇边一撇苦涩的笑纹，像个看破红尘的人，（根据某些专家的意见①）鼻子的线条改得硬了些，眉毛紧蹙，像在生气，有一种高傲的不耐烦；有时墨化开了，模糊了眼睛，嘴唇瘪了，大家看见的是一位优柔寡断、脆弱、忧郁的老头；有时肖像的线条薄了、细了、清楚了，背景上的霉斑被去除了，颧骨高了，鼻孔大了，胡子浓了，像个结实强壮的老族长。这张显得不安忧郁，那张善良坚强；这张看上去充满厌倦、听天由命，是彻底的悲观主义，那张则是一脸的狡黠和讥讽……

这真是不可思议的怪事。尤其是所有这些特点毫无冲突地混合、共存于原画作中。（若要提供此画为真迹的证据——它常常被与威尼斯学院拙劣的复制品混淆——人们可以观察到的微妙之处足以证明它不是什么学生的习作，它应该是莱奥纳多的杰作之一。）

红粉笔画是莱奥纳多诸多伟大创造当中的一项，即用含铁的黏土石作画，这种石头易碎，颜色淡红，是表现裸体和肖像的理想颜料。它的颜色和肌肉相似，这便使它能表现出其他一般的颜料所无法表现的细腻之处。他的这张自画像是无法仿制的。尽管纸染了点颜色，线条凸现，影线朦胧，但无伤大雅，得到的柔美效果和油画一样。线条和形状不失其精确，不缺一根毛发，细节处一点也不生硬。（达·芬奇画作中的手势有无法模仿之处：在 19 世纪中期，雕刻师卡拉马塔花了超过二十年的时间把《蒙娜丽莎》做成铜像，但据他承认，他仍不能完美无缺地再现原作的微妙之处。）

---

① 根据肯尼斯·克拉克的说法，似乎是有另外一个人修改过鼻子的线条。这一类的"修改"在莱奥纳多的作品中并不少见。

自画像没有标出日期，但批评家一致认为它作于 1512 年左右，即在达·芬奇去米兰或罗马的路上完成。莱奥纳多当时大约六十岁，（据他的笔记所说）他一生最好的日子还没有来临，他对自己所做的事远非满意。他的身体正趋于衰弱，年龄和勤奋的熬夜使他视力衰退，必须戴着眼镜才能干活。稀疏的胡子，上唇有点瘪，露出缺齿的下巴。他所依附的、保证他物质生活的法国人正被赶出意大利。保护他的星宿光芒惨淡，他需要寻找新的保护人，他的许多朋友已经死了。投靠谁呢？投靠谁呢？

这幅自画像令我惊讶的第二点是：那双长在浓眉下的眼睛不正面看人，而是有点斜看下方。伦勃朗的无数自画像，都是眼睛直视观众。拉斐尔、丢勒、鲁本斯、委拉斯开兹、安格尔、柯罗、德拉克洛瓦、梵高，所有画家的自画像都是目光直视或平视，这都是他们在镜子中所看到的反射形象。

莱奥纳多似乎并不满足于镜子中出现的那个很熟悉的形象。那时他正处在不稳定时期，一切都必须重新开始——而且是在他这个年龄！——他想在镜子中看到之前从未看到过的自己。他突破了习惯的框框，放弃了做作的坐姿，作画时斜坐着，用了至少三面镜子，一面放在自己对面，一面放在旁边，一面放在背后（镜子占据了他很大一部分精力，1513 年他在罗马花了很多时间和精力造抛面镜）。他没有自欺，而是用了很科学的方法，实际上连他自己都吃了一惊。不放任，也不滥用；不随意，也不自怜。他用旁观者的眼光严肃地审视自己衰老的轮廓，此画的神秘力量也许就在这里：莱奥纳多用铅笔一笔一笔地画下他的一生。他注意到并记录下了皱纹、褶皱、松弛的肌肉，如同一笔笔账目一样总结了自己的人生。他回顾了自己生命中的各个时期，审视悠悠年华在自己身上留下的痕迹：在芬奇镇度过的童年，在佛罗伦萨的学徒生涯，在米兰最初逗留的幸福时期，在切萨雷·波吉亚手下动荡漂泊的旅程……他寻觅、自问、思考。对莱奥纳多来说，绘画的过程就是理解的过程：他谈论他的艺术就如进行科学和哲学上的探索研究。通过在纸上画出他那弯曲有致的胡子，或被时间弄瘪的嘴唇，他审视着自己的良知。达·芬奇比蒙田早上半个多世纪，没有像后者那样"没完没了地三省其身"。他默默地、独自一人地沉思，反复地拷问自己，剖析自己，"自我品尝，回复到自身"，同样也自我掂量、自我审判。百感交集，手在纸上游走着，画笔擦过脸孔就如同云影掠过天空，所有的感情全部透露在这幅肖像画上。《随笔集》的作者说："人是贪慕虚荣、性格各异、反复无常的东西。"

　　莱奥纳多学会了俯就过去，也不再对未来抱有太大期望。他的无奈掩盖了唇边那轻微的苦涩，放下遗憾惋惜的情绪，他不抱任何幻想，但也不绝望、不妥协：他高阔坚硬的额头似乎宣说着他不屈不挠的意志。

　　莱奥纳多的情况，有些是人们知道的，有些人们却不知道，更有许多是人们猜测、假定、想象出来的。肯尼斯·克拉克用了一生中不少的时间去研究他，写道："莱奥纳多是艺术史里的哈姆莱特，每个人都按自己的想象去塑造他，虽然我努力尽可能客观地解释他的作品，但还是不得不承认，我的解释依然带有主观因素。"他谈论的可只是莱奥纳多的作品啊。

　　莱奥纳多的真面目是否隐藏在诸种传说的面纱之下？就像一幅随着时间流逝，表面清漆渐渐被熏黑的画？

　　有关达·芬奇的传奇在很早的时候，甚至在他生前便已形成。都灵的自画像也为此添砖加瓦，反映出了他的一个侧面、某种动机。我想谈谈莱奥纳多的外表，它非常特别：弯曲的眉峰下那双露出怀疑目光的眼睛，光秃的大脑门，长长的飘动的白发和白胡子（他的胡子不像别人的胡子那么乱糟糟的，而是稀疏的光滑的几缕须毛，和他的头发差不多），这都让人浮想联翩。

19 世纪诞生了雨果、托尔斯泰、惠特曼，我们在一定的程度上都习惯他们这样的先知相貌，也就是一个作为思想家的伟人的样子。但在 16 世纪初，相反地，长长的白发、白须（更不要说一口美髯了）并不时兴[①]，那是古希腊罗马时期和经书上或者说神秘时代才有的东西：如荷马、海王波赛冬、大卫王、查理曼大帝、巫师梅林——就不用提圣父耶和华了。

莱奥纳多独特的形象在米兰和佛罗伦萨的街头是出了名的，一般而言，和他同时代的人对于人物外貌常常吝于笔墨，但每次提到莱奥纳多，却总是津津乐道。一位无名作者（在佛罗伦萨的国家图书馆的档案中，他留下的文章上署名为无名氏嘉迪阿诺，或马格里阿贝奇阿诺）很确定地认为莱奥纳多的那把"梳理过的卷曲的"胡须正好垂至胸前。莱奥纳多大概喜欢别树一帜，无名氏嘉迪阿诺告诉我们，他还"穿着玫瑰色的衣服，衣长仅仅至膝，尽管当时流行很长的衣服"。米兰画家乔万尼·保罗·洛马佐在三十岁时眼睛盲了，他把余生都贡献给编辑理论论著。在他古怪的《绘画神殿的理想》中，他用一个动物和一种金属分别象征七个意大利最伟大的艺术家——那些"艺术舵手"（govermtori dell'arte)。他用"金子"象征莱奥纳多，取其辉煌之意；也用"狮子"来比喻他，言其高贵。他也写到了莱奥纳多的头发、眉毛、胡子的长度，用以说明他是"展现智慧之尊贵的真正典范，一如以前的赫尔墨斯和古代的普罗米修斯"。

---

①　在 15、16 世纪的佛罗伦萨，长发长须并不罕见。比如乔万尼·皮克·德拉·米兰多拉、皮耶罗·德·美第奇都是长发及肩，乌切罗、多纳泰罗、米开朗琪罗、卡斯提里欧尼、切萨雷·波吉亚都有胡须。但是没有人有像莱奥纳多那么长的头发和胡须，皓白如雪，也没有人像他那样极具艺术性地护理发须。

莱奥纳多的外表尤其会让人想到此风盛行的古希腊时代，洛马佐不是唯一一个借用古希腊来赞美莱奥纳多的人。蓬佩奥·高利科在他的《论雕塑》（1504 年出版）中把莱奥纳多与阿基米德相提并论；人文主义者乔万尼·涅西于 1500 年左右在佛罗伦萨认识了达·芬奇，他总是谈到达·芬奇那"可敬的形象"，并会联系到古希腊的德洛斯、克里特、萨莫思诸岛，以及毕达哥拉斯学派。但莱奥纳多其实更会让同时代的饱学之士想到亚里士多德，更可能的是柏拉图，尤其是由卡列吉学院所塑造的神秘的柏拉图形象，这是哲学家们的原型。他自画的头像，和大家都知道的他所从事的科学研究，他冷淡的态度、不变的脾气、古怪的名声（他是左撇子、素食者……），以及他的玫瑰色衣服，围绕着他的一群年轻英俊的学生，使他不可避免地被视为"王子们的哲学家、哲学家王子"。说他像柏拉图，那是因为大家觉得他有点神秘，人们认为他是医生，是"神圣的大师"，是所有神秘之父，是三位一体的宣讲者。

从思想上看，莱奥纳多可能更接近亚里士多德而不是柏拉图，但消息非常灵通的 15 世纪总要把这些长着胡子、相貌不凡的哲学家们的形象混淆起来。尤其是长长的白发和胡须，这起初是亚里士多德式的形象，但因为柏拉图比他出生得早，柏拉图和新柏拉图式教育在当时更为流行，所以这些古哲特征常常被张冠李戴。

1509 年，即莱奥纳多创作自画像之前约三年，拉斐尔在梵蒂冈的大厅中完成了名为《雅典学院》的大型壁画（图 1.2）。这一重要作品在壁画《圣礼之争》对面，表现了当时的时代精神与品位，将古代思想家和神学博士并列。在画面中央，大理石门拱均匀和谐地分布，展现了高度理性的建筑学成就，与高迥的天空分隔开来。门拱下是柏拉图和亚里士多德，他们是全场的中心，一个臂下夹着《蒂迈欧篇》，一个拿着《伦理学》，所有令人尊敬的智者们分列两旁，为他们让路。柏拉图披着玫

图 1.2 《雅典学院》
（拉斐尔作品）

瑰色的宽外袍，以典型的莱奥纳多的姿势举起食指，难道他的表情不正是从都灵自画像中的老人那里借用过来的吗？头发和胡子是一样的飘逸，宽广的额头上刻着同样的皱纹，嘴边同样拥有下垂的嘴角纹，浓眉遮掩着同样的难以理解的目光……拉斐尔在佛罗伦萨认识了正处在荣耀顶峰时期的莱奥纳多，并于几年前在达·芬奇的前学友佩鲁贾处完成了创作训练，按当时的习惯，他在自己的作品中引入了当代人物（如乌尔比的弗朗索瓦－玛丽、年轻的费德里克·德·曼图瓦、佩鲁贾以及他自己），在我们看来，他还给某些古代圣贤画上了他所崇拜的艺术家的面孔，以便把美术这一造型艺术提高到哲学的水平。一般认为米开朗琪罗（他的西斯廷壁画第一部分于 1511 年 8 月开始）便是坐在前排阴沉的赫拉克利特；建筑师布拉曼特（莱奥纳多的朋友、拉斐尔的同乡，他参加了壁画的背景创作），即是人们看到的右手边使用着圆规的"聪敏的欧几里得"。若这一惯常说法没错的话，拉斐尔把他最尊敬的人的形象留给了达·芬奇——他挑选达·芬奇来代表当时人们公认是最伟大的思想家柏拉图；他认为达·芬奇最配体现古代的智慧并在同时象征新兴事物。①

　　当时的人在更广泛的含义上理解"哲学家"这个词，即"智慧的人"，拥有与"艺术家"同等或比之更大的才能。莱奥纳多后来留给法国国王弗朗索瓦一世宫廷的便是这一哲学家形象。二十年之后来到法国的本韦努托·切利尼在他的《关于艺术的演说》中提到了国王的话予以证明："我要重申一遍，这是国王当着费拉拉主教、纳瓦尔国王和主教的面亲口对我说的。他说他相信世界上没有人懂得的东西跟莱奥纳多一样多，不仅仅是雕塑、绘画和建筑，还包括哲学方面，因为他是一位非常伟大的哲学家。"

　　有可能切利尼这个向来夸夸其谈的家伙又一次言过其实了，因为他想要颂扬自己的同乡。然而16世纪的其他文章也证明了莱奥纳多的哲学家身份。例如巴尔达萨尔·卡斯提里欧尼在他的《廷臣论》（写于1508—1516年）中提到莱奥纳多对哲学的热爱，后来又叹息他放弃了哲学去搞绘画。1530年法国国王的印刷师乔傅雷·托利几乎是一字不差地重复了法国国王弗朗索瓦一世对切利尼说的话："莱奥纳多·达·芬奇不仅是出色的画家，还是一位真正的阿基米德，他也是一位伟大的哲学家。"

　　看起来，甚至连莱奥纳多的密友们都认为他具有古代圣贤的堂堂相

---

① 保存在米兰安布罗西亚纳的《雅典学院》的草稿中，在最前排以米开朗琪罗为原型的赫拉克利特并不存在。在以莱奥纳多为原型的柏拉图前面是没有人和物的，在他脚下是一片空白，似乎没有任何东西配得上放在他前进的路上。构图中的所有线条都自由地指向哲学家的头颅。

貌。从这个观点看，把都灵的自画像和他学生画的他的画像比较是很有趣的事：可以比较一下温莎皇家图书馆藏有的侧面像，或者在米兰的安布罗西亚纳图书馆的复制品，作者要么是弗朗切斯科·梅尔兹，要么是安布罗奇奥·德·普列迪。

温莎的侧面像（图1.3）中的莱奥纳多比自画像中年轻几岁，岁月还没有弄秃他的头顶，眼窝没有那么深，皱纹也没那么明显，胡须更密、更柔顺。但这两幅作品之间存在的不同并不仅限于年龄的差别：

图1.3 《达·芬奇侧画像》
（温莎，皇家图书馆）

达·芬奇的学生调整了大师的鼻子，使它变细、变小了，似乎想把它画成理想的希腊鼻；两道浓眉也被去掉了，那样子让人想到徽章上的头像——历经沧桑的表情，充满痛苦，对未完成的一切感到遗憾，受着失望、失败和面临死亡的困扰，很含蓄、优雅。在崇拜他的弟子们眼里，他是在洞悉一切后心静如水的智者。对外人藏起折磨内心的不安，莱奥纳多呈现给公众的似乎是一副平静、开朗、善良、温和、宽厚的面貌，只有他的私人笔记向我们透露了止不住的暗流。认识他的人一致认为他是完美的人（切利尼还说他是肉身天使），乔尔乔·瓦萨里在专写达·芬奇的几页纸里，用了无数的最高级形容词，反反复复地使用赞美词句，几乎让人厌烦："不管他做什么，他的每个动作都如天神，让人倾倒，人们清楚地知道，那是神迹而不是凡人的举止……"

在这神秘的面孔后面，又怎么看得出他其实是奥维德式英雄的桀骜对手，曾说过他自己的行为"没人见证，黑夜的魔鬼是我的同谋"？

16 世纪中期，非常多产的乔尔乔·瓦萨里——平庸的画家然而却是优秀的建筑师（佛罗伦萨乌菲兹美术馆是他的杰作）——试图学普吕塔尔克和苏埃托纳的样子，写下意大利最伟大的艺术家们的生平事迹。这个想法是当时他在罗马伐尔内斯主教家里和历史学家保罗·焦维奥（我们更习惯于称呼他为保罗·约伏）的交谈中产生的。约伏已经开始用拉丁文撰写给知名艺术家们的《颂歌》了，但因为他是绘画的外行，所以犹豫着是否要继续写下去。瓦萨里自告奋勇，毫不迟疑地要代他执笔。他已经收集了他的许多著名同行们的轶事，列出了他们作品的清单，买下了一些本会湮没在厚厚的作品夹里的草图和画作。他扩大了调查的范围，寻找新的资料来源，丰富他的收藏。若干年后的 1550 年，他在托里吉阿尼出版社出版了《意大利著名建筑师、画家、雕刻家生平》，该书用托斯卡语写成，包括一百二十篇传记，涉及意大利的整个艺术史，从原始的艺术到"现代"艺术。他努力要点明三种不同手法和方式，即三个不同时期：解放期（最好的代表是乔托）；成熟期（达到成熟的是马萨乔）；完美期（由莱奥纳多开始，根据他的说法，由米开朗琪罗完成）。他写作了一部艺术史。

这本书是如此成功，以至于瓦萨里在某种意义上成了大公爵科西莫·德·美第奇的美术总监，并在1568年出版了第二版的《名人传》，扩充了内容，增添了艺术家们的画像，并做了修改，瓦萨里把自己也加了进去。约伏非常坦率，有点不顾情面地对他说："你的画作会被淡忘，但里面的文字却不会随时间褪色。"

瓦萨里做出的贡献并未得到应有的重视。我们对13世纪至16世纪意大利艺术家的认识基本上都来自他的这本巨著。尽管这本巨著的资料不够准确，常有错误之处；尽管他有个人偏见，并抱有民族主义的（佛罗伦萨的）盲目态度，常爱做道德说教或者过分美化传主（抄袭他的费里比安称他为"载着圣物的驴"），这本书仍是那些热爱意大利文艺复兴这一人类历史光辉时期的人们必要的首选参考书。

莱奥纳多去世时瓦萨里才八岁，但在一些佛罗伦萨的画室里，人们或多或少都认识这个白胡子的大师，有关他的回忆还很鲜活，他们记得他的故事和姿态，而瓦萨里恰好在这些画室中学习过。后来他接触了达·芬奇的一些学生，多亏了他们，他才可以验证、补充、增加已获得的资料——尤其是弗朗切斯科·梅尔兹，这个达·芬奇的朋友、遗嘱的执行者和继承人，他极细心地保留了达·芬奇的手稿和一张达·芬奇的画像（也许就是都灵的自画像）。最终瓦萨里得到了达·芬奇的一些墨水和木炭画习作——他靠听小道消息来辨认画作真伪——以扩充他的个人收藏。

《佛罗伦萨的画家、雕刻家莱奥纳多·达·芬奇的一生》不是直接见证人的叙述，而是依靠许多亲朋好友的第一手回忆写成——我们也没有比这更全面的见证资料了。

读这篇二十多页的文章时，我们感觉到瓦萨里对达·芬奇既着迷又困惑：他的行为如此难以捉摸，和他的同行们毫无相似之处——莱奥纳多涉足多种多样的领域，几乎没有什么学科是他没有接触过的；他制订了夸张怪诞的计划，他一直追逐着不实际的梦想；他很少把开了个头的工作做完，他完工的东西少得可怜……其他有些人也像他那样同时做着画家、雕刻家、建筑师、工程师的工作，但他们要么靠以自己作品的质量和他的比较而出名，要么过着比较奇特的生活，没有人具有这样震慑人心的人格，没有人的工作生涯是如此的难以勾勒。为了加以解释，人们倒是常常将之归结为他超人的一面：他是神。他那长发、长须的老年智者的高傲形象，迷惑住了历史学家们，在一定程度上掩盖了他作为有血有肉的人的真相。

瓦萨里写道："上天可以把许多绝世才华赐给某些人，这是自然的结果。但一个人同时兼有美貌、文雅和能力，这就带点超自然因素了。"

他并非在卖弄辞藻。瓦萨里把所有的天赋才华和优点都赋予了莱奥纳多。他提到达·芬奇神奇的力量和能力："他可以控制最狂暴的怒火，右手能扭弯墙上铃铛里的铃锤或马蹄铁，好像它们是铅做的。"他吹嘘达·芬奇的慷慨大度（"他慷慨大方，一视同仁地接待、养活每一个朋友，无论贫富"）；他夸耀达·芬奇的和蔼、温柔和口才（"他能说服最顽固的人改变观点"）；他赞美达·芬奇那"王者的宽大胸襟"，他的幽默感，他对动物的爱心（"他经过市场，就会支付小贩要求的价钱，把鸟儿从笼中释放出来，放它们展翅高飞，重获失去的自由"），他高度的理性（"杰出的智慧和记忆力造就了他高度的理性"），他的绝顶聪明（"不停冒出新发明新创造"），他在数学、科学、音乐、诗歌方面的杰出才华。此外，这位艺术家还是一位美男子，他的美貌和英俊不是用言语能描绘的……

对瓦萨里描绘的这幅肖像，我们该相信几分呢？奇怪的是，瓦萨里对莱奥纳多的能力和堂堂仪表的溢美之词和当时对柏拉图的描绘很相似（马西里奥·费其诺在他的《柏拉图生平》一书中确信这位哲学家拥有宽阔的肩膀）。瓦萨里说达·芬奇的右手能扭弯马蹄铁，像扭铅一样（但莱奥纳多是左撇子），这就有点夸张了，扭弯铃锤的例子倒还勉强可信。把许多优点加到艺术家的身上，把他说成是完人，这是当时那个时代的想象所致——和蔼亲切、有骑士风度、会演奏一种乐器、能即席赋诗，同时又宽厚仁慈、善雄辩、有教养、爱运动；献给洛伦佐·德·美第奇或弗朗切斯科·斯福尔扎的赞颂充满夸张用语，与《莱奥纳多生平》里比比皆是的赞语很相似。卡斯提里欧尼在《廷臣论》中描写的爵爷和他周围的人都很有才华，也具有类似的优点。

然而其他资料也确认了这一形象：瓦萨里笔下的奇人似乎真的存在过，传说是有切实根据的。

公正的保罗·约伏在罗马遭洗劫后退避到伊索依阿，写了一篇短文《颂歌》。他在教皇利奥十世的宫廷里见过莱奥纳多，他在瓦萨里之前就这样写道："他的魅力、他的慷慨和惊人的才华不逊色于他的英俊外表。他的创造天赋是惊人的。他是所有触及美和典雅的问题，尤其是关于正式的大场面的一切问题的裁判。他歌喉美妙，能弹着里拉琴唱歌，整个宫廷都喜欢听他的歌声。"莱奥纳多去世时六十七岁，约伏说："他的去世令他所有的朋友都很悲痛哀伤。"

无名氏嘉迪阿诺的文章于1892年初次发表，开头也是强调莱奥纳多"出众超群、才华横溢，造化在他身上造了奇迹，上天不但给了他英俊漂亮的外表，而且给了他无数才能，他能熟练完美地发挥些才干"。随后，似乎是以第三者身份重复了接近过莱奥纳多的画家乔万尼·迪·加维那，或自负的雕塑家巴奇奥·班第涅里的话，他又说："他英俊、优雅、身材匀称。"

克拉克也说，莱奥纳多在他所处的时代里被认为是造化的杰作，是完美的艺术杰作。

这些众口一词的赞美，这些对一个人的美貌、禀赋的溢美之词不免令人困惑。形体的美（以及所有那些他对生活的过分讲究：玫瑰色的短大衣、细细梳理过的卷曲的须发……按约伏所说，莱奥纳多还担任各种正式场合的礼仪官）似乎和他的严肃的老学者、科学家和哲学家、艺术家的身份不大相符，因为他似乎应该是个把时间和精力都花在研究上、孜孜不倦地追求学问的人。与此同时，人们也在挑毛病。他那公认的形体之美和拥有的诸多能力，难道没有腐化他，在某种程度上成为障碍么？没有引起别人对他的嫌恶和憎恨么？

为了能准确绘出人体，莱奥纳多"在医学院解剖了犯人的尸体，面对这残酷的、令人厌恶的工作，他面不改色"，与他同时代的人并没有忽略这一点（莱奥纳多似乎为了挑战成见，曾向阿拉贡主教吹嘘过，说他在 1517 年解剖了"三十具以上的各种年龄的男女尸体"）。我不禁要问，既然莱奥纳多是大家形容的英俊潇洒的花花公子，又怎么能想象他在烛光下剖开死人的皮肉，用锯子锯断骨头，把皮光肉滑的细嫩的手伸进臭烘烘的死人内脏里（他发明了一个办法可以避免染黑手指）……

莱奥纳多在卷帙浩繁的笔记中努力记下他一生中想法的发展和变化，有幸接近过他的人，都会从他丰富、深刻、奇特、精妙的思想中获益。他的草稿和文章足以证明瓦萨里列举的诸多优点和才华，甚至是他的调皮幽默和慷慨，以及传记作家很重视的他对动物的爱心。相反，很重要的形体之美，以及他的魅力和优雅却是任何一个画家、雕刻家都不能确切地表现出来并流传后世的，就像没有什么东西能再现他自弹自唱时的情景一样。

都灵的自画像——基本上这是莱奥纳多唯一确凿无疑的自画像——毫无疑问地表现出了他的高贵气质，一种让人动容的伟大。但脸上的皱纹无法让人想到这位六十岁的老人以前曾是英俊清秀的阿波罗。从他的目光中只能看到一丝清澈、温和的光亮。莱奥纳多在画它的时候，也没想到要创造一个代表人物的形象以流传后世，或者满足自己的虚荣心。这是一幅画给自己看的画，一面用细铅笔涂画着，一面审视镜中的自己，好奇而又急切，没可能也没想到后悔，几乎瞬间之内就画完了。他画出了一个男人在生活中某一特定时刻的状态，一个充满危机的时刻：当时的形势在画中表现无遗，这不是流于表面的作品。再说，这不仅仅是一幅素描，或一幅油画，甚至不是画油画之前做准备用的草图。他盯着某一处，没戴帽子，姿势太自然了，有点漫不经心，他抓住的忧虑的表情与当时的肖像画风格很不同：这幅红粉笔画有太多的随意性和个人情绪。

从这一观点看，由他学生画的温莎侧面像（或是在安布罗西亚纳的那幅相似的肖像画）显得更庄严、更符合惯例，在某种超现实意义上却是更好地表现了现实，即公众对于既定形式的认同。[①]年龄没有削减美，任何困扰都没有破坏脸上的纯净，魅力毫无损失。尽管青春已逝，莱奥纳多仍然以俊美的外表给人留下深刻印象。都灵自画像画成之前仅几年，诗人让·勒梅尔·德·贝尔日在他的《欲望的叹息》一文中提到莱奥纳多受里尼伯爵的保护，伯爵去世时莱奥纳多还伤心哭泣。他还写道："莱奥纳多，你惊人的优雅。"除此之外就再没别的了，他既不提这位画

① 对于约瑟芬·佩拉当来说，只有温莎的轻柔的侧面像（以及安布罗西亚纳的复制品）才能够代表莱奥纳多。只有这一幅画才画出了符合标准的眼睛。佩拉当甚至认为大师不可能有都灵红粉笔画中的"哀伤而好斗的嘴巴"（他在自己编选的《达·芬奇文集》中这样写道）。

家和雕刻家的作品，也不提他的工程机械创作和学术研究：他认为这位年老的大师最突出的地方就是他出色的魅力。

瓦萨里说，莱奥纳多"很有气派"，"只要见到他，忧愁就会消失"。这么说来，他大部分的同胞欣赏、赞美莱奥纳多的艺术家身份，有些人称赞他是"哲学家"或"工程师"（这是最使莱奥纳多感到荣耀的称呼），其他人首先欣赏的是他无法用言语形容的外表。

我认为，如果不知道他们的长相，我们就不能完全理解某些人，也就是说不知道他们的外表会给他们带来什么好处或者障碍，以及他们对此采取的态度。米开朗琪罗可以说长得很丑：扇风耳、小眼睛，鼻子被同行一拳揍扁了。这一外表解释不了他多疑、暴躁易怒、骄傲、孤僻的性格，更解释不了他的天才。但作为辅助，却能帮助人们了解他的一生：这一外表不可能不对他产生影响。就莱奥纳多的情况来说，遗憾的是我们只有他上了年纪时候的画像（还不是彩色的），没有一张他年轻的风华正茂时的可靠的照片。因此，我们不能跟随他人生的每一步足迹，甚至不知道在他失望幻灭前，他的眼神是什么样子。他的眼珠是绿色的吗，正如大家毫无根据便相信的那样？莱奥纳多是那种人们希望了解他的所有的人。我们也不知道他在什么时候（或因为什么）开始以留着长须这一不寻常的面纱去隐藏自己的，是为了掩盖时间留下的无情痕迹？我们也不知道他是怎么拥有那先知般的头脑的……

没有以上引用的一些文学描写，大家也不会怀疑莱奥纳多年轻时是个让人难以忘怀的美男子。都灵的自画像（很有说服力）直接或间接地确定了艺术家的典型形象，同时给了我们——并在最终强加给我们——对他的一种持久而狭隘的认识：除了一个带有象征意义的白须老人形象外，人们几乎就没有其他的想法，也不去想他以前还拥有过其他的脸孔。（当人们要以他的画像说明他的生活的时候，总是拿出这张长须长发的肖像，最多不过加深颜色，加密须发，以显示他的年轻。）

瓦萨里在《名人传》一书再版时，求助于威尼斯雕刻家克里斯托伐诺·科里奥拉诺给书中的每一个传主画插图，他就是第一个把莱奥纳多这幅简化了的形象庸俗化了的人。（我认为 ①）他从这幅都灵的自画像中得到启发，雕刻了一幅有力的侧面像：有皱纹、鼻子更挺、双眉紧锁，唯一的新意是让他戴了一顶介于鸭舌帽与贝雷帽之间的旅行帽。经过或多或少的修改，这一雕版画被反复复制：1611 年在安维尔，1682 年在阿姆斯特丹，1745 年在巴黎……瓦萨里在佛罗伦萨旧宫殿里画的壁画《利奥十世的教廷》就采用了此画。表情的细节并不重要，有特色的标志（胡子、头发、帽子）足以让人一眼就认出是莱奥纳多，就如胡须、瓜皮帽和拐杖能让人认出卓别林一样：这已经是一种典型，一种有代表性的外形。受这一形象启发，在米兰的斯卡拉广场上，雕刻家皮耶特罗·马尼创作了令人忧伤的纪念碑；英格尔在一幅感人的画中描绘了莱奥纳多死在哀伤的弗朗索瓦一世怀中的情景。

佛罗伦萨乌菲兹美术馆里的一幅画在很长一段时间内被认为是大师的油画自画像：莱奥纳多在画中留着胡子，显得很成熟，但目光锐利，这一次他头上戴的是一种女式软帽（这幅画由托斯卡纳大公爵在洛林时期美第奇家族灭亡后获得）。大家都肯定它出自达·芬奇之手，因为一份 1753 年的清单中提到过此画。（在 20 世纪初，一本旅游指南这样描述它："他转向右边，长长的白胡须，一袭黑衣加窄边软帽、皮毛大衣。"）

---

① 虽然科里奥拉诺的雕版画也是莱奥纳多的一幅侧面像，但它却丝毫没有温莎侧面像中的温柔、流畅的特点。表情更接近于都灵的自画像。比如，隆起的浓眉似乎画的就是同一个人。但是也有可能科里奥拉诺参照了第三幅画，而这幅画现已遗失。

后来人们尽管有所保留，但还是坚持这一说法："这幅画是 1507 年左右画的，其真实性值得怀疑。"到了 1935 年，这幅画因其平庸的品质而惹恼了内行，最终被送去做科学分析。经 X 光照片分析，这肖像很可能曾画在一幅 17 世纪德国艺术家创作的不起眼的作品《悔罪的抹大拉的玛利亚》上——不但不是自画像，而且还是在达·芬奇死后一个半世纪画的……它被从乌菲兹美术馆肖像大厅墙上摘了下来，然而却已经深入人心，画中的帽子（带着点亨利二世的调调），很显然被认为比科里奥拉诺雕刻的旅行贝雷帽更"文艺复兴"，已经成为莱奥纳多的典型形象之一（比如说，它出现在斯卡拉广场的马尼的雕塑里，就如当时大部分莱奥纳多肖像画或者雕像一样）。

还存在其他被认为是达·芬奇的肖像画，尤其是有一幅相当粗糙的侧面像，也在乌菲兹美术馆，被认为是由一位弟子根据温莎侧面像所画。还有一幅保存在歇尔布博物馆，保存状况很糟糕，有点像莱奥纳多的都灵自画像，只是年轻了几岁……没有一幅画能够带来对达·芬奇的外形（和心理）的任何确凿的或者新的信息，没有什么具有说服力的东西。近 19 世纪中期，历史学家们翻遍了莱奥纳多同时代（以及下一辈）的艺术家的作品，希望从中找到一些不为人知的大师肖像。但他们只是找到了一些大同小异的作品（如拉斐尔的《雅典学院》中的柏拉图）。更多时候，是些引发争议的东西。基本上，只要发现作品中出现长须老头，头上或许戴着帽子，大家就设法把他说成是达·芬奇：人们在（萨罗诺的避难所里的）吕尼的《圣母的婚礼》里看见他；在佛罗伦萨无名氏画的《圣家庭》里圣约瑟夫的表情里见到他；在米开朗琪罗画的以哈姆莱特的方式手捧一个骷髅头的老人的身上看见他（现存大英博物馆）——甚至在 1513 年左右雕成的摩西像里、在拉斐尔的《圣体的争议》里的大卫王（他弹着竖琴）中、在乔尔乔内的《三位天文学家》

（维也纳博物馆）中戴风帽的老人身上、在伦巴第表示亚里士多德的雕塑里（还是戴着顶帽子）、在佛罗伦萨音乐论著的细密画里（现存于米兰的特里维尔西安图书馆）、在让·佩雷阿尔的细密画里（巴黎法国国立图书馆）等等，都看到了达·芬奇的影子。我还要加上切萨里·达·塞斯托的《耶若姆》，在这幅画面前，温莎的侧面像显得像是一幅习作。即使大家承认这些相似之处，但它们当中没有一幅可被视为是自然的、真正的肖像，一幅会说话的、能稍稍抓住模特个性的肖像画——像都灵的自画像那样的肖像，它们总是更多地表现了创作者和批评者自己，或者他们对于人物的态度，而不是表现人物本身。

其他历史学家走得更远，他们在达·芬奇的亲朋好友的作品中寻找年轻时候的莱奥纳多的肖像，是没有皱纹，也没有胡须的。在致力于寻找相似点的游戏中，他们在弗朗切斯科·波提契尼的《托比和大天使们》中的圣米歇尔身上认出了他，或在波提切利的《博士来朝》中的伟大的洛伦佐旁边看到了他（两幅画都在乌菲兹美术馆），最后他们觉得在塑造《大卫》（佛罗伦萨国立博物馆）时，韦罗基奥（达·芬奇的师傅）拿他做了模特。当然，这些相似点是可能存在的，年龄和日期都差不多相符，鼻子的形状、头颅、眼皮、目光中透出的温和的忧郁，端正的嘴唇，卷发一绺绺地垂下来，都相当像都灵的自画像。此外，如果莱奥纳多像大家确认的那样漂亮，那么很自然地，他的师傅（韦罗基奥）或他的同学，以及画室里的伙伴（波提切利、波提契尼）会要求他为他们摆姿势、做他们的模特。如果这些画像是确实可信的话，我认为是很有趣的：韦罗基奥画的大卫用大刀割下歌利亚的脑袋，波提契尼的圣米歇尔身披盔甲、手握宝剑。这二者都很奇特地同时展现了战士的果断和无邪的平静，既优雅又清醒，矜持含笑，既柔美又冷淡、大胆；这些纯洁的天使空手持刃，表现出无情的决然。但或许这也只是反映了对莱奥纳多的一种既定看法?

人们所做的还不止这些。人们在他本人的作品中搜寻踪迹:他不可能不先研究自己,不自我展示。在他的那幅挂在乌菲兹美术馆的《三博士来朝》里——和他的许多作品一样,这也是件未完成品——人们可以看到一个年轻人,身材修长,鼻子很有特色,线条分明,带点鹰钩(图1.4)。他站在画的右侧,看着画外,好像对见证"主显节"的神迹兴趣不大,他似乎在和一位画外人谈话。当时,当画的构图够大、题材够崇高时(如"博士来朝""圣母玛利亚"等),就允许在宗教故事中加入赞助者的画像,比如富商、亲王爵爷和高级教士等人的面孔,还有为表敬意加入的他们的家人,无论在世的或是过世的,也会加入他们的朋友;或作为一种签名,画家会把自己也画上去。丢勒就滥用了这一做法,马

图 1.4 《三博士来朝》局部
(佛罗伦萨,乌菲兹美术馆)

萨乔把自己画入卡尔米内教堂的大壁画中，费利皮诺·利皮也把自己画进另一幅壁画中。人们认为，他的父亲菲利普·利皮出现在他挂在乌菲兹的《圣母加冕》的画里，画中的他没了头顶的头发，手托下巴，表情如梦如幻。在波提切利的《三贤士朝圣》中，我们除了可以认出几个政治人物外，还可以看到画家本人，披着黄色的大衣，向观众投去挑衅的目光。所有这些自画像之所以引人注意，或许是因为它们在画内的位置（只占画下小小一角）；或许因其态度与众不同，有一个与其他人物完全不调和的眼神，与画中场面脱节，显得很突出；或二者兼而有之。莱奥纳多的《三博士来朝》中的年轻人的情况就是这样，他很像波提切利身披黄衣的自画像：他们的位置、四周的环境①、作品的主题、作画的日期都近似。大家尤其遗憾达·芬奇的画没有完工，四周的环境、光线的方向没有颜色，没有血肉，也没有确实的信息，只有某种典雅和敏锐的气氛。在黑暗中那位神情冷淡的年轻人只是勉强才可看见②。

　　人们还在搜寻——在草图、笔记里找。莱奥纳多在他一生的各个阶段，都喜欢画青年男子和老人，笔下出现的沧桑的丑陋面容都很相似，都令人想起，或提醒人们想起他那张都灵的自画像。艺术家似乎在年轻时观察了自己的相貌后，对未来的面容就有了预感。不到三十岁，他就画了一些成熟男人的肖像，看上去像是预想中的自画像（它们是如此之像，以至于有些人看了这些画，就由血缘关系认为这是他的父亲皮耶

---

①　莱奥纳多笔下那个目光投向右边的年轻男子，如果说从神情上看来是局外人，但却完美无缺地融入整个构图中。他甚至有一个对称平衡点：一个沉思的、似乎在注视着他的老人（参见第五章相关段落）。

②　实在太难抵抗内心想把《三博士来朝》中的年轻男子当作莱奥纳多的自画像的诱惑。但是，男子的外表年龄却和绘制此画时的画家年龄不符：1481年，莱奥纳多是二十九岁。

罗·达·芬奇的画像，其实后者并没留下一幅画像）。高阔的前额、大鼻子、严厉或梦幻般的目光、嘴角下撇、稍重的下巴，这些都在他的笔记本里反复出现，有时带着夸张讽刺的意味。它们给予他灵感，为他创造了一种他时常想起的人类形象，为他提供了一种经典形象，使他无法摆脱（例如莱奥纳多喜欢在男人脸上画上多肉的、突出的下唇，这成了一个非常显著的特点）。这是最可能的解释——他本人也在笔记本里写道："手掌粗糙的画家也会画手很粗的人，你有兽性，你的人物形象也会如此，毫不文雅。你身上具有的特征，不管好坏，都会部分地在你的人物个性中表现出来。"他还说："你去画那些举世公认的美人的面孔中讨人喜欢的部分吧，不要画你认为美的人，因为你会错误地选择跟你相似的人的面孔。确实，与自己相似的东西常诱惑着我们。如果你长得丑，你就不会在美人面前停留，你笔下的面孔就是丑陋的，就如许多画家笔下的人物常常像他们自己。"这样的劝告只是针对为自己的丑陋相貌发愁的艺术家们。这种看法却适用于所有的人（就如大家把波提切利或拉斐尔画中人物的脸和他们本人的相貌做比较），也适用于他。莱奥纳多很英俊，即使他努力避开自己所说的规则[1]，难道他就没在他的作品中，在圣徒、天使、女性的形象中，为他那"举世公认"的美貌——以及其他优点——寻找回音和共鸣么？当他微笑的时候，也许那笑容就像施洗者约翰或蒙娜丽莎那样迷人销魂。[2]

　　在莱奥纳多所有的画中，至少有两幅与都灵自画像一样，是毋庸置

---

[1]　莱奥纳多多次坚持画家有必要把人物变得多样化，不能在一个大幅构图中，死守一个形象。

[2]　有一种科学假设认为《蒙娜丽莎》里的人物就是莱奥纳多，依我看来，对这一说法不该太当真：他与蒙娜丽莎的相似度只是跟他笔下的其他人物一样高（参见第十章相关段落）。

疑的某种自画像。它们画的都是同一个男人，没有胡须、剃了头发。一张是正面像，另一张是侧面像（图1.5），脸的中央画了格子，为的是计算比例。那是一个美丽的地中海人，很像古罗马的领事。在那里又可以看到都灵自画像的所有特点，虽然没了头发和胡子，但从不同角度可以看出他确实就是自画像里的男人。人们由此推断，莱奥纳多以自己为模特，在镜子里研究自己，从自己身上寻找人体的比例，为了准确起见，要除去毛发……这些画是某项更加大型的工程的一部分，因此莱奥纳多画了一个成人：站着，双脚并拢，嘴的宽度是"脸长的十二分之一，或头的长度的十四分之一，而人的高度是头长的七倍"——经过准确的计算，人们发现他身高1.68米……这是一份宝贵的资料——莱奥纳多从

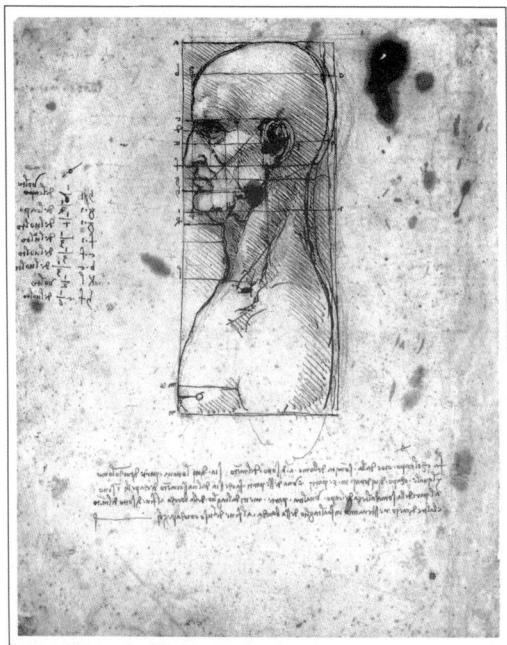

图1.5 《有比例图的男性头颅正侧面》
（威尼斯学院美术馆）

1490 年第一次到米兰时就对人体的比例很感兴趣。当时他四十岁左右，这些画也是那个时期所作，画中人却更老（尤其是侧面像①），两颊下陷，眼圈很深，像是大大超过了六十岁。莱奥纳多肯定比较显老（阿拉贡主教的秘书在他六十五岁时以为他有七十多岁），但还不至于到这个地步。如果他按镜中的自己如实作画，而不是重画记忆中的肖像，为什么自画像显得这么老？同时大家不可能否认这秃顶无须的人很像他……他在他的画中改变了自己的形象？出于骄傲？虚荣？为了减少不安？因为难为情？还是和他在生活中自我隐藏一样，从一定的年龄起，他开始用长须为幌子掩盖自己？

只有犯了不可告人的罪行的人才需要面具——即使是一张老学者的面具。莱奥纳多犯了什么滔天大罪，以至于在声名鹊起时，对他的都灵自画像秘而不宣？虽然留存下来的他的画比文艺复兴时期任何一个艺术家的都要多，却没有一张是可靠、真实的，没有一张画出了他的真面孔，也没有任何线索能找到他所自豪的真正面目——无人见证，又以黑暗的魔鬼作为同谋的人的真面目？②

但有一张他的画像，画中的他相当年轻，图画质量上佳。还有证明它的诗。诗是佛罗伦萨人乔万尼·涅西在 15 世纪末写的：

---

① 方格中的人物侧影再次出现在藏于大不列颠博物馆的红粉笔画中，后者作于 1490 年左右。画中的老者这次没了剃得光溜溜的头颅，他是个秃子，头上只有两三缕头发……

② 一些历史学家认为，布拉曼特在一幅壁画（藏于米兰的布瑞拉）里，他把自己画成一个哲学家，身边的赫拉克利特（没有胡子，大概四十来岁）应该是他画的他的朋友莱奥纳多。但是依我看，布拉曼特在莱奥纳多抵达伦巴第前一两年就已经绘制了这幅壁画。

"我已经看见，这幅完美的木炭画，

画的是我可敬的芬奇的形象……"

诗人继续写道：

"他是这样的人，如果你要用笔画他的肖像，

不管你是谁，不管你用什么颜色，

你都不能超越他的本来面目，你也不能超越他。

因为他的艺术更崇高、更有价值，

他似乎沉浸在这艺术当中，

他最大的价值，

就在他本人。"

这幅按涅西所说是无可匹敌的木炭画，却绝迹于我们的视野，和莱奥纳多许多作品一样。诗人很快就毫不迟疑地加以描绘，但也很巧妙地为他的敬意找到了借口：没有任何画家——即使他不用简单的炭笔，而是油画、浸油画——可以与达·芬奇竞争。而且达·芬奇的艺术超越任何人，世界上没有比他更伟大的艺术家，艺术技术背后，画家其人更值得赞颂（四个世纪之后，瓦雷里以他的方式发展了这个论断，在他的《莱奥纳多·达·芬奇的方法》一书中，他对达·芬奇的作品的热情不如他对创作这些画的头脑的热情那么大）。这么说来，与其到别处寻找大师，还不如在他本身找，因为没有人能比他更好地画出他自己，而且他的作品不足以表达他全部的天才。

涅西聪明地避免正面回答问题，他只是稍微回应了瓦萨里的"神化"言辞：莱奥纳多的作品和人品对各种分析提出了强大的挑战，看上

去人们只能如此理解，老学者的顽固的面具遮盖了太复杂、太惊人，以至于无法定义的东西——当凡人发现无法面对面地端详丘比特的时候，这恰恰最好地描绘出了丘比特美丽的真面目。

每一个世纪，人们以各种方式为谜一样的莱奥纳多写下无数文章，比任何一个艺术家都多。只能透过他的职业、所做过的事情，我们才能看到、想到一些事情。

莱奥纳多去世后，因为无人记得，所以唯一保留了他的哲学和科学研究的痕迹的笔记本沉睡在私人收藏中，没有发表，外人很难见到。他的雕刻和工程作品没有或几乎没有保留下来，很久以来人们只知道他的绘画。1651 年出版了他的《论绘画》，当时学院派掌握话语权，他们便更加强了这个观点：他首先是《蒙娜丽莎》和《最后的晚餐》的作者。这些画充满了教育意义，在意大利、法国和法兰德斯被人们不断地复制。18 世纪发现了莱奥纳多的漫画，对此大家看到的只是一些稀奇古怪的东西。他对性格还有深入的研究，曾谈到感情对人体生理的影响，在那个时代，"心理学"一词开始有了意义。最后，直到 19 世纪，人们才真的注意他各式各样的笔记，通过它们，对莱奥纳多的个性、其他方面的活动，人们有了一个新的视角。尤其是他的科学研究，那时工业革命正进行得如火如荼。

1826 年，一篇短小的论文《论水的运动和测量》首先在有关水力学的文集里发表，然后大家出版了一系列达·芬奇的笔记：拉维松－莫里安用法语翻译了法兰西学院的手稿（1881—1891），贝尔特拉米提供米兰的《提福兹欧手稿》（1890），皮优马蒂提供《大西洋抄本》（1894—1904）。到了 20 世纪，陆续仍有新的出版：从 1923 年到 1930 年的《阿伦德尔抄本》、1931 年到 1934 年的《福斯特手稿》等，直到从马德里国家图书馆遗失的那两本笔记在 1965 年失而复得。每一次手稿的发现都会引起关注、研究和评论，却常常是片断的、矛盾的。这一话题还未挖掘完尽，远远没有。

有一份达·芬奇笔记选的目录，原本是有一百三十条，总共却长达数千页，它倒差不多是莱奥纳多所做的事情的摘要。马克·居尔迪的版本有五十章，还不包括有关艺术、哲学笔记或个人笔记，为了不显累赘，我只列出其中十多条：地质学、光学、音乐、数学、解剖学、水力学、弹道学、船舶装备学、植物学、运动学、重力学……莱奥纳多好像有无限的时间，向所有知识领域都投去了理性的目光，而且在每个学科里都有惊人的新发现和新创造。当然，他的大部分技术发明在他在世时都不能运用，但这也可以说是因为他令人难以置信地走在时代的前面：他想象了用大翅膀发动的飞行器，另一种螺丝形状的机器能垂直地在空中升起，算是直升机的前身，还有一种可以潜入水底的机械，还有能抬起和搬走建筑物的，还有类似坦克、自行车的东西……

有什么是他没发现的呢？他可能在牛顿之前就预知了引力定律，在居维埃之前就知道了侵蚀力，在开普勒之前就能解释星星发光的原因，在哈雷之前就知道了信风。他知道血液循环的功能，比同时代的内科医生还要了解人体内部的结构，描述起来也更准确。他也许超过了培根、伽利略、帕斯卡、惠更斯……

1902 年，杰出的政治家和化学家马尔塞林·贝尔特罗听见他很严肃的科学院的同事津津乐道并吹嘘达·芬奇作为工程师和学者的重要性，他有点厌烦，便头一个发表观点认为人们所传的达·芬奇的所有发明和创造，在他那个世纪，甚至在阿基米德的世纪里都已经存在。这往往是一些想法和趣味游戏，不该凭这些东西判断他的天才。大家并不听他的。有一位批评家说："贝尔特罗的这个观点没有市场，丝毫没有损害莱奥纳多·达·芬奇的名声。"几年之后，物理学家和哲学家皮埃尔·杜安不相信科学家的夸夸其谈，也不相信天才可以不劳而获，他确定了莱奥纳多的某些信息来源，这就能使人们做出更加公允的评价。雨果说，世上没有无根的树。莱奥纳多也有师傅，他继承、参照了他们的思想，他的许多创造和发明都直接受到同时代人的启发，通常也没能给他们带来什么改进。他发明的战争武器早就由德国工程师孔拉德·凯塞发明，他的船或自动车也由锡耶纳人弗朗切斯科·迪·乔尔乔·马尔蒂尼发明。对他的"发现"的深入研究可见，他确实接近过某些科学法则和某些技术创造，但却很少有完成的：他的飞行机器飞不起来……这样的澄清引起了专家们的兴趣，但公众并不理会。它们没有对莱奥纳多传奇造成损害，他依旧是天底下唯一的、多产的、博学的天才，鹤立鸡群地生活在跟不上他的世纪里。1904 年，约瑟芬·佩拉当说："必须到19 世纪，甚至到 19 世纪末，才能有人完全了解他的智慧的深不可测。"因为那是儒尔·凡尔纳的时代（他写了一部奇特的独幕剧和诗作《蒙娜丽莎》，讲的是蒙娜丽莎爱上画家的故事），是尼采和他的超人的时代，是世博会和埃菲尔铁塔的时代。传说就继续流传发展，添枝加叶直到我们这一代。法西斯意大利对此亦有贡献，尤其是通过 1939 年在米兰办的大型展览，好几个展厅都展出根据达·芬奇画的机器草图制作的模型。[①]

　　同时，他这样一位无所不知的人又深深着迷于一些古怪的东西（胸怀着人类远古的梦想：飞翔、潜入海底），他从事的研究神秘且有前瞻性，这就不可能不引起人们的种种猜疑。大家没有忘记，就是这同一个人，能用颜料和黏土创造出带着完美微笑的天使，以及惟妙惟肖的人

_____

① 　出于宣传目的，米兰的展品被运到美国，随后到了日本，但因遭遇一起爆炸而被摧毁。

像，而他本人又近乎完美……过度的东西容易被人视为妖魔。评论者对他的吹捧，使他名下拥有了更多的发现、优点和发明创新，他就很危险地超出了人类的正常标准，变成了一个魔术师、巫师、术士，与众不同。有人为了夸大其词，在他的笔记里断章取义地摘下一句话："使自己成为全才并不很难。"这话使人觉得他狂妄自大、野心勃勃、骄傲自满、亵渎神明。瓦萨里在他的《名人传》第一版中写道："莱奥纳多形成了一个如此异端的思想，他不再仰仗任何宗教，他也许把科学知识看得高于基督教义。"大概出于害怕有损大师的荣耀（1542 年在罗马成立了宗教裁判所的最高圣会），他在书最后定稿时取消了这段话。人们挖掘莱奥纳多，也扭曲着他的形象（瓦萨里只是指责他是无神论者或自然神论者，而米歇列用很浪漫的抒情诗称颂莱奥纳多是"浮士德的意大利兄弟"）。

这就是他在人们心目中的形象：他和魔鬼签了协约，他身上有硫黄的气味。他做解剖，又有点像巫师。再说他写字顺序与常人是相反的，从右到左，字也是反过来写的，要用镜子照着才能读懂。那是许多左撇子都有的习惯。但大家都宁愿把那些要在镜中才看懂的字看作护身符或辟邪符，就如术士画的费解的符号，不太能得到承认的秘密作品。

俄国的小说家德米特里·梅列日科夫斯基懂得利用这个阴暗面，他写了一本《诸神的复活》，副标题就是"莱奥纳多·达·芬奇的传奇"，获得了世界性的成功（约 1900 年时），更加深了笼罩在莱奥纳多头上的神秘光晕。

硫黄招来香火，也会缓和刻板的科学家形象。人们同时想到去发明些轶事，就如为但丁做过的那样。人们本能地把他和莱奥纳多做比较，说他和莱奥纳多一样，一生中念念不忘唯一的爱人——他们认为丽莎·乔贡多夫人就是贝阿特利丝。神秘的、天使般的莱奥纳多充满了玄学思想，信奉神秘学说。"今天是恶魔，"梅列日科夫斯基的小说的叙述者这样说，"明天是圣人，他是二者的集合。"

最终，瓦雷里和弗洛伊德以各自的方式，一个于1894年，一个于1910年，提出了一个假定，认为莱奥纳多的精神非常不正常。[1]瓦雷里认为莱奥纳多无边无际的思想，没有肉体和物质的束缚，在思想意识的太空中天马行空，思维的结果不如能获得它们的方法来得重要（这算是某种好运）——这是一种智力的迷宫，被世间不存在的人身牛头怪物所纠缠。瓦雷里说："无所不能的人，身处中央，一切在面前经过，古怪的大脑中，奇怪的、形形色色的动物编织出成千上万的草图，创造出了谜一般的工程，五花八门，一切都出于本能。"对于瓦雷里来说，莱奥纳多是一种结构，是实用的抽象物：是一个名叫"试验先生"的虚构人物。弗洛伊德认为莱奥纳多是一个值得临床医生专注对待的病例。波德莱尔在他的诗《灯塔》[2]里将之比喻为"深邃幽暗的镜子"，但对于这位精神分析法研究之父来说，莱奥纳多成了容易捕捉的，甚至是明显的猎物。他强调莱奥纳多的缺陷，人们把他把变成了半神，而弗洛伊德，虽非他所愿，却把他变成了一个病人。他宣扬他的同性恋——被动的、"思想上"的——他坚持认为他内心压抑，有神经官能症，强调他难以把作品做完，他发现莱奥纳多是性虐待狂……

进入20世纪之后，莱奥纳多拥有了无与伦比的荣耀——但他却很

---

[1]　瓦雷里所作的《莱奥纳多·达·芬奇的方法的导论》，1895年在法国第一次出版。弗洛伊德的《莱奥纳多·达·芬奇的童年回忆》，首次出版于1910年。

[2]　波德莱尔，《恶之花》之《灯塔》："莱奥纳·达·芬奇，深邃幽暗的镜，／映照着迷人的天使笑意浅浅，／充满神秘，有冰峰松林的阴影，伴随他们出现在闭锁的家园。"（郭宏安译）

复杂，让人迷惑。

今天，他算得上是艺术历史里最著名的艺术家之一：世界上没有一幅画，像他的《蒙娜丽莎》那样被那么广泛复制，吸引了那么多的观众，被那么多艺术家"利用"（马塞尔·杜尚给她加了小胡子；费尔南·列吉大概读过弗洛伊德的书，给她加了一串钥匙；卡西米尔·马勒维奇把她做进了拼贴作品；安迪·沃霍尔把她丝网印刷了三十次等等）。他也算是最难得一见其作品的艺术家：他没有留下一尊雕塑作品，只有不到二十来幅画作，有些是没完成的，有些又不是他亲手完成的——之前的批评家就忙于把他的画作和他身边的寄生虫的画作区别开来。但他也是最灵巧、最多产的人之一，虽然只有寥寥几幅画作，却有无数的笔记本（多到让人无法消化），其中揭示了他作为科学家、机械师、作家的多姿多彩的人生（最近有人开始谈到"莱奥纳多情结"）。他也是人类圣贤中最难以捉摸的人之一，就如莎士比亚，人们竟会怀疑他是否存在。大家对他和他的生活的了解淹没在想从其艺术和科学中了解的一切东西之下——但仍然有那么多要说的。

复兴时期的意大利和伯里克利时代的雅典一样，达到了我们历史的顶峰，今天看来，没有什么名字能比"莱奥纳多·达·芬奇"更能象征这个时代（而我们比任何时候都要深陷退化的泥沼）。

莱奥纳多作为象征的形象，盖过了其他一切。莱奥纳多说："急于求成的确是愚蠢之母，只能获得短暂的成功。"媒体宣传对他不加节制地使用，与我们所称赞他的这一事实相悖。他是画家，却被用来宣传艺术家所需的材料工具。他是不知疲倦的劳动者，人们用他的形象做劳务中介的招牌；他是具有远见卓识的工程师，车辆制造厂和钟表、电子计算机的生产厂用他做品牌代言人，幸好没有卫生产品或牛仔裤瞄上他，就不提那些用他的名字命名的协会和数不清的学院了。①无论伦勃朗、塞万提斯、莫扎特或爱因斯坦，他们都不敢自吹进入如此多的领域，如此完美地，也如此多彩地体现了想象力。

有了所有这些古代、现代的想法，所有这些我们对他抱有的看法，都灵的自画像和它变了形的复制品总是能适应、贴合、增进，这实在让人感到惊讶。

莱奥纳多庄重的面容在16世纪初其生活的时代就深入人心，被称为体现了灵魂升华的"艺术哲学家"。高贵的胡须在后来的世纪里被视为博学、严峻、可敬的大师的特色——是值得学习的榜样。1741年有人写道："没有人为莱奥纳多·达·芬奇引路，但他本人却是引导后人前进的光明。"他的白色长须长发也改变了作用：在19世纪下半叶，对达·芬奇的研究热火朝天（历史学家们，如布尔卡尔特开始解释"文艺复兴时期"），白色长须长发装饰了浮士德阴沉的南方人的脸，这是百科全书式的象征，象征了狂热的学者、占星家、儒尔·凡尔纳式的天才和在知识领域如堂吉诃德的学者，它们夸张地出现在现代先知的严肃的脸上。异想天开的、绝世的或忧伤的，他轮番代表着叛逆者、歌声迷倒米兰王公的宠臣、先知、同性恋者、造物主、不安的苦行者……拼凑起来一个多面的面具，随着时间流逝成形、凝固，却与他的个性毫不矛盾，甚至每一个他都为之做出了有效的注解。

神话和象征越是简单越能包含更多的内容。只需长久地观察都灵的自画像——由于被人不断拙劣地复制，你会看到画中人的目光在不经意

---

① 在一本有趣的小书 *Giokonde*（米兰，1980）中，单蒙娜丽莎一人就成为以下产品的代言人：鞋类染色厂、剧院、日本株式会社、雪茄烟品牌和羊毛球、啤酒、牛仔裤、某种除臭剂……

间被修改了，似乎看着画像的观赏者的目光也在不断变化。莱奥纳多的所有脸孔一张张地晃过，我们看到他扮演了许多角色，表露出最多样的表情，最终露出倦怠和恼火不快的神色。在生命的暮年，身处镜子包围的半明半暗的光线中，他望着无数个自己，露出了困惑的表情……最简单的解决办法就是不要局限在唯一的这张自画像上。没人会只有一张画像，让我们接受所有的面孔。它们的出现并非毫无缘由，倒不如把它们并排、集中起来，就像它们是石英石多面体的每一个平面。不幸的是，我们的拼凑并不成功。将之平放，我得到的是不完整的一块拼图，缺了太多的拼板，或被遗落，或被侵蚀，或被改动，再也不能与其他拼板搭配。有些还好像与这拼图毫不相干。再说，即使不可能拼凑的板块拼凑成功了（同时出现了宫廷中的莱奥纳多、科学家莱奥纳多、大自然的莱奥纳多等），这些变了样的图像比黑夜的恶魔更混淆视听。除此之外，它也不能反映他的生活和行为，即反映他从少不更事的少年，面对人生各种道路不知何去何从，到功成名就的老年，如同都灵自画像中的老头的过程。他的人生道路正是我感兴趣的，我想了解他是怎样，以及通过什么道路走到暮年，才有了那样的面容。为此，我努力不过于"塑造"（"塑造"就是一上来便想到结局，遵照一个计划，采用先入为主的材料）而是尽可能"重建"所有材料。不忽略一条线索，当然也不忽略任何一个假设，从零开始，从最基本的入手调查，努力制订出他的时间表，细细了解他的动机，差不多像个侦探那样去做。

我又一次端详都灵的红粉笔画像中的面孔，现在，我有这样的感觉：勉为其难地摆出坐姿的莱奥纳多，在眼角边、嘴角边露出了冷漠和嘲笑的表情。

第二章

可爱有如爱神的孩子

他是共和国的公证人皮耶罗的私生子，可爱有如爱神的孩子。

——司汤达

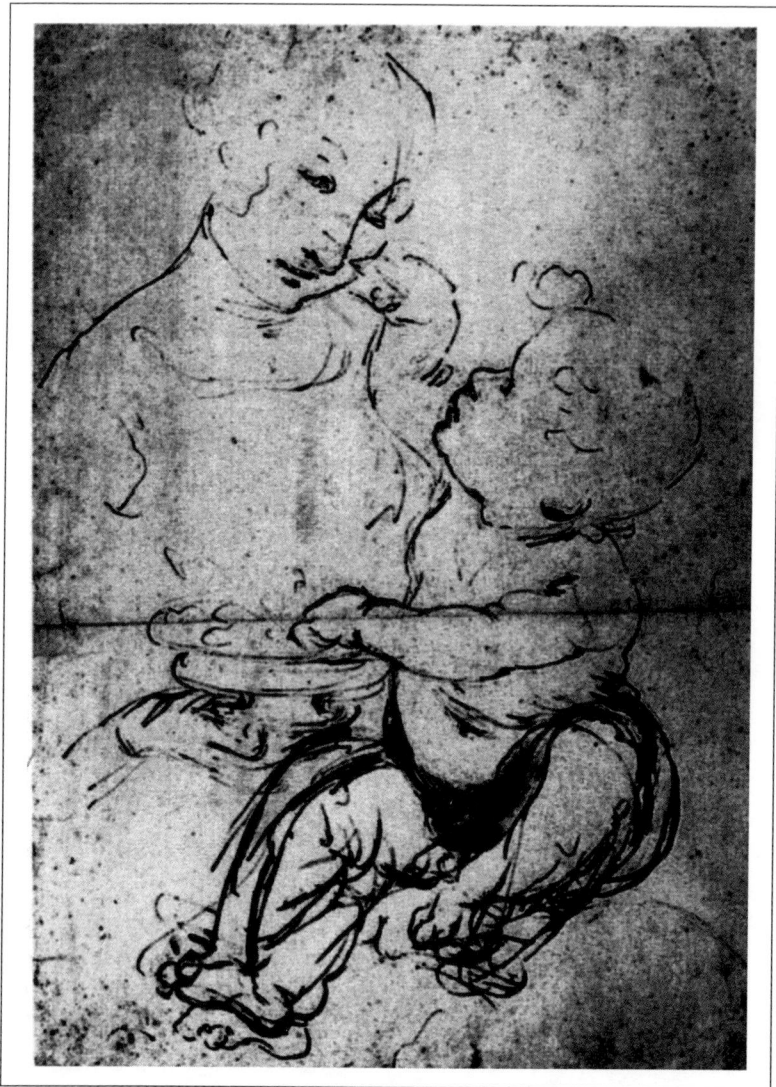

《为〈果篮圣母〉所作的习作》
（佛罗伦萨，乌菲兹美术馆）

在莱奥纳多的一生中，这是关键时刻：尚在少年时代的他离乡背井，离开了家乡芬奇镇，来到佛罗伦萨。

我试图展开我的想象力，想象他当初看着那些耸立着尖塔的棕色高墙，它们包围着城市，高墙外筑有防御工事的房顶，尖顶的钟楼，和拥有清晰线条的圆屋顶。他大概需要耐心等待一会儿：盐税局的职员正在每扇门里检查行李和小车上载的物品。

他大概走下阿尔巴诺山南坡，然后渡过阿尔诺河，到了恩波利，再顺着山谷走，这是最短的路程了：经过蒙特卢坡、戈拉·德拉·贡弗利纳、马尔曼提尔、拉斯特拉，到达佛罗伦萨。

如果他走的就是这条路线，那么他经过四十到四十五公里的行程后，就由圣费瑞阿诺港进入佛罗伦萨。过了海关闸门，沿着圣马利亚·迪·维尔扎亚走，运输道路被车轮碾得凹凸不平，但很快取而代之的是石板骡蹄声得得，这儿看不见一棵树。他穿过卡莱亚桥，由奥涅桑提镇进入城市喧闹的矿产中心，直到靠近圣费伦泽广场的普列斯坦扎路，他的父亲皮耶罗·达·芬奇先生在那儿租了一套房。

大概他已经由父亲陪同来过佛罗伦萨了，他的父亲是位公证人，多年下来，已招揽了一大批顾客。但这次出门并非游玩，也非暂时的拜访，他家离开芬奇镇是为了在托斯卡纳定居。

从乡村进入城市，对父子二人的意义截然不同。对于父亲皮耶罗先生而言，这代表着一种胜利，几乎是得偿所愿。对于年少的莱奥纳多来说则恰恰相反，这意味着离开母亲，离开大自然：高山、小山冈、树林和田地——他自由自在度过人生最初时光的地方——童年因此戛然而止。今后他必须进入社会，努力谋得一个位置：他已经到了当学徒的年龄了。

切斯特顿在他的关于威廉·布莱克的随笔里说过，每件事都是由前事引起，严肃的传记都应该从天堂的亚当说起。

托斯卡纳的档案馆没保存年代那么久远的资料，但它们可以追溯到1300年的莱奥纳多家族史。

达·芬奇家第一个有记录可考的祖先是他的曾曾曾祖父米歇尔先生。米歇尔先生采用了出生的乡镇的名字作为他的姓：芬奇。他是公证人，和莱奥纳多的父亲一样，在14世纪初，他第一个举家移居佛罗伦萨。他的儿子圭多先生①子承父业，住在佛罗伦萨，也是公证人。米歇尔先生的孙子皮耶罗先生，在同名人当中第一个继承祖业：他娶了佛罗伦萨一个富有资产者为妻，也做了公证人，并担任了共和国掌权官，在公职方面可说是声誉颇荣。

三代人都是法律界人士，在首都成了名门。但世代相传的链条突然断了，莱奥纳多的曾祖父于1417年去世，他的遗孀选择住在佛罗伦萨，

---

① 圭多于1413年成为共和国公证人，他有两个儿子：皮耶罗，莱奥纳多的曾祖父；乔万尼，也是公证人，和一个名叫洛特里娅·贝加努吉的女子结婚，死于巴塞罗那。

但他的继承人安东尼奥不按家庭传统行事，宁愿退隐到他的祖先保留的芬奇镇这块穷乡僻壤来，过乡巴佬的平静生活。他心满意足地娶了公证人的女儿露西亚——皮耶罗·佐西·德·巴凯雷托先生的女儿①。这里我们称他"先生"，但他在正式文件中无权获得这称呼。一切都似乎证明他没有文凭，他从未从事过正式的职业，他也没有农民的头脑，几乎没考虑过扩大土地的事。他把事务都交付给他的佃农去管，勉强维持生计。他是食利者，容易满足。此外他很大年纪才结婚，而且好像是出于职责才娶妻的。他的第一个孩子（即皮耶罗，莱奥纳多的父亲）出生时他将近五十岁，他的孙子出生时他八十岁。

我们不知道安东尼奥不肯继承祖业的原因，是法律考试不及格，还是因为什么丑闻必须离开佛罗伦萨？因为什么政治事件？——看来这又不像他了。也许就为了很简单的理由：他喜欢乡下简朴的生活？（他在乡下也真是过得很满意，因为他将近百岁才去世。）

莱奥纳多的父亲和祖父的性格爱好有天壤之别。他的父亲皮耶罗活跃、野心勃勃、风流成性。他似乎打算重拾他祖父的事业。他用的是他祖父的名字，祖父咽气时把一切都留给了他。他很年轻就重新举起了公证人职务的火炬。他引诱了一位乡下姑娘，却娶了佛罗伦萨的女子，然后又娶了另一个（总共娶了四个），他首先在比萨和皮斯托亚建立他的业务网，很快就在佛罗伦萨找到业务。而佛罗伦萨是他的目的。最后他在该城拥有了能保障生活的主顾——包括几个密友，一座修道院等等。由于他的努力，芬奇家族又找回了一点从前的光辉和活力。他在普列斯

---

① 露西亚的父亲是一个佛罗伦萨公证人，祖籍在阿尔巴诺山地区，因此也就是芬奇镇附近。

坦扎路 ① 租的套房的窗朝向政府所在地领主广场背后。在城市的钟塔的阴影下，一切希望都在积聚。如果他的父亲没有背叛他们祖传的理想，没有放弃对荣誉的追逐、退到芬奇葡萄田里过孤独闲逸的生活，他们家的情况会如何呢？他想，共和国不久就会召唤他，要他为它服务的。他又想，他不久会有另一个儿子，他也会做公证人，谁知道呢，也许他的目标更高。因为莱奥纳多是私生子，而按法官和公证人行业的法规，私生子是不能从事这些高尚职业的，就和掘墓人、神父、犯人（哪怕忏悔了也不行）一样，因此他需要有另一个儿子。

莱奥纳多也不能做医生和药剂师。因为同样的理由，他也不能上大学。到了佛罗伦萨，他知道所有重要的职业都禁止他做。②

许多传记的作者都有意弱化私生子地位对莱奥纳多生活的影响。他们说，私生子在复兴时期的意大利绝不下贱。他们提到意大利皇室私生子数目众多，而且享有充分权利，令菲利浦·德·科明尼斯 ③ 深感惊讶。他们还提到埃涅阿斯·希尔维奥·皮科洛米尼，这位博学敏感的诗人，后来成为教皇，他在《评论》中说，意大利半岛的大部分爵爷都是"在婚姻的纽带之外出生的"。他们还列出长长的一列名单，名单上都是当时著名私生子的名字：建筑家和画家阿尔伯蒂，他的作品对莱奥纳多不会没有影响，还有人文主义者拉图斯，那不勒斯的费兰特国王，画家利

---

① 普列斯坦扎路，也就是今天的孔蒂路。佛罗伦萨和米兰的莱奥纳多故居如今没有留下一砖一瓦。
② 耶若姆·卡丹（他解出了一元三次方程，解法以他的名字命名为卡丹公式）就因为其私生子身份而无法进入米兰医学院学习。
③ 菲利浦·德·科明尼斯，先后担任路易十一、查理八世和路易十二的大使，他在回忆录中写道："在意大利，私生子和婚生子的区别不大。"

皮，"弗利母老虎"卡泰丽娜·斯福尔扎……

　　不错，在意大利，私生子的境遇似乎明显要比欧洲其他地方更为优越，没那么下贱，更易让人接受。但15世纪及后来的几个世纪，私生子的父亲是贵族或名门望族，和其父是平民或今天称之为中等阶级的境遇就大不相同了。

　　阿拉贡的阿方索五世，他的儿子那不勒斯的费兰特没有因自己是私生子而在当国王时吃到什么苦头；利皮这个"最和气的人"是画家的儿子，最终也成了画家，尽管也是私生子，受的罪却不如因父亲是放荡的僧侣受的要多些（在瓦萨里写的有关他的传记中，作者说利皮成功地以自己的行为、作品和模范行动洗刷了他父母犯的错误留给他的污点①）。但资产者即中产阶级，情况比豪门或平民百姓的更为复杂。为了保住本阶级的特权，为了出人头地，为了自我保护，资产阶级创造了不少的清规戒律，这些规矩被上层人蔑视，下层人却弄不懂。佛罗伦萨所谓的"职业"体系也由此而来，资产者很快就展开了竞争，"一流职业"（所谓高尚职业）与"二流职业"（包括所有小职业：肉店主、铁匠、鞋匠、小商贩、零售盐商、木材商、石匠、锁匠、制绳工、旅店主、油商、皮革商）之间产生了矛盾。

　　一流职业是城市的灵魂，城市的繁荣全仰仗它们。城市的设立依据的也是这些职业模式。首先是商人的职业，或称为"卡里马拉"，把法国、西班牙和英国的粗被单变成细被单，把这门手艺变为职业，染上新染料，然后把这种佛罗伦萨的布料再卖到整个欧洲，甚至卖到土耳其。

---

①　"某些人自从出生起，便背负着父母之过带来的包袱，为弥补这一过失，他们终其一生都要谨小慎微、谈吐得当，无论个人言行还是创作作品都力求杰出……"瓦萨里1568年版本的《名人传》中在费利皮诺·利皮——菲利普·利皮修士的私生子——的传记部分，有这样一个道德说教的前言。

（"卡里马拉"得名于搞这一行当的店铺所在的街道，这条街叫卡尔·马拉，即在一个"糟糕的地方"做这行当的意思。）然后是跟卡里马拉有关的羊毛业，还有丝绸业——从1148年起，在西西里的罗杰从东方进口桑蚕之后兴起，还有制革业、兑换商和银行家，有了他们之后又发展起了佛罗伦斯的对外贸易——尤其是卡里马拉的基本生意。还有些职业包括医生、药剂师、垄断黎凡特地区香料的化妆用品商、化学品商人——不特定的画家团体向其购买颜料、油彩和其他必需的原材料，从而依附于这个行业。最后是法官和公证人的职业——"这些执掌金钱的人"在莱奥纳多所在的时代占行业等级的第一位。

然后，后面还有许多别的不能提高社会地位的职业，即二流职业，数目随时间变化，行业领域仅限于城区，不能提高城市的声誉。每个公民都有义务在登记册上登记从事的职业，而二流职业没有一项属于高级的职业，比如面包商就因此遭人蔑视，因为据说这个行业是所有行业中最容易进入的。[①]

如果私生子不是出生在百姓家，而是出生在佛罗伦萨的大家族，如奥比奇、孔蒂或卢切莱（比如朱利奥是朱利亚诺·德·美第奇的私生子，于1522年被选为教皇，称为克雷芒七世），就有希望在这个资产阶级的共和国获得不低的地位。相反，一个小公证人的非婚生孩子刚从农村出来，家庭的财产有限，就不能挑战禁令或打破一般人的成见，还得打消出人头地的念头。（在这样一个"穷人不比牲口强"的国家里，没有财产的人命运是悲惨的。）要走成功之路，就必须走其他人不热衷的路：如服军役（许多雇佣兵都是私生子），做文人，做美术家。

---

① 佛罗伦萨的面包供应实际上经常很紧张，对于面包制作行业的蔑视其实源于人们对利用货物稀缺而进行投机买卖这一行为的鄙视。

如果莱奥纳多是他的合法儿子，我们可以打赌，皮耶罗先生肯定逼他跟自己一样从事公证人行业，至少逼他从事一项一流职业。根据大家知道的莱奥纳多的爱好，也许他不会拒绝成为医生……在画家和雕刻家中很少有资产者出身的：曼贴那是农民的儿子，乌切罗是肉店老板的儿子，波提切利是皮革商的儿子，迈亚诺是石工的儿子；有些人出自最贫寒的人家，如波拉约洛兄弟（他们是家禽商的儿子，姓氏也因此而来），还有佩鲁贾，他从在一位艺术家的家里做仆人开始了自己的职业生涯。许多人是画家或金银匠的儿子，如吉贝尔蒂、拉斐尔、皮耶罗·迪·科西莫。很少有人像巴尔多维内蒂那样，心甘情愿地放弃父亲传给他们的有利可图的生意而献身于绘画事业。出身和莱奥纳多差不多的米开朗琪罗因为违背家庭的意愿去从事让家人蒙羞的职业，而遭到了鞭打和惩罚。

既然皮耶罗先生不以任何方式阻挠莱奥纳多的画家生涯，那就是说，在他看来，莱奥纳多不是他合法的儿子。儿子到了佛罗伦萨，他就安排这个儿子做学徒，除此以外，他还能让他干什么呢？

莱奥纳多当时十四五岁，没人知道他的准确年龄。也许他和牧羊少年乔托一样，喜欢在扁石头上面涂画动物和植物，何况公证人的家里也不缺少纸张，他喜欢在家里用铅笔画熟人的肖像……为人父母者常常不是公正的评判官，皮耶罗是个考虑周密的公证人，他把儿子画得最好的画收集起来，拿给一位非常严肃负责的艺术家，也是他朋友的安德烈亚·德尔·韦罗基奥看（这位朋友是美第奇家族的供应商），他想听听这位专家的意见，看他的儿子有没有可能从事绘画这个职业。

瓦萨里说，韦罗基奥"极为赞叹这些大有前途的习作，鼓励皮耶罗让儿子学画"。

皮耶罗大概也没犹豫很长时间，既然韦罗基奥愿意负责此事，他怎么会不愿意安排儿子到他的画室里呢？怎么会不愿意把儿子交给这位专家呢？

　　莱奥纳多出生时，命运并未眷顾他。他出生于 1452 年，准确地说是这一年的 4 月 15 日，星期六，"夜里 3 时"，即按当时钟点表示法算，从玛利亚时，即太阳落山的时候算起是在 22 时 30 分。

　　莱奥纳多的祖父安东尼奥在莱奥纳多高祖圭多的公证书的最后一页下面记下他孙子出生的情况（他长期保留这个习惯）："1452 年，我的孙子诞生，他是我的儿子皮耶罗先生的儿子……"他没记下孩子母亲的名字，私生子的遭遇都是如此。但给莱奥纳多洗礼的神父的名字是皮耶罗·迪·巴托洛梅奥·迪·帕涅卡，参加洗礼仪式的还有其他五男五女，他们都是邻居，是镇里的知名人士 。①

　　莱奥纳多出生和成长的房子、出生时的情况和采取的方式，他祖父写的几行字中都没有提及。

　　莱奥纳多出生在安奇亚诺农场②，离芬奇镇二三公里远。或按当地人的大致说法，他出生在芬奇镇那间今天已被摧毁的房子里。这房子是

①　"1452 年，在 4 月 3 日，星期六，晚上 3 点，我的孙子——我儿子皮耶罗的儿子出生，名为莱奥纳多。由芬奇镇的教士皮耶罗·迪·巴托洛梅奥为他洗礼。到场的有帕皮诺·迪·南尼·班迪，梅奥·迪·托尼诺，皮耶罗·迪·马尔沃托，纳尼·迪·温佐，德国人阿里戈·迪·乔万尼，丽莎·迪·多美尼戈·迪·布雷顿夫人，安托尼娅·迪·朱利安诺夫人，尼科罗萨·德尔·巴尔纳夫人，纳尼·迪·温佐的女儿玛利亚夫人，琵帕·迪·普列维克涅夫人（纳尼·迪·温佐的夫人）。"这一文件由埃米尔·莫勒在 1939 年发现，现由佛罗伦萨档案局收藏。

②　芬奇一家在莱奥纳多出生三十年之后才买了安奇亚诺的农场。但是卡泰丽娜不能在皮耶罗家里生产，因为当时他正要迎娶阿尔贝耶拉，所以对一个年轻女子暂时住在安奇亚诺农场，没有任何反对声音。无论是当地风俗和资料，都没有显示她遇到了什么障碍。这一农场已经被大力修复过，如今可供游客参观。

不是位于俯瞰镇子的小堡垒脚下，在神父的房子和马蹄铁匠的打铁铺之间？他是由他母亲还是由父亲家养大的？他的生母是谁？我们只知道她名字是卡泰丽娜[①]，据无名氏嘉迪阿诺说，她"出身良家，教皇派"（这不能说明什么问题）。这个女人在皮耶罗先生的生活圈子里地位如何？知道她怀孕的消息，他们的反应如何？村里人又有何反应？——芬奇镇素来是个小村庄。莱奥纳多的出生是家里人的喜事，还是丢脸的事？

弗洛伊德之后很多历史学家和精神分析家长期探讨这些问题（其中某些问题是很重要的，一个人如果不得已在见不得人的环境中长大，他的一生都会受到很大影响），但都没有结论。

安东尼奥记录孙子诞生情况的笔记在20世纪初还没被人发现，当时大家只知道1457年的税务声明，那上面写道，私生子莱奥纳多，五岁，住在祖父家。弗洛伊德假定说，如果莱奥纳多原以为自己是合法儿子，由母亲抚养了几年，突然被移送到父亲家，被迫与母亲分离，并意识到自己是非婚生子，就会遭受精神创伤，其后遗症会影响到他的生活和作品。这个论断以其新颖性和朴素性为人所注意——虽然它长期被艺术史家忽略、争论，直至走向了极端。[②]于是我们对莱奥纳多的童年生活的认识是倒退而不是加深了。

不求助于精神分析，而只是凭我们拥有的一些有关莱奥纳多的资料和对他所在时代的深入研究，单凭简单的感觉，我们至少可以想象他的

---

① 在托斯卡纳地区的档案里，至今还未发现任何卡泰丽娜家族——人们很不幸地忘记了她的父姓——的痕迹。在当时芬奇镇附近登记在案的众多卡泰丽娜中，没有一个符合莱奥纳多母亲的条件。是不是因为她太穷而未被记入地籍册？

② 对弗洛伊德的文章最猛烈的攻击来自艺术史专家麦耶尔·夏皮罗，他写了《莱奥纳多和弗洛伊德》（芝加哥，1956），艾斯勒医生则以《莱奥纳多·达·芬奇：心理分析学分析》（纽约，1961）回应。

童年的大致情况。

　　首先我们可以说，他的童年与一般人的童年不同，他必须一开始就面对较为复杂的环境。

　　出生时，父亲家的成员包括祖父安东尼奥和祖母露西亚，他们的年龄分别是八十岁和五十九岁，他们的三个孩子：大儿子皮耶罗二十五岁，已经是公证人并雄心勃勃，经常不在家，或在比萨或在皮斯托亚或在佛罗伦萨；小妹妹维奥兰特，出生于 1433 年，已嫁给了一个名叫西蒙涅·达东尼奥的人，不住在芬奇镇了；最小的是弗朗切斯科，十六岁，他和祖父一样，胸无大志，登记的职业是丝绸业，却只满足于管理田产。（最小的孩子是朱利安诺，听说夭折了。）

　　就在莱奥纳多出生那年，他的父亲"明媒正娶"了一个佛罗伦萨的女资产者，十六岁的阿尔贝耶拉·迪·乔万尼·阿玛多利。他的父亲当时是否与私生子的母亲卡泰丽娜断了关系，还是除了城里的妻子外，仍然与芬奇镇的情妇继续交往，偶尔回去探望探望？

　　后者看来不大可能，即使父亲还保持与情妇的关系，也不可能长久。卡泰丽娜当时已大约二十二岁，可能是农家女、农业工人或旅馆女仆，在以后的几个月里、至迟在 1454 年也结了婚，嫁给了安东尼奥·迪·皮耶罗·迪·安德烈亚·迪·乔万尼·布提，绰号"爱吵架的人"。他把她娶到家，在离芬奇镇两公里的坎坡·泽皮村的家，马上就生了一个女儿皮埃拉，然后又生了一个女儿玛丽亚，后来又生了两个女儿和一个儿子。

　　莱奥纳多的父母先是不合法结合然后分道扬镳，之后他很快就有了继父、继母、同母异父的几个兄弟姐妹。而生父皮耶罗呢，他的妻子阿尔贝耶拉没给他生孩子——她不是不育，和弗洛伊德认为的

米歇尔·达·芬奇，公证人

圭多先生，公证人，1339 年就职

皮耶罗，公证人，1381 年就职
死于 1417 年

安东尼奥（约 1372—约 1468）无业
配偶：露西亚
（1393—约 1469）

维奥兰特　　弗朗切斯科　配偶：亚历桑德拉
（1436—1507）

皮耶罗先生　　　近 1451 年　　配偶：安东尼奥，人称
公证人（1426—1504）　卡泰丽娜　　"爱吵架的人"，约 1454 年

莱奥纳多·达·芬奇　　皮埃拉，玛丽亚，
（1452—1519）　　丽莎贝塔……

—非婚生—
配偶：1452 年，阿尔贝耶拉·迪·乔万尼·阿玛多利
（1436—1464）

配偶：1465 年，弗朗切斯卡·迪·朱利亚诺·兰弗切迪尼
（死于 1473 年）

配偶：1475 年，马格丽塔·迪·弗朗切斯科·迪·古格列莫
（1458—约 1483）

安东尼奥　马达莱纳　朱利安诺　洛伦佐　维奥兰特　多美尼克
（生于 1476 年）（生并死于 1477 年）（生于 1479 年）（生于 1484 年）（生于 1485 年）（生于 1486 年）

配偶：约 1486 年，露克列兹娅·迪·古格列莫·柯尔提吉安尼
（1464—1520 之后）

玛尔格丽塔　贝内代托　潘多尔弗　古格列莫　巴托洛梅奥　乔万尼
（生于 1491 年）（生于 1492 年）（生于 1494 年）（生于 1496 年）（生于 1497 年）（生于 1498 年）

皮耶利诺·达·芬奇
（雕刻家）

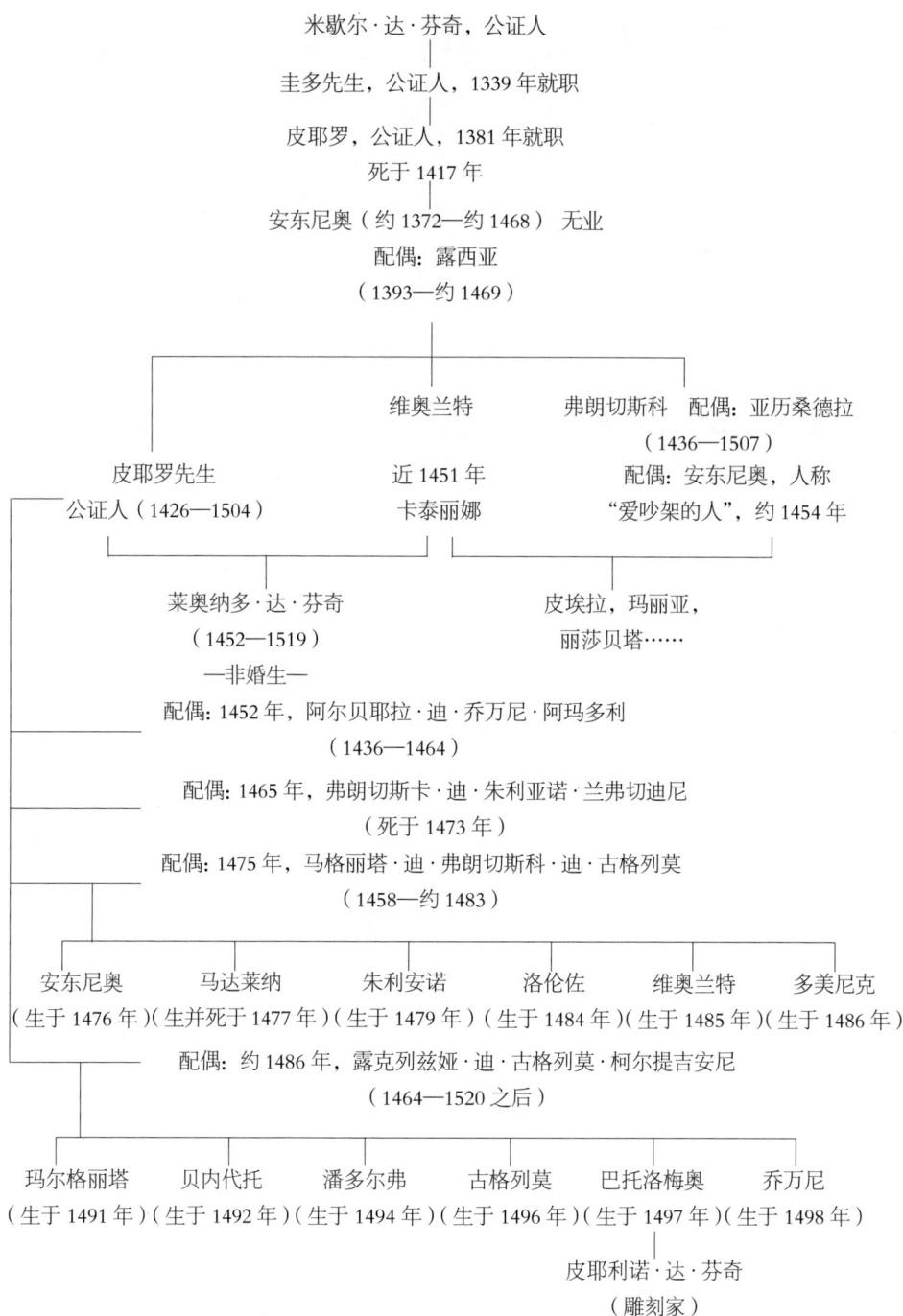

达·芬奇家族族谱

相反，她是在 1461 年 6 月 15 日在佛罗伦萨难产死的。（皮耶罗的第二任妻子也没给他生孩子。到了 1476 年，莱奥纳多二十四岁时，皮耶罗第三任妻子才给他生了第一个合法孩子，从此他弥补了迟生孩子的遗憾，之后平均每两年出生一个孩子：第三任妻子生了五个孩子，第四任生了六个。）

关于莱奥纳多出生前的事，有很多种可能。二十二岁的卡泰丽娜应该是经常去找热情活跃的皮耶罗，但她为什么一直没有出阁呢？托斯卡纳的姑娘早婚：莱奥纳多的第一位继母阿尔贝耶拉结婚时十六岁，第二位弗朗切斯卡结婚时刚满十五岁。我们还可以想象卡泰丽娜秀色可餐，她的孩子继承了她的美貌。莱奥纳多想起他的母亲时，在笔记中写道："你没有见过山区的农妇吗？破衣烂衫，素面朝天，天然风韵却远胜浓妆艳抹的女人。"皮耶罗也许是村里的采花贼，又精明过人，不会笨到为了一个丑婆娘而败坏门风。那么他曾经深爱过卡泰丽娜只是后来变了心？她没有抱怨过他"诱奸"，也没有指责他强奸的记录，而当时意大利的档案里其实充塞着这样的文件。在莱奥纳多的一份笔记里，我们发现了很缺少科学根据的说法，比如："性交时，男人若谨慎持重或对女方抱蔑视态度，生出的孩子脾气暴躁，不值信任；如双方情欲浓烈，其孩子聪慧绝伦、才智过人、漂亮活泼。"①非常明显地影射其非婚生子女的出身（他们不是理性婚姻的产物，而是情欲的产物）。这些话对于达·芬奇的同父异母的兄弟姐妹来说，不像是顺耳的话，事实上，他和他们的关系也一直不太好。达·芬奇一定问过他周围的人，他在年少时是否就听说过父母的风流韵事？他会不会因自己是热烈情欲的结晶而骄傲？

---

① 莱奥纳多的这番话记在一个解剖板上，现存于魏玛城堡。这显然表现了当时流行的观点，关于私生子——就像司汤达所说的"爱神之子"——的普遍看法。

但后来呢？兴奋与自豪破灭了。正如当时的埃涅阿斯·希尔维奥·皮科洛米尼在他的小说《欧里阿尔》中所说："爱情的杯里盛的黄连比蜜糖多。"皮耶罗嫌弃卡泰丽娜了？他和她的关系冷淡了？还是他在她怀孕生子的时候无情地抛弃了她？因为她没有帮夫命？还是日渐兴旺的业务召他返回佛罗伦萨，而他在那儿遇到了一个姑娘，能给他带来丰厚嫁妆，她的父母也能助他在托斯卡纳的首都更稳固地立足？在那个时代，对利益的考虑在多数男人心中都举足轻重，这也解释了为什么会诞生那么多非婚生的孩子。但是，如果你们同意皮耶罗在与卡泰丽娜山盟海誓之后为了自己的前途牺牲了她，那我们也可以推测，由于内疚或害怕招来非议，他赶紧撮合他的情妇和某个邻人，以弥补他的过错。这就能解释卡泰丽娜为什么那么快就嫁了出去，尽管她已失足，又有二十二岁了。"爱吵架的人"和芬奇家的人并不陌生：1449 年至 1453 年间，他是村里的石灰煅烧工或建炉工，还有，他家在坎坡·泽皮村的土地接近安东尼奥·迪·里奥纳多的产业，那人是佛罗伦萨的望族洛伦佐·利多尔菲的女婿，而安东尼奥的管家又是莱奥纳多的某个教父。我想，是不是为了纪念这位安东尼奥·迪·里奥纳多，达·芬奇家才用了他的姓，而不是按当时习俗，在老大洗礼时用已故亲人的姓？[①]

精明的皮耶罗甘愿接受的这一和解办法，也许是他的父母提议的。像安东尼奥和露西亚这样上了年纪的老人，第一个孙子即使是私生子，又是门第不高的女人所生，对他们来说也是喜事，孩子是他们暮年的安慰。安东尼奥在他的文件中记下孙子的出生和参加洗礼的证人的人数，丝毫不觉羞愧（仪式在白色礼拜天的圣克罗齐堂区教堂举行），这就算

[①]　在托斯卡纳，人们通常以过世的长辈的名字给小孩取名。所以，皮耶罗先生（他自己也是某个皮耶罗的曾孙）第一个合法的儿子和爷爷的名字相同，取名为安东尼奥。

不是出于做祖父的自豪，也是因为他愿意承认这个孙子，并给予他家人的待遇。

　　但祖父母不能马上把孩子接回家。那个年代还没有人乳的代用品，婴儿需要母乳。请乳娘吗？这办法在文艺复兴时期是很常见的，但那是富人的特权。芬奇家并不富裕。皮耶罗的业务刚起步，家里的开支来自几块种葡萄、橄榄、小麦和荞麦的土地，只能勉强维持温饱。唯一的女仆要管家务，每年的工资只有 8 个弗罗林。为什么要增加额外负担和无谓的开支呢？[①] 按推测，莱奥纳多是交给母亲养的，作为交换条件，她住在离芬奇家几百米远的地方，他在母亲身边一直生活到断奶。当时吃奶的时间大约是 18 个月。（14 世纪初，道德家巴伯利诺在他的论著《女性服饰和摄生法》里提倡哺乳期为两年。）然而差不多刚过完这段时间，卡泰丽娜就嫁给了"爱吵架的人"，和他一起住到坎坡·泽皮去了。是意外的巧合？还是在催逼之下，经过了再三的考虑，也许是合同中断，总之孩子断奶、完成了做母亲的工作后，卡泰丽娜把孩子还给了孩子的父亲家。她可以和"爱吵架的人"[②]结合，尽管这位对象的外号不好听，却不失为好丈夫：他的父亲有农场，还有收益不错的几块地。

　　有关莱奥纳多的青年时代，传统的编年史家举出三条芬奇家的报税记录：一条是 1457 年祖父的；一条是 1469 年奶奶露西亚的；一条是 1470 年皮耶罗在佛罗伦萨的，而不是在芬奇镇。人们一直以来从这三份文件推断莱奥纳多进入父亲生活圈子的年龄，尤其是他到达托斯卡纳首

---

① 　在莱奥纳多出生前几年，芬奇家的田地出产了 50 蒲式耳小麦，26.5 量桶葡萄酒，2 瓶橄榄油，6 蒲式耳荞麦。出产不多。

② 　这个绰号在当时的雇佣兵中很常见。卡泰丽娜的丈夫是否曾经参过军？他儿子后来在比萨因为被臼炮击中身亡，是不是也说明了家里有从军的传统？我从中倒是看到了一个脆弱的婚姻关系：通常说来，结婚只不过是为了"好过没结"。

都的年代。但非得看报税记录吗？

1457 年，为了减税，安东尼奥声明孩子由他家抚养。他把孙子列入地籍册，说孙子是需要他负担的"人口"。为了说服当局，为自己的声明寻找法律依据，他强调他的孙子是"卡泰丽娜所生，她如今是'爱吵架的人'的妻子"，因为按当时实行的法规，非婚生子女要减免税金，必须符合税务检查局的特别条例。从皮耶罗签名的报税账目来看，他们家的减税要求遭到了拒绝，1469 年还是如此。（可见，曾有历史学家提出的芬奇家出于减税这斤斤计较的打算才把孩子要回来的说法并不正确，我们不应过于抹黑他们的面目，他们也许很无情，精打细算，但考虑利益不等于他们没有责任感和亲情。）

1285 年一个叫作波尔戈·利纳尔第的人建议实行公平的地籍制（il catasto）①，1378 年正值人民起义即羊毛工人骚乱爆发，经激烈的讨论，该制度于 1427 年在整个佛罗伦萨实行。它对动产、不动产、商贸活动与职业活动的收益、现金和债券等进行全面清点，根据各家各户的全部财产决定扣除房屋价、贸易基金、债务以及每人应缴交的 200 弗罗林，来判定生活所需费，其余称为"过剩财产"，需缴税 1.5%，这样芬奇家在 1457 年给税务机关缴纳了 7 个弗罗林。

对于研究者来说，详细登记这些账目的册子成了非常好的信息来源。然而它们提供的资料的准确性却很有限。一方面，那时候的意大利和今天一样，人们偷税漏税也不觉羞耻；另一方面，清点工作也不是每年进行，日期不定，随意变动。芬奇家早期的声明可上溯到 1450 年，

---

① 马基雅维利在《佛罗伦萨历史》中说："为了实行配给，对所有公民的所有财产进行了计算，并累计得出总数。"这被佛罗伦萨人称之为"堆积"（accatastare），于是这个税被称为 il catasto。

芬奇到坎坡·泽皮的距离并不远，沿着湍流走，经圣盘塔龙小村，走过卡尔塔亚小径，向北通往"爱吵架的人"的父母的农场。一个强壮的男孩子赤脚走这条路，至多用半个钟头。

"爱吵架的人"家在盘塔龙村有一座小教堂，其余的田地附属于芬奇镇。莱奥纳多的生母卡泰丽娜如果是芬奇镇人，应该还有父母和女友在村里。这地方狭小，山冈环抱，所有的居民关系密切，虽然谁也说不准莱奥纳多与生母是否经常聚首，但不难想象他们不难见面，机会多的是，如节日、洗礼、市集……他们想什么时候见就什么时候见。芬奇家和卡泰丽娜夫家的关系似乎也加强了。1469 年，安东尼奥租了个炉窑，它就在恩波利大路上，以前"爱吵架的人"曾在那儿干过活。1498 年，皮耶罗把他负责抚养的一个已故叔叔的女儿嫁给"爱吵架的人"的近亲，那个人叫多美尼克·迪·瓦查。——"爱吵架的人"家似乎储备了不少夫婿，芬奇家有了难处，就可以到他们家随意挑选。

莱奥纳多对几个继母的感情尽管很复杂，但都算司空见惯的"典型反应"。不管他是拒绝她们还是接受她们，我们都不难想象他的态度。但他对生母的态度却模糊而痛苦，所以要说清楚并非易事。莱奥纳多和父亲的第一任合法妻子阿尔贝耶拉相处并不太难，她几乎不干涉他的日常生活。父亲的第二任妻子弗朗切斯卡结婚时才十五岁，比他大不了一岁，更像他的玩伴而不像后母。最后两个后母玛格丽塔和露克列兹娅显得老成持重，让他觉得有点冷淡，他在信中称她们"亲爱的母亲"——尽管她们比他年轻，但历经多年修炼，他已学会戴上一副假面具了，彬彬有礼，和蔼可亲（他那古代智者的面具）。他学会了隐忍、克制冲动，把他的天性深理在严格遵守社会习俗中。但他对生母的态度如何呢？

我们在他的笔记里读到这样的句子："说吧，告诉我，那边的情况怎么样了？那个卡泰丽娜想要做……"如果这句不完整的话说的是他母亲

（有这个可能但不一定），我们可以得出结论：莱奥纳多想念她，但态度不太尊敬，他称她为"那个卡泰丽娜"，和她见面时他又怎么称呼她？谈到父亲，他毫不含糊地称他为"皮耶罗先生，我的父亲"。称卡泰丽娜为母亲，他是否就很难开口？他要留下这称呼给皮耶罗的合法妻子？他是否潜意识里认为卡泰丽娜不配称"母亲"？

　　他的生母和"爱吵架的人"结婚后生第一个小孩时，他大概是两三岁，很快，他们的其他小孩接二连三地很快出生。莱奥纳多很小的时候总看到母亲年纪轻轻挺着个大肚子，需人呵护和照顾，同母异父的弟妹夺去了他在母亲心中的位置，侵犯了他的权利。他在村里遇见母亲或在坎坡和她待上几个小时，而弟妹们在合法的父母身边，他怎么能不把自己的境遇、他孤独的原因联系到他的同母异父的弟妹们身上呢？他怎么能不把自己的生父和这"爱吵架的人"做比较：生父前途辉煌，村人都在津津乐道他的成就（尽管父亲和他的感情疏远），而继父一字不识，和许多农民一样，艰苦度日，守着打铁的炉子，汗流浃背地耕田。他会不会责怪他的母亲傻到没嫁成他的生父皮耶罗，却跟了另一个没出息的？

　　莱奥纳多很长时间醉心于研究人类出生的秘密和胚胎的生长（图2.2）。他不止一次写道："唯一的灵魂管着两个躯体。"（母体和胎儿的）他认为："欲望、惊吓和痛苦，这个小生灵都能感受到，一如肢体能感受一样，因此母亲想要的东西会在她怀的孩子身上产生影响，一阵突然的惊吓会同时杀死母亲和孩子。"莱奥纳多出生的那一年，他的父亲却在佛罗伦萨另攀高枝，与另一个女子结亲，他是否抛弃了卡泰丽娜？在卡泰丽娜怀孕时，他把自己与别人定亲的事告诉她了吗？我们可以想象卡泰丽娜在得知这消息时的慌乱不安。而另一方面，莱奥纳多则在思看到了超自然的表现、神的参与。在选择从医之前，他曾在艺术和科学之间犹豫过吗？在他的心里是否还存着没做成诗人或小说家的遗憾？他赞赏莱奥纳多·达·芬奇，因为他能够把这两种冲动结合起来，既能从事科学研究又能进行艺术创作，而且两者都获得同样的成功（尽管他认为，其中一项最终压倒了另一项）。

弗洛伊德觉得自己与莱奥纳多这位"谜一样的伟人"有不少相似之处。在没有出名之前，他已明白自己的作品不会为时人所了解，就像莱奥纳多的作品，直到 19 世纪才引起人们的兴趣。某些性格的特点、对知识如饥似渴的追求，他觉得都像莱奥纳多……从 1898 年起，莱奥纳多的名字出现在他的通信中。1907 年，他在他最心爱的十本书中列出了梅列日科夫斯基的小说《诸神的复活》（为了挣钱，他经常写虚构作品，大概是他自己研究出来的内容）。后来有人看见他读瓦萨里的书，然后是佩特关于文艺复兴（尤其是有关《蒙娜丽莎》）的文章；他借阅了许多有关达·芬奇的书，还在意大利搜罗在奥地利弄不到的书，经过巴黎的时候，他在卢浮宫里久久地瞻仰大师的作品。

1909 年，他给一位病人看病，这位病人"不及达·芬奇才华横溢，但体格与达·芬奇相仿"，于是弗洛伊德为他设计的治疗方案与治疗达·芬奇如出一辙。目的何在？他说他试图解释莱奥纳多在性生活和艺术生活中的压抑现象：为什么达·芬奇留下那么多未完成的作品？他以达·芬奇在笔记中提到的一则古怪的回忆为出发点，做出了解释（参照病人给他提供的相似的情况），对达·芬奇这位艺术家的青少年时代得出了结论（使用的办法像是古生物学家的：凭一块下颌骨或一条胫骨推演出整个恐龙）。他试图把艺术家生平中某些不大清楚的事件、个性里的某些侧面重新串联起来。1910 年他发表了《莱奥纳多·达·芬奇童年的回忆》，他在书中倾注了极大的热情，后来他把此书看作他笔下"最美的作品"。

莱奥纳多在一页涂黑了的纸张反面记下他对鸟类飞翔的观感："像这样详细写到鸢好像是一种宿命，因为我儿时最早的回忆就是它：我躺在摇篮里，一只鸢飞过来用嘴巴打开我的嘴，还在我嘴里拍打了几下。"

弗洛伊德认为，鸟的尾巴是母亲乳房的象征，然后他想说明莱奥纳多为什么选择了这种怪鸟，不料他犯了一个历史学家不能原谅的错误，他当时使用的是达·芬奇笔记的一个德语版本：莱奥纳多使用的词 nibbio（一种鸢）被翻译成了 vautour（秃鹫），而不是 milan（鸢）——弗洛伊德硬把秃鹫和埃及神话联系起来，从而推导出上述大胆结论，未免过于牵强附会。[①]

那么是否要把他的论断统统推翻呢？事实上，即使某些前提是错误的，也并不减少整个推理的价值。有一种惊人的直觉指引着弗洛伊德做出推理，这一点是成功的，我认为这种直觉甚至胜于他的学识，使他用手指触摸到了要探寻的真理。

弗洛伊德第一次把莱奥纳多生活中的非婚生身份这一关键问题，还有他的父母分离的问题公之于众，他说明了是什么冲突扰乱了画家的内心世界，理清了他对生母的矛盾感情——母亲无意中要负起他被抛弃的责任（因此产生了对母亲的敌意）。然后弗洛伊德又指出这就造成莱奥纳多的性压抑、同性恋，甚至拒绝任何性行为；由于精神的高度升华，激发了他的好奇心，加强了他的"研究本能"。但据弗洛伊德说，这也有损于他的艺术创作（当然那也可能是对达·芬奇作品的重大误解）。

———————————

① 1923 年，《贝灵顿收藏家杂志》（刊登了一篇关于弗洛伊德论文的长篇文章）的一个博学的读者首次发现弗洛伊德受翻译错误所害。但是早期人们却对他的看法不加理会。

圣母百花大教堂
（意大利佛罗伦萨）

莱奥纳多年轻的时候，佛罗伦萨是个商贸中心，是意大利最活跃、最繁荣、最开放的城市之一。它的领土几乎覆盖了托斯卡纳，全部人口不超过十五万。这座被司汤达称为"中世纪的伦敦"的城市，从动摇了14世纪中期的严重危机中迅速复苏，在全世界各大城市设立银行商行，平等地处理与法国、神圣罗马帝国、英国等强国的关系（国王们还欠着佛罗伦萨的债）。其实佛罗伦萨许多方面都处于领先地位，是欧洲的灯塔。它非常清楚自己的成功，并胸怀大志，要肩负历史赋予的重任。

　　精力充沛的皮耶罗先生虽然来自农村，是个乡巴佬，却可算是典型的佛罗伦萨人。他们为自己的城市自豪，心甘情愿地谱写出这种感情。佛罗伦萨人自豪于城邦货币的平稳（弗罗林币的一面铸着城市的象征百合花，一面铸着它的保护主圣约翰的像），自豪于它的制度、它的共和制政府、它的自由、它的语言（托斯卡语，意大利语由此发展而来）、它的历史（罗马或伊特鲁里亚）、使佛罗伦萨扬名的伟人（特别是但丁）、它的建筑之美（特别是它的洗礼堂、教堂），尤其以它的"现代化"为荣（"现代化"并非过时的东西），坚定的现代化思想鼓舞着佛罗伦萨：百合花之城进入黄金时代，天真地相信着进步，它的力量一部分成这幅伟大作品的板块现已散落四方，有些在比萨的国家博物馆里，有些在伦敦的英国国家美术馆里，好些已消失不见了。瓦萨里做了精确的描述："几匹逼真的马，漂亮得不能再漂亮了。"祭坛装饰屏下的组画的中央那幅是《博士来朝》，如今收藏在柏林的博物馆里（图 3.1）。大家知道莱奥纳多很喜欢马，所以可以想象当他还是孩子的时候，一定会对这幅马萨乔的画作目瞪口呆，也可以想象正是在这幅作品前，他找到了自己的人生意义。装饰屏的画板在教堂高处的昏暗中消失不见，而下部的画被蜡烛照得通亮，正是视平线的高度—— 一个孩子的视平线高度。他的视线被正在跺脚的不耐烦的马吸引：它们因附近发生的神迹而受惊，以这种方式向上帝之子的诞生致敬；然后他的视线滑到左边，从施洗者圣约翰的受难滑到圣彼得的受难。马萨乔的圣彼得造型很古怪，倒过来，很对称、整齐地被几何空间分割开来。这位教会的奠基人全身赤裸，双臂横伸，双腿叉开，他的样子就像欧几里得某个命题的清晰图解：它特别表现出人由一个圆形和一个正方形组成，四肢被分开来显示其大小，正如人们在达·芬奇最有名的画中看到的。

图 3.1　马萨乔《博士来朝》局部
（德国，柏林国立美术馆）

如果他去比萨（或皮斯托亚、恩波利，或者他已来到佛罗伦萨），莱奥纳多不会在那儿停留多少天。即使他了解这些城市拥有的作品，他也不可能经常去这些地方。

他有其他机会接触、了解艺术吗？在描述某天皮耶罗先生是怎样拿着儿子的画去找韦罗基奥时，瓦萨里特别指出："给他最好的朋友，安德烈亚·德尔·韦罗基奥。"皮耶罗并非如大部分莱奥纳多传里所说的那样，是个迟钝的公证人，他也不只考虑面子和金钱。如果瓦萨里说的是真话，皮耶罗应该经常和艺术家们来往。

1465 年左右，皮耶罗工作和租房的商人行会向韦罗基奥订了一件铜制作品，内容是基督和不信教的圣托马斯（由于谨慎持重，他是法律界人士的保护神），用于装饰奥尔圣米歇尔教堂正面的一座圣龛。[1] 而当时所有重要的订单都要经过公证人之手。两人是否在签合同时结交了呢？

皮耶罗最喜爱的客户就是行会和修道院[2]，它们是艺术家们的主要赞助者。他第一次去结交韦罗基奥大概就出于这样的动机（没有什么资料能说明他们之间关系的性质），但他们之间应该首先是工作关系吧。也没有对莱奥纳多带来什么重大好处。公证人认识艺术家，路上碰到时就打个招呼，皮耶罗大概尊敬他：韦罗基奥作品水准一流，也不是唯利是图的人，他为人正直严肃。但若就此想象有什么真正亲密的关系，

---

[1] 《耶稣和圣托马斯》，大型的青铜雕塑，一直在奥尔圣米歇尔展出。1463 年下了订单，在 15 世纪 80 年代完成，兰杜奇为这一作品写道："我们所能看到的最美丽的作品，人能做出来的最美丽的救世主头像！"对安德烈·夏斯特尔来说，这是韦罗基奥的代表作。

[2] 在 1500 年前，皮耶罗先生这个名字出现在至少十一个修道院的账本上。在莱奥纳多青少年时期，我们已经看到他在为圣母玛利亚会修道院和圣克拉拉修道院的修女们工作。

活①，就和莱奥纳多的继父一样，而且也死于同年。他留下妻子（名叫南尼娜，她不是韦罗基奥的生母，是继母——这又是巧合）和六个孩子（四男二女），留下的债务比财产多。每个女儿得到一所小房子作为嫁妆，韦罗基奥却要负担半个家。他觉得这是赎罪的机会，他非常积极勤奋地埋首于学习和工作中。

莱奥纳多到他那儿学习时，韦罗基奥要帮助他的两个姐妹阿波洛尼娅和蒂塔，还要照料身体虚弱、性情古怪的弟弟，他的弟弟是织布工，无大成就。他还要帮助侄子、侄女，顾不上自己发财致富。他本人没想过娶妻；他没时间也没这个打算。

他的税务登记册写得很感人：他和他的兄弟没鞋穿。（也许是博得收税人的同情，也让他的教父怜悯他们。韦罗基奥后来即使收到很多订单，也常常喊穷。）

从那张画于1485年左右，被认为是由洛伦佐·迪·克列迪所作的肖像画看来，他是个四方脸，有点臃肿、固执，一双明亮充满活力的黑眼睛使得脸孔生动起来。肥厚的鼻子，薄嘴唇不露一点感情——它们不是为表现感情而生的。在这位资产者的脸上没有一点柔和之处，也许除了小下巴有点像女人。在画面下方的双手有点不安分，让人觉得它们因为摆姿势时间太长，急着要去做工。实际上韦罗基奥从不闲着，瓦萨里说他不知疲倦，工场里总有活要干，"好像不干就要生锈"。

他在金银匠朱利安诺·德·维罗奇那儿当学徒，他可能待了很久，不然不会以师父的姓为姓，那是上溯到中世纪的规矩。当时金银工艺的地位并不低于雕塑和绘画，它是要求全面的艺术：它融合了绘画、雕刻、塑形、圆雕术，以及各种各样不同的技术，包括磨宝石和铸金属。这是

---

① 韦罗基奥父亲的炉窑类似于瓦窑或砖窑。

最好的学校，保罗·乌切罗、布鲁涅列斯齐、吉尔贝蒂、基尔兰达约和许多其他艺术家都从金银工开始的①，后来，本韦努托·切利尼在这门艺术上大显身手。

韦罗基奥为大教堂雕镂防水面层的钮状饰，他做过装饰着动物和孩童的银独脚盘，得到了大家的赞赏。但也许是没活干（他在税务登记册上这样说的），或被其他野心驱使，他转行做雕塑了。

他步了多纳泰罗的后尘。②也许他先是他的学生，然后成为搭档。他的老师可能又老又病，便把部分客户给了他。1464年，韦罗基奥负责建造"国父"科西莫·德·美第奇的墓碑，从此，他替代了多纳泰罗，成了佛罗伦萨第一家族美第奇指定的供应商。

这样光荣的订单大概保证了他的名声。工作从四面八方像雪片般飞来。现在韦罗基奥师父扩大了他的业务范围：他以画家、装饰家、雕塑家和金银匠的身份出现。他的工作室，大概也是他的家，在城郊圣安布罗奇奥教区的安涅罗街③，可以满足各种各样的需求。

莱奥纳多在这工作室里度过了十二或十三年，我们不要按毕加索或库尔贝的工作室的样子去想象韦罗基奥的工作室。意大利人非常清楚这一点：这是店铺（bottega），是小手工业作坊——对于拙劣的匠人来说，这就像肉店或裁缝店那样，底楼的铺面对着大街，面对着居民生活的、

① 雕塑家和建筑师也在细木工或者镶嵌工作坊学习，就像朱利安诺·达·桑加罗或者朱利安诺·达·迈亚诺。
② 韦罗基奥肯定受了除多纳泰罗之外的影响（无名氏嘉迪阿诺确认他曾在他手下工作，而加夫里库斯认为他是他的对手），有可能是受了狄赛德里奥或者安东尼奥·罗塞利诺的影响。
③ 在近1550年的一篇新文章中，安东·弗朗切斯科·格拉齐尼把韦罗基奥的作坊地点定在戛博街。似乎15世纪佛罗伦萨的工场常常搬家。另外，韦罗基奥可能有一个铸造厂（这就需要很大一块地方），和一般意义上的工场不同。

孩子玩耍的、猪狗家禽四处走动的佛罗伦萨闹市。

当时的细密画和壁画反映了这类艺术家们工场的情况：一间房间，用石灰粗抹过，没有玻璃（拉制的玻璃稀少且贵）与外界隔开，有时屋檐耷拉下来就是百叶窗和门了。人住的房间在里面或在楼上。工具挂在墙上，混杂在草图、平面图、正在干的活儿当中。小转台和画架混在一起放在工作台上，石磨面对着炉子，好几个人，包括学徒和工人——与师父同吃同住——在那儿干着各种不同的活。

店外挂着几件不起眼的作品，代表这家店的产品，可以当作招牌。佛罗伦萨最著名的工场并不拒绝干今天视为"混口饭吃"的粗活。它们像小工厂，开门就为了做生意，必须尽可能地谋生。瓦萨里提到，多纳泰罗什么活都干过，不管是粗工还是细工；而基尔兰达约呢，他给篮子上过色；波提切利用自己发明的方法给布料和标语染色；他们并不因此感到难为情。画家给箱子、结婚用的碗碟、纹章牌、床头柜、帐篷用的布做装饰，他们给绣工、织布工、陶瓷工画图样，他们不脸红也不隐瞒——恰恰相反——金银匠或雕刻家（有时也是建筑师）做盔甲片、烛架饰、钟、柱头饰，也做家具。

从产品、干活的范围、生活方式说来，15 世纪中期的托斯卡纳的艺术家乍一看和普通的工匠没多大差别。甚至当他们创造了一幅很有价值的作品，他们没想过可以从中谋到大名大利，但也很少想到在上面署名。[①] 他们还没有创造者的概念。他们几乎是集体干活，干完别人没完

---

① 马萨乔第一个在意大利绘画作品底部加上题字（他在一幅卡西亚的圣母子像上用罗马数字署了日期：1422 年 4 月 23 日）。利皮修士在 1440 年在一幅作品上题字，曼贴那 1448 年。但实际上，只有到了 15 世纪末期，在雕塑、绘画作品上签名才开始流行起来。意大利北部比佛罗伦萨要早。莱奥纳多对此完全漠不关心：在一件署着他名字的作品上，我们可以肯定至少这个名字不是他写的。

成的壁画，也乐意把自己弄了几个月的画让给学生去完成，他们不觉得有损名誉。当然，就如当时的哲学家马西里奥·费其诺所说："为了将来，他努力成为被人们津津乐道的名匠。"如果说他们关心自己的名声（他们工场的目的就是为了建立名气），但还没有到要贪图虚名的地步。

在工场里，师傅给予的培训遵循着手工业者的原则。学徒首先是雇工，他们是廉价的劳动力，或者说他们也要以劳力付学费。他们开始干的都是些最低贱的活：购买食品、扫地、清洁画笔、加水和拌石膏、看好煮清漆和胶水的火。通过模仿、重复师父师兄的动作和学习传统的技能，他们逐渐提高自己的水平。

画家琴尼诺·切尼尼在他著名的《艺术手册》中，劝告"狂热的艺术青年"完全听从他们选择的师父：他直截了当地说，要尽可能长时期地"做他们的奴隶"。

从学徒到搭档，再从搭档到师父，适宜的时间是十三年：一年用于"架上绘画"，六年用于熟悉材料——不是买现成的，要自己制造——要学会制刷子、煮涂料、把画布裱贴在椴木板上或柳木板上，认识和调配颜料，几乎每天要捣碾，因为没有颜料管和黏结剂使它们保持在糊浆状态；要会底部贴金，"学掸尘、刮擦、散开、凿槽"；然后再用六年学上色，用"金属腐蚀剂装饰"，做金帷幕，在墙上做工——"无论是开工日还是节日都绝不停下活儿"……

切尼尼那部细致的作品里的189章（他因欠债入狱后，在监狱写的）都表明当时的艺术就是一门职业：切尼尼把他的手册当作细木工的教科书或园艺百科全书。里面没有理论，局限于技术的详细说明。他解释怎样涂黑山羊皮，该怎样画老头的脸、圣母的蓝色大衣、有鱼或没鱼的江河水。一点一滴，他留下自己作为一名认真的手工业者的经验总结。他在书中加插进一些有关卫生和道德的建议，比如对有想象力的学生，他说："你该把你的生活安排得像神学学生一样……吃喝都要有节制，每天至少两次吃煮熟的素面团和本地酒。"宗教把他局限在狭窄的枷锁里，每次开工前他一定要先虔诚地祷告，向上帝、向圣母玛利亚、向圣约翰、向圣路加和所有的圣人祈求，然后才开工。不得不说到比例时，他就用男人的人体作示范，而不用女人的，他说在女人身上找不到任何完美的尺寸。

虽然莱奥纳多进入韦罗基奥的工场时，切尼尼的书出了不过三十年，但他在许多方面属于中世纪末期：作为阿涅奥罗·加迪的学生，他是乔托的最后一个曾徒弟。拿他的书与他的下一辈，在莱奥纳多时代也还健在的莱昂·巴蒂斯塔·阿尔伯蒂的比较，大家会发现时隔一个世纪造成的巨大差异：切尼尼的文章在 1466 年左右就过时了。

事实上，如果有新的问题困扰着艺术家，如果以后的实践家像思想家那样自问艺术的性质或努力给"美"下一个定义，那么技术和技术学习只是进化了而已：它们没有产生根本的变化。这一职业的本质还是一样的。要说明这个问题，只要浏览莱奥纳多的笔记上对油画、金属资铸、建筑的注解即可。莱奥纳多在笔记本里用第二人称，或以切尼尼的方式向假想的弟子说话，他首先采用了食谱语言："拿起你蒸馏的雪松油，把蒸馏油倒进一只大瓶，加水使其显出琥珀色，加上盖子别让它挥发了，等等。"有些句子很古怪："盐可从人类烧过的粪便里制出，煅烧后放在暗处，用文火烤干；马、驴、骡的粪也可用此法制造盐，这些盐一旦蒸馏后，具有很大的腐蚀性。"他真的做过试验？他也不忽视卫生建议，和切尼尼一样，他小心不过度饮食。他写道："酒是好东西，但在饭桌上水更好。"他也不忽视对上帝的祈求："上帝啊，万物的光明，但愿你照亮我，让我能正确地使用光明。"（这些话的确不无幽默意味，但却是千真万确的。这也解释了为何尼古拉·普桑对莱奥纳多的艺术文论集子有着很严肃的观点。他在 1653 年写给阿布拉罕·博斯的信中这样说道："这本书里所有的好东西应该用大字写在纸上。")

切尼尼的教育和韦罗基奥的指导，肯定有很大的不同，爱好、情感、技术本身都改变了，绘画中的石膏浮雕样式已经过时，就如金和锡的装饰模式一样；在北方流派的影响下，人们开始尝试油彩，尤其是人们发现数学的前景并以此自傲，事实上那就是新潮流的主要动力：空间的理解力——但其基础还停留在14世纪。不管韦罗基奥的教学方法有多好——一旦想起他有佩鲁贾和洛伦佐·迪·克列迪这样的学生，他的才能就显得很伟大——也不管莱奥纳多表现出多大的天才，在工场的环境下他接受的教学方法相当机械，学徒谦卑地跪倒在师父的训诫和指导下。在这方面，真正的革命要在三十年后，在下一代艺术家中才开始。米开朗琪罗是第一个不拜倒在任何权威脚下的人，他拒绝加入一家工场，也不另建一个。他觉得集体制作是可耻的事，从开工到完工，他要他的每一个作品都是自己独自完成的。

一旦掌握了职业的基本技能后，学徒越来越多地参与工场的制作活动，并继续观察师父和师兄是怎样操作的。他就这样在协助他人工作中完善自己：他把师父的画搬制在板上或墙上，涂上第一遍颜料，刨平铜板，削石头。然后他成了搭档，随着他的进步，能力也越发出色，他与师父合作的次数越来越多。师父委托他做装饰业务，如他表现得很能干，便把建筑的装饰工程交给他做；或如果他爱好所至，就让他搞植物图案装饰，然后是服饰，画次要人物，最后做整件作品。

这样，从某种程度上工场的生产可以决定在这儿受培训的人的"学习课程"。如果你想了解莱奥纳多在几年的学习时间里的情况，了解他做了什么，他在韦罗基奥这儿学了什么，你只要看看后者的工场那几年出产的作品就够了。

　　莱奥纳多和米开朗琪罗的不同之处，就是莱奥纳多任何时候都绝对服从于师父。他不但在师父的工场完成了常规的学习阶段，轮到他做师父之后，他也没有马上离开韦罗基奥、另立门户，而是作为合作者在他身边待了几年。

　　后来莱奥纳多说过这样的话："不超过老师的学生是平庸的学生。"毫无疑问，莱奥纳多远远超过了韦罗基奥，但也许他当时没有意识到这点。他不会毫无来由地写下这样的话。师父近似父亲般的权威使他有着特别的好感，以至于他没想过，也不愿离开师父。（也许他经过痛苦的内心斗争才走出师父温暖的阴影，师父对于他来说比传闻中还要重要。是不是就为了这个理由，他几千页的笔记本里只字不提师父安德烈亚·德尔·韦罗基奥的名字？）

　　1467 年，韦罗基奥按订单要求，把科西莫·德·美第奇的墓碑安放在圣洛伦佐教堂，然后他的工场铸造了巨大的铜球，准备安放在佛罗伦萨大教堂的顶塔上。大概这是莱奥纳多全程参与制造的第一件作品。

　　教堂的建造需时几个世纪。佛罗伦萨的圣母百花大教堂在 1300 年之前就由阿尔诺尔弗·迪·康比奥开始负责动工兴建，工程不停地中断又继续：造过大教堂钟楼的乔托、安德烈亚·比萨诺、弗朗切斯科·塔朗提、吉贝尔蒂和布鲁涅列斯齐都相继接手过这项工程。而菲利普·布鲁涅列斯齐更是震惊了全世界（此话并不过分），因为他想为教堂装上史无前例的巨大穹顶，而且不用外部框架或者此类建筑通常需要的支柱。他于 1446 年去世，尽管留下了设计施工指导（教堂的正面，唉，总算在 19 世纪末完工，但整个建筑还有待完工），但大教堂内部一直空空荡荡。最后，大家通过投票决定，把各处已雕刻妥当的大理石灯装上去，而且佛罗伦萨的金银匠、铸工、雕塑家争论犹豫了老半天，大家才决定用布鲁涅列斯齐设计的十字架和球面给它封顶。

由于布鲁涅列斯齐已留下平面图，因此交给韦罗基奥的只是执行施工的活[①]：要冶炼金属并加工成形，把巨大的球体（铜球的直径为6米、重量将近2吨）吊到107米的高处，然后牢牢固定在顶塔的尖顶上。说来有趣，莱奥纳多第一次参与的工程丝毫没有艺术独创性，或者说莱奥纳多一下子就看到了一个艺术家身兼杰出工程师的例子。

在安装大球前，韦罗基奥必须想出把它固定在顶上的办法，给它弄个支架，找到能让大球抵挡强风的固定处，决定支撑大球的链条的安装点。就是说首先要在纸上设计，至少需要各种各样高难度的计算方法，据瓦萨里所说，他"青年时代就钻研过科学，特别是几何学"，天生的爱好使他专注于这类研究，也许还带领着整个工场的人一起研究——他也有可能和科学家们合作，尤其是老保罗·德尔·波佐·托斯卡内利，他曾在帕都大学任教，指导了布鲁涅列斯齐的几何学习。1468年，保罗在圣母百花大教堂划出了子午线，决定了教堂的宗教节日，并因此令大众敬慕不已。

大教堂的铜球使莱奥纳多有机会去熟悉当时大部分的技术问题——并获得了物理、机械、冶金学的知识；他接触了布鲁涅列斯齐的杰作，得到建筑学上的训练。在他的职业生涯里，这工程占了重要位置，它的惊人一面留给他很深的印象。他在笔记里回忆起铜球的安装施工，大教堂的元素经常出现在他的草图里，他详细画下布鲁涅列斯齐设计的在圆轨上运转可将重物吊到穹顶的起重机，大概韦罗基奥就使用过。他想出了各种各样类似的起重机，1515年左右，就是将近半个世纪之后，他碰到了同样的问题（制造抛面镜），他还在罗马写道："回想一下圣母百花

[①] 在1467年，可能拥有自己的铸造厂的韦罗基奥，提供路加·德拉·罗比亚和米开伦佐用于大教堂圣器收藏室的青铜大门。这就完全是老板的架势了。

大教堂铜球的焊接吧。"

1471 年 5 月 27 日星期一，整个佛罗伦萨城的人聚集在一起，在火把照耀下金光闪闪的巨球被吊到大理石顶塔的顶部，第二天下午三点，喇叭声震天，它在一片"神啊，赞美你"的欢呼声中被固定在了底座上。这事意义非凡，编年史作者和历史学家都提到了它 。[1] 莱奥纳多是这项工程的最好见证人，第一次嗅到了一位艺术家兼工程师所获得的荣耀气息。

在四年里，韦罗基奥并没有只为了这一项目而动员整个工场的人员，他还接了其他订单。据我们所知，最重要的项目就有皮耶罗·德·美第奇的坟墓，以及市政议会法庭里的巨型铜铸花枝形大烛台（现藏于阿姆斯特丹的荷兰国立博物馆）。它们证明韦罗基奥终究是个金银匠，不管他承认与否：甚至在他那些出色的铜坟墓、蛇纹石坟墓或斑岩坟墓里，都有小小的盐瓶或首饰盒。另一方面，在那些不落俗套的作品中，如他自创的种类独特的石棺，做工考究细致，具有所有首饰宝物的特点：没有死者的头像，也没有宗教的标记，重点放在优雅的铜饰上——用缠起来的绳做的花边，叶子组成的涡形装饰（韦罗基奥的涡形装饰是很巧妙的）并排成花冠状，一切都是对称安排。

和科西莫的墓碑一样，该作品也是美第奇家族订的，似乎直到 1475 年之前，韦罗基奥花了很多时间为这个家族服务。他为他们搞装饰，设计阅兵用的盔甲，为军旗上色，修缮"大街"宫殿的花园里的古大理石

---

① 路加·兰杜奇在他的《佛罗伦萨日记》里面描写了大教堂圆球安放的景象。我们发现在比利和无名氏嘉迪阿诺那里也有提及。巨球很抗风，但是却经受不了雷击，在 1600 年 1 月 17 日晚间，它遭受了雷击跌落到佛罗伦萨的街道上，让住在那里的人们大惊失色。现在大教堂顶部的圆球比韦罗基奥做得更大，是由亚历山德罗·阿洛利和戈拉尔多·梅奇尼所做，于 1602 年 3 月安放到顶。

像《被剥皮的马西亚斯》[1]，他也为美第奇家族雕塑了《海豚上的孩子》和巴尔吉罗雄伟的大卫像——美第奇家族在 1476 年将大卫像让给佛罗伦萨的市政厅（赚了 150 多弗罗林），据传，那大卫的原型就是年轻的莱奥纳多。

奇怪的是，在《大卫》和《海豚上的孩子》之前，即 15 世纪 70 年代初莱奥纳多当学徒之前，韦罗基奥的工场里就没出产过重要的雕像或浮雕等雕塑品，也没有引人注意的图画或壁画等画作。人们觉得韦罗基奥在此期间被各种技术性、装饰性的商业项目缠住了，他还在犹豫彷徨，或有意不去冒险走更陡峭的路，不敢向人文形式——巨大的形式——进发，他的艺术水平好像还没达到完全成熟的地步。他为美第奇的封地圣洛伦佐的圣器室雕刻大理石洗手盆，相反，对 1465 年商人行会向他订的一套有关基督和不信教的圣托马斯的铜像，他拖了好久才在 15 世纪 80 年代动手，即拖了十五年。据我们所知，在这段时期他做的只是些狮子、孩童、用作装饰的长翅膀的妖怪。

从编年学观点看他的作品，我们会发觉他的艺术活动基本是在 15 世纪 70 年代中期到 1488 年他去世那年之间，即在《大卫》和《海豚上的孩子》之后，美第奇家族不再缠住他订货，要他为他们的别墅、房子、许多节日干活之后。美第奇家族"放"了他，从某种角度看，他们是不是抑制了他的才能的发挥？

我觉得很难接受的是，在莱奥纳多做学徒期间，韦罗基奥的艺术才华迟迟未得到认可，他还只是在构思期的创造者，他只满足于装饰大理

---

[1]　洛伦佐·德·美第奇拥有一个非常古老的红色大理石的马西亚斯，但只剩下上半身。韦罗基奥负责修复工作，也就是完全重做了失去的腿和胳膊（瓦萨里，《韦罗基奥传》）。洛伦佐将之放在他在佛罗伦萨的宫殿庭院里。如今收藏于乌菲兹美术馆。

石板、雕镂蜡烛台、焊接铜叶。那么我们怎么解释他的名气、他的工场的重要性、1470 年前他的学生或合作者的数量和质量，尤其是他作为画家和雕塑家早早就造成的影响？

我不得不说些一般历史学家忽略的事情。

不错，韦罗基奥在艺术史中的地位是尴尬的。他处于两个时期的交接处：一方面，他的前人是不可匹敌的一代，如多纳泰罗、马萨乔和布鲁涅列斯齐；另一方面，他错在收了天才的弟子，如佩鲁贾、洛伦佐·迪·克列迪，尤其是莱奥纳多。他的作品离非凡的作品太近，夹在他的前人和弟子之间，他好像是艺术史的次要链条。

瓦萨里就是这样评价他的。他在描述从契马布埃到米开朗琪罗的道路时，草草地略过了韦罗基奥，出于简化的考虑，他过分贬低了韦罗基奥的作用。他说他的功劳只是培养了莱奥纳多，把他说成是不重要的角色和只知道赚钱的人：为了抬高学生便贬低师父，把他描绘成一个埋头苦干、整天操劳的人，不肯承认他是拥有卓越天分、功绩显著的人。他认为他的作品风格生硬乏味粗糙，认为他毫无才华，将其成就（这点他没法否认）说成是勤奋和努力实践的结果。

由于瓦萨里低估了韦罗基奥，他的作品因此被贬低。今天批评界把多少雕塑、多少油画归于这位被认为絮叨的艺术家？很少。要是发现有些值得赞赏的画作和浮雕表现出韦罗基奥风格的，他们就说它们是出于韦罗基奥的同行或弟子之手，会说它们是整个工场的作品而不是师父本人的。作品里的人物如果带着温和的天使般的笑容，他们必然说这是莱奥纳多作的，哪怕画的是富人。他们甚至荒谬到把莱奥纳多对韦罗基奥的影响说得和后者对前者的影响一样大（乃至更大）。

当然，有许多人站出来批评瓦萨里的观点，说他的这些观点对韦罗基奥非常不公平。但犯错容易改错难，毁人的名声易，恢复名誉难，而且大众也完全没看出这些观点哪里有偏颇。被宗派分子瓦萨里描画的韦罗基奥的阴险面貌总是占据上风。大家以为韦罗基奥的进步太迟，虽然勤奋但动作缓慢，作品不多，没多大意义，不知所云。

特别是韦罗基奥的绘画比他的雕塑作品更被瓦萨里贬低，被模糊的雾笼罩着。

造成这种结果的原因有几个：韦罗基奥作为雕塑家确实比画家更出色（在官方资料中，他被说成是石匠、金银匠、雕镂工，从没说他是画家）。作为雕塑家，他的作品有《大卫》、皮斯托亚的福尔特格里像、受人赞赏的《不信教的圣托马斯》、威尼斯的柯里安骑像，他的名声已传到佛罗伦萨之外，瓦萨里的蔑视很难损害他。再说，莱奥纳多几乎没留下一件雕塑品，要说弟子的荣誉完全压倒师父需要很大的勇气。总之，韦罗基奥没有培养出一个能胜过他的一流雕塑家。

从他的工场出来的雕塑家的名字如下：弗朗切斯科·迪·西蒙涅，起先是狄赛德里奥的学生；阿涅奥罗·迪·包洛，我们对他所知无多；贝内德托·布格里欧尼，早先是德拉·罗比亚家的学生；吉奥凡–弗朗切斯科·鲁斯蒂奇很迟才进入工场，1507 年莱奥纳多和他一起工作过一段时间，以至人们把他作品的基本长处归于莱奥纳多……也许除了第一位，没有一个人真的反映了韦罗基奥的天才：没有一个学徒敢说他能与师父比高低。

相反，工场培养的或经常到工场去接受熏陶的画家，有不少是声名卓著的艺术家：莱奥纳多、佩鲁贾、洛伦佐·迪·克列迪、波提切利。从某种程度上说，是 1450 年左右诞生的整整一代艺术家——也许直至基尔兰达约、路加·西纽雷利……1490 年左右，作家乌格里诺·维里诺列了一张佛罗伦萨最伟大的艺术家的名单，他把韦罗基奥和希腊的雕塑家里希普（他是出名的铜匠，亚历山大大帝的官方塑像师）做比较，他说："画家们向源头吸取了所有财富：所有今天在意大利扬名的画家差不多都是韦罗基奥的门徒。"

　　莱奥纳多开始学徒生涯的时候，韦罗基奥的工场正成为佛罗伦萨所有年轻艺术家的聚会场所——这儿是实验室，是生产"现代性"原则的熔炉。大家在这里谈论世界大事，批评城里的一切（佛罗伦萨人有很尖锐的批评精神，并因此而出名），争论时下的重大工程，如 1470 年按阿尔伯蒂的方案建造的新圣母玛利亚教堂的正面工程，谈解剖、古希腊罗马文化、哲学（马西里奥·费其诺当时翻译评论了柏拉图的作品）；人们在那里交换样品、计划、草图、漆和胶水的配方，在那儿休息、奏乐、赋诗、唱歌——据瓦萨里说，韦罗基奥也是音乐家，大概他也教莱奥纳多音乐。

　　桑德罗·波提切利（真名是亚历山德罗·费利佩皮）比莱奥纳多大八岁，他起初在一个金银匠那里学艺，然后师从菲利普·利皮学习绘画。1465 年，他的师父去了斯波莱特工作，于是他就开始接触韦罗基奥的小圈子。他不能算是韦罗基奥的学生，他先前已受教育，他在韦罗基奥身边是完善他的训练：在韦罗基奥的工场里呼吸新时代的空气。

　　几年之后，即 1469 年或 1470 年，皮耶特罗·凡努奇——大家叫他佩鲁贾，尽管他不是出生于佩鲁贾而是皮埃夫城——也来到韦罗基奥的工场。他已过了学徒的年龄，也学完了基础知识。他被佛罗伦萨学校的名气吸引，离开老家奥姆布列，来到被人称作"艺术之母"的佛罗伦萨，就如 18、19 世纪法国画家的"罗马之行"那样。雄心勃勃的佩鲁贾选了这间工场而不是别家来完成他的学业，那是因为笼罩在这家工场的气氛特别，因为这家工场最受欢迎。他听说来了这儿之后，今后的前途就有了保障。也许他在佩鲁贾地区还听说在这家接纳所有创意的工场里，艺术家们要使用"弗拉芒手法"，即像北方派画家那样，画画是用油与研碎的颜料融合，而不是用水，使色彩的过渡光滑轻柔。

　　韦罗基奥的所有门徒当中，只有莱奥纳多继承了师父的多才多艺。佩鲁贾和波提切利只是画家，雕塑没能吸引他们。他们在师父韦罗基奥身边待个一两年至多三年，为的是完善他们的绘画学业，而不是学熔炼金属、做纪念碑、塑黏土、使用剪刀和锉刀。这就证明韦罗基奥在绘画界已很有名气。

　　他们两位的早期画作很明显带有"韦罗基奥主义"的痕迹。作品日期可追溯到 1470 年、1471 年。这就说明在 1470 年前，即莱奥纳多还是学徒期间，位于安涅罗街的这个工场的绘画活动已有相当高的水平。批评界认为韦罗基奥在这时期没有重要的画作，但在画家们的眼里，他和他主要的竞争者们水平相当，乃至超过他们。他的工场在绘画方面可以和波拉约洛兄弟，安东尼奥和皮耶罗旗鼓相当，人们总是拿这些人的工场和他的比较，他们的工场是佛罗伦萨先锋派的另一据点。

　　因为顽强的韦罗基奥具有先锋研究者的灵魂，他不满足于机械地走前人的老路、重复前人的成果，他要试验，要改善，要提出问题，他想走得更远，他要革新。

　　因此，他对年轻的同行们很有诱惑力，因为他致力于实现他的时代的主要愿望：（合理科学地）取得掌握方法的能力。我们会发现，艺术在当时还不是目的，不是其本身追求的结果；艺术尚未以大写 A 开头，它甚至还在使用复数形式。莱昂·巴蒂斯塔·阿尔伯蒂说："学徒们通过理性和方法学习艺术，然后通过实践成为大师。"[1]

---

① 莱奥纳多和瓦萨里一样，并未考虑一个我认为更重要的因素，即大瘟疫的毁坏性，它首次爆发于 1348 年，有规律地重复爆发，并使欧洲人口剧减。另一方面，我们可以问一下，莱奥纳多（或者瓦萨里）对于古代绘画，希腊或者罗马绘画有什么了解：他们是基于文学描述，或者根据出土的雕塑作品和浅浮雕进行的想象而得出结论。其实在 19 世纪庞贝古城被发掘之前，我们其实对此毫无了解。

当我们仔细研究 15 世纪艺术家们操心的问题，特别是韦罗基奥的，然后是莱奥纳多的，当我们了解了激发这些"艺术家－工匠"难以置信的想要进步的愿望——这些要发现一切，并且在不到一个世纪里就发现一切的人（如解剖学、光学定律、透视法原则等）——大家就会明白为什么这个时代会同别的时代不同，为什么这个时代是独一无二的了。这是个英雄的时代，每一件杰作都是象征征服的胜利纪念碑。

人们普遍认为，这大规模的征服是回归大自然，即回归真实。莱奥纳多悄悄地把这观点和另一个具有双重意义的想法结合起来，完善了它：那就是不愿意重复前人做过的事。

莱奥纳多（和他的同时代人及瓦萨里）认为，艺术在依然模糊并充满理想主义的古希腊罗马时代被发展到最高水平，而罗马人之后它不断地堕落，然后与文学家但丁同时代的乔托——他是搞造型艺术的——复兴了它，发明了"现代派"油画（瓦萨里以《现代派和优秀绘画艺术》一文来反击中世纪可笑的拜占庭风格）。莱奥纳多说，乔托在偏僻的托斯卡纳山区长大（有点像他自己），他起初是画自己看管的山羊，然后画当地其他的动物，"他直接走从自然到艺术的道路"。他总是从他看到的东西中汲取灵感，他"不但超过了同时代的画家们，还超越了过去时代的画家"。

莱奥纳多研习过那些在佛罗伦萨工场里流传的古籍，瓦萨里后来拿回了这些资料。莱奥纳多在里面引入一条自己的注解，一段插入语，很短的一句，我觉得很关键："乔托不满足于模仿他的师父契马布埃的作品……"

要在他的草稿中仔细找才能找到这句话，莱奥纳多不知何故把它划掉了。他担心自己太激进了，而这句话所在的文章是这想法的延伸："当画家们只用他们前人的画作为样板，绘画怎么能不衰退、不一年年地消亡呢？”

中世纪的画家和雕塑家是专为颂扬上帝和教化民众服务的。信仰激励着他们，传统指引着他们，他们把才能（莱奥纳多认为是屈才）用在重复预定的形式，他们没有设计，而是从工场里直接学来。莱奥纳多说，乔托第一个与抄袭师父的懒惰习惯决裂，他独创自己的道路。在他之后，艺术又倒退了，因为画家们不懂得吸取教训不去发现（大胆地利用自然），而是亦步亦趋地开始模仿乔托的作品。直到一天，“佛罗伦萨的托马索，又名叫马萨乔的人以他完美的作品证明，那些从前人的模式里而不是从万物之师的大自然中获取灵感的人，都是白辛苦一场”。

莱奥纳多是私生子，他一定为他与父亲的关系痛苦，他没有料到还要处理与老师的关系（别忘了他的师父可是和弟子们同吃同住，必要时还会打他们——他以合法监护人自居，认为打他们是小事，不放在心里）。

“不满意模仿他师父的作品……”这些划掉的字让我觉得更说明一个问题：它们几乎就是艺术家——那些在 15 世纪后三分之一时期在意大利佛罗伦萨态度逐渐鲜明起来的艺术家的定义。

光是能干是不够的。艺术家可以模仿，但却是为了理解，为了汲取别人的新发现。莱奥纳多还写道：“画家如果从别人的作品中得到灵感，他的作品是平庸的。”今后衡量画家的才能将大部分从他们的创造能力方面去考察，或者说，创造（这个词的第一个解释带有神秘色彩，如大家说的“圣十字架的创造”）开始成为衡量艺术家是否优秀的条件。

然而这个创造不是不惜一切代价去求新求异，它不应是无根据的，而是在技术上实用有益的。莱奥纳多说：“不要学习创作那些死气沉沉的作品或当死气沉沉的作者。”[①] 发明创造应当能为未来的发明家和创造者

---

① 莱奥纳多还说过：“当其成果更能被沟通时，科学也更有用。”

服务：它应当有利于进步的顺利发展。如果它还是有根据的，这样的发明创造就一定要争取。

15 世纪的艺术运动在处女地上进步。克里斯托弗·哥伦布比莱奥纳多早生几个月，他在该世纪的最后几年发现了美洲。大自然揭开了它的神秘面纱。它慢慢地向人类让步，它是装满了宝物的箱子，刚刚打开。未知的事物如无边无际的土地，令人惊叹不已，它在所有人的门外闪闪发亮，令人振奋，激起人类神圣的向往和无比的希望。

参与 15 世纪革新风潮的人当中，艺术家，尤其是佛罗伦萨的艺术家，是最相信进步的人。他们比哲学家，甚至比科学家更相信。因为他们常看见前人的作品，它们向他们展现了已取得的进步和已走过的道路，自然，代表着完美的真实（对某些人来说还有古希腊罗马时代）、达到的理想，从另一方面向他们指出了需要获得的进步和该走的道路。

15 世纪的艺术家不停地给自己定位，把自己的作品与这些标准对照。1410 年，为了检验他们对透视法的研究结果，证明这理论的完美，菲利普·布鲁涅列斯齐——他的朋友称他为皮普，他不是画家，而是雕塑家和建筑师——在一小块画板上画了佛罗伦萨人最熟悉的风景画，即从大教堂门俯瞰的圣约翰广场。画作从两面描绘了洗礼堂八边形的外观、与卖炸饼的小店相邻的慈爱圣母堂、佩科利拱门、圣赞诺比之柱……画完工后，他在画的中央戳了一个洞，就把画放在它所描绘的地点展示。他要观众从反面拿着画，脸贴在画板上，从洞里看圣约翰广场；然后他在画板和风景之间插一块镜子反射出画面，放下或提起镜子，于是观众就可以做比较：他可以看到画是如何逼真地表现了实景——从而就知道赞赏这种画法，它能达到如此逼真的程度（这方法立足于平面图与立体图的交点）。这科学的表现方法很形象地反映了当时人们所说的"与自然较量"——这不是一句空话。这法子很成功，后来布鲁涅列斯齐又故伎重演，他这回挑的是同胞们很熟悉的景点领主广场——有宫殿、长官府邸、"比萨城的屋顶和四周所有建筑"。

激发了皮普·布鲁涅列斯齐的这种科学精神，后来在保罗·乌切罗的画中也有所体现，在韦罗基奥的工场里则一直得到了发扬光大。莱奥纳多继承了它，他的艺术和知识起源于此。观察、分析、推断、获得经验……莱奥纳多写道："科学是军官，实践是士兵。""只懂实践不懂科学的人就如没有舵和罗盘的舵手，永不知道他的船要开往何方。"莱奥纳多·达·芬奇成人之后选择的许多格言中，我尤其记得这条："要一丝不苟地精确。"

瓦萨里告诉我们，在韦罗基奥的工场里，大家画的是写真画，不容许只是近似。为了能一直有精准的模特，他们用石膏给手、脚、腿、上身打模（韦罗基奥师父收入的一大部分是给死者做面模赚来的，他的所有石膏活儿都是顶好的）。他们也用黏土塑模特，在模特上先放湿布，接着是黏土——让它们有重量，皱纹也恰如其分——然后小心地用画笔在布或纸上重现，画成单色画。莱奥纳多在织物上做了好几次研究，根据这方法做成了令人赞赏的精确的浮雕。从这些作品中可看到美术学校常用的方法，当时是很新的方法，但瓦萨里没有详细记下这些事情。

学会看和再现眼睛这"心灵的窗户"所看到的一切，判断，不知疲倦地回到真实上来，从真实中得到"难以捉摸的思辨"……后来莱奥纳多反复告诫他的学生："画家要努力成为无所不能的人。"也就是说能够画出世界包含的无数的形状来："画家的思想要如镜子，反映出它所反射的事物的颜色、他面前摆的物件所包含的形象来。要知道，哦，画家，如果你没有万能的力量，用你的艺术反映出自然生产的各种各样的形状，你不可能成功——而说实在的，如果你不首先观察它们，用你的脑子去理解它们，你就不可能做到这些……"

在 15 世纪最后三分之一的时间里，佛罗伦萨的艺术家们感觉到自己没有上完自然这个老师教的课：还有许多要向它学的东西。他们奋力去获得能准确表现它的各个方面的方法，他们不再满足于运用像戏剧布景一样俗套的象征手法了：他们要让画里的"圣婴"像真的婴孩，而不是缩小了的成人；在沙漠里的圣约翰不再是在混凝纸做的山中巨人；圣塞巴斯蒂安被箭射穿的身体像真实的肌肉一样因痛苦而裂开；他们要云不再是挂在湛蓝底色上的一团团白色形状的玩意，头发也不再是在头顶上的一团团波浪形线条，而要让观众在面对他们的作品时感觉到头发的厚度、发绺的轻薄、头颅的大小、平原和天空的宽广、拂过云朵的风（为此就要首先了解什么是云）。艺术家们慢慢地达到了他们的目标（图 3.3）。

图 3.3 《一个坐着的人物的服饰习作》
（巴黎，卢浮宫博物馆）

他们还相信自己表达的感情（艺术基本是宗教性的），但越来越重视表达的方式。他们知道自己可以表达得更好，他们和所有的幻想斗争。艺术让他们惶恐不安，好似很想捕获的猎物，对于他们来说，每一次都是第一次，他们以天真的热忱和乐观的态度追逐它——它非常巧妙地表现在他们的作品里，时时刻刻都给人典雅的印象。同时因为他们是托斯卡纳人，不管怎样，都是爱推理、爱用脑的，他们要定义一种理想的策略，他们忍不住要搞理论化，当时整个意大利都在这么干：让蒂耶·达·法布里亚诺、文森佐·佛帕、莱昂·巴蒂斯塔·阿尔伯蒂、安东尼奥·迪·佩罗·阿瓦利诺（即费拉莱特）、人们唤作基尔兰达约的多蒙奇·比乔尔蒂、弗朗切斯科·迪·乔尔乔·马尔蒂尼、贝纳尔多·赞纳勒、皮耶罗·德拉·弗朗切斯卡，还有莱奥纳多，每个人都以各自的艺术特色形成理论。

人们用很形象、适合、准确的词表现这黄金时代的最高质量，这就是"气概"（virtu）。在瓦萨里及马基雅维利的文章中都提到这个词。用基督徒的道德观看它说明不了问题，它来自罗马共和国——在第一批恺撒大帝们的严酷里。它体现的是勇气、清醒、努力、意志、有魄力的牺牲、毅力、不断的追求、不相信运气只相信个人的不懈。这样的"气概"是战士的道德，是忠于祖国的将军的道德，它战胜野蛮，走向胜利。

然而这艺术征服者的英雄主义气概，不断要求新的战斗——新的征服——也会转过来反对它为之奋斗的事业。当莱奥纳多在韦罗基奥工场开始学艺时，艺术正处于充分发展的时期，他在寻找它的极限。他会找到它，他拥有许多办法。艺术会到达顶峰，但它又会走向没落：当它不能再发展的时候就会像罗马帝国。它想维持现状，它在提防被弄碎的危险，它会衰败，在对死亡的恐惧中死去。青春时的奇迹不会再出现第二次。

　　15 世纪的精神随着莱奥纳多、拉斐尔、米开朗琪罗而熄灭。这三位艺术家最终会体验一切，会开辟所有的道路，并在道路上留下痕迹：他们没有剩下任何重大的方法可供后人发明。在他们之后，一切都已定局。人们又死气沉沉地走上老路，滥用高超技艺，用各种手段刺激——唯美主义、消费主义、矫饰主义、巴洛克风格。人们会长期（直至新的周期开始，出现新一轮发明）满足于卖弄炫耀那些 1400 年至 1527 年间（罗马被洗劫的日子）的发现成果，我觉得那是意大利文艺复兴的结束——还会有另一个文艺复兴吗？

　　米开朗琪罗的两句诗敲响了危机到来的警钟。莱奥纳多当时只说"要使自己成为全才"，而这位《摩西》和《哀悼基督》的作者却写道："没有任何一个最伟大的艺术家的想法，无法包含在一块大理石里。"他甚至无礼地加上一句："太啰唆了！"艺术到达顶峰了。讲这个故事的瓦萨里没发现他本人已处于衰落期。

第四章

畏惧和渴望

越是敏感，就越是痛苦—— 一场大折磨。

——莱奥纳多·达·芬奇

《有鸭子的石崖》
（佛罗伦萨，乌菲兹美术馆）

莱奥纳多说:"对过去的事不要撒谎。"但他极少谈及过去。他的笔记本里没有一篇坦陈心事的日记,也没有回忆录。从三十岁开始,他就着手系统记录自己的思想——通过书写来观察、思考,写在他随身的小本子里。他用左手倒过来写的字有密密麻麻的几千页,有些字迹很难辨认,可以说是正在构思的庞大的百科全书的残余 。[①]依稀辨认得出,在两个齿轮结构中他乱涂乱画,写上两条关于暴风雨或是激烈的战斗场面画法的批注,在一幅鸟的翅膀和一副月亮光晕当中,在作为工程师的计算之间或作为数学新手的图解边角上写着他的道德思考、个人的某些打算、信的草稿、一个专有名词、一句格言、要借的书单、备忘录……这些东西常常好像是因为旁边没别的纸而随手写上去的(纸的下方还会涉及几何学画法和江河整治,或者如我看到的:"星期二,面包,肉,酒,

---

① "我们现在正面对这一个巨大计划的各种草图,这一计划彻底又详细,经过了深思熟虑,但从来没有实现过。其中的论文——解剖学、生理学和地理学的研究总结——只占据了一部分,是对于人类知识的大百科全书的一份粗略草稿。"(麦克·库迪,《达·芬奇笔记》导言,巴黎,1942)这句话的最后几乎一字未改地被克拉克引用。

水果，汤，沙拉。"），却很少见到吐露私隐的心事。莱奥纳多不倾诉他的心情，甚至间接的表述也不会。瓦雷里说："他不屑于袒露心迹或者吹嘘夸口，这种软弱充斥于无数所谓的隐私笔记中。"然而那个时代也不习惯描写感情经历。你要了解他，必须多方求证，仔细阅读字里行间的弦外之音。

　　除了他在摇篮时被鸢的尾巴打了嘴巴那事，莱奥纳多再没记载任何个人私事了——就我们看到的内容而言，他没记下他的童年、少年及其在托斯卡纳首都接受培训的事。他家乡的名字，或他在那儿长大的山冈的名字（人们可不要被词语给骗住了，阿尔巴诺山并非真正的山，精确说来，芬奇镇仅高出海面 97 米），都只能在他描绘磨坊或者 1503 年左右怀着勃勃雄心要改道阿尔诺河 ① 的时候，用色块画出的地区俯瞰图上看到。然而即使他什么也不说，他从没忘记自己扎根的土地，他默默地想念它，并不断地回到故土。

　　我们知道的他的第一批画中有两幅风景画，画的是他的出生地——崎岖的托斯卡纳。笔触比较细致的那幅，画出了线条不规整的山谷，长着植物的嶙峋山岩，还有左边高高耸立着的城堡方塔（图 4.1）。这是芬奇镇和皮斯托亚之间的波皮亚诺城堡吗？专家们对此意见存在分歧。莱奥纳多画此画时二十一岁，笔触紧张，还相当生硬，但却很好地画出了影子在风中轻轻地抖动。当时他的情况和他挑的这个地方对他而言意义重大，有着一种特殊的重要性，因为他认为需要记下当时的日期"1473年 8 月 5 日"，这一举动在那个时代还很少见。我不相信有人说的那是

---

① 藏于温莎的托斯卡纳西北部地图，比例为 1/230 000。安奇亚诺的名字出现在芬奇镇两公里的地方。根据当地传说，莱奥纳多出生于此。但是在他笔下，安奇亚诺只出现过一次，还被划掉了——这或许恰恰证明了其重要性。

图 4.1　《1473 年 8 月 5 日风景画》
（佛罗伦萨，乌菲兹美术馆）

凭想象画就的 [①]。8 月初的那一天，莱奥纳多一定离开韦罗基奥的工场和热得令人窒息的佛罗伦萨，回到故乡——像往常那样——度假去了。和母亲分别那么久，他大概找她去了。这幅画的背面是匆匆勾勒的山冈的轮廓，树林间的一座石桥拱，一个赤裸的男子在天上踱步，在一张笑脸上方，从左到右写着一句话："我在安东尼奥家停留，我很高兴。"（Io morando dant sono chantento.）这可能只是平常的公证格式，却并不排除表现了他喜悦的心情。1473 年，他的祖父安东尼奥去世已几年，容他逗留的那个安东尼奥是不是他的继父、母亲卡泰丽娜的丈夫"爱吵架

---

① 考虑到地点并未确定，自然主义时期托斯卡纳的艺术家并不重视风景画，我倾向于认为这是一幅经过安排、理想化了的景象——至少城堡部分是如此。为什么莱奥纳多觉得要在和他母亲相关的画作上加上一座坚固的城堡呢——角度上还显得很笨拙？我把这个球踢给心理分析学者。

的人"呢，那个真名叫作安东尼奥·迪·皮耶罗的人？莱奥纳多画下了那天的风景（它不是一幅深刻的画作，而是随手画的风景画，因此我们可以把它列为第一幅真正的西方艺术风景画），他很注意它的细节部分，好像为了把它永远铭刻在记忆里。因为在他内心深处，它反映了他此时的激动心情（当然我们不知道他激动的真正原因）。

　　莱奥纳多说："对过去的事不要撒谎。"难道这话不正是暗示着他已习惯并长期倾向这样做？他在意识里或在对第三者倾诉时美化，或相反地，丑化他的童年生活？人也可以通过选择遗忘来撒谎。事实是，莱奥纳多长期以来心怀一团难以表达的回忆，它们纠缠着他，压迫着他。因为家庭生活的不稳定以及糟糕的复杂局面，有些什么东西在他心内膨胀、腐坏，这种东西一直持续着，他与之斗争，尽其所能压制着它们。

　　而这幅画于1473年8月5日所作的风景画表现了他的和平、纯粹幸福的时刻，那时他回到家乡，回到母亲身边，这对他来说很不一般。他还在哪里说过"我很高兴"呢？

　　大概他在佛罗伦萨过得并不愉快。

　　他没记下自己的回忆。他避而不谈，却又绕不开，为了驱散记忆，他开始思索记忆机制，他说："在判断不同时期所发生的事情时，我们的判断并非按照它们的精确、理性的次序而起作用。因为许多年前发生的事好像触及现在，而许多别的事情，最近才发生的，却给我们造成为时已远、发生在我们遥远的青年时代的印象。"这些"普鲁斯特式"的感想还使他提出了相对时间的假定，他在一篇有关子午线的文章下方和地球仪的上方写道："有关时间的质量，不同于数学上的划分。"同往常一样，他也没有再发展下去。但这些句子难道没有（不知不觉地）揭示了他的辩护方针、他发展出的那套消灭不合适念头的办法？然而他并没有要引人注意、被人讨论，或者自恋伤怀。他把这种想法，或者说他的这一研究领域放到一边。他从被动变为主动，把任何可能影响到自己的感情都中性化，以一种哲学的、科学家的冷静态度来与自身对抗。他承认："意义属于大地，而理智，在远方沉思着。"在一定程度上，这是不是他追求知识的第一动力呢？是不是他所有笔记的起源？

在他画 1473 年 8 月 5 日风景画的时期（纸、墨和风格看起来都很相似），也就是说还是在他二十岁左右，他还画了一幅画：一大块岩石被水池淹着，右下方一只生气的天鹅拍击着双翅把一只肥胖的雌鹅从自己的领地赶走，而那雌鹅不慌不忙地逃开①。远景处是干涸的急流的石头河床。看来是夏天，这一回我们又看到了一幅他的假期作业。在他母亲家的附近散步，他在家族领地陪伴叔叔弗朗切斯科，随意在树林里的小径闲逛，一个人逍遥自在——带着他的画纸和画笔。

赶走闯入者的天鹅（画得相当笨拙）可能象征他自己（他喜爱纯洁的象征），而那个肥雌鹅也许是他的一个同母异父的姐妹或是他的第二或第三任继母——然而我并不坚持采取这种诠释方法……

芬奇镇四周，在坎坡·泽皮那一边，向着维托利尼、塔阿诺或圣安沙诺，有着瀑布和一大片巉岩峭壁，还有乱糟糟的土块，大树在上面盘根错节地长着，隔开了葡萄田和橄榄田。这儿不是富饶肥沃的托斯卡纳，那里的小山冈懒洋洋地蜿蜒起伏于佛罗伦萨的南面，这儿是植物难以生长的贫瘠的土地，野兽出没、丛林环绕，它是猎人的天堂，特产是野猪的地方。

这些巉岩，这些急流，这些陆坡，是他童年时熟知的风景，是莱奥纳多的"心理背景"。在和它们接触的过程中，他培养起对地质学、植

---

① 编者注：见第 98 页本章篇章页中图片。

物学、水力学——对一切自然科学的兴趣。他成年后所从事的大部分工作都得益于童年学到的知识，这与一般人不同。在他的大部分画作里，都能找到被艺术和回忆这双重的放大镜放大了的朦胧痕迹:《岩间圣母》《圣安娜、圣母与圣子》或《蒙娜丽莎》。他的第一批画作选择了这个主题并非偶然。他离开家乡后马上后悔了，家乡永远铭刻在他的心里。在他生命行将终结的最后几天，山间潺潺流动的水声还回响在他的耳边。

说到这些画，这些缠住他"视线"的巉岩和急流，我联想到一篇他在那些年头写就的文章①，它最能说明问题，最没有伪装，最有启发性（分析家从中可以找到足够多的材料来写一篇厉害的论文）。文章的前面是未写完的短句，描写大海和火山般的轰隆声，莱奥纳多随后写道:

"被一股强烈的欲望推动着，我急于看到狡猾的大自然奇特的、形式多样的、丰富多彩的创造。我取道峭壁之间的小路，来到一个大岩穴的洞口，我停住了脚步，心慌得咚咚直跳，因为我先前就没怀疑它的存在。弓着背，左手揪住膝头，右手挡着紧皱的低垂着的眉毛，我久久地俯身探视，尽管里边一团漆黑，我仍想看看是否能分辨出里边的东西。我就这样待了好一会，心里突然生出两种强烈的情绪:畏惧和渴望。畏惧这吓人的黑暗的洞穴，却又渴望看看这里有没有藏着什么奇妙的东西……"

"什么奇妙的东西……"话还没说完，莱奥纳多以某种记号（看起来像数字6）指出道路继续往远处延伸，但在染成红色的纸的背面，写着一些形而上的科学问题，没有把洞穴故事写完。故事的结局找不到了。莱奥纳多没能告诉我们他是克服了畏惧心理，还是向害怕让了步

---

① 莱奥纳多的笔迹在不同时期变化很大，这往往使我们可以确定其写作时间。这里的笔迹是他在佛罗伦萨时期的，这段话很难读懂。

（然而，从他写下的情绪次序来看，我们相信好奇心占了上风，他终于去了黑暗的地底下冒险）。

首先我们不得不敬佩他令人难以置信的观察力、精确的描写和写作的才能，他用寥寥数笔就勾勒出他当时的态度、表情、动作：我们好像看见了他，跟着他，弓着腰，曲着膝，在凹凸不平的岩石上竭力站稳脚跟，犹豫着，眼睛瞪得老大，手搭凉篷。其语言与其绘画一样生动、简练。任何文学的手法都不会使他的风格显得累赘——他的风格是"报道"式的：记录、去粗取精，经过整理，然后抓住要害之处。

同时我不认为他的记叙是在经历后马上就写成的。没有背景细节（地点和日期），叙述具有高度象征性，概略的前言（"被一股强烈的欲望推动着"等等）和文章前没写完的句子，充满诗意，深沉又华丽。这倒令我觉得更像是对往事的回忆，甚至追忆了一场很清醒的梦，清晰得醒来后不知道是梦中的事还是真的经历过（如弗洛伊德所言，是一种幻觉）。这和上面提到的他的那种普鲁斯特式的思考很相符，有异曲同工之处。

畏惧和渴望，漆黑的洞口带给他的两种强烈的情绪（若强调性的方面，倒是有一番好戏可看），也令人联想到但丁在跨入地狱之门时惶恐的心情。他"呆住了"，他恐慌了，想进去，看看里面的究竟，又担心危险，但还是带着一种极大的恐惧去冒险了，好奇心（或命运）驱使他走得太远，已没有回头的余地，他没有别的办法，说到底没有选择的余地了。但丁说："我无法解释自己是怎么进来的。"

按照惯例，对莱奥纳多说的话，我们一定要了解其背景。文章的前面描写了狂暴的海洋，一场暴风雨，喧嚣骚动（"火山的硫黄炽焰"）；纸的背面谈到洪水、化石、死亡、物种的繁衍、宇宙中（残酷的）大自然，谈到沉船、海啸、受惊的动物，面对无法控制的、要摧毁它们的大自然，徒然奔逃：它们正在死去，它们互相撕扯，人类最终要灭亡。最终大地只剩下一地灰烬。莱奥纳多以《启示录》的口吻愤怒地说道，宇宙，为了自身的延续，就要靠腐尸为食。

在他的想象中，这深邃的洞穴中充满了多少噩梦般的东西？他不怕物质的危险——折断胳膊或闯入野兽的洞穴。他想的是别样的可怕灾难。他在精神上面对困扰的、残酷的、原始的、荒谬的力量（他的理性无法控制，而且还威胁着他的理智）：它像某种暧昧陌生的龙，控制着人的内心和身体的深处，控制着本能，如同控制地球内部和万丈深渊。如今他突然来到这生命产生或死亡的黑暗地区的边缘。幻觉抓住了他有如一阵晕眩，他只要轻跨一步就能探得一些大奥秘。洞穴不可抗拒地吸引着他，但最让他感到震撼的是攫住生命这一简单的事实。他进去了或没有进去，这都无关紧要。重要的是，在他看来，他已经窥见了它，已给他很深的印象。他在笔记本上留下未完成的叙述，不是为了讲述登山运动员或洞穴学专家式的历险记（传记作家们常常这样强调），他提到这可怕的时刻是因为他在自己身上发现了断层，发现了一扇朝向魔鬼和夜之奇妙的天窗。他将会有怎样的结局呢？

无意透露的心里话，总是迂回隐晦、欲言又止、片断的，没有解释和评论：一幅素描所说明的一则轶事，有时又是一句格言，一段插进去的叙述。可能因为他以为这笔记没人会看到，不会拿它细细研究（他也总是想到要重抄，也就是说要整理过滤一番①），于是，就这样在片言

---

① 比如，在一本从 1508 年开始使用的笔记本中，莱奥纳多说道："这将是一个无序的集子，收集很多我誊抄的东西，我希望之后能够根据它们涉及的内容进行分类，妥善地理好。"

只字中展现了他的性格的各个方面，出卖了他在某一时刻的思考和忧虑，他的感情以及精神状态。

目前，他仍然留下大量谜团，而我们因为掌握的外围材料过少而无法解开。

莱奥纳多在逃离佛罗伦萨之前，去过一趟米兰。也就是说在他人生前三十年间，他的经历和职业生涯中有些日子、有些事件是可争议的。然而这种模糊和隐晦正好反映了纠缠着他的不确定性：笼罩在这一段日子上的浓雾也许和他本身的不快心境、痛苦摸索相符，他在寻找他要走的路，在茫茫人海中的位置……

夏天结束之后，莱奥纳多又返回佛罗伦萨，就如返回流放地。（我并不是说他有一个狄更斯小说般的青春期，痛苦可以是各种各样的。）

然而城市吸引着他。就如洞穴吸引他一样。

15 世纪 60 年代末到 70 年代初，佛罗伦萨的文化活动活跃频繁。人们沉浸在欢乐中。社会风尚松弛了，以美第奇为首的大家族肆意寻欢作乐。诗人安吉罗·波利齐亚诺写道，在这些年里，佛罗伦萨的人民过得"非常怡然自得，兴高采烈地进行马上比武、庆功会，政府和私人组织的庆典接连不断。"

波利齐亚诺是宫廷中人，他忘了说政府给人民的这些快乐不是没有政治上的考虑的。然而他没有夸张：一切都成为铺张的庆祝的借口，而这些娱乐活动互相影响，互相吸引，互相刺激，一浪逐一浪，整个城市在一年三百六十五天里都似乎沉浸在其中。

订婚、婚礼、诞辰、外国亲王来访，促使他们大张旗鼓地竞逐豪华，教历上的传统节日在竞争升级时，已失去它们的虔诚的宗教性质，越来越是纯粹的摆排场和场面之争了。大家参加宗教仪式有如到戏院观剧。狂欢节、四旬斋第三个星期四的狂欢日、5 月 1 日、圣约翰日——
佛罗伦萨的主保圣人节，到处都是舞蹈、玩耍、推销性质的展览（就像
现在的汽车沙龙，或时装表演），到处都是带有寓意的马车、凯旋门、
活动画、赛马、斗兽。这些都需要服装、背景、复杂的机器装备和真正
的演出——这就给文人和艺术家们提供了展示才华和能力的机会。

韦罗基奥的作坊当然参与了为这些节日服务的工作。莱奥纳多从他
朴素的故乡回来，沉浸在这豪华欢乐的气氛中，它使他眼花缭乱。

韦罗基奥去世之后，他的弟弟托马索——他算他们家里有点窝囊的
人，给当局看了一张长长的单子，里面列举了安德烈亚师傅的作坊为美
第奇家族完成的活计。据他所说，这些活计还没付钱。他没得到满意的
答复，因为这份单子没有法律效力。但是，它具有很高的资料价值：其
中有武器，有华丽的盔甲，有旗帜，这还不包括韦罗基奥为城市娱乐所
承担的其他工作。

据其他文件证明，他承担的活计是相当重要的。韦罗基奥的作坊有的
是多才多艺的师徒，承担的演出、庆典活计肯定比别的作坊多。该作坊开
狂欢节面具之先河，制作化装用的服装和道具，给装饰物上色，在马上
比武和主题竞赛时尤其活跃。当时的式样继承了中世纪的传统，并达到
了顶峰（在这些活计中，具有创造天才的莱奥纳多的作品肯定很突出，
遗憾的是竟没有流传下来，人们只能从相似的活计或描写中去揣度）。

我不知道莱奥纳多在 1464 年是否在佛罗伦萨，当时巴托洛梅奥·班
奇为未婚妻组织了一场马上比武，并以"爱情的胜利"为名举办音乐
会，放焰火。我想象不出他是怎么样参加准备工作的。他为之工作的可
纪念的第一个节日，一定是 1469 年洛伦佐·美第奇为他心爱的情人露克
列兹娅·多娜提举办的。

美第奇家族原是商人和银行家家族，12 世纪在佛罗伦萨定居，开

始大概是医生，所以他们姓美第奇（Medid，与意大利文的"医生"同音），并且他们的家族纹章图案是六颗类似药丸的圆形图案。将近五十年来，他们掌握了托斯卡纳的政权，但他们在政府内的地位尚未清楚确定。1464年，去世时被称为"国父"的老科西莫，生前把最重要的司法职位交付给他最忠诚的拥护者们，他本人不再参政。然而，他自有脱颖之处，靠着庞大的财产和管理财产的精明能干，对城内城外施加的影响。他是幕后的操纵者，尽管没有人确切知道为什么，但他就是公众不可或缺的人物。他的儿子——痛风患者皮耶罗，以及皮耶罗的孩子们，如朱利亚诺，还有更重要的大儿子洛伦佐（被时人称为"伟大的洛伦佐"），他们继承了他这些不成文的奇妙的特权。他们逐渐退出商场，做了爵爷，成了被当地人承认的主人，这地方作为共和国已经是名存实亡的了。

瘟疫流行，佛罗伦萨又与威尼斯之间进行了一场代价高昂的战争，战败后订下了屈辱的和约，这些都令人民不满。1468年底，皮耶罗的身体状况每况愈下（第二年夏天便死于痛风），为了让百姓娱乐身心，并加强他的家族势力，当时十九或二十岁的洛伦佐发明了一个佛罗伦萨人从未有过的节日。根据官方说法——如果可以这么说的话，他把节日献给城里的美人之一露克列兹娅·多娜提，她是一个叫尼科罗·阿尔丁埃里的人的妻子。而洛伦佐为她写了热情如火的诗篇，因为他也是诗人（然而所有证据都使人相信她没有因为这些东西而向他屈服，他对她怀着无奈、失望、柏拉图式的精神上的爱情）。

洛伦佐在准备节日活动时不遗余力也不吝金钱。他的马夫们给他提供最好的意大利马，有些来自罗马，有些来自米兰，还有些来自那不勒斯的马厩，比如他选择要骑的法尔斯阿米科和阿布鲁兹斯马。他命人用一颗硕大的钻石装饰他的盾牌。他向韦罗基奥订了列在托马索的清单里的彩色旗帜。在旗上可看到一个女人站在中央，上面是太阳、彩虹及铭文"旧日重现"（这证明文艺复兴是多么有自觉意识），她在用洛伦佐象征的月桂树枝（意大利语中，洛伦佐与"月桂树"为同源词，lauro，laurier=Lorenzo）编织花环。他还向韦罗基奥订了一幅他的缪斯女神、白日皇后——露克列兹娅——的肖像画，人们说他为她神魂颠倒。他自己承认花了一万金弗罗林。他觉得这钱花得值，这次令人咋舌的挥霍令他的百姓很开心。

这一节日是一场马上比武大会，在 2 月 7 日于圣克罗齐广场举行。

想象一下当时佛罗伦萨万众欢腾的景象。木栅栏被环套住，这种环如今在某些用来悬挂布料的窗上还可以看到，还有挂毯、花环，都使得灰石墙活泼起来。建筑物的正面也满是装点。一座座标志醒目、各有名字的钟使劲地敲着。红白色的旗帜（国旗的颜色）随风猎猎响动。老百姓穿上最漂亮的衣服，观众们挤到阳台上，甚至聚集到屋顶上。每时每刻都演奏着小号。

圣克罗齐广场是城区最宽阔的地方之一。由传令官领头，骑士们进入建在那儿的竞技场。随队的还有绅士们和举着旗帜的年轻侍从，旗上都绣有题铭。珍贵的布料覆盖着盔甲，安东尼奥·波拉约洛——韦罗基奥的对手——用纯银给城里的巨富之一贝涅代托·萨吕塔提的坐骑雕了马具（这位巨富在 1476 年 2 月因举办过于豪华的宴会而破产）。将近中午，万马奔腾。人们赛至太阳落山，当然胜利者是洛伦佐。

莱奥纳多淹没在芸芸众生中，大概和他的同事们在远处观赏这些金光闪闪的青年优雅、可观的竞赛（在里面看不到有什么英勇的比武）。他大概生起了一丝妒意。一个骄傲的外省的私生子作为这些艺术品的提供者，在接近这些奢侈品时心里并不好过。

我认为他会因此生出要过奢华生活的欲望（他后来实现了这一愿

望），他想穿绫罗绸缎，拥有顺从乖巧的仆人，骑着骏马耀武扬威（这些后来他都如愿以偿了）。

其他的庆典接踵而至，一浪高于一浪，让他对豪富们的奢华大饱眼福。洛伦佐和克拉里丝·奥尔西妮的婚礼在同年 6 月举行，整整三天，舞会和宴会交相辉映；1471 年 1 月有比武；第二年 7 月大张旗鼓，迎接红衣主教弗朗索瓦·贡扎格；1473 年夏恭迎皮耶特罗·里阿里奥的大主教，阿拉贡的埃列奥诺尔。据编年史家们的回忆，1473 年 3 月迎接米兰公爵嘉莱阿·马利亚·斯福尔扎的庆典更是压倒了其他节日。

在这种情况下，庆典就不光是为了给百姓们留下深刻印象，而是比豪华、斗富贵，都是出于政治原因，要和一个强国的暴君比高低。为此，美第奇家族和伦巴第较上劲了。

嘉莱阿打的是数量牌。斯福尔扎家新近才成为贵族，因此就有暴发户的特征，据人们说这些人还是"没教养的粗人"。一支由一百名骑士、五百名步兵组成卫队，护卫着十二辆镶金裹银的马车，里面载着公爵和他年轻的夫人波纳·德·萨瓦尔——法国国王的小姨——以及他们的行李。五十名武装侍从团团围住他们，穿着丝绒衣裳，然后是五十名管猎犬的仆人领着五百对猎犬，和一队训练猎鹰的仆从，拳头上挺立着猎鹰，公爵的私人马厩里有上百匹良种好马，一半为他服务，一半为公爵夫人服务，它们全都披着华丽的马衣。最后是将近两千名参赛的侍从。

3 月 15 日这些米兰人进入了佛罗伦萨城，整个城市都惊呆了。

洛伦佐在他的位于大街的宫殿里接待了嘉莱阿·马利亚。在宫殿里，他命韦罗基奥装修了他的房间。在客人看来，他的衣裳显得朴素。他很聪明地不以锦缎和宝石与对手斗，而是以别的武器。他以家族和城市引以为豪的托斯卡纳文化和艺术杰作跟对手比。而他的对手嘉莱阿公爵承认人们给他看的物事之精细，令人印象非常深刻——但这些话是佛罗伦萨人记录下来的。

莱奥纳多在这个时期大概是韦罗基奥师傅的第一助手，因此有机会接近美第奇家族。他进入他们的住宅，对里面的生活方式赞叹不已，他像个那个米兰亲王一样又尊敬又羡慕地看着里面的古董、雕刻、绘画、挂毯、手稿、宝石——所有这些经由爱好艺术、资助艺术的三代人收集起来的稀有收藏。

韦罗基奥师徒从未像现在那样忙碌过：除了公爵府的装修，洛伦佐还向雕塑家们订了罗马式的盔甲和头盔送给他的客人（我们可以根据工场里的浅浮雕想象这些作品，如卢浮宫博物馆的斯西皮翁大理石像，佛罗伦萨多姆作品博物馆的《被砍头的施洗者圣约翰》，或者还有大英博物馆所收藏的莱奥纳多画的一位战士侧像的素描（图 4.2），它们是真正的金银细工，狮子的爪子、嘴巴、蝙蝠的翅，或鹰的羽翼混合在金属制的涡形装饰和花彩装饰里）。

最后，阿诺罗街的工场参加了亲王逗留期间的宗教节目演出：圣费里斯教堂的《天使报喜》，卡尔米内的圣玛利亚教堂的《基督升天》，圣灵教堂的《圣灵降临使徒》。这些源自意大利喜剧的宗教表演相当接近我们教堂前广场演出的神秘剧，很少会没人要求艺术家做出些"特效"来，弄些小玩意儿或"精心制作"。在那个时代，布鲁涅列斯奇以此闻名。瓦萨里说他能使天空"布满活动形象和光线，它们以光的速度消失而又出现"，做出上面飞着天使的木山，立体感很强、很逼真的庙宇，每个柱子支撑一个金的或银的偶像。后来莱奥纳多就这样画了一个活动鸽子，可以拍打着翅膀沿着一根线飞起。

3 月 21 日至 22 日的夜里，最后一场表演在圣灵教堂举行，却以一场灾难告终。大概由于场面要求点了太多的蜡烛而引发了火灾，烧毁了教堂。凶兆啦，天谴啦，第二天大家的嘴里都在念叨这些话，公众都指

图 4.2 《战士侧面像》
（伦敦，大英博物馆）

责米兰人，因为当时是封斋期，却不守斋戒的清规，大吃肥腻，天天公开作乐。人们反过来就想到要制订限制法令，对衣着、盛宴、葬礼等加以控制。这些规定经投票通过，却没有人遵守。1475 年，美第奇家的朱利亚诺以美人西墨涅塔·维丝普西为名（传说她是波提切利的维纳斯的原型），用新的马上比武大赛款待全城，他大摆宴席，举办舞会，其挥霍豪华甚于以前任何一次。

这一时期，尤其为米兰公爵举办的节日期间，使我们想起马基雅维利的观感："在和平时期混乱太过频繁。青年一代更为自私，在衣着、宴席、奢侈品上花费太多。人们终日寻欢作乐，把时间和财富消耗在竞技和女人上。他们研究的只是衣着的豪华、语言的精美、词句的美妙……

随着米兰公爵的驾临，这些劣俗更趋严重……即使公爵发觉这城市已经腐败，民风靡靡不振，与共和国的称号不符，他也只会让它更可悲地沉沦下去。"

了解了这些情况，当你看到莱奥纳多把青春浪费在相当狂热的活动中（这些年来不管怎么说都过着比较放荡的生活），又怎么会惊奇呢？他是在追逐"时代精神"……

他对"他的打扮，他的发式和弹琴"相当在意，克拉克这样写道。

同时他当然也在工作。他结束了学徒生涯，于 1472 年成为师傅，时年二十岁。他和佩鲁贾以及波提切利这班师兄弟的名字，一同出现在这一时期，《圣路加公司债务人和债权人名鉴》里，即在画家行会的登记册里（圣路加是画家的祖师爷，据说因为他画了一幅圣母玛利亚的肖像。）

名鉴里写道："1472 年 6 月 21 日，莱奥纳多·达·芬奇，画家。"

有些人认为这一登记并不可靠。当时圣路加公司已解散，它是在 1431 年解散的。笔迹与以前的不符，却与 1502 年之后的记载相符。总之事情很蹊跷，在 1472 年至 1502 年间，在莱奥纳多返回佛罗伦萨，承担很正式的任务的时候，画家行会应该没有登记成员。难道这是一起欺骗，是为了做实一桩事实而倒填日期？又怎么才能知道真相呢？

不管怎样，这个团体位于医生、药剂师、杂货商之下（当时金银匠附属于丝绸艺术，雕刻和建筑属木工和泥水匠），没有多大权力，并非法人，是不入正规行业之流的，却是同乡人或具有宗教性质的兄弟互助会，大家也叫它圣路加兄弟会。对它的章程我们不了解。他们在新圣马利亚教堂开会，参加宗教游行，他们定了 10 月 18 日作为自己的节日。有时它给"行业协定"带来一丝新鲜空气，例如原则上要求成员们不要用普鲁士蓝代替天青石，因为天青石虽然比较贵，质量却比较好。它几乎从不干涉艺术家和订货人之间的合同制定，它对成员的首要要求是虔诚敬爱和定期交税。它既不颁发文凭，也不开除任何人。

在它那儿登记（登记费为一个弗罗林），然后交一年的会费，一般就给予开设工场、接收订单的权利（就像今天的工商局登记）。但似乎很少有人理会这一套，波提切利从1470年起就以自己的名字办了个工场，也就是他在行会登记或以假名登记的两年之前。似乎那个年代这套手续的规定在佛罗伦萨很少得到遵守。

莱奥纳多并没有立即表示出自立门户的意向。他的师傅身份并不算什么。他还没有追求自己的个人荣誉。给韦罗基奥打下手，这就够了，也许他可以有很多空余时间，也可以完全不用承担责任。

他绘画，他学习，他提高自己的水平。他用黏土塑造"女人微笑的脑袋，孩子的脸"[1]。但他尤其喜爱的是画油画。瓦萨里讲了一个有关他最早的一幅绘画作品的故事，听上去像是个传说。

他写道，有一天在乡下，莱奥纳多的父亲接待了一位佃农，那人有件事要求他帮忙。他用无花果树干做了一个圆盾，想请一位佛罗伦萨的画家给它画上装饰。大家都看不出这玩意对他有什么用途，但他偏要做，还说画猎物也行，画鱼也行，皮耶罗先生答应代办。事实上，我们也不难猜到，这个公证员把圆盾交给了儿子，一句话也不加解释，莱奥纳多就动手做起来了。我认为，尽管这是一件不付费的作品，他却做得非常乐意。圆盾刨得并不光滑，而且被扭歪了，莱奥纳多用火把它烤

----

[1]　瓦萨里，《莱奥纳多传》。虽然有一些专家自认为确定了莱奥纳多青年时期的雕塑（一座收藏于伦敦维多利亚和阿尔伯特博物馆的圣母像，另一座收藏于柏林国家博物馆……），但似乎他所有青年时期的雕塑都已经消失不见了。无论如何，没有一件主要的作品得到了确认。

直，用转盘把它刨光，用自己的配方给它的表面抹了一层涂层。他画什么呢？圆盾的脸应当能吓倒敌人，像从前的蛇发女妖美杜莎的脑袋。牢记着这一点，他搜集了"大大小小的蜥蜴、蝗虫、蛇、蚱蜢、蝙蝠和其他古怪的动物"，并放在他那间只有自己能进的房间里（稍加整理就可以作为工场），他把它们切割开，像弗兰肯斯坦博士那样拼凑它们的肢体，从而弄出了一个完美的怪物，能够把敌人吓得呆若木鸡。它是噩梦中的动物，"从阴暗的岩缝里爬出来，血盆大口吐出毒液，双眼喷火，呼出有毒的气"。他捡来的动物尸体发出让人难以忍受的臭气，但未能阻挡他的工作，他继续耐心地干活。最后他把它做好了，并叫父亲来取。他的父亲来敲门，推开门后，半掩的百叶窗正好让阳光戏剧性地投射在画架上，醒目地照着放在上面的圆盾。这位公证员父亲刚进门，像被当头一击似的吓了一跳：昏暗的光线里，他没认出这就是那个圆盾，也看不出它只是一幅画，他以为他真的面对着一个妖魔鬼怪呢。他跳了起来，向后退了一步。莱奥纳多扶住他，对他说："这就是它的作用，拿走吧。"据瓦萨里说，他还加了一句："这就是人们对艺术作品的期望。"皮耶罗先生被这道理和作品打动了，他到市场去买了一个普通的圆盾，上面画着被一支箭射穿的心，把它交给佃农，佃农很高兴。然后皮耶罗偷偷地把儿子做的圆盾以一百达克特的价钱卖给商人，后来那商人又以三百达克特的价钱转卖给米兰公爵……①

　　这个故事是瓦萨里说的，它应该有事实根据，虽然这作品没留下任何痕迹。

---

① 　基于同样的想法，莱奥纳多在一个圆盾上画了美杜莎之头（现已不存），瓦萨里似乎将这两个作品混合了起来。给盾牌画画是当时的流行，但所画的主题却很罕见。在15世纪末期，当卡拉瓦乔（模仿莱奥纳多？）画了一幅美杜莎之头的盾牌画时（藏于乌菲兹美术馆），当时的人们还是觉得这个主题非常诡异。

　　在《论绘画》一书中，莱奥纳多给那些基于真实的元素来表现想象中的动物的画家一些建议，他的话更有说服力。如果要画一条龙，他可以"用大猎犬或短毛垂耳猎犬的头，用猫的眼睛，用箭猪的耳朵，兔子的嘴巴，狮子的眉毛，老公鸡的鬓角，乌龟的脖子组合而成"（图4.3）。神话中不乏混合物，如狮身人面的斯芬克斯或半人半马的人马。圣约翰的《启示录》里的牲畜也不例外，就是把熊、豹和狮子混在一起。这种配方绝非原创，韦罗基奥把它应用于比武用的头盔装饰中，莱奥纳多的功劳就是把它表达了出来。

　　那件事，即皮耶罗受惊吓的那件事，从另一方面说明了莱奥纳多天生的导演感觉（他想到半掩的百叶窗会使圆盾从暗处凸现），也说明他对陌生事物、特效、奇景甚至是闹剧的爱好，以及他对于艺术的看法。

图 4.3 《龙》
（温莎，皇家图书馆）

并且他认为艺术不仅是视觉上的装饰，还应当对人起到作用——打动他们，影响他们。

最后，这可怕的怪物，病态想象的结果，如此真实、生动，使得皮耶罗着实吓了一跳的怪物，在我看来像是那一直缠住他的妖魔鬼怪。我不禁要把它和那一直存在的黑暗洞穴联系起来，那黑暗洞穴唤醒了莱奥纳多的欲望和不安。

其他奇特的创造后来出现在达·芬奇的笔记和画中，如瓦萨里提到的美杜莎的脑袋（已遗失），各种狮头羊身龙尾喷火的怪物，龙（有一件遗失了），一个大腹便便的象人（它的长鼻子是一种笛子），一个两头四臂的人等等。然而他和他的同时代人耶若姆·博斯不同，他对怪异的、奇特的东西的爱好更多地体现在现实中，而非想象中：他的解剖技术，他画的武器或机器——连卡夫卡也不会否定它们（某些画可以很好地表现其小说），它们披着理性的外衣，却如梦似幻，更确切地说，它们让我联想到了一场清醒的噩梦。

莱奥纳多作画，学习。他阅读，他讨论，他自学。

他不把自己局限于韦罗基奥的小圈子。当时的工场并没有小气地向同行紧闭大门。他经常到其他工场去，尤其是安东尼奥和皮耶罗·波拉约洛兄弟的工场，他们都有人文知识，他们解剖尸体以研究肌肉的截面和作用（1470 年左右，安东尼奥所雕刻的著名的《裸者之役》受到曼贴那和丢勒的赞赏，这表明他们对古希腊罗马艺术和对解剖同样有兴趣）。莱奥纳多不会不知道老保罗·迪·多诺的店铺，他的绰号是"乌切罗"（Ucello，鸟之意），他是画家、镶嵌工、装饰工，他喜爱几何和透视法。瓦萨里说，对于这一科学的热爱使他总是通宵达旦地工作，他的妻子劝他休息，他低声说："啊，透视法真是个好东西啊！"从许多特征看来，莱奥纳多很像这位师傅，他们都爱数学，爱自然，爱动物，尤其是马（我想到他的《打猎图》《战斗图》《约翰·霍克伍德的骑士肖像》），都喜欢稀奇古怪的形状，都严格得有点像强迫症。他们满足于调色板最阴暗的色调，喜欢单色，喜欢在绿色大地的背景上区别各种明暗色彩……然而在 15 世纪 70 年代，乌切罗的作品——总是被人称为"国际哥特式的"——应该是稍微有点过时了。瓦萨里搞错了，说他死于 1432 年而不是 1475 年，使他比布鲁涅列斯基和马萨乔早死，但瓦萨里的笔误常常透露某些事实：我认为如果莱奥纳多对这瘦弱的长须飘飘的怪老头有好感，他不会不去上他的课的。在镶嵌工艺工场外，乌切罗几乎毫无吸引力。

像阿尔伯蒂这样的人一定更吸引莱奥纳多。

阿尔伯蒂出生于 1404 年，和乌切罗是同辈人，但他做的是现实的研究。[①] 他也属于"全才"，像是达·芬奇，一个完美的先驱者可能就是他的榜样。他和达·芬奇一样也是私生子，长相英俊，体力相当（他能双脚并拢跳过成人的肩膀，他能把钱币抛到大教堂的屋顶上等等），他是熟练的骑士，出色的音乐家，在艺术和科学方面都很出名。波利齐亚诺说他是"奇才"，他的墓碑上刻着"博学之王"的字样。他是哲学家、建筑师、雕塑家、业余画家、工程师、数学家。曼图瓦的圣安德烈亚教堂、佛罗伦萨的新圣玛利亚教堂的正面、里米尼的庙宇就是他建的。而且他对建剧院、暗房很有经验，他熟悉意大利诗歌中最古老的自由体诗句和民间语言的最早语法，他的秘密书写法，元老院用了很久；他的

---

① 我不同意有些人的看法，他们认为在 15 世纪 70 年代，阿尔伯蒂的作品或者想法还没有得到回应。当然，新的方法已经开始产生，超越了他的理念。但正是在这些理念的基础上，新方法才得以形成。作品保持着现实性，尽管我们批评它。批评的同时，我们总是保留着其中的一些东西。

神秘的万花筒，可看到月亮和星辰从一片岩石间升起的景象；他还有地形学工具，也有可潜入海底的装备，他对制造怀表也很有想法；尤其要说的是他以古人的对话方式写了许多理论书籍，其中不乏幽默，如《论家庭》（1437—1441）、《论绘画》（1436）、《论建筑》（1485，献给洛伦佐·美第奇）等。他是当时的思想大师之一。

他的自画像刻在了1450年的一枚徽章上，长脸，很骨感，神情骄傲，鼻子很直。他是高级资产者的儿子，是教皇尼科拉五世、乌尔比诺公爵弗雷德里克·德·蒙特费尔特罗的密友，他过着大老爷的生活，排场很大很洒脱，比如满足于把他设计的建筑平面图交给工匠师傅们而不肯屈尊亲自下工地指导。莱奥纳多大概没有经常遇到他的机会，因为尊贵的阿尔伯蒂在佛罗伦萨和罗马两地跑（他于1472年去世于罗马），但韦罗基奥肯定和他保有联系。这个人也一定吸引着他，打动他，长久地影响他。总之，他如饥似渴地阅读他的著作，评论他，在自己生活和著作中模仿他——在他开始批评他的某些观点之前。[1]

莱奥纳多有时也在阿列索·巴尔多维内蒂处逗留，他是画家和镶嵌工艺家，和多米尼科·威涅齐亚诺、安德烈亚·德尔·卡斯塔尼奥和皮耶罗·代拉·弗朗切斯卡一起工作。我不知道阿列索的风格是否影响了他，阿列索很小心精细地画大幅风景，这为他的研究提供了一条道路。[2]我猜想莱奥纳多会向他多多请教有关化学的问题，"绘画的厨艺"——阿

---

[1]　在很多技术方面，莱奥纳多反对阿尔伯蒂：比如，他反对阿尔伯蒂测量船速的方法。但他们最大的分歧还是在美学方面。

[2]　巴尔多维内蒂"喜欢在实地画风景画，画出来的与真实景色一模一样……在阿南兹亚塔，他在一座房屋的废墟上画了长了霉斑的石头，被雨水和霜冻侵蚀，还画了一根覆盖住了半壁墙壁的常春藤的粗根……他甚至根据实际情况，很仔细地给叶子正面和反面画上不同的绿色"。（瓦萨里，《名人传》）莱奥纳多也提到过有时叶子的颜色是不同的。

列索把蛋黄和树脂混在一起在炉上煮，像清漆那样用，使壁画发亮，让油画生辉。

　　油画引进佛罗伦萨算是一段稀奇的故事。发明这个革命性的方法的是荷兰人扬·凡·爱克，意大利人叫他让·德·布鲁日。据瓦萨里所说，在15世纪的前三分之一，这位大师的某些画作来到那不勒斯和乌尔比诺，所到之处令人大为惊叹：它们有一个平整光滑的表面，有层次，有传统水溶颜料做不到的透明感，可以画在木板上或岩壁上，即用到鲜石灰的涂层上。意大利人搜寻着北方画家的秘密，有点像下个世纪的贝尔纳·帕利斯致力于发现意大利釉彩的秘密一样。西西里人安托捏罗·德·梅西纳几次试验失败，决定踏上旅程：他在弗兰德斯直接学到一点凡·爱克的技术，然后在威尼斯安顿下来，把这点技术教给朋友们，尤其是多米尼科·威涅齐亚诺。多米尼科又把它教给佛罗伦萨的各家工场。多米尼科应该是画了城里的新圣玛利亚教堂的半圆形后殿的三分之一，另一个三分之一交给阿列索·巴尔多维内蒂，剩下三分之一交给安德烈亚·德尔·卡斯塔尼奥。据瓦萨里所说，这位安德烈亚"不仅是好画家，还很会装腔作势，需要时就可以做出很亲切的样子，巧舌如簧，非常自负，为人处事果断异常"。他对多米尼科因为有好技巧而获得的成功极为嫉妒，装作和他很亲密的样子。每晚二人聚在一起，抱着里拉琴，共度好时光，还向女孩子们唱小夜曲。这样获得信任后，威尼斯人多米尼科逐渐把油画技术告诉了他，当他得到了想知道的一切之后，为了除去对手，他卑鄙地杀害了多米尼科。在一个美妙的夏夜，他用铁棒打死了伙伴。他的罪行没有受到惩罚，在他临死忏悔时才被吐露出来。

　　瓦萨里更确切地说，安德烈亚·德尔·卡斯塔尼奥在那个时候画自画像的时候也画成犹大的样子，"犹大和他一样，在心灵与行为上都是

叛徒"……这个故事编得真动人。事实是，安托涅罗·德·梅西纳是在
1475 年才来到佛罗伦萨的，即多米尼科死后十四年。而多米尼科是在所
谓被杀那年的四年后死的。这件事站不住脚，但这类故事在佛罗伦萨的
工场流传，安东尼奥·比利和大家叫作无名氏的嘉迪阿诺在瓦萨里之前
就反复传播这个故事了。

　　大概意大利人是从住在半岛上的北方人那里学了油画技巧，那不勒
斯和威尼斯先于佛罗伦萨掌握了这方法。是多米尼科·威涅齐亚诺或安
托涅罗·德·梅西纳本人把这技术传到了佛罗伦萨，其中没有欺骗和暴
力。不知情的公众们传播这凶杀案的流言，把技术的引进与血案联系起
来，在我看来无非是想强调这技术的重要性，因为它很快就要取代传统
的技术了。

　　然而，1470 年左右，当莱奥纳多开始涉足绘画行业时，托斯卡纳人
因为太拘泥于胶画和壁画，总是不能充分掌握油画的技术。像巴尔多维
内蒂和波拉约洛那样——后者大概曾是安德烈亚·德尔·卡斯塔尼奥的
学生，他们最多只是模仿效果，简单地用一种彩色的清漆完成作品，最
多也只是学到了这一技术的皮毛。

　　不幸的是我们不知道韦罗基奥是在哪里、在什么时候学到了油画技
术的（此中的演变关系很有助于理解那个时代的艺术家，那个时代的进
步是以一代代计量、衡量的）。但可以肯定，在他的工场里，"油画革
命"开花结果，一方面靠莱奥纳多，另一方面靠佩鲁贾——他又把火炬
传给了拉斐尔。

　　油彩在多方面胜过水彩：因为有透明色料所以可以一层层地抹上色
彩，颜色彼此不会混在一起，也可以随意把它们溶解，可以无止境地
从头再来（只要掌握颜料变干的时间）。油更能突出立体感，给人以空
间的印象（通过层次渐变的办法），还有使轮廓淡化（以突出画的硬线

条），可以完全发挥油性的妙处，给人深度和柔和的感觉。从协调柔和与层次渲染开始，新的美学观点开始确立。

佩鲁贾滥用这种柔和效果，并在后来发展到矫揉造作的地步，这可能部分归咎于他的家乡翁布里亚，那里有乔万尼·波卡提、蓬费格里或卡坡拉里这样的画家。当他加入韦罗基奥的工场（1470 年左右，在莱奥纳多之后几年），他的风格——大受皮耶罗·德拉·弗朗切斯卡的影响，一定已经确立了主要特色，他只需在和佛罗伦萨的接触中变得"现代化"一点。作为这"现代化"的交换条件，佩鲁贾给韦罗基奥的工场，也给达·芬奇带来了一点他家乡艺术家的柔和及感性的典雅。[①]

莱奥纳多和他的学友，依靠年轻的洛伦佐·迪·克列迪（当时十三四岁，刚到韦罗基奥那儿做学徒）的帮助，在师傅的严格监控下，按配方小心地调整油彩的准备配方。油彩应该是够滑又快干，很稀。莱奥纳多在他的笔记里记了好几页，不断地试验，不断地摸索，整个一生他都在试验新的产品，尽管有时结果很糟糕。最重要的研究是得出了对颜料溶解液的极佳感受。他把油和或多或少精馏过的松脂混合，捣碎芥末种子和亚麻油，然后把所有的东西放在压榨机里。他从刺柏子酒里蒸馏提取浓汁，再用这浓汁中溶解这植物的树脂。他认为琥珀是柏树的胶乳，在 4、5 月份收集处理便可获得"完美的清漆"。[②]他也试验核桃油，并指出如不小心剥它的果皮，青果皮就会污染染料。他还发明了一个办

---

① 举例来说，韦罗基奥对佩鲁贾造成的影响在伦敦国家美术馆的《圣母子》里就显得很明显。而佩鲁贾对安德烈亚师父作坊的影响，则在洛伦佐·迪·克列迪承担主要工作的作品中特别明显，因为他主要和年长的弟子们合作。另一个翁布里亚人，来自佩鲁贾的画家费奥伦佐·迪·洛伦佐，似乎也在 1470 年左右在韦罗基奥工场工作。

② 这种"琥珀"可能是我们今天称为威尼斯香膏的东西。有传说认为琥珀可成功地被溶解，而保留其全部的优点。莱奥纳多的笔记可能就得益于此。

法，借用肥皂来回收干掉了的油彩。

1472 年左右，即他的名字出现在行会名鉴上时，莱奥纳多在协助韦罗基奥制作一幅大幅画作《基督受洗》（图 4.4）。那是佛罗伦萨城墙外、在克罗齐门那边的圣萨尔维修道院的僧侣订的货。这是我们知道的达·芬奇在绘画方面留下的最早痕迹。

韦罗基奥把这作品最高尚的部分留给自己。他画了裹着腰布的基督，双手合并，低眉垂目，赤脚浸在约旦河的清水里，还画了拿着铜碗负责洗礼的圣约翰，还有以鸽子的形式从天上飞下来的圣灵。基督在画中央，为了保证画面构图的平衡，他设计了两个天使跪在河岸，他画左边的那个天使，把另一个交给莱奥纳多，并让他完成画的背景。

韦罗基奥这幅充满音乐感和激情的作品超过了他以往的作品。他画的这些苦行主义者，从解剖学角度来看完美无缺，表现出一种现实主义和伟大情怀的恰当结合。他像荷兰人那样，非常成功地画出水的透明感——救世主和圣约翰的脚泡在其中（意大利人为避免这一难题，通常画的洗礼是干洗，即在河岸上进行）。当他看到他的学生画的穿着基督衣服的天使后 [①]——据无所不知的瓦萨里说——他又吃惊又羞愧，他发现他的学生莱奥纳多虽然年轻，已经比他懂得更多，他发誓此生不再动画笔。

瓦萨里的这句话大错特错：他说因为自己不能画得更好而恼怒，韦罗基奥最后放弃了绘画。

这样的说法一点也不符合韦罗基奥的为人。再说，后来他依然接受

[①] 只有右边的那个天使是莱奥纳多画的。左边的一个天使拥有介于莱奥纳多（当时）和韦罗基奥之间的一种风格。就像是韦罗基奥根据学生的图画画了这个天使，或者实际上由两人合作完成（作为一种试验？）。

图 4.4 《基督受洗》
（佛罗伦萨，乌菲兹美术馆）

订单画了不少画。事实上，莱奥纳多作品的质量只是使他明白以后对他的徒弟可以放心了（1510年出版的阿尔贝提尼的《回忆录》中已经证实了这一点——此书类似于佛罗伦萨的旅游指南）。他相信自己培训出来的学生的能力，逐渐把工场里的绘画工作交给他做，以便自己能腾出空来安心做他自己最热爱的工作：雕塑和金银雕镂。

这样，莱奥纳多大概从第一助手过渡到了合伙人的地位。

按罗斯金所说，莱奥纳多画的穿衣天使像，"从宗教性和庄严感上看"，并不比他师傅画的人物高明，"但在艺术的娱悦性上，二者差别就很大"。这个判断的第一部分因为纯粹涉及了美学规则，还有待争论，但第二句话并非如此。莱奥纳多在这里展现了高超的技巧，而他后来还不断地采用：他选择了最困难的角度，画的天使只露四分之三的背，从而成功地做出艺术行话所说的"转身像"。他画的衣服褶皱还有一点他师傅的布料的人造生硬感（这其实肯定是瓦萨里所说的用泥巴塑起来的布料），但天使的脸焕发着佛罗伦萨从未见过的光泽，头发、眼睛和微笑带有轻浮、活泼、全新的神气——可以说破坏了整幅画的统一。沃尔特·佩特写道："这天使有如一道阳光照到了一幅刻板冰冷的古画上。"

我认为莱奥纳多艺术上的早熟和非同寻常的成功应当归功于他的视觉和对体积和空间的特殊感受，同时，也要归功于他使用油彩上的进步。当有人用X光透视这幅《基督受洗》，发现他和韦罗基奥在技术上的差别非常惊人。师傅还在运用中等技术，即绘画中的形象突出，像在水溶颜料画一样，具有浮雕效果，依靠铅与白色的混合表现光（因为挡住X光线，所以很显眼）。而莱奥纳多却是一层层地抹薄薄的颜料，没有配备白颜料，他的材料是这么光滑，稀薄得看不见画笔的痕迹。光线很均匀地穿透进去，在天使的脸部，我们看到的是一大块空白。

莱奥纳多的所有画都不使用胶画颜料。他一直都是这样画的，一道道薄的涂层薄得令木板在 X 线下隐约显出 。[1] 他的油彩层抹得很细，非常稀的液体，越来越暗，便表现出有质感的画中人物：光线穿过画层就像穿过染色的玻璃片，照在反射它的涂料白屏上，映出了这一形象 。[2] 在卢浮宫博物馆展出的那幅达·芬奇的最高杰作《施洗者圣约翰》的颜料是如此之薄以至于 X 光线都照不出什么来，只看到一层均匀的蒸汽。丝毫不留痕迹，以至于这幅画的 X 光片都不能复制。

莱奥纳多在《论绘画》中写道："画家要使画中的人或物具有立体感的话，应用半色调抹画面，然后用最暗的颜料上暗影，最后画主要的光线。"

这段话粗略地展现了他的"手法"。此外，在说到光影的安排、线条的处理中最困难的地方时，他也明确了自己的主张：立体感是"绘画的灵魂"。

他对立体感进行了长篇大论的论述，说到它的特性、作用，表现它

---

① 莱奥纳多对他要在上面作画的木板的准备特别当心。他写道："木材必须是柏木或梨木或山梨木或胡桃木，用乳香和蒸馏过两次的松脂和蛋白或者石灰抹过；放在一个框子里，可以让它根据湿度或膨胀或收缩。然后涂一层二砷或三砷溶液，或者是极浓的酒精腐蚀溶液。然后用煮沸的亚麻油涂抹，使之充分渗透，在它冷却之前，用抹布好好擦拭一遍，使之干燥。然后涂上液体清漆和铅粉，等它干了之后，用尿液洗干净。然后轻轻地磨光，画上画。然后裹上一层浓度为百万分之三十的铜绿和一层由百万分之一的铜绿和百万分之二的黄色混合而成的溶液。"莱奥纳多这样就得到了如大理石般光滑的表面。更多信息可参见让·鲁德尔的文章《画家的职业》，收录于《莱奥纳多·达·芬奇的知识》一书。

② 在所有 15 世纪的意大利画家中，莱奥纳多肯定是技术上最接近于凡·爱克的一个。当我们把后者未完成的《圣巴巴拉》和莱奥纳多未完成的作品，如《三博士来朝》或者《圣耶若姆》相比，我们可以看到它们的手法非常相似：同时上阴影和色彩，并不采用厚涂手法。蛋白涂层就像一个屏幕，图画层一直是很透明的，媒介油就像一层清漆，颜料也有清漆的厚度。

的不同方法——也就是通过主要是二维空间的画面来还原事物的三维空间。然而他没有说明他是怎样直觉感到立体感的重要性和首位性，他如何会有这样的看法：油画不应当是世界的线性体现，而应首先是立体的表现。

我相信这根本原则的道理的来源还是有迹可循的。在上书中，莱奥纳多扼要地简述了油画史：首先是乔托，然后是马萨乔，他们进行了艺术的伟大创新。我觉得，如果不认真考虑马萨乔对莱奥纳多的影响和启发，我们就不能完全了解画家的成长。

被大家称为马萨乔的画家原名托马索·迪·乔万尼·圭迪（马索是他的爱称，后面加上了贬义的后缀"accio"，因为他不修边幅，常常看上去很古怪，异于常人），他属于布鲁涅列斯齐、多纳泰罗、吉贝尔蒂那一辈。1401 年他出生于华尔达尔诺偏僻的村庄，没人知道他童年的情况。他和乔托、莱奥纳多一样都是乡下孩子，十六岁左右来到佛罗伦萨。也许他没受过城市的文化熏陶，因此对于事物有新鲜的视角，几乎是离经叛道，无视传统观念。他在马索里诺·达·帕尼卡尔身边干活。瓦萨里认为他是后者的学生。很快他就成了师傅。1424 年左右，两个人开始在卡尔米纳的圣母玛利亚教堂干活。这教堂由大家族布朗卡西赞助。他们在教堂里画一套壁画，表现了圣经历史的几个片段，如圣彼得在天堂给病人治病。1425 年，马索里诺去了匈牙利，三年后马萨乔去了罗马，他在二十七岁那年的秋天死于罗马（他不是如传说中说的中毒而亡，文艺复兴时期意大利的谋杀案比大家想象的要少得多）。壁画没有完成，过了很久才由费利皮诺·利皮尽量努力将之完工。

对这位生命如昙花一现的马萨乔，人们并没能马上就跟上他的脚步，因为他的技巧很难学。更准确地说，在他活着的时候，没人跟他学。他很早就对世界性哥特风格①的美丽效果情有独钟。即便有些艺术家如布鲁涅列斯齐或阿尔伯蒂很早就唱起他的赞歌，但也过了将近半个世纪才看到他的教诫开始生效。瓦萨里这样论述他的功绩："他发现了美丽的仪态、高贵的举止、骄傲生动的神态、某些确确实实来自于自然的立体感，那是在他之前没有一位画家做得到的。"后来，他又说到这位画家是第一批懂得使用透视法规则的，并成功地实现"缩短"法。他谈到他的作品简朴、自如、自然、优美、色彩融合，有着出众的"真实的力量"。

我们还可以说，马萨乔具有相当发达的直觉，他选择了放弃鲜艳色彩、金饰、迷人的细节，而集中表现最重要的部分，尤其是他发明了把所有的元素统一在一个固定的几何图形里，光线均匀，就为了让人有这个印象：似乎空气在他画的形象中流动。莱奥纳多终身都遵循着这个原则。

受到马萨乔方法影响的画家和雕塑家的名单有一长串，我只提最出名的几位：乔万尼·德·费埃索尔修士、菲利普修士、巴尔多维内蒂、安德烈亚·德尔·卡斯塔尼奥、韦罗基奥、基尔兰达约、波提切利、佩鲁贾、洛伦佐·迪·克列迪、巴托洛梅奥修士、拉斐尔、米开朗琪罗（他模仿他以便能更好地研究他）、安德烈亚·德尔·萨尔托、蓬托尔墨、罗索，自然还有莱奥纳多。

卡尔米纳的壁画刚被整修过。它们真的是名不虚传。走进布朗卡西教堂，在右边柱子的高处可看到一位执剑的红色天使，正在把无限羞耻

---

① 在14世纪末期的欧洲大部分地区，流行一种纤细、精致、非常繁复的风格，人们称之为"世界性哥特风格"。其中最具代表性的人物为让蒂耶·达·法布里亚诺和皮萨内洛（他的学生？）。

和痛苦的亚当和夏娃逐出天堂。天使的脸上已有达·芬奇作品人物造型中特有的纯洁和坚定的美的萌芽，这是他不会放弃的一种形象。

我想象着，莱奥纳多和他之前及之后的同行一样，手拿粉笔和纸，靠在这座教堂的墙上，默默地沉思几个小时，沉思这位令人遗憾过早夭折的马萨乔，沉思着在那个时代所发展得如此了不起的伟大艺术。

当莱奥纳多不画草图和油画、不研碎颜料、不在一块小板上试验油和涂料的新配方，当韦罗基奥也不唤他做事时，他是怎么打发时间的呢？他会做什么呢？

这里，我们可以感觉到他与马萨乔的不同，例如，马萨乔全身心地投入到艺术中去，对这个世界的其他事情毫无兴趣，甚至到了不修边幅、衣冠不整的地步。而莱奥纳多从不满足于单项活动，没有什么东西能把他整个儿占据。他对别的东西也抱着好奇心。不管做什么事，他都会情不自禁地分神，想象如天马行空。

莱奥纳多常常在他的笔记里东拉西扯（我们常可以看到，他在笔记本里不自觉地流露内心深处扰动他的东西），这是他性格中的一个特点。如收藏在温莎的一张猫的速写，用羽毛笔画的，相当仔细，很明显是写生画（图4.5）。这种日常熟悉的动物有时呈现出背部，尾巴卷如问号，有时又弓着脊柱，鬼鬼祟祟地爬向看不见的猎物；在这里，它呼呼大睡，蜷缩成团，恬然自得地舔着自己，轻咬大腿；在那里，它四爪着地，弓起身体，猫毛直竖；在别的地方，它又和其他猫儿凶恶地打架。总之在一张纸上画了二十幅草图，表现了他无与伦比的准确观察和迅捷的手法。然而，画的中央却是一条龙（由于它猫般狡诈的神气，你还一下子看不出来那是什么动物）。莱奥纳多控制不住自己，时不时地，他的画笔会随意乱画，他需要休息。在另一张纸上，画的也是一只猫，但有点

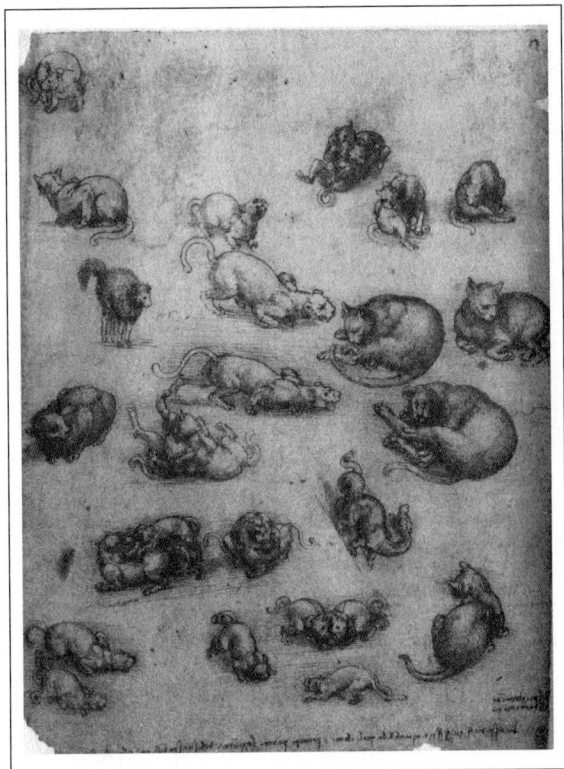

图 4.5　《关于猫的习作》
（温莎，皇家图书馆）

像老虎，这只猫溜进了他的马匹草图中。又或者莱奥纳多出于游戏——总是这样的——从一群嘶鸣的种马口鼻画到一张怒狮的嘴巴，然后又在一个发怒的人的脸上画上狮脸。又或者他研究的是人的头盖骨，画的是食道、软骨、甲状腺，还画了五六次，然后顺便画两根柱子（并非是脊柱，而是纯粹的托斯卡纳风格的柱子），有基座有柱头。他很少放弃找乐子的机会。

　　同样，当他开始其职业工作时（应当说，他以现代艺术家连基本概念都没有的职业觉悟投入到学习中去），他也同时投入地学习各种科学，把这作为消除疲劳的方法。一切都吸引他。他说："拥有求知欲当然是优点。"他反复引用阿尔伯蒂的话为自己辩护："画家应具备所有对艺术有用的学识。"然而阿尔伯蒂只想到历史、文学和数学，而莱奥纳多无限地扩充了这张列表，根据不同情况而加入各种——至少在我们看来——与绘画基本无关的知识，例如天文学。

在他的笔记本里有一串名字告诉我们他当时的兴趣。其中有医生保罗师傅（保罗·德尔·坡佐·托斯卡涅里师傅，他是医生，但也是哲学家、科学家、地理学家、数学家），还有贝内代托·德·拉巴科（他在佛罗伦萨教算术，而"拉巴科"的含义就是算盘，是当时便携的计算工具）。

我们无法知道莱奥纳多是否勤奋地听过这些杰出的老师的课，还是仅仅远远地怀着羞怯的敬佩之情，只不过是"久仰大名，如雷贯耳"的关系。某些偶然的机会让我们假定老托斯卡涅里与艺术家们走得很近（他是布鲁涅列斯齐的密友，和韦罗基奥也有联系），他可能已经在科学领域开始最初探索，或许莱奥纳多在安置教堂的圆球时已接近过他。1472 年 1 月，一颗被当时的编年史家称为"可怕的、恐怖的"彗星划过托斯卡纳的天空。甚至在白天人们都很清楚地看到它长长的尾巴。1478年，发生了日食，引起人群的惊慌和学者的思考。然而我们在这个时期莱奥纳多的笔记里只看见有关天文演算的初步机械草图，而在一页纸的边上画着一幅漫画，大概就是保罗师傅。

托斯卡涅里是当时佛罗伦萨最著名的天文学家和地理学家。他的理论对那个世纪最广泛的发现做出了贡献。他在 1474 年写的一封信里说到可以从西面到达中国，据说这封信说服了哥伦布横渡大西洋。莱奥纳多一生对天体现象、我们这一星球的特别之处和异国风光的国家抱着浓厚兴趣（他有一张世界地图），也许他听到了他的说法，参加了他少有的几场"讲座",他向他提问,向他讨主意,甚至借书、借观察材料。也许他跟他学画地图(后来莱奥纳多绘制了非常美丽的地图),并在1406年,靠着一位佛罗伦萨的商人,画出了重现古埃及托勒密时代的地理概貌图……

一串名单,就像一个备忘录,其中有几个我们听说过,也是历史学家抓住不放的名字。而达·芬奇在建立联系时毫无阻碍,大步前进。

卡尔罗·马尔莫奇(另一名天文学家,"象限"的发明者,莱奥纳多似乎很羡慕他),还有弗朗切斯科·阿拉尔多、贝内代托·达西·佩列罗、多米尼科·迪·米歇里诺(画家,安吉利科修士的学生)、乔万尼·阿尔辛波尔迪(让·安哲罗普洛斯,希腊语教师,亚里士多德的《天论》与《物理学》的译者)……他也在旁边记着其他人名,至于莱奥纳多和这些人的关系,我们并不清楚。

他不愧是公证人的儿子,喜欢把这些名字列在笔记本里。我们不知道为什么他把它们记下来。我们在任何地方都找不到这些人对他的意义。(也不是说这些无名之辈在他眼里比他人重要。人们最眷恋的人不一定是后人认为应当留在记忆里的人。)

莱奥纳多大概围着数学教师贝内代托师傅,或地理学家保罗·托斯卡涅里转,正如他追随着当地大部分科学和艺术出众的人一样(佛罗伦萨,尤其是佛罗伦萨的知识界,充其量不过是个很大的村子)。然而他的日程安排里还不只是和这些人打交道而已,与严厉的老头为伍无法满足这个二十至二十五岁年纪的青年。

从一幅画着发问的少年与神色阴沉的老头的画上——他们的表情好像从偶然沾了墨迹的纸上呼之欲出,莱奥纳多写道:"费奥拉华特·迪·多米尼科是我在佛罗伦萨最亲密的朋友,我爱他有如兄弟。"

这是他少有的表达感情的话。这费奥拉华特是谁？——他的名字在其他地方都没出现过。那是他的肖像吗？他如画中的少年那样，长着尖尖的、多愁善感的一张脸？我真想有一张莱奥纳多青年时期的朋友的名单。

幸好有了其他的笔记，我们得以认识其中的几位。

首先是阿塔旺特·迪·嘉布里埃罗（或旺特），他与莱奥纳多同龄——1503 年，他借给莱奥纳多 4 个金达克特；还有盖拉尔多·迪·乔万尼，瓦萨里称之为"有复杂心灵的人"（也许正因为此莱奥纳多才与他的关系特别密切）。两个人都是细密画画家，他们在珍贵的手稿上装饰彩色字母或小彩画，如同费里坡·华罗里订的《九章集》中的那幅画一样。他们大概在书商街开了店铺（今天叫孔多塔街），离皮耶罗的家几步远。16 世纪 80 年代，在他画了插图的两本祈祷书里，阿塔旺特很不客气地照抄韦罗基奥《基督受洗》里莱奥纳多画的天使。

还有安东尼奥·卡米里，"皮斯托亚人"，平庸的诗人，有点滑稽可笑，小个子，驼背、丑陋、身体扭曲，"就像个没钱的人"——他自己这么说。莱奥纳多在一生中的不同时期碰到过他，在米兰，也许在曼图瓦，然后又在佛罗伦萨——安东尼奥在此死于"法国病"，即"梅毒"。他们认识多久了？有一天莱奥纳多厌烦了，或失望了，把他比作一头自比为雄鹿的驴，像对联一样写道："安东尼奥，他有时间又没时间，他失去朋友像丢了钱。"

下班之后，他常去看望工场的伙伴们吗？比他年长的波提切利，长相也不好看（他的名字意即"小木桶"），他没说过他的好话（职业上的）——但他提到过他，好几次还是用温和的态度提到的，这已经够了。他责备他忽视了透视法："桑德罗，你怎么不说说为什么这些次要的事物（在第二排）会比第三排的更矮？"他认为他的风景画画得太马虎，只把它们当作戏台上的简单的背景，人物在它们面前走过，两不相干。他没说错：波提切利的《春神》中仙女的脚似乎没踏在地上；《维纳斯的诞生》里的树好像是纸板子。波提切利没学会马萨乔的所有本领（这不会影响我们的判断，这些油画的魅力今天已不会被这些纰漏影响到；为了接受达·芬奇的责备，一定要站在当时的人和职业上的人的立场设身处地地想）。

达·芬奇对佩鲁贾没有什么评论。我在他的笔记本里只见到这个句子："一个裸体人，佩鲁贾作。"这会不会是嘴硬的莱奥纳多恭维人的一种方式呢？（当他谈到画家应当有多面性时，他写道："做这件事成功，做另一件事失败，这就很失尊严，就如许多人只研究物体的大小比例而不研究它们根据什么变化那样：因为人有肥有矮，或长或瘦或中等，不考虑这些不同而去画他的系列画像，看去就会像是姐妹。这种做法要受到严厉的批评。"——他写这些话时也许想到了犯了这一错误的伙伴。）

尽管拉斐尔的父亲乔万尼·桑提，一度作为诗人，写过三行押韵诗，似乎把两人联系了起来："两个少年，同样的年龄，为同样的兴趣而兴奋……"但大概他们的个性和野心是背道而驰的，而且使他们分道扬镳。佩鲁贾挨过贫穷饥饿的滋味，穷困的威胁困扰他，因此他汲汲名利，希望尽早利用自己的才华摆脱穷困。他的作品很多，一上来就抓住最能赚钱的手法，以几乎过分执着的态度寻欢作乐。他的人生哲学用普通的谚语就能说明，即"雨过必然天晴""未雨绸缪"。米开朗琪罗公开说他是"笨蛋"，我看达·芬奇也不会更赏识他。

莱奥纳多也没有评论洛伦佐·迪·克列迪。

洛伦佐比达·芬奇小七岁，是金银雕镂工的儿子、孙子。谦逊的洛伦佐一进韦罗基奥的工场就受到师傅的巨大影响：他协助他的师傅；使用他的方法（据瓦萨里说，他比任何人都更能领会师傅的技术）；抄袭他的师傅——他的大部分作品都是模仿师傅的。他勤奋、好学，是个好学生——但这不是表扬他的话。由于他与莱奥纳多不同龄，尽管他为人可亲，他们的感情不错，但我觉得他不是莱奥纳多最好的伙伴。

这三位学友中（其他人的情况我们不知道——我们也不知道所有韦罗基奥身边的要做画家和雕塑家的学徒的身份），我认为还是波提切利与芬奇最合得来，最有可能拥有除工作之外的其他关系。

桑德罗·波提切利——"我们的波提切利"，莱奥纳多就是在批评他时也会这样好心地称呼他——那个时候是个乐天派，爱和周围的人开玩笑、打哈哈（他不像洛伦佐那样，在那个世纪的最后几年里，受萨伏那罗拉可怖教义的影响终日惶惶不安）。瓦萨里讲了几则有关他开玩笑、故弄玄虚的故事，比如他要了什么花招捉弄那个太吵的邻居，他怎么奚落他的一个同事，他怎么恶作剧地对付另一个人。幽默永不会老。这些小故事就算不能惹读者发笑，也让我们知道了年轻的桑德罗的性格。这也应该是莱奥纳多和佛罗伦萨画家们的禀性和倾向。和我们的美术学校的学生一样，某些人把许多精力和时间挥霍在玩乐上，他们不讨厌节日，他们喜欢表现自己以示与资产者不同，不惜搞些怪诞荒谬的花样哗众取宠。

莱奥纳多也不例外。人之常情，他需要被人赞赏，引人注意。有时他也搞搞笑，拿别人寻开心。他发明了（或重复别人的，却把它们归于自己的发明）一些字谜、谜语、文字游戏、可笑的故事——我们不了解其妙处，他说："诗人之所以爱月桂，因为它好，适应笨蛋和鸫……"我觉得下面的这个笑话更好一些："有人问画家为什么他把孩子生得那么丑，而把那没生命的脸画得那么美，他回答说，他白天作画，夜里做孩子。"莱奥纳多对魔术戏法很偏爱，说它们有科学根据；如用一个杯盛满煮沸的油，往里倒红葡萄酒，它就冒出彩色的火花；他把白酒变成红酒，把拐杖两头架在玻璃杯上，一下子折断拐杖，但玻璃杯却毫发无伤；他用口水沾湿画笔，笔在纸上留下的字迹变成黑色；他制造各种发臭的球，让鱼和动物的其他残骸等等在盆里分解……

他喜欢各种各样的笑话、魔术、谜语，这使他最终结交了一批怪异之士，在道德上让人起疑，就如后来他认识的那个托马索·迪·乔万尼·马西尼。他是佛罗伦萨郊区园丁的儿子，自称是城里贵人卢切莱家族的私生子，他说自己是机械工、金银工，还是魔术师、神秘学炼金术士，他取了个军队里的名字叫佐罗阿斯特尔·德·佩列托拉：这都是花招。他到处招摇撞骗，而莱奥纳多却把他看作朋友和助手。

15 世纪 70 年代，托斯卡纳的艺术家们还没有联合起来组成奇怪的行会的习俗（我们知道的拉·特鲁埃尔公司和索德龙公司曾有些成就，但这是属于下一代人的事），他们的娱乐还未被组织化，但他们从中得到的乐趣却也毫不逊色。

在韦罗基奥的工场里，他们唱歌，弹奏各种乐器。据说，莱奥纳多的嗓子很嘹亮，他是弹里拉琴的高手——和许多翻译家所想的相反，这不是诗琴，也不是古代的竖琴，或司汤达说的"忧郁的吉他"，而是一种古提琴，用于伴唱，演奏方法有多种，要配备琴弓。不难想象这样的音乐会喧闹到什么程度，尤其是有酒助兴的话。

当时的时髦青年都留着长发，额前留着刘海，用铁条烫卷，头戴软帽或鲜艳的头巾，穿着合身的男式紧身短上衣，贴身的紧身长裤直套到腰间，这裤子有时还开了门襟，显眼到不雅的地步……莱奥纳多和他的朋友们是否也赶时髦？他们的收入不允许他们穿富人的镶花边的绣花衣服（正如阿尔伯蒂所说，绣花是用针画的画），他们首次参加活动，波提切利一直在他的父母家生活，我们不知道莱奥纳多的工薪，但知道洛伦佐每月从韦罗基奥那儿领 1 个弗罗林——和仆人的工钱差不多（我估计皮耶罗先生也不可能随便溺爱莱奥纳多），然而他们也会在衣着上弄点花里胡哨的东西，无论是式样还是颜色看起来都很便宜。

莱奥纳多在笔记本里嘲笑那些"不停询问镜子和梳子的人"。他们花一大笔钱从东方进口阿拉伯树胶来固定发型。他说："风是他们的敌人，吹乱他们油光闪亮的头发。"在同一段话里，他表示不赞成年轻人为了炫耀而过分装扮，提倡"任何时候都要朴素大方"。他还写道："我记得在我童年时看见男女老少穿的衣服都剪了各种形状的衣边，从头到脚，甚至在侧面，他们还不满足于这漂亮的发明，又把这些花样剪掉……后来，人们开始加大袖管，越做越大，最后一个袖管搞得比衣服都宽，然后又是加高领子，脑袋都埋在领子里看不见了……后来又时兴窄衣，弄得自己像受刑似的，许多人的衣服都撑破了，鞋子也紧，双脚被夹得脚趾都叠在一起……"但他是在什么时候写下这几行字的？那挖苦的口气怎么像个道德家？他竟会天真到以为一个人在不同的人生阶段是一成不变的吗？他的行为也一成不变吗？在二十岁、四十岁、六十岁时对生活都抱同样的看法吗？应该说，在科学和美学方面的矛盾和异见不会让他扫兴。1500 年之后的笔记本里有好几页记着首饰店和剃须匠的账单，这又怎么理解？这说明他并非不跟潮流，对当时人们的衣着置若罔闻。莱奥纳多肯定创立了自己的风格，似乎舒适又简单，但其质量之高，让旁人看来特别精细，大家都想起无名氏嘉迪阿诺笔下的他的形象：玫色的短大衣、须发卷如波浪。

他的讲究时髦和对文雅精致品味的爱好，还是在他笔下得到了直接或隐约的表露。他常常会离题万里：本在记录颜料、色素的配方，却突然产生了新的灵感，觉得需要讨论香水的问题。他写道："用新鲜玫瑰泡的水湿润你的手，然后用薰衣草在掌心揉搓。那效果真好。"他在香水里加上矢车菊和丽春花使它变蓝。他用石灰和雌黄发明了一种脱毛剂。我估计他有洁癖，因为他说过："你想看到灵魂是怎样在肉体里藏身的吗，那你就看看那肉体怎样对待它的日常住所。"他有点夸张地写道："如果这住所肮脏不予清洁，肉体也将被灵魂以同样的态度对待，既肮脏又被忽略。"因为他配制一些绘画用油，尤其是核桃油，散发出一股强烈的难闻的气味，他想法子中和它的气味，通过与醋一起煮就成功做到了这点。他很喜欢首饰，尤其是凹雕宝石（也许他本人也雕刻了一些次等的宝石）。

他的感情、他画的画和爱好倾向都是矛盾的，看上去莱奥纳多似乎是个双面人。他可以是最严肃的人，也可以是最无聊的人。在闹剧中他会全情投入，但也会在最深奥的科学研究中搞些轻浮的游戏式的玩意。他既变化无常又执着如一，既合群又孤独（他说过："画家应该孤独，这样，肉体的舒适安逸才绝不会亵渎斗志。"）。他活跃又拖拉，自卑又自负，驯服又桀骜；他异想天开又脚踏实地，他想对人有用，但眼界太高，他发明的大部分东西都没有得到真正的运用；他热衷于构想杀人的武器，但憎恨战争的疯狂；他探索着至美的经典，同时却在隐蔽的陋室收集了一些奇形怪状的东西——真的是丑陋不堪……他天才地无视步骤，又常常重复、徘徊不前，他朝气蓬勃，有时却像老人一般暮气沉沉。在同一张纸上，他多少次勾勒出少年天真美好的轮廓，又画了父亲、祖辈，这些老年"命令者"阴沉威严的脸（图4.6）？这是他身上的一种主旋律。渴望与畏惧同生，渴望存在的同时，还有恐惧将之推远，似乎带着自责。

一半的他渴望着一个东西，一种状态，另一半则躲避着，害怕着，或者向往着一种截然不同的东西或状态。在他人生的各个阶段，他就像置身在洞口，又做了强制的二重性的俘虏。他的作品和他整个的人生，事实上可以被理解为一种努力，为了解决或调和水火不相容的事物的矛

图 4.6 《老人与少年的侧面像》
（佛罗伦萨，乌菲兹美术馆）

盾，使它们达到一致。

我觉得，他在韦罗基奥工场度过的几年时间，只有从冲突角度考虑，才能明白其意义——冲突或大或小，爆发的或潜在的，他都成了猎物。要考虑到最微小感情的暧昧性，如不是对立矛盾的话——如他对佛罗伦萨的感情，这艺术、学问、快乐的祖国，但又是他父亲挑选的城市，他的流放地，被逼居留的住所；或者考虑他的成长、成形（或者说受限制），尤其是身为私生子这一事实会如何限制他。他对自己有何看法？我认为他在这个时候想到了自己可以成为什么样的人，他一点都不喜欢做那个被生活所需和出于偶然而要成为的人。

突然，噩运把他推向了深渊（也是他自己在人生道路上产生偏离导致的结果）。

莱奥纳多的第二个继母弗朗切斯卡·朗费列迪尼死于 1473 年，没有留下子女。正是那一年，他在芬奇镇的夏景画背后写道："我很高兴。"

皮耶罗先生按当时的风俗，恰如其分地替妻子办了丧事，他在佛罗伦萨巴迪阿的祖坟上树立了一块大理石石碑，也许等了两年才开始重新考虑自己的婚姻大事。他娶了很年轻的姑娘玛格丽特·迪·弗朗切斯科·迪·雅可布·迪·居格里厄尔莫，她给他带来 365 弗罗林的嫁妆。

公证人的声誉现在已经非常稳固，他的业务蒸蒸日上（诗人贝尔纳多·坎比尼当时写诗恭维他："如果命运要你寻找最好的公证人，别找别人，就找芬奇镇的皮耶罗先生"）。皮耶罗也聚敛了大量的财富，可以在各处置办房产，尤其在他的家乡。红运当头，锦上添花，他的第三位妻子在 1476 年给他生了第一个合法孩子，还是个男孩，他热热闹闹地给儿子办了很有排场的洗礼，给他起了祖父的名字：安东尼奥。

叔本华说，在我们的生活中，没有什么事是非其所愿。让人不快的巧合，似乎是有意为之，在这一年即 1476 年初，莱奥纳多被人控告犯了鸡奸罪，必须出庭接受审判。这一年他二十四岁。

前人写达·芬奇的传记，出于可以理解的谨慎，对这件让人尴尬的事都三缄其口、讳莫如深。然而这事提供了唯一一个"明确"的线索，有助于我们了解莱奥纳多的感情生活。毕竟，事实摆在那里：

有人匿名揭发。当时在佛罗伦萨设有各种信箱，由于它们的形状是圆柱形，大家给它起了外号叫"鼓桶"，或"真理之口"。"良民们"可以放心地把检举信投进其中，检举有诈骗行为或谋反、杀人、通奸嫌疑的邻人，而不会有被人报复的风险。控告信随后由有关当局登记记录。

同性恋罪由"夜间和修道院办事处"负责，出于维护社区的目的而进行监视——有点类似我们今天负责当地风化的警局。

莱奥纳多当时住在韦罗基奥工场，他与其他三名男子被控犯了鸡奸罪（主动鸡奸），被害人是一个叫雅可布·萨尔塔列里的十七岁少年，穿着黑衣（证据相当确凿），是华克列西阿街一个金银匠的弟弟，他本人是金银匠的徒弟，好像也是公认的男妓。其他几名被告是谁呢？一个是巴托洛梅奥·迪·帕斯居诺，他也是这条街的金银匠；另一个是巴西诺，他是奥尔托·桑·米歇尔的裁缝，专制男式紧身短上衣；还有里奥纳尔多，他和萨尔塔列里一样穿着一身黑衣。如果罪名成立，他们会被判什么刑？按照法律，将在柴火上被烧死。

第一次庭讯在 1476 年 4 月 9 日举行。没审出什么来。法律不像人们想象的那么不公道，它要求证据、宣过誓的证人。都没有。于是案件被推迟到 6 月 7 日，被告被免予处分，因为案件有待重新审查。经过新的调查之后，举行第二次庭讯，也没有什么成效。法官宣布不予起诉，这一回，案子彻底撤诉了。

首先我们要问，既然不知道告密者的身份，这案件矛头所指的是哪一个人？头一个被告是谁？画家？金银匠？男式紧身衣商？我认为要么是男妓本人，他的犯罪行为已很明显；要么是里奥纳尔多，他的名字列在最后，地址不详，也没有掌握他的具体情况（因为逮捕他不需要这些）。由此推论他的名字在佛罗伦萨已经很出名，有他的外号和穿的衣服就够了。谁还不知道他们家呢？洛伦佐·德·美第奇的母亲也姓托尔纳布奥尼。通过这个青年，矛头指向的是美第奇家族（洛伦佐可以动用他的关系，对法官施压，以洗刷亲戚的罪名——这对莱奥纳多倒是个好消息），政治就如情场竞争，邻人对男妓所做的买卖的义愤，我认为就是这场官司的原因。有什么理由要憎恨刚出道的画家呢？他们把罪名强加在他的头上是为了凑数而已，对这个问题也没理由说谎：艺术家达·芬奇在这件案中被人利用充当了一个群众演员，和另外两个人一样，出于意外被连累，但其名字被提到倒不是出于偶然。

控告既是匿名的，这场官司的法律依据早就可疑。加布里埃尔·塞埃耶写道："这就足以驳斥了控告信的荒谬，更不用说法庭如何下判决了。我敢说莱奥纳多的整个生活，还有他的思想和哲学都很光明正大，对于畸形反常很厌恶。"然而，尽管人们找不到莱奥纳多的同性恋的确凿证据（我们还可以称同性恋为畸形么？），但他的画和笔记却有许多证据，能够支持这一论点：他喜欢小伙子。正如弗洛伊德所说，有可能，"他从未充满爱意地抱过一个女人"。

没人知道他有没有女朋友，他也不和任何女性结交；相反，大家看见他被一大群英俊的小伙子簇拥着，当然，他需要他们做模特。他画了——似乎是纯粹为了享受画他们的乐趣——不少裸男，还偏爱画下半身赤裸的男人。他对女人特别感兴趣的是上身：她们的脸，她们的手，她们上身的动作。而年轻男子的话，更注意的是他们的大腿和腰，脚趾与肚脐之间的东西。进行人体解剖时，他列出男人生殖泌尿系统的器官列表，画各种样子的阴茎，而女人的性器官他只画了两次（我说的不是截面图），他画得很粗也不准确：张开着，很具威胁性，可以说就如洞穴那阴暗的进口一样可怕，而且画得也不科学，只指出了尿道，而没有阴蒂和小阴唇。在同一张纸上，他不画外阴，而长时间地画着肌肉的机械运动。这个主题更让他感兴趣。他画了膨胀的肛门，然后是收缩的。按他的习惯，他很快就忽略了观察，被想象力拉走了，他认为操纵括约肌的五块肌肉突然在他的笔下成了花的花瓣，就像是纹章里的百合花，然后花冠变成了五边形的碉堡平面图，被盛满水的水沟围着。当他从梦中醒来，他没犯傻，在文章和草图中简单写道："错了。"

在一张画满机器简图的纸上，他画了男人与女人性交时的性器官，看去倒像是两具阴茎在相碰相抚。在另一张纸上画的是竖起的阴茎直接对着男人的屁股。在第三张纸上，画的是莱奥纳多发明的自行车的速写，一个助手笨拙的手把它改成了猥亵的漫画：一条阴茎在鞍上竖起，它有条尾巴，出现在圆孔前，孔上方写着他宠爱的学生的名字：萨莱……这些"迹象"都是可以被驳倒的，但从它们的数量看，我倒认为很有说服力。

对莱奥纳多复杂的性向（难道还有简单的吗？），一大本考证都无法探个究竟。我们可以在莱奥纳多留下的笔记、画作里永远不停地寻找答案，常翻来翻去、不停剖析，像犹太秘法学者一样颠来倒去地想，像对待诺查丹玛斯的预言一样企图让它们开口"说话"，辨识解开莱奥纳多似乎一直用来做挡箭牌的密码，把他关注的东西、困扰他的问题分类以及列出清单。我们总感觉一只手似乎已经触到了关键的钥匙，马上就能重建一个体系，但与此同时，我们又发现了另一条分岔的路——我们永远无法诚实地下一个确凿无疑的结论，没有什么是可以确定的。莱奥纳多好像快要公开他的隐私了，然后又退回去了，似乎有意把事情弄糊涂。但我还是试着提出几点看法。

莱奥纳多画了好几次男女交媾的画面，他们都站着。但男性的解剖图还是画得比女的细致。在图的下面，他莫名其妙地画了一个男人的脑袋，头发又长又浓，并写道："多亏了这些图，才揭示许多溃疡病和传染的原因。"

他不认为人类的交配和动物有什么真正的区别，他对交配抱着好奇和厌恶的态度。博尔赫斯写道："交配和镜子一样的讨厌，因为它们增加人的数量。"莱奥纳多说："交配行为和交配的器官都是如此丑陋，以至于要不是因为脸庞长得漂亮、当事人穿着漂亮和行事时的冲动，大自然就会断了人种。"人种的灭绝并不让他很哀伤，好多年之后，当他的一个同母异父的弟弟告诉他自己有了儿子的消息，莱奥纳多以惊人的粗鲁态度这样祝贺他："我从你的信里得知你添了继承人，它给你带来的后果之一，我相信，应该包括你为此感到的快乐。以前我一直以为你是个谨慎的人，看来我不算有眼力，你也不算谨慎。因为你庆祝自己生育了一个不共戴天的敌人。他将力求一种自由，直到你死了他才能得到。"

这是他的经验之谈吗？他对生父皮耶罗的感情是否就是如此？他恨他到了这个地步？这个在 1476 年就抛弃了一个情妇、埋葬了两个妻子的公证人的人格，导致或刺激了莱奥纳多的性取向？（我有这样的感觉，以父亲的行为为鉴，莱奥纳多宁愿不与女性交往，他害怕自己承担不起。）

莱奥纳多常说："勿纵欲。"他不仅认为画家琴尼诺·切尼尼因为性交过度而导致作画时双手颤抖摇晃如风中之叶，他还说："抑制不住性欲的人把自己等同于禽兽。"依据这狭隘的事实基础，某些人便断定莱奥纳多对漂亮小伙子的喜爱纯粹属于美学范畴，他对他们的爱是柏拉图式的，他过着僧侣式的生活，到死都保持童男之身。弗洛伊德说："他在我们的眼里是一个性需求与性行为特别稀少的人，似乎对更高的人生目标的向往使他升华到忘记了凡人的动物需要。"有些人在解释时，把这一假设推得更远，认为漂亮文雅的莱奥纳多表现出性无能的所有症状⋯⋯

这一方向上的推论既无力又牵强，它们经不住深入的探讨，太多的事实驳斥了这些看法。莱奥纳多肯定喜爱良马，它们是当时的跑车，他炫耀首饰、剑和其他象征着咄咄逼人的权力的东西，这就表明了一个社会类型和性方面的问题。我并不是说他在这方面是平衡的典范——远非如此——我只努力给这些问题以恰当有分寸的评价。有人还说，由于莱奥纳多性格过于腼腆，他在笔记本里避免涉及色情的内容，不敢开轻浮的玩笑。但其实他喜欢玩文字游戏,他记下了几则很大胆的色情故事,例如:"一个女人必须经过一条难走的、泥泞的路,她撩起她身前身后的裙子,碰到了自己的肛门和外阴,于是她明白了三条真理,但只说了这句话:'这是一条难走的路。'"大家也可能记得一句话,是很费解的黑话,说的是南瓜和白菜,好像针对波提切利的,或者另一个故事,再明白不过:说一个男人很难射中一个女人给他的靶子。还有一个,说一个妓女欺骗一个牧师,不把自己的外阴送给他,而把母羊的给了他⋯⋯这是萨凯蒂爱好的幽默。莱奥纳多在解剖人体时,他研究男性生殖器,十分客观,非常自然,没有一点的拘束和难为情,无论它勃起时("长、硬、重"),还是不勃起时("小、短、松软")。他称睾丸的作用是作为"交配的证人",还研究了精液的形成与输送⋯⋯这就不是一个不能了解肉体之乐的男人的态度了。

从嘉里安那儿得到启发,他还替阴茎辩解道:"对待它需要人类的智慧,有时还需要恰到好处。有时你刺激它,它拒不听从;没得到允许,它却蠢蠢欲动。不管你睡了还是醒着,它总是自作主张。主人睡着它却醒了,主人醒了它却睡着,主人想用它,它不听指挥;它要动了,主人又不干。因此这玩意儿似乎与主人过着不同的生活,各有主张。男人错误地以为唤醒它或摆弄它是羞耻的事:他想藏着掖着的这个东西,应该像主祭一样光明正大地展示出来。"

事实上,他只是认为那些过滥的、导致人口激增的性行为是危险的,是产生各种疾病的原因(本义上的或引申义上的疾病:性病和精神上的疾病。1495 年后,"法国病"即梅毒在意大利蔓延,然而他写这些话是在 1500 年之后)。他认为性欲玷污了真正的爱情,抑制了智力活动,由此不可避免地产生绝望和痛苦的感情,但这是当时的人的观点:上一个世纪的彼得拉克说:"我身不由己地陷入情网,无奈地忍受忧伤和痛苦。"之后还说："爱情是地狱，疯子却把它当作天堂。"它是"气味芬芳的毒液"，是"引人上钩的酷刑"，是"面容鲜活的死人"。本博主教，杰出的拉丁语学者，在他的《论爱情》（写于1497年左右）中写道："意大利语中的'爱'与'苦'（发音都是amare）是同义词，肯定是为了让人们从它们的名称中明白爱为何物。"

莱奥纳多在他的寓意画中提出或简化了这一观点。他画了两个共有同一身躯和双腿的人，一个是老人，似乎拿着一束橡树枝、火焰；另一个年轻漂亮，手里拿着芦苇和一大把金币，他漫不经心地让它们掉在地上——他们就是"快乐"和"痛苦"。莱奥纳多亲自为他们做了注解：

"快乐和痛苦是连体的双胞胎，因为他们同时出现、密不可分，他们背对着对方，因为彼此互不相容。"

"如果你选择'快乐'，你就要知道在它的背后会有人给你带来磨难，让你后悔。"

"这就是'快乐'和'痛苦'……它们背对着背，因为彼此互不相容，它们出自同一个躯体，因为它们有唯一一个相同的基础，因为厌倦和痛苦基于快乐，无益的情欲的快乐基于痛苦。"

"'快乐'右手拿着柔弱、微不足道的芦苇，它让人遭受有毒的创伤。在托斯卡纳，人们用芦苇做床垫，表示人在床上做黄粱美梦，消耗了大部分时间，浪费有用的光阴。早上人的头脑清醒，精力充沛，经一夜养精蓄锐，身体可以迎接新的一天的辛劳。经过一夜梦境，人们可以享受到的并非仅仅是一种虚幻精神上的快乐，比让人减寿的身体纵欲要好得多。芦苇代表的就是这样的意思。"

在这里我要讲两句题外话：第一，痛苦和快乐是连体兄弟，这在柏拉图那里已经提到过了，第二句题外话要乏味一些，要知道莱奥纳多有睡懒觉的习惯，他恋床，常躲在被窝里偷懒、胡思乱想，对这个毛病他曾自责过，也想改正过来。"躺在鹅绒被上或棉被下，你是很难扬名的"，他在一幅画下这样写道。

他批评性行为的丑陋，大概这性行为指的是男女间的异性恋，他以此为耻，然而他并非不知道夫妇生活的好处和吸引力。他并不忽略人们从中得到的快乐。他这样问自己（人们又想到他的出生对他造成的创伤）："为什么雄性动物这么快乐地播它们的种子？而等待着雄性的雌性动物也那么快乐地接收这种子，但却要在痛苦中生产？"他还写了这些话，对他而言就不仅仅是新柏拉图学派理论的回响了："情人和心爱的人结合便得到了快乐、安宁和满足。他卸掉了心头的重负，心安理得了。"莱奥纳多说的话常有两种意义：一般说来，他的哲学来自他的个人经验。他批评得最多的，像他指责的纵欲"过度"，可能是他与一些下层人物的交往——他有时会掉入无聊的情爱里。他说过："如果你爱的是个无耻的人，你自己也变得无耻。"这无耻的人会不会就是那个让他吃官司的男妓？还是其他靠不住的、他又忍不住要去结交的人？

不管怎么说，他提醒自己要戒淫戒色并不意味着他提倡或强行完全的禁欲。他不鼓吹禁欲，只是宣扬——如果可以这么说的话——一种良好的品位，所有事情都要审慎选择。他的劝告和告诫都是冲着他自己来的。他害怕放荡荒淫到这个地步，难道不是因为他曾亲尝苦果，以前干过、现在还在干一些荒唐的事？人只有在抵挡不住强烈的欲望时才会强令抑制自己。

此外我们不应忽略那场官司对他的控告。

和他把对立的两件事——"痛苦"和"快乐""欲望"与"恐惧"——联系在一起一样，他把"嫉妒"和"道德"联系在一起。他说：

"'道德'产生之时，便激发'嫉妒'产生，没有'嫉妒'的'道德'犹如人没有了影子。"

他是这样形容"嫉妒"的："它漂亮的脸蛋上戴着面具，眼睛被棕榈和橄榄叶所伤，耳朵被月桂树和香桃木所伤，因为胜利和真理与之相悖，它发出的电光象征其恶毒的语言。它又瘦又多皱纹，因为无止境的欲望消耗着它，一条火蛇噬咬它的心。它挎着箭袋，袋里装着箭一般的语言，因为它常用语言伤人。它手里拿着装满花的花瓶，花里藏着蝎子、癞蛤蟆等有毒的动物。它骑着被它打败的死神，因为它是不死的……它全身配备着各种武器，全都很具杀伤性。"

嫉妒是诽谤中伤的来源，诽谤败坏了名誉，莱奥纳多最怕的就是这个。他以偏执狂的态度抱怨它，他认为自己没做过一点坏事，然而似乎就因为这样，人们不放过他，攻击他、迫害他。在他的笔记里不断出现这样的文字：虚伪、忘恩负义、谎言、仇恨、咒骂、坏名声，然而勾起他的苦恼和反感的那些人的流言蜚语、恶毒行为也一样反映在萨尔塔列里事件中（或在类似的令他沮丧的事件中）。

他虽然被宣告无罪，但却没有任何意义，没抹去他心头的阴影。正如弗列德·贝朗斯指出的，让人惊讶的不是这一案件本身，而是莱奥纳多会被牵连到这类事件中。他说："越是敏感，就越是痛苦。"可以想象突然被逮捕时的心情，它造成的无法补救的沮丧，风化警察局难堪的审问、冷酷的问题，羞辱、后悔、彷徨、种种的不安，在漫长的两个月中被残酷地勒令等待第二次庭讯。

几年之后，他写道："你们把我关在牢里……"这倒不是说莱奥纳多好像没有被关过，如果他在这个时期被关，应该是在预审开始时处于一种监管状态。他在牢里没待多久。只是害怕，害怕"比任何东西都糟"：几小时的看押，他想象成被关在地牢里几年。同时他担心审判的不公，担心今后的自由，准备不惜一切捍卫它。1480 年，也许就在他考虑到米兰去，决心最终逃出佛罗伦萨的时候，他画了一个用来拔掉天窗的工具和另一个"从内部打开监狱之门"的工具——那实际上就是他的第一批发明（卡尔洛·佩德雷迪假设说这很像瓦萨里写的《卡帕拉的生活》中的一幕。卡帕拉是佛罗伦萨的一个铁匠，据瓦萨里说，几个"年轻的公民"（其中不可能有莱奥纳多），有一天要求卡帕拉按他们的设计制造器械，通过螺丝或千斤顶拔掉或砸毁铁栏杆。铁匠很生气，以为他们要做强盗，想要入屋盗窃，就把他们赶走了……事实上，这场官司并不能伤害莱奥纳多。同性恋当时在佛罗伦萨很普遍，法律从没加以严惩。尽管但丁在《地狱篇》的第十五、十六章里想象过天谴，尽管锡耶纳的贝尔纳尔丁反复诅咒，尽管在 1403 年，人们认为鼓励开设妓院会让它不那么猖獗，但在托斯卡纳和德国，同性恋依然很盛行，"佛罗伦萨人"成了"同性恋者"的代名词。由于无法根绝这现象，人们早就只好听之任之。大家觉得一个柏拉图学院的创建人，人文主义者朱洛·蓬坡尼奥·列托因为大肆夸耀年轻的威尼斯男子的魅力而入狱。而那个年代，佛罗伦萨严肃对待同性恋者的例子很少见。与美第奇家族有姻亲关系的诗人安吉罗·波利齐亚诺或银行家菲利普·斯特罗兹，毫不隐瞒他们的爱好，阿里奥斯托公开建议文人在一生中至少要有一次与同性的恋爱经历。玛丽·麦卡锡在她的《佛罗伦萨拾珍》一书中，说韦罗基奥也有这爱好（这就很能说明莱奥纳多眷恋他师傅的原因了，但我们没有证据，安德烈亚的独身说明不了问题：当时太多艺术家不愿结婚）。16 世纪初，同性恋现象也没有遮遮掩掩，1500 年左右在莱奥纳多身边工作的画家乔万尼·安东尼奥·巴兹强烈表示愿意被叫作"索多玛"，后来，不屑于垂顾异性的阿列亭敢于向曼图瓦的公爵提出要求，要求他给予的报酬中包括一个娈童。

还有画家、作家洛马佐给他最崇拜的达·芬奇写了长篇颂歌，歌颂同性恋。1560 年左右，他杜撰了一篇对话，让莱奥纳多在艺术家天堂里与古希腊最著名的雕塑家菲狄阿斯交谈，对话是杜撰的，很琐碎，但却非常直白。菲狄阿提到莱奥纳多最宠爱的一个徒弟，问他有没有和这位徒弟玩"佛罗伦萨人最爱玩的'后庭'游戏"。

"玩过多少次了！"莱奥纳多回答他说，"你想想，他是很英俊的小伙子，尤其又在十五岁左右的年华。"

"你说这话不觉得羞愧吗？"

"为什么羞愧？杰出的人群中最应引以为豪的就该是这个。"

紧跟着好几页的大篇文字，画家慷慨陈词，言之凿凿，举了许多名人的例子，以很伤害女人感情的言论大谈同性恋的好处。他最后说："再说，整个托斯卡纳为这事付出不少，尤其是佛罗伦萨的学者们，由于有这样的实践，避开了女人的唠叨，在艺术领域涌现了那么多杰出人物……"

洛马佐这篇文章写于莱奥纳多去世后四十年，正如他所指出的，在文艺复兴时期，同性恋并不比今天更耻辱——至少在知识界。甚至有可能由于当时女人被看管得太紧，不容易接近，同性恋现象盛行。

因此，并不是被控鸡奸罪才让莱奥纳那么担心（或许他以此为荣呢），而是它造成的丑闻，又由于参与者涉及美第奇的亲戚，更闹得满城风雨，沸沸扬扬：人们很乐意对最荒淫的习俗睁一只眼闭一只眼——什么同性恋、乱伦、重婚，总之是相当平常的事——但至少要审慎一些，不要太张扬，以不扰乱公共秩序为前提。我认为这类事令当局和他们的家人一样难堪。

我认为，莱奥纳多最感耻辱的是他的犯罪引来大众对他的注意，想象一下在市场、教堂门口、佛罗伦萨各种商店里，全城都在津津乐道此事的情景。就是不想自己，也该想到自己的过错给亲友，给和他住在一个屋檐下的师傅韦罗基奥，他的叔叔、谨慎的弗朗切斯科以及他很尊敬的父亲带来的伤害——直到那时他的父亲几乎享受着完美的幸福——还有他的母亲。

我们不知道他的父亲皮耶罗在得知消息后如何反应。也不知道他后来有没有为了儿子而插手此事（以他的地位，他可以帮上忙的），我估计他会很恼火，觉得他的姓氏在首都托斯卡纳被糟践了。我想这位公证人与他的私生子会发生很大的冲突，场面也不会好看。

莱奥纳多没提到此事。但1493年在伦巴第，一本写着手稿H的笔记本里，他写了好几段动物寓言式的文字，也许是影射此事（下意识地？），它们无须注解。

"嫉妒。有人说鸢如果看到窝里的小鸢养得太肥，出于嫉妒，就会用嘴啄它们，不再给它们吃的东西。"

"忧愁。忧愁可以比作乌鸦。看到它的新生儿是白色的，它就痛苦地远离它们，凄凉地尖叫着，抛弃它们。只要看到它们长出了一些黑毛才给它们喂食。"

"鹰。鹰老的时候飞得很高，以至于被烤焦了羽毛，但由于大自然的恩典，它没入不深的水中，又恢复了青春。如果它的孩子像它一样能忍受太阳的烧烤，它就剥夺它们的食物……"

也许不用看这个就能知道皮耶罗对他的态度。或者回过头来看，也可以看到莱奥纳多对他的态度。他还说："山鹑。它从雌性变为雄性，忘了第一性别。出于嫉妒，它偷了别的鹌的蛋，孵了起来，但孩子最终总会回到它们的生母那儿去。"在这些艰难的日子里，莱奥纳多只能在卡泰丽娜和继父家里找到理解和帮助吗？谈到雄狮和雌狮，他说雄狮这可怕的动物，无所畏惧，但就是害怕空大货车的声音和公鸡的鸣叫（公鸡是"诽谤"的象征，"公鸡的目光震慑雄狮，它恐惧地盯着公鸡的肉冠，茫然不知所措，似乎它的脸被盖住了"）。而雌狮却准备做出一切牺牲去保护它的幼崽。

还有："金翅鸟带了大戟草（有毒）给它被关在笼里的孩子。宁可去死也不愿失去自由。"

这段话可能和他本人有关："和平。有人说海狸被人追赶时，知道人是为了要用它的睾丸做药，逃不掉的时候，它就停下来，为向追捕者求和，用锋利的牙齿咬下睾丸，扔给他们。"

我有这样的感觉：当莱奥纳多在职业上开始取得成功时，他会为经常出入上流社会而自豪，为能出入美第奇的一个亲戚——一个姓托尔纳布奥尼的家而得意。但他又一次发现自己被父亲抛弃了。同时，因为自己在他眼皮子底下犯了罪而感到内疚（这便导致了他的慌乱、不安，与他的所谓罪行不成比例）。他希望惩罚自己——改过自新，赎罪。

他做到了吗？在一篇名为"难以消除的过错"的文章中，他没有明确指出谈的是谁，也没说犯了什么过错，他写道："我知道在这种情况下我树立了敌人，因为没人愿意相信我说的关于他的话。确实他犯的过错只使很少人不快：那些出于天性而讨厌他的人。许多人恨父亲，失去了朋友，相反的例子对他们不起作用，当他们责备别人的过失时，任何人的劝告也不起作用。"

和他的许多笔记一样，可以对此做出几种不同的推论。莱奥纳多依然没有把真相说出来，他随便写下想到的事情，没有顺序，也没有逻辑。我不认为我的解释是最有道理的，我只是从他的笔记本里抽出一些句子与我们知道的他的生平联系起来。我这种方法是值得商榷的。然而他本人喜欢用笔记本玩类比的游戏，进行自由的联想——若借用列维·施特劳斯的话，就是使用了一种"原始思维"，这就是我最好的理由了。

这方法全凭经验，简单粗糙，但卓有成效。如果大家接受此原则，我们可以设想如下的梗概：皮耶罗先生毫不同情他的儿子，他像手稿 H 里描写的鹰、乌鸦和鸢一样，剥夺了儿子的食粮，有一段时间让他吃了闭门羹，不给他资助，对于莱奥纳多来说，最大的痛苦莫过于此：正当他要父亲看到他事业辉煌的时候，他却摔倒了。他长久地保留着这个老男人强硬的形象（公证人当时已五十多岁）：硬脾气，对不像自己的孩子很冷淡。同时莱奥纳多也把自己的失宠归咎于令他沉浸在内的"纵欲"生活，和由于嫉妒产生的流言蜚语。（同样在手稿 H 中，我们还看见这样的话："没什么东西比坏名声更糟的了。而坏名声来源于过失。"）无法改变天性，无法改掉过失，只能恨它们，后来他就开始赞颂"畏惧和逃避"，它可以使人免遭危险和虚伪，这样他就不会那么不幸了。他写道："谁不常存害怕心理，便会遭受多次诅咒，常会因此而后悔。"他还写道："只要害怕危险，就不会成为它的牺牲品。"

莱奥纳多是左撇子，他能用两只手写字，能从左往右、从右往左写，但和所有的左撇子一样，从右向左写的时候，他反着写更顺，所以读它们的时候要用镜子（当他用影线画影子的时候，他也是从左到右，和右撇子不同），他没专门学着去这样写，不像有人认为的那样是因为害怕某种不大可能有的宗教审判，或为了防止他的科学工作被好奇的、贪婪的人利用——镜体字在他而言是出于自然。然而也很符合他对神秘的爱好。若这一爱好没有导致他的特别的书法的话，这种偏好——这种需要——也会造成回文句、有意的省略、影射、写接近字谜的话，如其所愿地保持神秘。

感情对于莱奥纳多很重要，它们是事物的动机，在日常生活中和在艺术中都如此。没什么比这更珍贵，同样，也没什么比这更可怕——如果被别人了解的话。以后他要隐蔽行事，"要以黑夜的魔鬼为同谋"。他写下这样一句奇特的话："如果自由对你而言是弥足珍贵的，就别说出我的脸是爱的牢笼。"后来，他开始用浓密的胡须遮挡住自己的美貌，就像有兔唇或难看的伤疤的人那样。

第五章

我绝望了

如果你是孤独的，你就整个属于你自己了。

——莱奥纳多·达·芬奇

《一个女孩的头部习作》
（都灵，皇家图书馆）

洛伦佐·德·美第奇在二十岁那年，据他自己说，"无奈地"接受了管理佛罗伦萨的重任。他觉得这担子沉重，风险太大，他还太年轻，力不从心。他宁可把时间花在诗歌、节日、打猎上，远离城市的烦恼，躲到位于开阿诺的美丽的卡里吉、穆日罗、坡吉奥的别墅里。然而他必须解决这些问题，才能保卫他的朋友们、保卫自己的财产。他说："在佛罗伦萨，当一个人有钱的时候，如不拥有控制国家的权力，那是很难生存的。"

　　当时许多人都宁愿无所事事、享受田园牧歌般的快乐生活。银行家、商人，还有医生、皮革商或细木工在乡下都有房子，有他们的财力能购置的土地，并在那儿度周末和假期。大家都梦想退隐乡下。莱奥纳多的祖父安东尼奥、叔叔弗朗切斯科就是榜样。莱奥纳多消沉的时候也曾有过这样的念头。正如他在米兰仿照阿尔伯蒂的《宝石》写的小寓言："一块不大不小的石子被雨水冲刷得光滑精亮，它待在高处，那儿种着万紫千红的鲜花，它在小树丛边上，俯瞰着一条石子路。它看着路上的石子，也想掉下去与它们在一起。我在这儿干吗？为什么与植物为伍？它自语道，我该待在那儿，和我的人生活在一起。于是它滚下斜坡，和其他石子滚到一块去了。可是犁车轮子、马蹄、路人的脚不停地践踏它，压它，踩它，很快它就不堪重压。当它被溅得浑身泥浆，被牲畜踩得透不过气来，它会偶尔伸伸腰，可怜巴巴地看着它离开的那地方——它觉得孤独，但却能享受平静安宁的地方。这就是那些想放弃孤独沉思的生活，来到城市与充满无限恶意的城里人生活的人的命运。"

洛伦佐的心情不比莱奥纳多好过多少，尽管理由很不相同。洛伦佐·美第奇不允许自己赋闲太久、舒适闲逸地躺在树荫下，如同幸福的蒂蒂尔一样。他的同胞委他以重任，他必须带领军队，与米兰和那不勒斯结成同盟，让两位精明的暴君见识一下他的厉害，好挫败各种战争威胁。

当时意大利的政治形势混乱不稳定（莱奥纳多对此毫不谈及，虽然他感觉到了局势的沉重）。五大强国：佛罗伦萨、威尼斯、米兰、罗马和那不勒斯，这还没提到那些公国如费拉拉、乌尔比诺、热那亚、锡耶纳或曼图瓦，它们不停地搞阴谋，国家间结盟，以图扩张、富强和预防外敌。当时的半岛成为一个小型大陆，国家的面积和省，甚至和一个镇一样大小，之间的冲突倒是和大国一样。

在每个国家内部，受到这个或那个对立势力的挑唆和鼓动，捣乱分子经常组织起来推翻在位的政权。年轻的洛伦佐知道有人在窥视他，只要他表现出些微的软弱、犯点小错，就会给他那一派带来不幸。

他的父亲于1469年12月去世，第二年4月，谋反者企图占领归顺于佛罗伦萨的帕拉多城，试图鼓动托斯卡纳。他们的阴谋失败了，其中十八人被斩首，洛伦佐斯尽管年轻缺乏经验，却有能力和勇气原谅了剩下的人。

几个月之后，土耳其攻下了希腊，洛伦佐必须反对打算东征的教皇，在佛罗伦萨人看来，贸易比宗教更重要。同时为了更好地控制政府，他进行了政府改革，也重新组织家族事务、银行和国外分行，或多或少地重新改善和整顿了其在里昂、阿维农、威尼斯和那不勒斯的分行。人们已经感觉到他做政治家比做金融家更在行。

1471 年，他获得了销售明矾（铝和钾水合硫酸盐）的垄断权，为期四年。明矾有点相当于当时的石油：这种矿石是染布的必需品，而纺织业占了意大利经济的大头。

在伏尔特拉发现了很大的明矾矿，而伏尔特拉是佛罗伦萨的附庸国。面对这巨大的利益，对它的开采权的纷争就随之而起。矿区被占领，最高行政官被驱逐，大家要求洛伦佐做个公断。他提议以武力解决，有人提议以派遣出征作为惩处。乌尔比诺的公爵——皮耶罗·德拉·佛朗切斯卡的保护人和雇佣兵队长弗列代克·德·蒙特费尔特罗，率领了佛罗伦萨军队一万两千人迎战。在一场毫无惊喜的围城战之后，1472 年 6 月 18 日造反者投降，但伏尔特拉却遭到血火的洗劫。军队烧杀抢掠了整整一天，妇女不能幸免，圣地也遭毒手。洛伦佐虽不负有直接的责任，但因此城遭受血洗，他在之后遭到人们的责难。正如他的朋友索德里尼对他说的：他本来可以采取简单的和谈，而避免这样血腥的胜利。

然而他在此事中表现出的强硬态度巩固了他在百姓心目中的地位，赢得了大家对他的敬畏。他又以罗马皇帝的方式款待臣服的城市——虽然整个政策代价太大，经济因而衰退——反对他的阴谋活动也有了收敛。

对外方面，同盟结了又散。和威尼斯结盟，对抗那不勒斯，对抗锡耶纳和罗马，因为罗马把教皇的金融管理权和明矾的垄断权从美第奇家族手中夺过来，交给另一个佛罗伦萨的银行家族——帕兹家族。

报复是不可避免的。洛伦佐控告帕兹家族中的一个成员背叛国家，并在一场见不得人的遗产事件中诈取了另一个人的钱。帕兹家族得到教皇（和锡耶纳）的有力支持，考虑如何报复他。他们的想法成熟了，野心也越来越大：为什么不索性夺取政权呢？

1478 年 4 月 26 日星期日，洛伦佐和他的兄弟朱利亚诺参加圣母百花大教堂的弥撒。祭礼结束的钟声敲响了，这就是行动的信号。谋反者从衣服下抽出武器，冲了上去。他们刺中了朱利亚诺的心脏，从他的尸体上踩过去。洛伦佐的喉部受伤，但还能奋力抵抗，他逃到圣器室，关上两重铜门，被困在那儿。在朋友们的保护下——其中有诗人安吉罗·波利齐亚诺——他总算得以回到他位于"大街"的宫殿。

消息在全城传开了，然而没人响应自由派的口号。现在教堂的钟声混合着美第奇支持者集合的喊声。人民不但没有反对他们的主子，反而一致地站在他那一边，高喊着，追捕阴谋活动分子。阴谋分子当中还有神父，人民一直追到他们家里。很快法院的窗口上就挂出了尸体，有些叛乱分子被砍去手脚用长矛挑着，受到各种方式的侮辱。以后的几个星期，镇压开始了。法官给成百人判处死刑。新法规出台禁止大家提及帕兹的姓名。这个家族的徽章被从公共的和私人的建筑物上抹去。最后，就像有时会对严重扰乱国家治安的人所做的处罚一样，一名画家接受委托画了行刑场面，挂在最具侮辱性的地方，即巴尔吉罗大厦的正面（离皮耶罗先生的房子才两步远）——用模拟的画像惩罚他们，并恐吓他们的追随者。

1434 年，安德烈亚·德尔·卡斯塔尼奥已经画过这样的画，画的是阿尔比兹和他的同谋者被倒吊着双脚，有一段时间他甚至获得"倒吊的安德烈亚"的外号。如果莱奥纳多如我所想的希望得到帕兹行刑画的订单，他大概会失望，因为这类画适合他的朋友波提切利，当时他朋友的画比他的流行。也许因为别人会把他的画和他师傅的画对比，他也得不到这样的订单，领主老爷已把还愿蜡画（用于感谢上天救了洛伦佐一命）①委托给他师傅画了——人们总是把活儿平均分派给各个画室。

我们不知道可爱的波提切利（他刚完成名为《春天》的大幅寓意画）以什么方式表现被判死刑的人，他的壁画值 40 个金弗罗林，而这幅画在 1494 年美第奇家族被赶出城市时被摧毁。一幅保留在贝约纳的波那博物馆的画，使我们可以猜测莱奥纳多会画什么。那是一幅用羽毛笔画的草图，作于 1479 年底。

造反者当中有一个名叫贝尔纳多·迪·班迪尼·巴洪切利，就是那个给了朱利亚诺·德·美第奇致命一击，又伤了洛伦佐一个同伴的人，他却逃脱了。他先是藏在教堂里，然后骑马飞驰到边境，从那儿乘船到土耳其。他以为躲在从前的君士坦丁堡的高墙里就平安无事了，但洛伦佐不惜一切代价都要抓住他。美第奇家族对土耳其苏丹的宫廷施以利诱（即金钱），于是这个凶手被逮捕、引渡回国，于 1479 年 12 月吊死在佛罗伦萨。莱奥纳多还未放弃争取被选中来记录这次行刑情境的努力。总之他参与了行刑，非常准确地画出了他看见的场景，小心仔细地记录下犯人衣服的细节，以备日后别人请他来画。"小棕帽，"他在画边上写着，"黑男式短上衣，加衬里的男式齐膝紧身外衣，蓝色狐狸皮里子的大衣，领子镶黑红绒带子，贝尔纳多·迪·班迪尼·巴洪切利，黑鞋。"

---

① 韦罗基奥已经创造了朱利亚诺·德·美第奇的大理石半身像，在其被暗杀后被委以创造洛伦佐的蜡像的任务。瓦萨里提到这是为了"感谢慈悲的上帝拯救了他"。这也事关政治宣传。在他培养出来的制模师奥尔西诺的帮助下，韦罗基奥做了三个大型雕塑。脸、手和脚是蜡制的，由油彩上色，穿着上蜡的服装。其中第一个雕塑在夏利托的修女教堂里展出，洛伦佐穿的就是暗杀后的衣服。第二尊雕像在安努兹亚塔，穿着佛罗伦萨人寻常的装束。第三尊雕像，可能也是相同的，被运到了阿西斯，放在圣母像前面，在天使圣马利教堂。瓦萨里说这些作品是很现实主义的（我们今天可能会说是"超级现实主义"），根本不像蜡像，而像真人。我们却无缘得以一见。

在画页下部，为了明示脖子和下巴相连的部分，他画了头部的草图。然而他的希望似乎又一次落空了。绘画被吊死者的光荣与他擦肩而过。我们知道班迪尼脚下的墓志铭，但没什么证据能证明莱奥纳多超越了草图阶段。

至于洛伦佐，现在他和教皇西克斯图斯四世公开开战了，他监禁了教皇的一个侄子。他以令人难以想象的大胆行为摆脱了这场战争：他独自投入敌人的魔爪中，就在一切好像就要完蛋的时候，他把那不勒斯的国王费朗特争取到自己这一边，教皇失去了最有力的支持，从此大家称他为"伟大的洛伦佐"。

15 世纪 70 年代后半期，莱奥纳多为了洗刷加于他身上的"鸡奸"的罪名，终于严肃地投入艺术创作中去。按雷翁·布莱所说，我们不知道这件令我们遗憾的事是不是他今后成功的主要秘密，总之，这场造成丑闻、使莱奥纳多声名狼藉的官司也许对他起了积极的作用。

在这场官司之前，他画了什么？除了《基督受洗》里的天使，我只看见佛罗伦萨的那幅大型的《天使报喜图》（图 5.1），它大概画于 1474 年或 1475 年。和他的所有作品一样，画上没注日期也没署名，也没有与他有关的合同。那幅画大概还是工场的作品（这反映出操作的不平等），1867 年，进入乌菲兹之前，那幅画放在奥里维托山的修道院，当时有人认为它的作者是基尔兰达约。有人认为此画出自韦罗基奥之手，这一推断更有道理。罗斯金却排除众议，指出它是莱奥纳多的作品。他说："这是艺术上早熟的莱奥纳多的作品，非常真实生动；对此有怀疑的学者——管他们怎么说呢，这都无关紧要。"一幅在 1907 年公开的报喜天使的袖子的草图确认他的判断是不容置疑的——大部分艺术史家从此由反对转为赞成。然而绘画的日期还未能确定。

图 5.1　《天使报喜图》
（佛罗伦萨，乌菲兹美术馆）

　　有人把这个报喜天使和《基督受洗》里的天使及韦罗基奥工场里的其他作品做了比较，发现莱奥纳多取得了巨大进步。关键的一步似乎已经迈出。师傅的影响（尤其是师傅的雕塑）在画中已很明显，尤其是人物的姿势，如圣母修长的手指有点矫揉造作，中间斜面经桌的横档非常像皮耶罗·德·美第奇的斑岩石棺。作品不是没有显露欠灵活的地方，尤其是背景（手和它靠着的斜面经桌不在同一个透视层面），尽管此画保存不好，但看得出整体表现出一种柔和、匀称、深度和光亮——形成一种气氛——完全是当时前所未有的独创，已经是成熟的杰作。另外，前景中开花的花坛表现了艺术家的科学手法，那些花就好像是植物学家培植的一样；还有天使们的翅膀的画法，前人画的翅膀花花绿绿的，马马虎虎装在背上，像是戏台上的道具，碍手碍脚，莱奥纳多画的却尽可能与现实的翅膀相似。很显然，他参考了鸟的翅膀，他笔下的天使翅膀从肩胛骨处长出来——他从人和动物的解剖中得到灵感——很自然地顺着手臂的线条，呈现棕褐色，毫不唐突，合情合理，比例匀称，是真正的飞行器官。它们表现出的审慎的现实主义（若考虑到安吉利科修士、利皮，甚至皮耶罗·德拉·弗朗切斯卡画得很不像飞鸟的翅膀——它们非常新颖）显然不遵从当时艺术品的传统画法，不久就有一双陌生的手把它们延长到符合教规的大小，还动了里面的两棵树，把它们画大了一半。总是要把它弄丑，要弄到不自然才会甘心。

后来怎么样了？我不知道他在这幅画上花了多少年时间——总之我找不到这之前的任何一幅画。卢浮宫里的漂亮的小《天使报喜图》①很接近意大利乌菲兹的那幅，尽管有一段时间有人说是莱奥纳多所作（在有人把它说成是基尔兰达约的作品之后），但确实不可能是莱奥纳多的作品。这幅画用的是胶原颜料而不是油画颜料，似乎是个右撇子画的。今天人们将之归于洛伦佐·迪·克列迪名下。据莱奥纳多说，洛伦佐在1478 年至 1485 年间在韦罗基奥的命令下绘制此画。

那大概是祭坛装饰屏下部一组绘画中的一幅，原属于皮斯托亚教堂祭坛后的装饰屏。

1477 年，官司了结后几个月，安德烈亚师傅确实和他的部分人手来到这座城市。它是很大的方形城镇，大概他要在这儿建纪念主教尼科罗·福尔特格里的大理石纪念碑。当局大概利用他到来之机，向他订了一大幅祭坛画，一幅有施洗者圣约翰和圣多那·达列佐的圣母子像，以及一些附属的图画。正如他在 1478 年笔记中所记的，莱奥纳多也随行

---

① 这个小的《天使报喜图》由拿破仑三世的坎帕纳收藏获得，并于 1862 年在工业宫殿展出，后一年就进入了卢浮宫。长期以来，人们认为此画是基尔兰达约所作，随后认为是洛伦佐·迪·克列迪所作，然后又认为是洛伦佐·迪·克列迪和莱奥纳多合作，之后认为是莱奥纳多一个人所作（直到 1960 年为止），最后才认为是洛伦佐·迪·克列迪一个人的作品——我觉得这更为正确。

前往。我想他并不反对离开首都一阵子。我们不知道他在皮斯托亚逗留的确切日期，大概停留的时间很短。事实上，使我吃惊的是，工场分派给他画的作品是微不足道的。我从中看到了他解放的迹象，他放弃了合作者的附属角色，终于努力为自己干活了。他负责培训的洛伦佐·迪·克列迪已经有能力和经验代替他帮助他们的师傅和共同的雇主了。在《皮斯托亚的圣母》中我们认出洛伦佐生硬粗糙的画笔，画上没有一点莱奥纳多柔和的笔法。

除了大家一致认为的《天使报喜图》是他的作品外，他可能还有一些草图——就没有别的了。福尔特格里纪念碑的烤泥作品（保存在卢浮宫）可能是他的作品，是个天使，很中规中矩，正向基督或玛利亚行礼，也许那就是他为韦罗基奥服务的最后一件作品了。

我想那是他生活的转折点。二十五岁（在那个时代的二十五岁），希望开始变得沉重，现实令幻想幻灭。如果一直只是个有前途的天才，那不算什么好事，他还没有完成一件属于他个人的作品，他两手空空，还没有机会表现自己，除了在一场丢脸的官司中出了名。而马萨乔在他这个年龄已完成了他主要的作品。莱奥纳多觉得自己毫无用处，发觉时间逝去得太快。

他写道："没有什么东西比一年年这些时间的女儿们跑得更快的。"

因为洛伦佐·迪·克列迪可以接他的班（至少在绘画方面），他在工场里不再是影响工场运行的必不可少的人物了，他可以毫无内疚地脱身了。事实上，一切都在激励他这样做。

他是逐渐离开工场的。莱奥纳多不是做事孟浪的人，他不冲动，不会控制不住自己。他的经济条件也不允许他马上离开师傅家。他在韦罗基奥家待了一段时间，我想慈父般亲切的师傅在他打官司时是一如既往地关心他的。我们不要忘记，韦罗基奥因为少年时误杀过人也被传讯过（那颗要命的小石子使他终生良心不安，以至在雕塑《大卫》时，他无法在歌利亚的战胜者手里放上投石器，他给他塑的是一把大刀），他能理解他的徒弟，即使没给徒弟更具体的帮助，在徒弟表示要独自谋生时，他一定给予了关照。

有人起步很辉煌，莱奥纳多却举步维艰。也许没挑对时机，当时大家考虑的都是战争，财政预算短缺。佛罗伦萨被教皇威胁封禁，装饰教堂和宫殿不是他们最操心的事。

莱奥纳多的第一份订单来自政府，1478 年 1 月 1 日，有人书面委托莱奥纳多师傅为市政议会的圣贝尔纳礼拜堂画油画。3 月 16 日他收到相当可观的第一笔订金，25 弗罗林。但不知为何，事情搁浅了。他没兑现合同。我认为也不该责怪他。这项工程原已定下皮耶罗·波拉约洛，也是没有结果，然后由基尔兰达约接手，一样放弃了，后来落到费利皮诺头上，他把活儿做成了——不过是七年之后。据无名氏嘉阿诺所说，他是按莱奥纳多的草图做的 。[1]

7 月，波提切利拿走了帕兹被吊死的油画的合同，但在那年的最后几个月（那一年流年不利，政治问题加上水灾，还有传染病肆虐），莱奥纳多找到了工作，因为他在笔记某一页的角落里写道："我开始动手画两幅圣母像。"[2]

他没说明是谁向他订的画，也没说是哪一幅圣母像。

---

[1]　不管无名氏嘉迪阿诺怎么说，费利皮诺·利皮的画作，如今收藏于乌菲兹美术馆，不太像莱奥纳多的作品。

[2]　这段话的开头部分被擦掉了，可以看到 "... bre 1478"。可能莱奥纳多在那一年的 9 月和 12 月之间开始了圣母玛利亚的创造。写着这段话的这张纸上也提到了皮斯托亚和他的朋友费奥拉万特。

它们当中的一幅大概是《贝诺瓦的圣母》（图 5.2）。一幅大师的画作，通常都有历史记载和证明，穿越几个世纪都可以追寻它的痕迹：它被记在作品清单、遗嘱、艺术书或游记里。这幅却不是这样。它突然在某一天出现，在一个大家都想不到的地点：19 世纪初的阿斯特拉康省。

图 5.2 《贝诺瓦的圣母》
（圣彼得堡，隐修院博物馆）

有个意大利的流浪音乐师神秘地把它从行李包里拿出来要把它卖掉，他没解释东西的来源，或者只是天花乱坠地吹了一通牛，就卖给了一位叫萨坡尼科夫的先生。这先生的孙女是俄罗斯画家雷翁·贝诺瓦（画的名字就是这样来的）的遗孀，1914 年把它送给圣彼得堡的隐修教士博物馆，今天它还在那儿。[①]

这幅油画饱经风霜，几经辗转，直到伏尔加河三角洲。它被搬移到画布上（莱奥纳多原是画在木板上的），也解决不了问题。没被好好修复，被时间侵蚀，还被罪恶的手修改过，《贝诺瓦的圣母》不过是原作的一个影子。贝朗松不怀好意地称这是一个"前额秃谢，双颊圆胖的女人，眼里有眼屎，脖子上全是皱纹"[②]。事实上圣母的牙齿被脏漆盖住了，皮肤则是因为后人用了与莱奥纳多不融合的方式涂画而成。

不论后来如何修复，这画再也恢复不了原样。它或许让人失望了，然而它的历史重要性不可辩驳，也许从这个角度，就值得我们好好谈谈它。以前画的圣母都是宗教性的，因此一副高尚得不食人间烟火的模样，刻板、僵化，如同照片上只顾摆姿势的模特。菲利普·利皮已极力使之非神化，把她画成女人而不是信仰教条，取消她的神座，让她露出亲切的态度来。15 世纪时期末的艺术就朝着这个方向努力，但远没有《贝诺瓦的圣母》这样成功。莱奥纳多首创了以朴素的母爱来象征神迹，他画的是家庭场面，似乎就是每日都会看到的寻常景象：一个具有凡人

---

① 《贝诺瓦的圣母》根据某些人所说并不是由什么流浪音乐家买下了，而是一个库拉金王子。最近发现的萨坡尼科夫家族的记录册似乎提到了这幅已经被认为是莱奥纳多的作品，它在 1824 被某个叫克洛科夫的人搬到了画布上，之前属于克萨克夫将军。这并没有解释为什么在 19 世纪初期这幅画流落到了阿斯特拉康省。

② 贝朗松，《意大利艺术的研究和评论》，1916 年。《贝诺瓦的圣母》在 1908 年在圣彼得堡公开展览之后就被欧洲所知。当贝朗松诋毁它的时候，还没有见过它的一幅照片——这或许就是为什么他的态度会那么严厉的缘故。

美貌的年轻妇人和她的婴孩在玩耍。她拿一朵花逗他，孩子努力去抓，母亲看见他笨拙的动作和严肃、一本正经的神气，觉得很开心，她并没有刻意让人们去赞美她的孩子。他们俩都没在意观众的目光。只有他们两人的交流，围绕着一朵花进行，甚至没让你感觉到艺术家的存在。卡尔罗·佩德雷迪强调说，莱奥纳多认为画家应当和诗人一样，可以，也应该懂得"虚构重大意义的题材"[①]。《贝诺瓦的圣母》说明他已发现了这一原则：亦步亦趋的插画比不上一个隐喻，象征（或"虚构"）比一篇演说更能说明道理。莱奥纳多拿掉了圣母的光环，去掉了大理石底座、柱子、音乐天使，去掉了平日别人加给她威严、善良、纯洁的形象，而代之以简单的感情流露。也许母亲对孩子的爱最能打动他，但他也没找借口，他画的还是宗教内容，只是换了个角度，因为他想让人更好地思考、更好地体会。他创造了可视的道德寓言。他没有给圣母加冕，而是通过表现她的行为以表明她值得被加冕。呈现感动和引发观赏者的感动（这就是所有"虚构"的目的）成了他的主要目的。后来他试图通过手势、神秘微笑这些生活中常见的东西表现这一复杂事物的神秘。

　　我不知道当时的公众是否能正确认识到这幅画的价值，我认为《贝诺瓦的圣母》太超前了，未必能在观众中激发起它应有的诱惑力。但我们可以从艺术家们马上做出的许多论述中了解他们的反应。从洛伦佐·迪·克列迪到拉斐尔，整整一代画家都将在这一全新的圣母形象中汲取养分。

　　莱奥纳多在笔记本中写的是"两幅圣母像"。

　　要评论另一幅圣母像比较困难。也许是一幅《抱猫圣母》。它已遗

---

① 在《论绘画》中，我们发现莱奥纳多以多种方式提到了这种创造了绘画的"虚构"。

失，我们只见过它的草图和他为此做的准备工作（它遵循《贝诺瓦的圣母》的作画原则，猫起了花的作用）。有些人说，它就是慕尼黑美术馆的那幅《康乃馨圣母》，我个人不相信这幅保存得比上一幅还要糟糕的画，能够被这么明确地确认下来。画的主题、蓝色的山、透明的花瓶、精巧的发型都令人自然地想到莱奥纳多的画笔，但在垫子上坐得不怎么稳，眼睛空洞的胖婴孩，不可能出自他之手。人物的刻板、衣褶的复杂又能说明什么？都说明是韦罗基奥和洛伦佐的手笔，它应该还是工场的合作作品。

　　不管怎么样，莱奥纳多的第一批画尽管不被大家所理解，它们还是奠定了他的声誉。我想一定有人向他订了其他画。于是他可以离开师傅的住所，开设属于自己的工场。关于这方面我们没有掌握什么资料。但大概在 1479 年（皮耶罗先生的第二个合法儿子诞生），他开始住在自己的房子里了。

　　在让他能独立谋生的作品中，大概有一幅是给葡萄牙国王的地毯样板画，画的是天堂里的亚当和夏娃犯下原罪的那一时刻。瓦萨里做了部分的描述："莱奥纳多用画笔在铅白涂成的单色画底上画了牧场，牧场上生长着各色各样的草和动物。说真的，任何天才都不能像他那样画得那么细腻、那么自然。我们可以看到一棵无花果树，树上的枝叶以无限深情细细绘出，连小小的细节都无遗漏，画中也有一棵棕榈树，树干上圆形的树鳞，其精妙只有具有耐心和才华的莱奥纳多才能画出来。"

　　由于未知的原因，这幅应该在佛兰德斯用金线和丝绸编织的地毯没有完成，样板画没有离开佛罗伦萨。无名氏嘉迪阿诺提供了一条线索。瓦萨里在 16 世纪中期看到它在奥塔维阿诺·德·美第奇的家里，后者是洛伦佐的远亲。我们无法了解得更多，因为之后，它和莱奥纳多许多作品一样，消失了。

同时期的《吉内芙拉·班奇的肖像》（图 5.3）已经创作完成。（它是 1967 年华盛顿的美国国家美术馆以高达百万美元的天价从列支敦士登收藏家手中拍得的。这是在美国的唯一的一幅莱奥纳多油画。[①]）

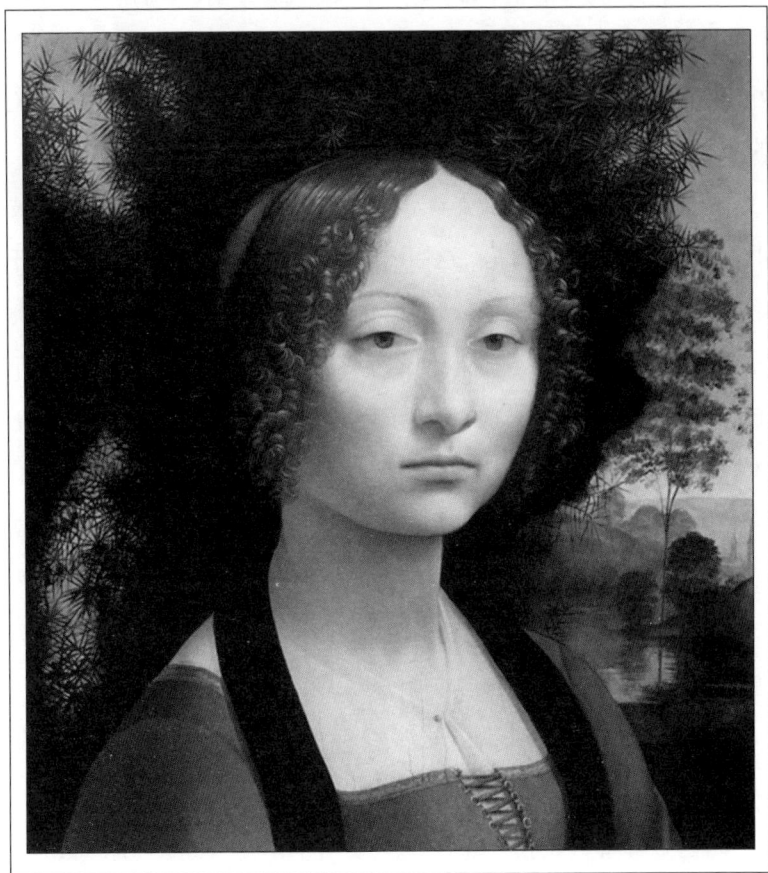

图 5.3　《吉内芙拉·班奇的肖像》
（华盛顿，美国国家美术馆）

---

① 华盛顿对《吉内芙拉·班奇的肖像》的保护措施绝不逊色于《蒙娜丽莎》，它藏于一块防弹玻璃后面，围绕着各种警报器和保安，人们不能随意地靠近它。

　　霉运似乎一直跟随着达·芬奇的所有画作：在某个不确定的时期，这幅画的下部去掉了宽约 20 厘米的一条，使得此画比例和寻常的不同。画的背面是刺柏的枝，被棕榈和月桂绕成的花环围着，写着拉丁文："美貌装饰美德。"花环下部不见了，为了让它显得完整，人们把画作拉回了经典的 3×4 大小，肖像被截去的部分应该包括模特的双手。我们幸好在温莎保存的一页纸上还找到了一份绘画草图（用银尖笔画在玫瑰色的纸上）[①]。

　　原件上，右手的手指玩弄着紧身背心上的系带（衣服上的凹陷处被重画了），手上也许拿着花。这幅被作为《蒙娜丽莎》的先驱的作品开始了从未有过的形式上的革命：我所知之前从未有过带手的肖像的前例（传统画法只满足于半身，最常见的女人像是侧面半身）。这一形式实际上是由韦罗基奥开创的，他的大理石雕刻《拿着紫罗兰花束的女人》便做了示范（如今藏于巴尔吉罗博物馆）。但莱奥纳多第一个把它应用于油画中，它很符合他想抒情的愿望。（它马上就被注意并采用了，波提切利尤其在他的《戴市政勋章的年轻人》里采用了这一表现形式。）[②]

　　"虚构"向来不只是平淡地表现外表而已。莱奥纳多写道："给你塑造的脸孔以表露内心思想感情的神色，否则你的作品不值得赞美。"

　　吉内芙拉·班奇的双手画得令人赞叹（为什么把它们截去？因为没

---

①　这幅手绘的图画（藏于温莎）首先被穆勒·瓦尔德与吉内芙拉·班奇联系起来。瓦萨里认为此画是莱奥纳多晚年时期创作的——他似乎弄错了。当时一个女人经常在结婚的时候向画家订画，所以有些评论家把日期推前到 1474 年（那一年吉内芙拉嫁给了吕吉·迪·贝尔纳多）。然而这不是最终的定论，从风格方面考虑的话，我倾向于认为是 1478 年。洛伦佐·迪·克列迪大概在十年后也作过一个年轻女人的画像（藏于纽约的大都会博物馆），但她是个寡妇，穿着丧服。

②　我们在之前的肖像画中发现了一些手的形象，由波拉约洛或者安东内罗·达·梅西纳所作。但却很含蓄，没有表现性，是弗拉芒画风，通常画的是男人。莱奥纳多说："身体的末端部分显现了优雅。"

有画完？因为出了一场事故严重损伤了画作的这部分，使得后人无法妥当地修复？），它表明了莱奥纳多的意图：腼腆的动作表现了画作背后的格言所谈及的美德。

　　吉内芙拉（Ginevra）这名字的象征意义由背后的阴沉的刺柏丛（ginepro）表示，她是很富有的银行家阿美里哥·德·班奇的女儿，1474年嫁给一个叫吕吉·迪·贝尔纳多的人。她本人是诗人，别人写有许多赞美她的诗句，尤其是洛伦佐·德·美第奇的两首诗。大家赞美她的美貌，也赞美她不屈服于威尼斯大使的求爱攻势。也许莱奥纳多就是想用手的语言来表达这些。他还在这作品中放入了一些其他的元素，使之超越了普通的传闻轶事。

　　颇有象征意义的刺柏的尖叶，夕阳西下的天空，明暗交错的地区，湖或河水不安地闪动着光亮，远方呈现出微蓝色调——整个风景通过细致的细节生动地衬托出肖像，复杂并丰富了人物的表情。年轻的妇人没有背对着树，或与山的背景显得两不相干，她反而向四周散发出本身特有的意味深长的气息，像蜘蛛织着迷宫似的网一样，隐约道出了她紧抿的嘴角、忧郁的目光、大理石般饱满的额头所没有道出的一切情感和心思。人的脸和风景在这里又是一个了不起的创新，通过阴影，两者水乳交融。确实，直到这个时候，或许是沿袭了壁画的传统画法，绘画中的物体通常是彼此分离或连成一块的，每幅画的元素被分开考虑，画家用清楚的线条勾勒人物，使之一个个孤立分开，和背景脱节。然而莱奥纳多在这儿发明了一种素材的中断法：形体变得鲜明，人物的轮廓有时候会消失不见，风景和人物融合在最暗的部分，甚至是黑色之中，形成统一的黑色。安德烈·马尔罗在《艺术心理学》中写道，莱奥纳多创立了"在欧洲没见过的空间，它不再只是物体的地点，还在时间上吸引着人物和观众，并趋向无限。"在《蒙娜丽莎》中，莱奥纳多使用的画法已接近"渲染层次"（sfumato，溶和，渐变，字面意义是蒸发）的方法，不久，他在处理光线方面也使用了此处处理暗影的方法。

据无名氏嘉迪阿诺说："他以吉内芙拉·达美里哥·班奇为写生对象，作品如此完美，似乎不是肖像而是她本人。"然而这种表现手法招来许多不同的反应。刺柏作为画谜，指的是贞洁的吉内芙拉，同时叶子浓浓的冠盖好像荆棘，倒映霞光的水面重复用晕线表现，用于表现人的心理状态，这都是非常浪漫的手法。同时，因为肖像首先表现的是人，吉内芙拉·班奇的肖像变成了理想画像，一个能代表女性的肖像——而画中采用的种种隐喻，恰恰形成了一幅画家本人的肖像画，因为它表现最多的是莱奥纳多。

许多人责备莱奥纳多艺术作品里的人物冰冷，责备他太强调作品的思想性，抽象有如方程式。安德烈·苏阿列说他缺少"眼泪、爱的音乐"，他们惊讶于在他的作品里极少见到男人的形象——他们只存在于思想中。我觉得他们局限于表面印象，没有深入到达·芬奇的画作中，努力解析作品中的人物和秘密，因此体会不到每种形式中所含的意义。不错，精神对莱奥纳多来说是凌驾于情感之上的，就像一块点金石。从柏拉图思想出发，不管其来源和性质，人类的所有感情都只是一种原型情绪的影子。或更简单地说，他只表达唯一的东西，无论各种情绪多么不同（由爱情、痛苦、宗教、暴雨天的美丽等引起的），它们都汇合于同一个顶点，结合和溶解在唯一的、包含所有的一种感情内。那个时候他已经试图表现出纯粹的情感。世上有两种艺术家或两种作家；有些公开地、赤裸裸地向观众或读者呈现悲惨或欲望的全幅图画，有人（比较少）通过间接的人物隐晦地表达，让人们体会并思考。前者开门见山地说：我害怕。后者不用词语而是以他们的作品（他们建立的"虚构"作品）激起别人的恐惧。他们不会替公众把作品嚼碎了喂给他们，而是要求他们的参与，冒着不被别人理解的风险（说得更准确一些：读者们会消极地止步于文字之前）。因为不管他们处理什么主题，都忍不住试着表达——当然因为他们花了很多时间思考——每件事物本身所具有的难以形容的内在。

继那幅凄凉天空下苍白的、神情忧郁的《吉内芙拉·班奇的肖像》之后，紧接着出现的是（1480 年还是 1481 年？没有任何资料和传记可确切了解日期）隐士圣耶若姆饱经风霜备受折磨的脸，这也是"乔装的自画像"，高大的赤裸的身躯，骨瘦如柴，跪在洞穴口，就如跪在带耶稣像的十字架前，一头狮子在一旁看着（图 5.4）。

这幅未完成的画和那幅《贝诺瓦的圣母》一样的神奇和惊人。没人知道它出自何处，由何人所订。它也同样在 19 世纪被发现。拿破仑一世的叔叔红衣主教费歇有一天在罗马的街头闲逛，在一间昏暗的卖小玩意的店铺里看见一个小柜，他觉得柜门挺奇特，就走近看了看，认出那是文艺复兴时期的杰作。这幅《圣耶若姆》被截去了头部，因其大小不符合柜子的大小。他把它买了下来，并询问其缺失部分的下落，他在当地找了几个月，终于在一位拙劣匠人的家里找到了它，那匠人把它钉在自己的工作台上了。主教命人重新修复它，破损部分用厚漆盖上。此画于 1845 年进入梵蒂冈，即这位受神灵启示的主教去世六年之后。[1]

圣耶若姆曾在罗马、高卢和卡尔基斯沙漠（叙利亚）生活，然后退隐到伯利恒。人们认为他用拉丁文翻译、点评了《圣经》，并留下了一

---

[1] 《圣耶若姆》直到 18 世纪中叶才被记录在收藏品单子中。首先是梵蒂冈的收藏，然后属于一个女画家安吉丽卡·考夫曼，之后被费歇主教发现了，然后回到了梵蒂冈。

图 5.4 《圣耶若姆》
（梵蒂冈美术馆）

部再版的《圣经》。据传说（人们把他和圣日拉西姆混为一谈），他给一匹狮子拔去爪上的刺而赢得了它的友谊。画家们画这个题材时，有些把他画成文人，在斗室里思过（如卡帕奇奥、安托涅罗·德·米西纳），有些把他画成隐士（如科西莫·图拉），莱奥纳多当然采用了第二种方法。他把他画得看不出年龄，眼睛深陷眼窝，瘦骨嶙峋，用石头敲自己的胸脯，他张大着嘴巴，向上天乞求慈悲，狮子也在吼叫应和他。在《贝诺瓦的圣母》中，圣母凝视着孩子，孩子凝视着花；而在这画里我们又看到了同样 Z 字形动作：狮子看着圣人，而圣人看着画面上看不见的救世主。观画者都有同样的感觉：不期闯入了一个私密的场面。

莱奥纳多再一次应用了他在解剖方面的知识。尽管画面年深日久，但我们可以清楚地看到人物脖子上每一块肌腱、突出的肋骨。那头狮子大概是绘画史中第一头真正的狮子，一定是莱奥纳多的写生作品（和半岛上许多爵爷一样，美第奇家也有动物园，他还养了长颈鹿，是埃及大使赠给他的礼物）。

值得注意的还有动物尾巴那大胆精致的曲线，它和圣人苦修的动作搭配得很和谐，背景中的黑色岩石断裂的形状则像是一个巨大的十字架。然而我认为最重要的是那位用石头自我惩罚的男人，他的唇部表现出痛苦而热烈的呼号。以后在谈到卡拉瓦乔时，我们将谈到"呼喊的诗意"。在这幅《圣耶若姆》中可以看到了更凄惨、更摧人心肺的喊叫，我认为这可算是一个世纪中最绝望的作品。

在笔记本里一个"如何表现绝望者"的题目下，莱奥纳多这样写道："给失望者一把刀，让他用手撕破衣服，用一只手撕扯伤口。"而这幅画中苦行者的态度和方式更为有效。苦行者、吼叫着的卧狮、荒凉的地点，都表现着悲观主义，表现出对于艺术家所处的人生（以及肉欲）的厌恶。画作的未完成状态，它的单色调不但没有损害要表达的不安和忧伤情绪，反而增添了浓郁的气氛。

莱奥纳多此时已是二十九、三十岁的人了，他应该觉得自己更孤单、穷困了，对前途也愈发忐忑不安。

他的苦恼和忧伤也表露在笔记本里。当他使用新的羽毛笔时，他有个习惯，把它削好后在纸角试试看，他会写下不连贯的句子，开始几乎都是："说吧，告诉我"。会有这样的句子："说吧，告诉我是不是"，"告诉我是不是做好了"，"告诉我事情怎么样了"……读过《神曲》的读者会发现，他借用了但丁祈求的语气，他喃喃地低语，在地狱深处对维吉尔说道："告诉我，我的主人，告诉我，老爷。"大家可以看出莱奥纳多在 1485 年，对一个有可能是他母亲的卡泰丽娜的担忧。"告诉我那边的情况怎么样，"他在笔记本里机械地写道，"你能告诉我卡泰丽娜打算做什么吗？"对书写工具满意之后，他又继续去做手头的活了。

然而有一天，在和《圣耶若姆》几乎同一时期的纸上，画满了机械图，祈使动词"告诉"换成了一个父姓后缀 di（这两个词的意大利拼写是一样的）："贝尔纳多……迪……迪……迪·西蒙娜"——是笔不好使，还是他的脾气在那一天特别怪？因为他老想着这个贝尔纳尔多·迪·西蒙娜，此人让我们想起了佛罗伦萨共和国首领科尔提吉阿尼。莱奥纳多又试了一下，还是写道："贝……贝尔……贝尔纳……"他是不是期待此人给他下订单？他和这个重要人物有着密切的联系？可能吧。这页纸很混乱，在同一页纸上还出现了他叔叔弗朗切斯科的名字，还有冬天写的附注，他用很具装饰特点的字体记着："朋友们。"他大概准备写信给首领。在纸页的下面，在只言片语中有一句不完整的话，好像是一封信的开头："正如我最近几天告诉你的，你知道我完全没了……"

很遗憾没了下文。他缺少什么？他没把话说完，因为感觉到少了太多的东西，脑子里塞满想法，却一句话也说不出来，只好叹息一声加以放弃。

在这段文字的下面，我觉得他还玩了文字游戏，di ser Piero（他父亲的祖父），他写的是缩写字母，不用大写，它们拼起来就是 di.s.p.ero，读起来就是 dispero（我失望）。

他这段日子的笔记很有自传的性质，更像是个谜，因为保管不良，墨迹淡白，纸张发皱。另一张可能很清楚地写下了他的精神状态，甚至他当时的感情生活，可惜纸中央有一大块斑点，不管我们用什么办法都无法看清基本内容了。

这页纸上写的文字排成一列列，其中有一部分是某种诗歌，有几行沾了墨迹，那不是莱奥纳多的笔迹。另一部分好像是对诗的答复，笔迹是他这个左撇子的。不是莱奥纳多的笔迹写的是："莱奥纳多，我的莱奥纳多，为什么你这样苦恼？"然后似乎可辨认出这样的字句："哦，莱奥纳多，为什么你为了徒劳的爱而苦恼？"

莱奥纳多的答复（按伏马加里所说，这句话是受彼得拉克的《爱的胜利》和1481年浦尔契的一封《书简》的启发）很清楚："别蔑视我。因为我不可怜，可怜的是那些欲壑难填的人。我到哪里去安身呢？你很快就会知道……"

头两句无须注解，是当时流行的警句。第三句很明显，是"dove mi poserò"。有人按字面意思翻译成"我该去哪里安身？"是以一种诗意的态度表现出莱奥纳多要离开佛罗伦萨。经过惨痛的感情失落后，他需要休息、调整、消遣。如果是失恋，他只好离开此地，到别的地方开始新的生活。

他一定是从某个时刻开始考虑离开，离开的话，他将迈出师傅的门槛另立门户：决定独立解放了。

莱奥纳多一定经过犹豫彷徨，他总要等到走投无路了才能下定决心。

1481年左右，洛伦佐避开了新的侵犯，莱奥纳多的父亲皮耶罗（以后他再也不必把他的私生子登记入他的付税声明了）离开了他和一个叫米歇尔的人合住的位于普列斯坦扎街的房子，搬到吉贝里那街一间大一些的房子里。莱奥纳多大概有两个打算：要么陪师傅韦罗基奥到威尼斯去（共和国总督府城向师傅订了柯里安的骑马塑像），或为教皇西克斯图斯四世服务。

洛伦佐·美第奇——他的美学判断就是法律，他的领土是培养半岛最出色人才的地方，和佛罗伦萨复交后，教皇确实向他借用最好的画师来装饰他新建的教堂，即用他名字命名的西斯廷教堂[①]。而洛伦佐在拜访米兰公爵时，很自觉地奉行艺术为上的政策（安德烈·夏斯特尔说这是"文化宣传"）。他已把建筑师朱利亚诺·达·迈亚诺让给那不勒斯国王和皮斯托亚的教务会，为了福尔特格里纪念碑，他让出了御用雕塑师韦罗基奥。他会将谁派给他有心结交的教皇呢？而在 1481 年，佛罗伦萨的工场正苦苦地等待着机会。他们的祖国不再搞这样大规模的工程，而梵蒂冈在当时是意大利最主要的工地，莱奥纳多和大家一样，一定渴望参与。也许他放弃了跟师傅到威尼斯的打算，是因为怀着错误的希望，以为罗马之路已为他敞开。当他看到他的大部分伙伴——波提切利、西纽雷利、基尔兰达约、佩鲁贾，在 10 月上路出发去永恒之城而没有他的时候，我们可以想象他的怨恼和屈辱。

为什么他没有得到邀请去那里呢？

毫无疑问，洛伦佐出于利益打算，要艺术家们为他争光，选的一定是他认为最好的画家。是否由此可以推断说他一点也不欣赏莱奥纳多？还是他打算委托莱奥纳多完成别的项目？

---

① 教堂由乔万尼·迪·多尔奇在 1473 年建造。显然，这里说的是西斯廷的壁画，其中有一些已经被抹去，并非是米开朗琪罗的穹顶画（1508—1512），也不是他画于后墙上的《最后的审判》（1536—1541）。

达·芬奇没有一件作品是以洛伦佐·德·美第奇的名义订的。这两个人差不多同龄，有着共同的爱好：音乐、骑马、美和学问，喜欢智力上的游戏一如爱开玩笑……一切似乎都是让两人互相亲近的机缘。洛伦佐的家庭一直保护着达·芬奇的师傅。洛伦佐不可能不知道达·芬奇，然而他从未委托他办过一件事。是不是他们之间发生过小小的纷争，造成了严重的后果，但历史上没有记载？

无名氏嘉迪阿诺在瓦萨里之前就说过，艺术家达·芬奇"在青年时被招收到伟大的人身边，洛伦佐给他工资，让他在圣马克广场的花园工作"。和瓦萨里所认为的相反，这花园由雕塑家贝尔托尔多·迪·乔万尼看管，当时不负责培训学生，不是什么学校和学院的雏形（学院是下一个世纪的发明）。那是大理石的仓库，露天的博物馆。洛伦佐在里面放置他的古董收藏品，还建有一个修复工场，当时人们都希望能把损坏的塑像完整地修复好，它们不能缺鼻子、胳膊和脚。于是我们应该可以理解无名氏写的传记里的这些句子："莱奥纳多打破了所有雕塑形式，为美第奇还有为韦罗基奥修复（或复制）了某个罗马时期的作品。"

但这不应该是他在"青年时代"在圣马克的花园里做的，因为洛伦佐是在1480年才拿到了这块地（为了赠给他的妻子克拉里丝）。

不管怎样，我们并不知道莱奥纳多曾被委命负责大型的修复工程。这两个人也许个性不像表面看去那样相合，与其列举表面的相像之处，难道不更该检视他们的分歧么？

洛伦佐并不英俊，他是这么说的。在帕兹阴谋之后铸造的徽章和基尔兰达约画的肖像或者他去世时的面容模型上也可以看到这一点。他有一张青白色的方脸，含讥笑的大眼，鼻子又扁又大，唇边带着一抹冷笑，最多说得上是丑得别具一格。他是大资产者。他从父亲那儿遗传了痛风症，并死于此病。据马基雅维利说，他"令人难以置信地热衷于爱神之事"。然而他花在和孩子玩耍的时间却比与情妇厮混的多，他分得清轻重。他的饮食朴素得惊人。他不追求时尚，他的衣着简单得有点夸耀色彩，在某些场合他炫耀钻石，那是出于算计。他为人小心谨慎，狡猾多端，"决断时理智而迅捷"（还是马基雅维利所言），既凶狠又宽容，从不做对己无用之事。后人说他是文学艺术的资助者。事实上，他在艺术上的花费不及他祖父在此花费的四分之一。他祖父科西莫，国父，是艺术家多纳泰罗、安吉利科修士、马萨乔、布鲁涅列斯齐、菲利普·利皮等的保护人，而洛伦佐早就了解米开朗琪罗是天才，也很早就和他们有了联系，但却很少向艺术家们下订单。总之他爱书籍、古董、奇特的物件——浮雕玉石、凹雕玉石（他拥有五千到六千件）、珍贵的花瓶，并让铜匠、装饰匠、徽章匠、镶嵌工艺家着手制作。我可以这么说，这些方面足以令同时代人大饱眼福。他很少建造建筑（别墅），也很迟才开始造。他很少命画家作画，倒喜欢派他们到国外去，充当大使。① 他最欣赏的是安东尼奥·波拉约洛和波提切利：他称前者为"本城重要的大师"，并把他派去罗马。两位画家都近乎人文主义者，同样地醉心于希腊神话（他们的作品从中汲取不少素材），他们都赞赏他对古代艺术的热爱。洛伦佐精通希腊语和拉丁语，精通历史、哲学（他的四位导师一位是议事司铎，一位是拜占庭语法家，还有一位柏拉图哲学家和一位诗人），不用说他喜爱纯文学胜于美术——他也很喜欢能表现出纯文学的画家。他的母亲是老露克列兹娅·托尔纳布奥尼，他说她是他最好的支持者，她能即兴赋诗，能写出打油诗和虔诚的颂赞，而她的儿子七岁

---

① 洛伦佐·迪·美第奇在这一时期也没有采用巴尔多维内蒂、基尔兰达约、路加·德拉·罗比亚、佩鲁贾、米诺、贝内德托·迈亚诺、朱利亚诺·达·桑加罗等人的作品。

就能在家书中引用维吉尔的诗句。洛伦佐本人也以写作自傲，他的宫廷擅长辩论、作诗，用托斯卡语或拉丁语写抒情诗、歌谣、短诗、哀歌。围绕着他的都是作家，自然他首先帮助、听取意见的也是他们：例如他的老教师马西里奥·费其诺、吕吉·浦尔契、马特奥·弗朗科、庞多尔富·科列努西奥、吉罗拉莫·贝尼维厄尼、安吉罗·波利齐亚诺、乌格里诺·维里诺，还有后来的皮克·德拉·米兰多拉。

只有博学的人才能取悦他。

莱奥纳多进入这个圈子时，一定不知所措。古希腊语学者让·安哲罗普洛斯在佛罗伦萨教语言直至 1475 年，也许莱奥纳多听过他的课，但是他连拉丁语都不懂，又怎么懂希腊文呢？他嗓子好，不乏口才，这些他的同时代人都可以证明，但他却不懂讲究精妙的韵律和修辞学。这些年在佛罗伦萨，部分由于韦罗基奥的缘故，他学到了一些文化（可以看到他常引用诗句），但他的观点和个人爱好都没向着崇高带着点矫情的古希腊罗马文化的方向发展，美第奇人士却恰恰热衷于此。莱奥纳多带着点吹嘘的口气说自己是"没文化的人"。

他在笔记本里这样写道："我很清楚由于我不是文人，有些自负的人以为可以批评我，说我是没文化的人。一群笨蛋！他们不知道我可以像马略对罗马的贵族那样回答：'那些以别人的工作来装点自己的人还想对我的工作说三道四！'他们认为我在文学方面的欠缺会影响我要表达、处理的主题上。他们不知道不拾别人牙慧却重视自己经验的人才是好的作家。最重要的就是经验，是好作家的情妇。我会不断地重申我的这个观点。"他还说："那些在讨论中引用作家词句的人没有使用智力而只是运用了记忆力。"

此外他还强烈地批评那些他称为"背诵和鼓吹别人作品的人"，甚至把他们比喻为一群畜生；他还批评"删节本作者"，即文选和教科书的作者，他自豪自己得到了他们主人的情妇。在他眼里看来重要的是"发明"，他反复强调，只有发明者才是世界直接的译者。

艺术也一样。他也研究了古希腊雕塑、古罗马的浅浮雕，他不否认它们的价值，也不否认其卓越之处。有时他还会参考它们，但他没以之为标准。他认为，艺术、科学就像文学和哲学一样，完全来自于自然。因此他说："任何人都不要模仿别人，因为他将只能被称作自然的孙子而不是自然的儿子。大自然丰富多彩，千差万别，因此重要的是求助于自然，而不是求助于向它学习的师傅们。"他对那些太过关注时下、爱好追随风尚的同事说："我不赞同那些通过艺术手法来丰富自己的人，而赞同从中获得光荣和成就的人。"

莱奥纳多非常清楚地意识到，需要极大的勇气和胆量才能这样挑战古代的权威和那些深信于此的文人。

是否由于他太过鲜明地表露了他的独立思想使得他通往罗马的道路被关闭了？他和米开朗琪罗不同，后者在近1493年雕塑《人马族与拉庇泰之战》时，同意受波利齐亚诺的指导，莱奥纳多则绝不能容忍屈从于人文主义者的标准。此外值得注意的是，他当时记下来的唯一一个人文主义者的名字是亚里士多德学说的推崇者，而洛伦佐的宫廷沉浸在柏拉图和新柏拉图的哲学思想中。

有人反对我的看法，他们引用无名氏嘉迪阿诺的话，洛伦佐虽然不高兴雇用莱奥纳多在圣马克花园里工作，但也帮了他忙，把他让给了他最强的同盟者，"有人说莱奥纳多三十岁时，伟大的洛伦佐让他和一个叫作阿塔朗特·米格里奥罗提的人将一把诗琴赠给米兰公爵，因为莱奥纳多弹得非常好"。

这并不能够说明洛伦佐很正确地估计了莱奥纳多这位雕塑家和画家的才华。相反，我认为他把达·芬奇作为乐师派到伦巴第的宫廷去，正说明他不重视这位艺术家。

当时的文人把他们的诗句谱上曲子（他们把音乐算作"自由艺术"，觉得高于手工业的造型艺术这一"机械艺术"）。有人说，洛伦佐虽唱歌走调，却喜欢和他的作曲家们——如斯卡尔西阿鲁皮和卡尔迪厄尔——即兴地举办音乐会，有点像路易十四在路里的芭蕾中演出。保罗·约伏和瓦萨里提过莱奥纳多里拉琴唱得比所有人都好。因此如果我们非要说出这两人的关系，那就是在洛伦佐这位佛罗伦萨的主人眼里，达·芬奇也只在这一方面才显得富有才华。

莱奥纳多动身前几个月，正在为一幅应能引起他兴趣的作品忙碌——那是一幅圣多那托修道院的主祭坛后需要的装饰屏。修道院在佛罗伦萨的近郊斯科佩托。[①] 装饰屏画的是《三博士来朝》（图 5.5），画长宽将近两米半。这不是肖像画或小幅的圣母像，而是一幅当时很受重视的大幅构图，有几十个人物：它终于给了莱奥纳多向大型杰作进军的机会。

莱奥纳多的父亲的客户中有圣多那托的修士，或许他插手了此事，向他们推荐了自己的儿子。但他却让儿子在 1481 年 3 月签了一份很离奇的合同。修士们在这项生意中不用付款。其中涉及一个商人，他遗赠给修士们一份在华尔德尔萨的地产，条件是给他当裁缝的女儿一份嫁妆作为酬金。莱奥纳多得到的报酬就是三分之一的地产，三年中不可转让，随时可由修院以 300 弗罗林赎买（这可是一笔很可观的数目），但他要给商人女儿 150 弗罗林为嫁妆，而且画画需要的颜料粉和金叶由他

_____

① 圣多那托富有的修道院，藏有波提切利和费利皮诺·利皮的作品，在 1529 年佛罗伦萨沦陷前夜出于预防考虑而被毁。它位于围墙外，就在罗马纳门旁边。

图 5.5 《三博士来朝》
（佛罗伦萨，乌菲兹美术馆）

负担。最后的一项条款还要他在二十四到三十个月内完成装饰屏，否则就算前功尽弃。

　　除非非常需要有活干才会接受这样的合同。莱奥纳多接受了每一项条款，他大概知道自己不会履行，事实上他一条也没放在心上，他想合同很快就会改变的。

　　他大概以重新拾起 1478 年所作的圣贝尔纳多教堂的《牧羊人朝拜

图》的草图开始——那是他个人的第一份订单，从未得到称赞。[1] 我们
能看到的是其中一些他画的墨水草图（收藏于贝约那的波那博物馆、威
尼斯学院、汉堡的康斯坦尔）。克拉克发现它们表现了韦罗基奥教授的
传统构图类型，佩鲁贾和洛伦佐·迪·克列迪都牢守这一法则：圣母四
周的人物形成一种浓密的四方形，然而莱奥纳多却不满意于此。为追求
动感和深度，他使空间变得三维，增加层次，打开透视点。[2] 他的一幅
藏在卢浮宫、另一幅在意大利乌菲兹的画表明了他思想上的进化：他怎
样逐渐摆脱旧有的规则，怎样改进、摸索、组织。这个主题是那个世纪
被画过最多次的，但他却创造了自己特有的风格：他逐渐把静态的四方
形变成了两个倒置的三角形，它们的顶端合并于画面中央，恰是玛利亚
的头顶，然后他把这三角形一分为二，稍微岔开排列，用垂直线条把它
们拆开，设法不让它们显得太对称、太死板。我们估计他大概画了几百
幅草图与初稿（藏于巴黎美术馆、剑桥的费兹威廉博物馆等）。要表现
出博士王们对圣婴的敬意，对莱奥纳多而言就该让画作变得容易懂，
使那些即使不了解圣史的人都能理解圣婴诞生的意义：他希望他们能本
能地感知这一事件的后果和全面的含义。这就是他在寓言中拥有的自主
权——他可以按自己的意愿来影响观众的思想。在卢浮宫的草图里，我

---

[1]　这里涉及一个被普遍接受的假设。但是实际上没有任何证据证明了这个在领主
礼拜堂的是一幅《牧羊人朝拜图》，要么就是下订单那个时期的草图。这个祭坛装饰
画是否还包括了一幅圣贝尔纳像（这个礼拜堂以此圣人命名）？不知道。有些19世
纪的批评家持有相同的看法，认为这不是莱奥纳多为圣多那托的修士们画的《三博士
来朝》，而是一个留下了一些练习图的《背负十字架》。这一假说如今被否定了。
[2]　"《三博士来朝》旨在凸显运动感，"马塞尔·布里翁写道。这一主题其实是关
于旅行的：来自远方国家的三个博士王根据一颗星星的指示而长途跋涉地拜见新生的
圣婴。画家在背景中绘制了广阔的风景和辉煌的行军队伍（在每一幅《三博士来朝》
中都会有马匹出现，比如华盛顿国家美术馆的安吉利科修士和菲利普·利皮的圆盘画，
或者贡佐利在理查底宫的礼拜堂中著名的壁画）。

们看见驴、牛和牛厩的结构，他一直都遵循着传统的圣像元素，它们虽然都没有完工，却和大部分表现三王来朝节的常见元素一模一样：博士王其中一个（巴尔塔萨）皮肤应是黑色的，通常显示出浮夸的东方特色（缠着头巾，装饰得很考究的王冠，绣金的东式长袍……），如今在这里却是三个具有同样特征的老头，三个贤者，又疲累又朴素，态度谦恭，恭敬地与救世主保持一定距离，似乎不敢过近地向他致敬。我被这新颖性所打动，人物之间黑色的空间，这一无人之地将由圣母子组成的平和的内核与那群拥挤的见证者和崇拜者隔开）。莱奥纳多又一次撇开了环境中无价值的东西，他把贡品简化了。他先在背景中画了一匹骆驼（在乌菲兹的画稿里），然后把它变成了骑士，使之更具有奇特的异国情调——这是个永恒的场面，可以发生在随便任何地方。他还画了棕榈树（和平的象征），也许还有角豆树（它既是圣约翰的象征树，又是吊死犹大的树），除此之外就没有其他符合教规的象征物了。蒙德的主教纪尧姆·杜朗在 13 世纪时说道："在教堂里，油画和装饰是给俗人的读物。"但莱奥纳多重新塑造了使徒书的故事：在画三分之一的上部，通过在废墟中自相残杀的骑士，表现了古时候时局的混乱，他们因为不知道救世主耶稣基督的降临而获罪。在画的下部，划定的圆形的小山轮廓范围内，他集中了一群见证了神迹的人，他们对新纪元的开始或惊慌、或欣喜、或困惑。事实上，莱奥纳多在这里写下了他自己的福音书。

圣多那托的修士们虽然意识到他们订制的是稀世珍品，仍然希望作品早些完工。6 月，他们又谈到合同的问题，答应付给莱奥纳多一小笔预付金作为鼓励：40 里拉 10 个苏用以到因吉苏阿提药店买颜料。莱奥纳多肯定非常缺钱，因为他们还叫他给修道院的钟涂上蓝黄色，他们付给他的是实物—— 一捆干柴和另一捆粗木柴，并在他们的登记册上记下了价格：1 里拉 10 苏。嫁妆的数目一直没法子凑齐（一位年轻的艺术家怎样才能弄到这笔巨款？）。于是他们在 7 月中把账算到他的头上，抱怨他动作慢，说这让他们损失了 28 个弗罗林。然而画已成形，他必须加快速度了。夏末，修道院的车夫给了他一斗小麦。然后在 1481 年 9 月 28 日给了他一桶红酒（给他个人享用？），但这是记在修士们账单里付给达·芬奇的最后一笔钱了，之后他似乎去了米兰碰运气。于是这幅《三博士来朝》又没有完成，和《圣耶若姆》一样，它们相距时间很近，大概是同一期的作品。

莱奥纳多是不可能为了去罗马而放弃这一画作的（这是大家可理解的），那是因为他得到了非常有利的、无法抵挡的项目？或是有了一项更有意义的任务（不是去弹琴）？不，没有明显的理由——除非其间发生了我们不知道的事件，总之他没有完成这件作品，把它留在工场里，草图已印上去，大块的暗影已定下来了，背景大部分已定了草稿，但没有着一点色。就如一座等着装饰的宫殿，只有光秃秃的水泥墙。

这幅画放得比《圣耶若姆》更彻底，一直以来让历史学家们很困惑。莱奥纳多在这幅画上花了许多功夫，就它现存的情况看来，大家都认为它是那个世纪最出色的画作之一（讲话有所保留的贝朗松也大呼："它真是一幅伟大的杰作，15 世纪也许再不能产生比它更伟大的杰作了！"）。在这幅画中可看到达·芬奇一生中最关心的大部分主题。三个博士王就像是宣布了最后的晚餐中的十二使徒；二十五年之后的《安吉亚里战役》又重现了骑士们的战斗；靠着那棵主要的树，用食指指着天空的人物正是类似画家遗嘱的微笑着的施洗约翰（这一很有特色的姿势在《三博士来朝》中出现两次，在两匹马之间也有一个人同样地举起了手指）。如果还要我们证明这幅作品的重要性，只要最后说说它对当时画家们的影响。菲利皮诺·利皮①、吉兰约洛、波提切利悄悄地从中得到一些启发——但却没有汲取其力度；拉斐尔对着它目瞪口呆，在他自己的签字厅的壁画中借用了其中许多元素；米开朗琪罗本人也在西斯廷穹顶画中画圣母周围一圈震惊的脸孔时采用了《三博士来朝》的宏大手笔，使之如河流般流动，一如黑暗的圆环。为什么莱奥纳多不完成这幅画呢？

人们提出了好几种解释。瓦萨里的最简单：莱奥纳多"任性、变化无常"，他说，没完成《三博士来朝》，是因为他无法完成任何作品。他以辩护的态度作出判断："他在艺术方面的智慧令他做了许多事情，但没完成一件作品，因为他觉得人的双手永远无法触及梦想中的完美。"他认为莱奥纳多思考的问题是"如此奇特，如此惊人"，以至于尽管他很能干，也不可能实现它们。某些现代的批评家发展了瓦萨里的观点，认为雄心勃勃的《三博士来朝》也许无法画下去了，克拉克说："艺术作品的完工，只有在能增加表现力的情况下才有价值。"他认为由佛罗伦萨式理想所苛求的"完美"肯定破坏了这幅画的神奇魅力。其他人认为，就《三博士来朝》的状态看（若不顾会犯下时代错位的错误，它会被归入"伦勃朗时期"），它已经完美地完工了。斯彭格列写道："在这一阶段，已经达到了至高的完满和清楚的意图。"他们提到了多纳泰罗的"未完成"的效果，并引用了瓦萨里在《路加·德拉·罗比阿的一生》中的话："灵感来了，激情勃发，草图很快脱稿，几笔就巧妙地表达了思想，但如果艺术家看不到什么时候该停笔，做得过头、太过细致，就会使作品失去力量和特点。"其他人认为莱奥纳多最后放弃了《三博士

---

① 大概在莱奥纳多去米兰后大约十五年，圣多那托的僧侣们要求费利皮诺·利皮画礼拜堂的祭坛画。利皮采用了莱奥纳多构图的大纲，但并没有挖掘其大胆的方面。（费利皮诺·利皮似乎成了一个专门执行、完成原本该由他同行完成的作品的专家……）

来朝》，那是因为他在制作过程中艺术水平不断提高，以至于在上面花了七八个月时间之后他仍不满意，于是他就匆匆投入到另一幅作品的创作中去了……①

莱奥纳多的许多特点和卡夫卡相似，和后者一样他真的很难完成什么东西。他也没有完成斯福尔扎铜马像、《音乐家肖像》《安吉亚里战役》《圣安娜、圣母与圣子》，甚至是《最后的晚餐》和《蒙娜丽莎》。然而我个人不太相信放弃完成《三博士来朝》（或《圣耶若姆》）的画作是出于美学的理由。

我不认为背景环境能解释一切，但对作品的研究不能走在生活之前：至少二者要同时进行。

然而要注意的是，一方面，和合同的最后一个条款的要求相反，圣多那托的修士在画家莱奥纳多走后并没有保留画作。按瓦萨里所说，是阿美里哥·班奇继承得到了这幅画②，莱奥纳多为之画肖像的吉内芙拉的近亲。因此有可能是修士们没履行他们的诺言，而不是画家食言——因为出资人为了某种原因撤回了原来的决定而使画家中断了工作，这也不是第一次了；后来他们也没有起诉莱奥纳多。另一方面，我们怎能不考虑到1481年莱奥纳多感情上的失望和苦恼以及所有这些压在心头的事（为"徒劳的爱"所伤？因没被邀请到梵蒂冈，沦落到为修院的钟上色而受屈辱？），莱奥纳多到了这个时候也许已经走投无路了，为前途考

① 同样我们也对于此画的目的表示疑问，我们假设莱奥纳多在不同时期，特别是1501年他回到米兰之后进行了重新构图，或者添加或者改变了一些背景的人物。但这一假设并无证据。

② 莱奥纳多似乎和班奇家族关系比较密切，尤其是和吉内芙拉的表兄弟托马索和乔万尼。他可能赠给后者一幅世界地图，或许还有一些书、器具和宝石。在瓦萨里时期，是他的儿子阿美里哥拥有着《三博士来朝》。此画之后被藏于佛罗伦萨不同的宫殿中，随后在1794年收藏于乌菲兹美术馆。

虑，他必须走了。

没有人知道事实的真相；然而我认为可以从画中看到其中的原因。圣母四周的人们如同围着火焰的昆虫，飞蛾扑火般地注视着圣婴，却有两个人远远地站着，背对着对方，很特别地向后退却。他们没有下跪，也没有投入到其他人的激动狂热中去。要不是他们在边缘位置与人群保持距离，他们的表现将是突兀而不合时宜的。他们中有一个是马萨乔式的结实的老人，拳头顶着下巴，带着怀疑或不信教的神色，像古代的哲学家；另一个是年轻人，双眉紧锁，也许穿了盔甲，眼睛看着画外，那模样完全是莱奥纳多著名的被理想化了的自画像。老头表现的怀疑好像是针对圣婴的神迹，又像是针对那与他对应的年轻人，但这是怀疑还是责备呢？年轻人可能转过身去藏起眼泪（油画的状况使我们不可能看清楚），但他的激动是为了近在咫尺的救世主，还是因为那个严厉无情有如法官的老头呢？——抑或是出于自怜，因为他没被接受加入赎罪的人群而痛苦呢？这是出于羞耻才流的眼泪？他也渴望被带入那"大家庭"，加入那些热爱救世主的人群，但有什么东西挡住了他。那就是他的命运。他不懂得回心转意：和老头一样，他的样子更像是个局外人。

我想起卡夫卡的日记里的一句话，它能表达这种态度中的暧昧感情，卡夫卡写道："许多的希望，无数的希望……但不是给我们的。"

年轻人转过身，他看着别处，而他的思想早就逃逸了。

第六章

画笔和雕刻刀

人的土地既不能大过也不能小过他自己的领地。

——莱奥纳多·达·芬奇

《二轮战车》
（都灵，皇家图书馆）

莱奥纳多在而立之年由朋友阿塔朗特·米格里奥罗提陪同到达米兰。朋友带着一把乐器，准备献给公爵……因为无法获得更准确的资料，我们不能忽略无名氏的叙述。瓦萨里证实说，这一由艺术家发明的乐器是一种诗琴，主要由银制成，"状如马首，样子古怪，为使和声强劲、音色完美"。后来，莱奥纳多在一次比赛中演奏此琴，胜过了在场的所有乐师，因此赢得了"大音乐迷"公爵的恩宠。由此推理，司汤达和瓦萨里都认为画家莱奥纳多也会投入论战，"就所有主题发表颇有见地的看法"，令"集中在公爵府邸的全城人物"倾倒。真相缺乏的地方就产生了传说。

　　瓦萨里所说的 1476 年肯定有误——莱奥纳多没有在 1481 年冬前离开过佛罗伦萨。但状如马首的诗琴可能确有其物：达·芬奇笔记中有一页在传统乐器的对面画了一个四不像的头骨（集狼、山羊、鹦鹉和马于一体——像是魔鬼或是毒龙），其下部做支架，支起三根弦，竖着的间隔标明了手指的位置。外形奇特的乐器（这一件让人想起画在圆盾上的恶魔形象）在当时非常流行。而诗琴同手提里拉琴（即贝利尼、卡帕奇奥、拉斐尔、曼贴那等人的画中天使演奏的乐器)①一样，是当时伴唱用得最多的乐器。

比赛也应该是真实的。十五年后，莱奥纳多亲自写道："尼科雷奥·德尔·图尔科的儿子塔德奥在 1497 年 9 月 28 日圣米歇尔节前夕满九岁。那天，他来到米兰演奏诗琴，被评为意大利最出色的演奏家之一。"这回莱奥纳多是担任了评委么？

从笔记中可以看出，他对音乐的兴趣是毋庸置疑的（声学研究、发明与改进乐器——风提琴、滑奏笛、打鼓、键钟；可能还发明了小提琴……②）。正如其画作和文章，这也体现了他对和谐与节奏的深刻体会。

他识谱也会作曲，生动地称音乐为"不可见事物的重现"。我们没见过他谱的曲，因为他以即兴演奏为主；但他经常利用乐谱和音符编字谜消遣（笔记中有好几页记录）。比如，在一个乐谱上，他在谱号后画了钓鱼钩（意大利文为 amo），再记下一串音符 re sol la mi fa re mi，接着是几个字母 rare，一杠，然后是音符 la sol mi fa sol 和字母 lecita。构成了：Amore sol la mi fa remirare，la sol mi fa sollecita（唯有爱情让我回忆，唯有它鼓励着我）。他刚到米兰时还出过一个类似的字谜："爱情给我快乐。"那是他一生中最幸福的日子。

---

① 温特尼茨提到在当时的绘画中出现了很多里拉琴，也提到了一个由威尼斯弦乐器制作师乔万尼·当德列亚制作的里拉琴，现藏于维也纳艺术史博物馆。最近，一个法国弦乐器制作师弗朗索瓦·居尔蒂用枫木重造了一个里拉琴。就像古时候的七弦琴一样，这个里拉琴也拥有七根弦，只是五根靠琴弓摩擦发声，两根是用大拇指捏住，以表示节奏。梅森说这是一种"温和而诱人的音质"。
② 据说小提琴的发明者经由莱奥纳多推荐之后被法王弗朗索瓦传唤到法国。有些历史学家在没有其他证据的情况下，就估计小提琴是在莱奥纳多的一些建议下，甚至是参照了他的一幅图才制造出来的。没有比这更不靠谱的了……

他似乎很快就进入了米兰音乐界，那里聚集着与法国的若斯坎·德普雷齐名的大师。他到米兰不久就画了一幅肖像——人们长期认为画的是公爵卢多维科，其实是一位乐师——现藏于安布罗西亚纳美术馆（图6.1）。1905 年清洁画作时，人们才看见模特手执谱纸，记着一段乐谱和几个抹去一半的字 CANT.ANG.，原文可能是人称加弗里奥的米兰大教堂合唱团团长弗朗切诺·加弗里奥所作乐曲的名字 *Canticum Angelicum*。此人出生在洛蒂，与莱奥纳多的年龄相仿，肖像大概画的就是他[①]，莱奥纳多是他的朋友（根据吉洛拉姆·阿达的看法，除此之外达·芬奇还为他的《音乐练习》插图。这部理论著作第一次提出了和声的概念）。

莱奥纳多也和帕维亚的洛伦佐·古拿斯科有过来往。他制作并销售管风琴、古钢琴、诗琴、古提琴、手提里拉等乐器，为米兰、费拉拉和曼图瓦的宫廷服务。1500 年，莱奥纳多在威尼斯与他重逢。莱奥纳多可能参与了制作，利用其作坊进行自己的声学实验，并制作自己发明的多种鼓和笛子。

根据无名氏的记载，他还有一名旅伴和（里拉琴）学生阿塔朗特·米格里奥罗提。他可能是佛罗伦萨人，比莱奥纳多小十来岁，同是私生子。关于他的生平，我们知之甚少。莱奥纳多对他的感情可能超越了友情，据记载他画了他的头像，"高昂着脑袋"。我们不了解他在米兰从事的职业，大概以弹琴和唱歌为主。因为 1491 年，阿塔朗特在曼图瓦城堡扮演了波利齐亚诺作品《俄耳甫斯的传说》中与剧名同名的角

---

① 《音乐家肖像》是唯一一幅流传至今的莱奥纳多的男人肖像画。它未被完成，但是保存状况非常好。关于模特的名字，众说纷纭（Cant.Ang. 可能指的是坎特·安吉洛，因为 1491 年他在米兰有一个唱歌老师名叫安吉洛·特斯塔罗萨）。但是因为年代关系，最有可能的是加弗里奥。这一作品曾一度被认为是安布罗奇奥·德·普列迪的作品，而不是莱奥纳多的。

图 6.1 《音乐家肖像》
（米兰，安布罗西亚纳美术馆）

色。之后两人似乎没再见面，直到 1513 年在罗马重遇。当时歌手大概找到了很有影响力的保护人，位至梵蒂冈建筑工程检查员，令人羡慕，1522 年去世时依然在职。

可以推断：莱奥纳多在韦罗基奥工场学了些金银匠手艺，之后雕镂了一个式样奇特的银制乐器，吸引了洛伦佐·德·美第奇的注意。洛伦佐想把这奇珍送给他在米兰的姻亲卢多维科·斯福尔扎，而莱奥纳多一心要离开托斯卡纳首都，便抓住了这一机会，要求亲自把将乐器进献给公爵。到达之后，他和他的学生朋友展示了该乐器的多种演奏方式，由此跨入伦巴第音乐界的门槛。然而他并无心以音乐谋生，他把机会留给了他年轻的学生阿塔朗特，自己则继续只是为取悦亲友，有时也为取悦宫廷而演奏。他自有别的野心，马首诗琴于他只是一个通行证和一张名片。

因为，他还写了或正在写（旅行中有的是时间）一封信，向有权有势的米兰的主公谋求职务——与音乐毫无干系。我们既无原文也无定稿，只有一份改得厉害的草稿，且并非出自莱奥纳多之手。倒好像他对自己的拼写和文风不太自信，请了一位笔头好的朋友来罗列自己的长处。可想而知，他一定字斟句酌，反复掂量，来回考虑措辞。

这封惊人的信列举了他十一二项本领（其顺序按编号排列），展现了一个令我们对其几年学艺的认识毋庸置疑的莱奥纳多。

我认为有必要把整封信展示出来：

"大人：

我已充分研究了那些自诩为伟大战争机器发明者所进行的实验，并发现它们与常用的毫无差别。我无意诋毁他人，只求向阁下献秘，请您在适当的时机使用。简要记录如下。

1. 我有一架坚固轻巧的桥梁的模型，极易搬运。有了它，您可以追击敌人或在必要时撤军。它还有别的优点，耐火、耐突击，收放自如。我还懂得火烧及摧毁敌人桥梁的方法。

2. 我知道如何在围城时抽干水渠里的水，建造大量甲板，建造攻城用的羊头撞锤、云梯及其他攻城器械。

3. 此外（原文为拉丁语），如果由于填方过高、地势险要，无法炮击攻下，只要堡垒或要塞不是建筑在岩石之上，我就有办法整个摧毁。

4. 我还有很实用的臼炮模型，便于搬运。它可发射出雨点般的碎石，向敌阵散布浓烟，引起恐慌，以制造大量伤亡与混乱。

5. 另外，我能通过小路和蜿蜒的地道到达任何想去的地方，即使在水渠和河流下也能无声地挖出地道。

6. 我还会造装甲战车，安全且坚不可摧，它能进入敌阵，炮轰最强大的敌人，步兵可以紧跟其后，不遇障碍、不遭伤亡。

7. 此外，我能在必要时制造美观实用、不同寻常的大型炸弹、臼炮和火器。

8. 在炮击无法施展威力的地方，我能制造投弹弩、投石机铁蒺藜和其他罕见的有效优良武器。总之，我可按实战情况发明各种数量多的攻防武器。

9. 我还有许多有效应付海战的攻防武器；能抵挡最猛烈的炮火、火药和浓烟的战船。

10. 和平时期，我相信我可以给任何人提供尽善尽美的建筑方面的服务，无论是公共设施还是私人住宅，抑或引水工程。

此外，我还能从事大理石、青铜或陶泥雕刻的雕塑业务，在绘画方面可创作任何作品，绝不逊色于谁。

　　此外青铜马或许也可由我制作，它是令尊大人不朽光荣的永恒象征，是您的幸福回忆，也可令您著名的斯福尔扎府邸增添荣耀。

　　如果您认为我以上列举的业务工作是绝不可能完成的，我准备在您的花园或您认为合适的场所做试验，我恭候您的吩咐和指示等等。"

　　他是否真的向公爵提交了类似的求职信，他是否如此自负，凡涉及武器他无所不能，而在提及他的艺术方面的才华却只有寥寥几行，而且有所保留？我不得而知。也许他在这个时候，想着如何用爵爷喜欢的方式接近他，于是和朋友设计了这一出自荐。但信的背面写着他的自传，看来这信的真实性不容置疑：即使他从未认真考虑要誊清原文，然后上呈，莱奥纳多的确是撰写了这封信，大部分内容是他口授的。这就值得我们加以注意了。

　　与其说这是他的业务清单，更像是他给自己订的目标。莱奥纳多花了许多时间在军事发明上，他在笔记本里画满了无数的武器草图（手用的、投射的、火药的）还有其他用于杀人的武器、防御工事和堡垒平面图。他设计了向公爵建议的所有项目，甚至不止这些。但在 1482 年左右，他似乎不再潜心于这类研究了。在他列举进行的不同研究的备忘录里（这也许是他带去米兰所有东西的清单？）谈到有关裸像、花、树、天使、老人的脸、茨冈人头像、肖像（尤其是阿塔朗特的肖像）、两幅圣母像、八幅圣塞巴斯蒂安等，但只记下三个技术问题，且均为民事问题：如炉子的简图、航海的器具和某些"水力器械"。[1] 只有几个大炮和

──────────

① 这一备忘录有三十四条记录。文字被图表围绕，其中两个像是一个住宅的平面图，旁边也画了许多特别悲伤的漫画式的脸孔：嘴角和眼皮耷拉着，似乎是反映了莱奥纳多初到米兰时的心情。

弩的草图可能是他到米兰前画的。[1]那么他为什么突然转向军事工程，以此为第一选择呢？

佛罗伦萨向罗马、那不勒斯和他们的盟友开战，在城内进行准备工作，一定给了莱奥纳多机会，让他熟悉制造围城的武器和器械。他在佛罗伦萨看到的兵工厂和制造厂激发了他的智力，使他思考。他大概研究了成为军事工程师的种种方法，正如他在信中所说。他读了有关论著（发表在1476年的塔柯拉、瓦尔图利奥甚至普林尼的论著）。聪明过人的他于是想法改善现存的武器，根据他观察到的或别人描述过的武器，设计新的武器。（奇怪的是，这些武器与他精通的乐器发明和改良方向一致，如组织、组合、机械化——减少人的参与，试图用一件部件完成几个部件的任务。）例如，他发明了一种鼓，用五根棍子敲打，棍子由齿轮牵引，而齿轮又由鼓座上的犁车轮牵动。犁车的动作使鼓有节奏地敲出复杂的鼓点。他按此原理发明了炮的零件，如同安装在轮上的零件一样把炮安装好：十一个炮口可以一起发射，零件向前推进，另一排炮自动就位。他还画了一种机械系统，在城墙下，三四个一组地推动攻城的梯子。他想到在一个炮架上集中几个喷火口——它就是机关枪的前身。同样，他还设计用由一个键操纵四根锤来敲打一口钟，他说这样一口钟就可产生四口钟的效果。他奉行效率至上，把这作为脑力锻炼，在他的设计中，清清白白的排钟和不停喷出炮火的炮可能没有区别。

此外，韦罗基奥的作坊是佛罗伦萨首屈一指的青铜器制造商和卓越的铸造工厂，以某种方式参与大炮或圆炮弹制造也不是没可能：钟、炮或雕像的制作工艺是一样的（别忘了教堂圆球的制作）。不管怎样，莱奥纳多一定从师傅那儿学会了铸造的秘诀和合金的多种配方，其备忘录

---

[1]　这仅仅是现有的武器的草图而已。我看不出莱奥纳多对此做了什么改进。

被引用最多的就是炉子的草图。

　　他到米兰的时候，意大利和平的希望比任何时候都要渺茫：土耳其在普耶登陆，罗马与威尼斯结盟，威尼斯要占领费拉拉，反对总督的同盟已形成，而总督府并不因此而放弃它的计划。虽然已失去圣廷的宠信，整个半岛都倒戈相向，它还是继续向前，召了雇佣兵，在阿尔让塔附近开战，包围埃斯特侯爵，命一支军队打入伦巴第。米兰本不愿干预他人的冲突，只想靠大使们玩些外交把戏，如今也只好决定拿起武器了。

　　莱奥纳多也许正是考虑到公爵更需要的是军事工程师而不是艺术家，当时的形势决定了他报告的第一部分。然后他才提到第二部分："和平时……"但当时的形势并非和平时期。

　　不管他是否把信发出去了，总之他有这样的意图。很明显，他审时度势地让人生有了新的转机，他发现了通往成功的捷径。武器业早就是米兰的专利，在军工街和其附近地区，就有好几十个工场。有的非常著名，如托尔莱德工场，能铸造和装饰剑，矛、戟、盔甲、盾，并销售到远处。但都只是些传统的武器，在意大利，军事艺术品还不发达。比山外国家和土耳其差远了。老国王路易十六的使者菲利普·德·科明尼斯在这个时期记下他经过的国家的弱点时说："他们不像我们这里（法国）这么懂攻城略地和防守城池的战术……"然而莱奥纳多强调他设计的武器的新颖性，他只要能制成一件，就发财了。

　　他的求职报告回应了需求。他说他可以制造结实又轻巧的炸弹，当时使用的炸弹很难操纵，因为太重，而且经常爆炸。他说他熟悉羊头锤、投射器和其他攻城的武器，而意大利人打仗时都避免在战场上短兵相接，他们喜欢打消耗战，喜欢用大炮、军舰——这一想法很可笑，因为当时的伦巴第没有开放海域，但威尼斯拥有强大的海上力量，在坡港口有一支船队，打算以靠此攻打米兰的同盟费拉拉。

没能赴罗马旅行，又没完成《三博士来朝》和《圣耶若姆》的画作，他对绘画失去了兴趣，他要重新开始生活。那么，与其在"机械艺术"上一蹶不振，何不选择能通往最高荣誉的道路呢？当他在和平时期施展才华的时候，他没有仰仗韦罗基奥，没有提到他于1471年在佛罗伦萨曾接近过当权爵爷的兄弟，已故的公爵嘉莱阿·马利亚（当时他在城里公开接见臣民）①，也没提他曾参加过美第奇宫殿的房间装饰，或雕刻过交付给他做的罗马式盔甲，也没提他完成过的作品。他首先自命为建筑师，能够做引水工程"把水从一处引到另一处"，虽然此时大家不知道他有建筑方面的经验（当时正打算挖运河，把阿达河引到米兰）。然后提到他是雕刻家，最后才是画家。事实上，他是按等级的顺序（在时人看来）提出他认为能够发挥的才华。

莱奥纳多天生对技术问题感兴趣，但这种热爱也有利益考虑。工程师，尤其是军事工程师的社会地位是他能达到的最高地位。②亲王关心的是荣耀，他认为壁画和画板不能长久，大理石和青铜更能跨越世纪（古希腊罗马就证明了这点），坚固的建筑物能更好地留在人们的记忆中。但如果没有政治权力，这一切就都不算什么。因此军事便成了首要能帮助人得到权力并保卫权力的东西。

乔托这个从地位低下的牧羊人变成了他那个时代最伟大的画家的人，也是在获得建筑师的头衔后才得到任命，并得到一份优厚的年金，他被任命负责圣母百花大教堂钟楼和军事要塞的建造工程。在佛罗伦

---

① 当时的当权亲王，摩尔人卢多维科也同样在旅行。莱奥纳多是否遇见了他？当他流亡比萨，在朱利亚诺被暗杀后赶来慰问洛伦佐·德·美第奇的时候，莱奥纳多也同样可能见过他。是不是这样的一次碰面鼓励莱奥纳多来到米兰呢？我们不知道答案。

② 莱奥纳多或许同样也在米兰以音乐家身份出道，因为乐师当时比画家的地位要高，而且在那个城市，乐师的收入也高。

萨，莱奥纳多可以看到洛伦佐·德·美第奇是怎样的尊重军事工程师朱利安诺·达·桑加罗的。他又多想知道自己得到正式职务之后会得到怎样的好处！ [①]

在他的求职信里，有这么一段话，无论是内容、口气、在信中的位置，都很特别。说的是莱奥纳多要求实现的最后一件事，是一项需要特别任命的很特殊的工程。谈到其他本领时，他一直用这样的口气说话：我懂得、我有、我会做。而这一段却用条件式和被动态："此外，青铜马或许也可由我制作……"

谈到有关军事的问题，他用的是详尽、假定的口气；谈到民事，他泛泛而谈、平淡简略。他通篇都是自夸才能，为什么到了最后突然用恭维的套话，语气拘谨疏远了呢（如"令尊大人""幸福回忆"等）？

整封信都是一个寻求出路的被逐者的梦想，最后几行倒使我联想到现实：莱奥纳多一定在佛罗伦萨听说有钱的米兰暴君想竖一座骑马的巨像纪念他的父亲弗朗切斯科·斯福尔扎，他到伦巴第来是希望承接这一工程。在旅途中有的是时间发挥他的想象，类似的野心就是这样编织出来的。他确信的口气暴露了他的梦想，条件式的句子表明他的具体想法。根据我对他的思维方式的推测，他把他的真实意图写在信的最后一段：为了青铜马，他才选择来到米兰。

15 世纪的佛罗伦萨和我们现在见到的相比，几乎没有什么变化。而米兰在这几个世纪里却是饱经沧桑，走过了曲折动乱的道路，今天我们已很难认出它就是莱奥纳多时代的城市了。司汤达曾希望成为它的公

---

① 　莱奥纳多或许已经在路上听说公爵在找人代替他的军事工程师老巴尔托洛梅奥·加迪奥。莱奥纳多似乎已经很详细地研究过了米兰的需求。但我不认为他会这么专横地要求这一职位（后来这一职位由安布罗奇奥·费拉里担任）。

民，可是现在他也认不出它来了。

　　它的建立不是在伊特鲁立亚人时代，也不是希腊人时代，因此相当冒充风雅的托斯卡纳人很蔑视它，认为它的出身不很体面：它可能是凯尔特人，也就是野蛮人建的。蒂托·李维称它为"在平原中间的城"。然后日耳朵曼人给它取名为"五月之地"。开始大家都奇怪它怎么发展得那么好，因为它不是在河岸、湖岸，也不是在山顶上，而是在平地，在潮湿、肮脏、很不方便的，它远离江河，远离特桑河、阿达河或坡河（15世纪的人努力连通这几条河），应当相信它是罗马和阿尔卑斯山以北国家之间无法绕过去的地段，因为它很快成为最重要的战略和贸易位置，成为必争之地。迦太基人侵略它，罗马人占领它，它在迪欧克里西安时期入了帝都之列，哥特族占据了它，然后伦巴第人以自己的名字命名这个地区。巴巴罗萨人铲平了它的城墙，将它烧成灰烬，然后它又兴起，重建工业，再现繁荣昌盛。维斯孔蒂的政府机关在此设立，这个家族在这儿维持了一百三十年，尽管经常接受铁和毒的洗礼，它还是壮大成长，富饶昌盛。到了莱奥纳多时期，它已是欧洲面积最辽阔、人口最多（约十万人）、最强大的国家之一。它一直是各国觊觎的对象，后来落到法国人、西班牙人、奥地利人、德国人之手——1943年它的大部分地区都被飞机投下的炸弹摧毁。它五衰五兴，其他意大利城市很少像米兰那样遭受过占领和战争的命运。

　　当时的米兰是个圆形的城市，棕色的砖、灰色的石头，装点着绿色的小岛。莱奥纳多以当时地图绘制者的方法绘制了它的平面图，他概略地画了个围墙形状，众多的城门、各条轴线和主要的建筑物。大家认得出中央是主教堂和维奇亚门，下面是圣洛伦佐教堂和蒂奇内斯门，右面被水包围。公爵居住的庞大宏伟的斯福尔扎城堡跨在城的外围，朝向城内的城堡比朝向乡村的城堡更壁垒森严，看来这个统治百姓的家族更害怕臣民的造反，外敌的入侵倒在其次。

莱奥纳多若有幸被召见（为了给公爵献上他的马首琴或递上他的自荐信），那么就是在这城堡里做了自我介绍。他沿着两边建了高塔的阴暗高耸的城堡围墙走，跨过由弓箭手护卫的吊桥，经过由费拉莱特建造的古怪的主塔（它像座宝塔），来到武器广场（按查尔斯·德·布罗斯说，打仗时它能容纳 3500 人），在堡垒内又看见一个堡垒：罗切拉塔，墙壁是血液干后的颜色，由许多门炮保卫着，具有攻不破的名声。这里是藏宝阁，藏着奇珍异宝，让法国和英国的国王们嫉妒得脸色发白的箱子里装满了宝石、钻石、珍珠、金块和山一般高的银块。据费拉拉大使说，银山高得连山羊也跳不上去。

吓人的城堡（它令人想起克里姆林宫的建筑）在这些年里给全城定了基调，米兰和佛罗伦萨的距离不到三百公里，然而伦巴第的首都总是笼罩在雾里，这或许令莱奥纳多感到不习惯：它好像属于欧洲北部或另一个世纪。它的建筑没有经过城市规划，一群密集的中世纪式的房子乱七八糟地盖起来，形成一个迷宫，街道又肮又闹，有些地方被运河占领，夜里群蛙乱叫（最近的战事后，大部分运河被填平，只剩下最具代表性的大运河）。几座 15 世纪"现代"风味的建筑物竖在这边那边，佛罗伦萨的建筑师们画过它们——比如费拉莱特非常美丽的主医院和美第奇银行，其大门由米开伦佐雕塑——但大部分宫殿和教堂，无论是不是前几个世纪建的，都属于罗马或哥特风格，对这一过分装饰的哥特式，人们都以很轻蔑的口气称为"焰式哥特"建筑。

尽管这座城市的宫殿和秘密花园很难取悦热爱蓝天通衢这种纯洁风格的人们，它的混乱奢华自有其独特魅力。它很迷人，但难以定义，通常总是夸大其居民的耽于声色、懒散、唯利是图，或是对烹调的讲究（小说家班代罗说，"米兰人认为，不懂吃就是不懂生活"，一百年之后戈尔多尼也重复了这句话）。司汤达认为它有欧洲最便于聊天的街道（他的原话是"the most comfortable streets"）；阿尔贝托·萨维尼奥欣赏它，因为它有一条街献给了一个不存在的人物——兰达奇奥·尼科拉、就如雅典献出了神庙给未知的上帝……这一切都不能解释城墙内人们的快乐。

无论是今天还是昨天，参观者都毫无保留地喜欢或讨厌米兰。莱奥纳多也许因为佛罗伦萨不理解他而讨厌它，在米兰他却感到快慰，整个人焕然一新、自由自在，因此他在这儿生活了十七八年，之后因形势所迫才离开米兰。后来他还是回来了。他没有一般托斯卡纳人身处异乡时的思乡情结。他对于自己度过青春的城市实在没什么留恋，他没有著名的"大教堂情结"，也从不像但丁那样，为再也见不到洗礼小教堂而哭泣："啊，我美丽的圣约翰……"

瓦萨里在谈到达·芬奇到达米兰时写道："见识到他口若悬河的口才，爵爷非常欣赏他的才华，便请他绘制祭坛的画，画的是《耶稣诞生图》，并把它赠给德国皇帝。"

和无名氏一样，瓦萨里以为莱奥纳多与公爵的见面很光彩，他的成功轻而易举，来之甚快。而这幅《耶稣诞生图》没留下一点痕迹，莱奥纳多事实上没能那么快就赢得宫廷的宠信。他没有得到青铜马的订单，很长一段时间内也没能施展他的工程师的才能（他在八年之后的1490年才得到工程师头衔）。他首先必须耐心等待机会表现自己的才能。

我们也不知道他是从哪条路来的，他在哪些城市停留过，到了之后又是在什么地方落脚。他尽量不住旅馆，因为囊中羞涩，旅馆又太贵了。大概他向招他来的行会求宿。无论如何，我们知道他在1483年春天住在一户姓普拉迪（或普拉达）的艺术家那里，位于蒂奇内斯门附近。

当艺术家们不能独自承担费用，或当工作超过了他们个人能力，他们常在一起合作。如多纳泰罗与米开伦佐，马萨乔和马索利诺，巴托洛梅奥修士和阿尔伯蒂内利，安德烈亚·德尔·萨尔托和弗朗切亚比吉奥，例子多得是，在 15、16 世纪，画家和雕塑家常常合作共同创作作品。

莱奥纳多被迫重操画笔。因为他的计划目前还没引起反响，他大概只好凭借画艺在伦巴第首都落脚。

他在笔记的封面写道："画笔必须与雕刻刀并用，这样的联盟很有好处，因为没有了一件，另一件就办不成大事。"

即使他的银制马首琴卖了好价钱，他也无法无限期地等待公爵垂青于他。于是他在当地的工场找活干，也解决了自己的栖身问题。

普拉迪一家六兄弟是父母三次婚姻的结晶。他们的才华平庸，但各有专攻，都被引荐入宫。伊万吉利斯塔是木刻师傅；克里斯托弗洛又聋又哑，画细密画；长兄贝尔纳蒂诺做地毯板和纪念章；吉安·安布罗奇奥是画家，是最成功的一个。他也是以刻钱币和给祈祷书上色发家的，爵爷要他画肖像，其他生意接踵而至，尤其是费拉拉公爵夫人的肖像画，他后来给马克西米连皇帝和白安卡·马利亚·斯福尔扎画肖像。

没有任何资料告诉我们，莱奥纳多是怎样认识他们的，他们合作的基础又是什么。但 1483 年 4 月 25 日，在公证人安东尼奥·迪·卡皮塔尼面前签的一份合同，把他的名字和安布罗奇奥及伊万吉利斯塔·德·普列迪联系在一起，他们要给新进善会画祭坛后的装饰屏《圣母始胎无染罪》，这座小礼拜堂在圣弗朗切斯科大教堂内（现已被摧毁）。

在这份合同里，只有他才有画师的头衔，并规定"这位佛罗伦萨人用油画颜料"负责（三折画）主板，而安布罗奇奥负责祭台侧板（伊万吉利斯塔可能负责镀金饰物）。米兰人似乎很狡猾地利用房客的才华揽下生意。

1480 年，善会的会长要求一个叫作贾卡莫·德尔·迈亚诺的人雕刻装饰屏的木框。他们新教堂的天花板刚刚装饰过，由两位名叫弗朗切斯科·扎瓦塔利和乔其奥·德拉·切萨的艺术家负责。他们向莱奥纳多和普列迪兄弟订的画板必须和这三块框的尺寸大小相配，框装饰有浅浮雕，需要另做。长达几页的合同一半用拉丁文，一半用方言，由会长们在律师的协助下起草。然而善会要求的不仅仅涉及尺寸问题，还有作品的主题和内容：在各类祈祷之后，是冗长的法律的序言，画的内容是圣母在画的中央，被两名先知簇拥着，"竭尽完美之能事"，她穿着金色和天青色的锦缎衣服，衬以绿色，再用金粉薄薄一层镀在红漆上。而上面的圣父，也穿金色和天青的衣服，天使们饰以金光轮，以希腊方式制成油画。圣婴被安置在金色台上，背景里的山峦和岩石用五彩画成等等。最后还提到画一定要在同年 12 月 8 日前准备好，那是圣母始胎无染罪节。三个艺术家们将收到 800 里拉即 200 达克特，条件是他们的画要经得住时间的考验（他们不信任新技术，会长们要求他们保证十年的"保质期"）。有一条条款谨慎地考虑到莱奥纳多在未完成任务前就离开米兰的情况，另一条则提到经鉴定后可能付给他们奖金……

　　善会的担忧也可以理解：它要保护在当时被热门争议的新的教义，即圣母始胎无染的争论 ① （五年前受教皇认可，直到 1496 年才被索邦神学院批准，在 1854 年颁布），善会认为艺术家不能涉足神学：他们要求艺术家阐释一个主题，就如今天的广告公司要求摄影师将一种概念拍成照片一样。

　　我们也要了解莱奥纳多的观点：他尊重教义，但要以他的方式表

---

① 圣母无染原罪始胎的教义并不是关于基督（因感圣灵而受孕）的神秘诞生，而是关于玛利亚的奇迹诞生的：圣安娜，玛利亚的母亲，与其丈夫（约克谦）并未发生肉体关系就生下了玛利亚——只要一个简单的吻就足够了。这一教义旨在加强圣母的纯洁、神圣，并肯定圣母崇拜的重要性。

达。他不希望只是一名好工匠，工匠的地位侮辱了他。他有话要说，那是思考的结果——他知道比别人强加于他的更有效的形式和符号（这位不受公证人父亲宠爱的儿子，大概也认为合同的存在意义便是为了让人嘲笑）。

我们可以假定他们经过了协商、无穷无尽的辩论，而最后莱奥纳多取得了胜利（据瓦萨里说，莱奥纳多能说服最顽固的人）。或许很简单，他签合同时只想着以后自作主张，把生米煮成熟饭了再说，这就是后来的《岩间圣母》（图6.2）。题目是后来起的，因为他本人从不费神想题目。他偷偷地躲在普列迪的工场里自由发挥，打算完工后才拿给订货人验收。条款里提到教堂的墙上一定要贴金叶，这方便了他的"转向"计划。无论如何，莱奥纳多从一开始就没打算要屈服，用一种过时的风格，即"希腊方式"，他从来没用过这一方式。

没有镀金饰物，甚至没有传统的光环突出神的身份[1]，莱奥纳多舍弃了这些陈旧过时的多余玩意，没有锦缎衣服，没有华而不实的绸子，玛利亚不需要这些东西也能显出她的伟大和荣耀。没有先知，也没有圆滚滚的丰满的天使。岩石中只有四个人物（圣母；一个独特的天使，翅膀消失在暗影里，长得像个年轻女人；还有孩提时的耶稣和圣约翰），足以表现这一题材中圣母生命中的这一时刻。与善会所想的繁复圣像大相径庭。

希律王从三博士那儿听说"犹太人的国王"在伯利恒出生，就派人去杀死城中和领土上所有的新生儿。得到天使加百利通知后，约瑟夫、

---

[1]　莱奥纳多肯定是基督教第一个没有在圣史人物头顶放置光环的人。他甚至在圣母、耶稣头上都没有放光环，而且这似乎在他职业早期就已经如此。只有他在韦罗基奥工场里制作的绘画中才有光环，一旦离开师傅，他就抛弃了光环。《贝诺瓦的圣母》里面的光环肯定是由其他人添加上去的。

图 6.2 《岩间圣母》
（巴黎，卢浮宫）

玛利亚和孩子连夜逃到埃及。他们生活在沙漠，直到暴君死亡。从路加那儿流传出来一种不可靠的传说，在 14 世纪中期由多米尼克人皮耶特罗·卡瓦尔卡修士广泛传播，说他们在流放时遇到了小圣约翰，他由圣伊丽莎白陪同并受天使乌里叶保护，他"到以色列之前也是处在孤独之中"。

　　这就是莱奥纳多油画的内容：圣母坐在山洞口（据说山奇迹般地打开，接待圣人一家），好像把儿子递给施洗者。在这儿角色好像颠倒了：耶稣为圣约翰祝福，跪着，双手并拢在祈祷，天使乌里叶伸出手指指着。他们的态度回应了《约翰福音》中的话："这就是我曾说有一位在我以后来，变成了在我以前的，因他本来在我以前。"前景中岩坑里的水也是比喻洗礼，大天使和圣者实际上代替了合同里要求的先知，他们的出现和"肢体动作"证明预言已开始完成。

　　在佛罗伦萨，岩石和洞穴是野生自然的传统象征①，对莱奥纳多大概有着特别的意义，对画中流放中的失怙的孩子也一样。和《三博士来朝》一样，耶稣和他的热爱者之间有一大片空白。莱奥纳多又一次在具有宗教特色的作品中寄托了他的回忆和感情。他画了一个理想的母亲，明艳稚气，只为保护孩子和他的幸福，她给他找到了庇护所，游戏的伙伴。正是黄昏时分，夜晚不会受到打扰。

　　莱奥纳多的这幅画和他的大部分作品一样存在许多问题，年代学和肖像学方面的问题大概永不能得到解决。为什么大天使用手指指着的小圣约翰，引起了观众注意的并占据主要位置？要知道这幅画其实是用作玛利亚的祭坛后装饰屏的。圣约翰是佛罗伦萨的保护神。同样，圣母

----

① 这些岩石似乎是莱奥纳多笔下的一个特征，其实是非常基本的元素，在早期的画家如杜契奥或者乔托笔下，常常在沙漠风景中出现。

还相当接近韦罗基奥风格，令人想起《三博士来朝》里的圣母，而背景叫人想起《圣耶若姆》，草稿的风格和沉闷气氛（糟糕的是由于搬移到油画布上及经过太多的修改，原画已变了形）好像属于莱奥纳多"早期"的画作。有些人认为莱奥纳多在托斯卡纳便开始作画，而不是在米兰。也就是说《岩间圣母》原来不是为善会的教堂画的，是他带到伦巴第来的。我很难相信，他会带一块裹着石膏泥的木板去（为了带一件表现他的才华的样品？还是无意中带去的？）。它长将近两米，重八十公斤，又易碎又笨重，要是不能把它捆牢在骡背上，就得把它包裹好放在犁车里。既然这类画的大小尺寸差不多，为什么他要带这幅画而不带《三博士来朝》或《圣耶若姆》？订制的画还要配得上贾卡莫·德尔·迈亚诺的框架，如果说莱奥纳多的行李里恰巧有一幅圣母像，尺寸正好合适，上部又正好是拱形的……而且它不是很佛罗伦萨式的样品，那实在是个让人目瞪口呆的巧合。还有，按当时的习惯，一个出手阔绰的善会不会用——如果我可以这么说的话——二手的油画装饰教堂。可能莱奥纳多在佛罗伦萨时已想到画一张关于圣母子和小圣约翰的一个罕见的主题①，到了米兰之后，他把脑中的构思画在纸上，或者，也有可能是他已有一张在佛罗伦萨画就的草图，并据此画出了他在米兰的第一幅油画。换了个城市还不足以马上改变他的"做事方式"。这就能解释为什么他可以在合同中答应在 1483 年 12 月 8 日完成此画，我们不能忘记莱奥纳多做事向来缓慢，少有完工的作品（他在每幅作品中都试图进行

---

① 我们只在佛罗伦萨（莱奥纳多在米兰画了这幅《岩间圣母》之前）发现有表现童年耶稣遇见圣约翰这一主题的作品，尤其是在一些油画中（特别在菲利普·利皮修士的《耶稣诞生图》中）。莱奥纳多的无数伦巴第学生和追随者后来都重画了这一主题：波尔特拉菲奥·吕尼、切萨里·马格尼、马克·道吉奥诺等等。这就证明了这一主题可以很轻易地就流传出去，归根结底，这在米兰比在佛罗伦萨还要盛行。

彻底的改革），还有他使用的技术要等许多层油料干燥，这都很花时间。而且这个时候正是他要强迫自己作画的时候。他永远不可能重复现有的方法或重做别人已做过的，只有主题确定了，经过了反复思考并有了全新的革命性概念，他才会拿起画笔。这就是为什么热爱思索、完美主义的他比复兴时期的所有艺术家留下更多的草稿和笔记的原因。

《岩间圣母》一直引起激烈争论和误会的大部分原因在于此画存在两个版本，一个在卢浮宫；另一个藏于伦敦的英国国家美术馆，后来被认为出自安布罗奇奥·德·普列迪之手，而不是莱奥纳多的作品（图6.3）有些人 ① 还假设有第三幅画，如今已湮灭。另外莱奥纳多和他的合作者因为对无染始胎的异类理解也招来了一场官司，这官司持续了二十多年，我们拥有这方面自相矛盾的不完整的文件。

这幅画一定拖了很久（这看起来倒无关紧要），尤其是善会会长们似乎不满意艺术家们提供的作品。莱奥纳多要求 100 达克特酬金，他们只按当时的风俗付了 25 达克特。他们咨询了专家的意见，事情还闹到了卢多维科·斯福尔扎公爵那里，但意见上似乎一直都存在分歧……

安布罗奇奥·德·普列迪尽量模仿莱奥纳多的风格，他也对合同进行了改动。他在画装饰屏侧面时没画原来要求的两个音乐天使，只画了一个"大幅的"，去掉了光环和镀金装饰，会长们大概是默许了。但为什么他们会对莱奥纳多这个佛罗伦萨人画的古怪的玛利亚提出异议呢？

我估计莱奥纳多做了许多让步——给画中加入哥特风格。他在岩石

---

① 我不想给人印象认为意大利画家完全听命于北方画家的权威。他们所羡慕的只是技术，他们弗拉芒同行的"手法"——他们使用油的方法。至于其他的么，他们自认为远远超过了对方，特别是那他们宣扬的比例性（proportionalita）——这个词几乎不可翻译，同时意味着"比例"和"和谐"。我认为米开朗琪罗在说北方画派是一种"没有音乐感"的绘画时候，也沿袭了这样的态度。

图 6.3　另一版本《岩间圣母》
（伦敦，英国国家美术馆）

堆上画了植物，因为人们认为圣约翰和耶稣的会面发生在"开花的沙漠"中。他遵从了传统的象征体系，用当时明白易懂的语言讲述故事：画中的常春藤象征忠诚、持久，第一幅图里的棕榈和蓝蝴蝶花象征"圣言"和许诺给人类的和平，血色的银莲花在古代象征忧郁和死亡，预示着耶稣受难。善会希望圣母被先知围绕着，而莱奥纳多出于真实性的考虑，把她安置在预言之中，即在一些象征宗教虔诚的符号中。

但一切并非一目了然，远非如此。当画布揭开，当时的人们一定和今天的我们一样惊讶。天使乌里叶的目光（他在看着谁？），耶稣竖起的两根祝福的手指，天使伸出的食指，和圣母张开又扭曲的手掌在同一平面交叠。简单说来，圣母的手本该保护孩子，现在却像是在威胁，应是神圣的姿势，却让人觉得像个鹰爪子。

有人说不该过分深究艺术家的意图，他创造的作品必须是隐晦的，连他也难以理解，绘画的象征性常是个借口而非其主旨。由我看来，对于许多画家来说，或许可以接受这一说法，而对莱奥纳多，只是在某种程度上才能这样。

莱奥纳多有意无意地围绕某个指导思想设计了《岩间圣母》的构图，其形成的反差与对比旨在迷惑观众。母亲、孩子们和微笑的天使平静地会合，加上世界尽头的青绿色的背景——那混乱的风景，无情、充满敌意。硬石上植物开着花。莱奥纳多好像在说，圣母造成了之后耶稣在十字架上的殉难，快乐之源孕育着苦难：圣母奇迹般地出生，而她并非感得圣灵而怀孕，她把儿子从人类之恶中救出来只是为把他交给悲惨的命运。

莱奥纳多在笔记本里写道："当我以为在学习生活的时候，其实却在学习死亡。"这句话改写了苏格拉底的名言。

画中的光线也表现一种反差：温煦的阳光投射一道金光沐浴着洞口，

而四周的黑暗却在蔓延、变浓，一片阴影浓密，叫人不安。在这里，明暗对法（Chiaroscaro）也起到了象征的作用。

人物的动作也不和谐：手势的意义不明，有打招呼的、有指示什么的、有祝福的、有表示保护的，在我看来像是压在耶稣头上十字架的四个顶端，就像达摩克利斯之剑。无言之中，"女预言师"的预言得到了再现。

在作品中若是有太多微妙之处，观众会觉得莫名其妙。因为看不懂，他们就会恼怒地转身而去。公众喜欢毫不掺杂的情绪，尤其不想费劲去寻思画中的意义，他们喜欢随便想一下就得到答案。奇怪的是，当神学问题失去了其重要性，人们不再期待画家传达什么教育意义的时候，莱奥纳多却老是以晦涩难懂、古怪诡异诱惑着观众，让人觉得怪诞。朱立安·格林在他的《日记》中写道："听说《蒙娜丽莎》创造了生活的'幻象'，它创造的不止这些，它还创造了梦的幻象。"《岩间圣母》以同样的方法把人们带入一个不真实的时空内，让分析毫无用武之地。我们不太知道该用什么词语来表达得到的印象。"神秘"如果能被讨论，那就不符合常识和理性了。它让人神魂颠倒、心花怒放。艺术家给了它不可抗拒的力量。

我不相信有人可以通过别人的眼睛去观赏一幅艺术作品，哪怕是最亲近的人。尤其当时间改变了词语的含义，如何重现另一个世纪对它的看法？文字忠实记下人们的褒贬，却很难传达这些判断从何而来。

创作《岩间圣母》时，有关它的构思和方法的资料没能留下。然而从莱奥纳多很快就获得宫廷的订单来看，即使这幅画没能使善会满意，它也一下子就得到了其他人的好评。

还需要了解一下当时伦巴第的油画发展到什么阶段。正当佛罗伦萨的艺术家多得开始流向其他地方的时候，米兰在这方面却人才凋零，留不住一位大师。它的财富为之招来一流的音乐师和大量声誉日隆的诗人。它在帕维亚拥有一所了不起的大学，有九十名著名教师教授法律、医学、语文学和数学，它印刷出版了意大利第一本希腊文书（1476 年）和第一本拉斯卡里语法书，但直到那时在美术方面它一点名气也没有。所谓的广义上的"伦巴第风格"混合了乔托、皮萨内罗和来自托斯卡纳、威尼斯、弗兰德斯的影响……文森佐·佛帕（1420 年左右出生在布列斯奇亚）是个中翘楚：他师法贾科坡·贝利尼，又在热那斯发现了法兰克 – 普罗旺斯艺术，随后又发现了弗兰德斯艺术，他的才华不能否认，这在他晚年和布拉曼特，尤其是和比他小三十岁的莱奥纳多的接触中得到了充分体现。莱奥纳多·达·芬奇将真正建立起昙花一现的伦巴第画派。

《岩间圣母》既吸引人又让人印象深刻。我们也借此稍微了解了一点米兰人的爱好。爱克的学生佩特鲁斯·奇斯特斯在他们那儿住过一阵子。1460 年左右，已故公爵弗朗切斯科派了他的画家扎内托·贝尔嘎托到布鲁塞尔的罗热·旺·德尔·维当的工场去研究油画的方法。然而莱奥纳多在他的画里完成了好几个"辉煌的乐章"，在北方画家自主的领土上与他们竞争。我想起大天使手臂上的透明袖子，或他高明地抹在头发和植物上光亮的色彩。对比我们熟悉的作品，我们不能不激赏他完美无缺的技巧。这幅画应该在工场、知识界、善会所在教堂附近的城堡，引起了一些轰动，可以这么说，这座城市终于有了自己的画家了。

的确，它已经拥有了布拉曼特，他接受梅洛佐·达·弗利和皮耶罗·德拉·弗朗切斯卡画派的训练，现正在绘制帕尼加洛拉家击剑教师大厅的壁画。但布拉曼特的天才更多的是表现在建筑上，而不是绘画上。他是装饰师，更乐意搞立体感强、逼真的东西。他钟爱的艺术不是绘画（举个例子，我们要是把他画的藏于布列塔博物馆的基督和乔万尼·贝利尼画的基督相比，那我们就不太厚道了）。他虽然收了徒弟，但不久他就主动放下了画笔。

当时他已年近四十岁，瓦萨里称他为新布鲁涅列斯齐，说他的性格乐观热情，也有人说他放荡不羁。他写的十四行诗充满黑色幽默，典雅、富有诗意。从他的肖像看，他有个圆脸蛋，很强壮，头发稀少，梳理马虎。

他在乌尔比诺郊区出生，家庭贫寒，在费列德里克·德·蒙特费尔特罗宫廷上过课；他途经拉文纳、曼图瓦，1477 年在贝尔加莫给波德斯塔宫的正面做过装饰。后来他来到米兰碰运气，比莱奥纳多早到三四年。

和莱奥纳多·达·芬奇一样，他也把希望放在青铜马上，期待公爵派一件大工程给他。很快，这个乌尔比诺人和佛罗伦萨人莱奥纳多就建立了牢固的友谊。

在 15 世纪 90 年代一则笔记中，在谈到建吊桥的问题时，莱奥纳多提到布拉曼特。他的真名是多纳托·迪·安吉罗（布拉曼特是阿布拉曼特的简称，来自他父亲的外号，似乎是犹太裔），其爱称是多尼诺。他们有许多共同点。对公爵或对城市而言，他们的职责相同，他们都对数学感兴趣。（莱奥纳多曾这样写道："不懂数学高度准确性的人应当羞愧。"）他们同样欣赏阿尔伯蒂，达·芬奇也想成为建筑师，而据瓦萨里收集的证明看，布拉曼特也和他一样喜欢即席弹奏诗琴或听演奏。他们互相交流理论、学识。为探讨如何改造世界，两人一定在一起度过了许多夜晚。

这位未来的罗马圣彼得大教堂的建筑师为宫廷诗人们所热爱，他们在诗中常提他，他没有同行相轻的毛病（之后是他把同乡拉斐尔叫到梵蒂冈去的），他的才能也许也为他那位新朋友的成功做出了贡献。

然而干一番大事业的时机尚未到来。

1484 年，由于和威尼斯订了和约，战争的危险似乎远去，但瘟疫这一更可怕的灾难在米兰蔓延。它来自东方，在 14 世纪造成三分之一的欧洲人死亡。后来，它时不时地在城市出现时往往是城市面临饥荒之时，或多或少总要置人于死地。医生们就是拼死努力也无法与之抗争。人们只能隔离病人，烧毁死人的衣物和卧具，然后祈祷、祝愿。因为掘墓人要价太高，穷人的尸体只好和牲畜的尸体一样腐烂好几天，等着政府派人掩埋。大家以为瘟疫是带有毒液的蒸汽，是心脏的敌人，来自污浊的空气，因此他们都用喷了香水的手帕捂住鼻子呼吸，在鼻子下面捆袋香草或香料（不要嘲笑他们：1832 年的巴黎，人们放炮以净化霍乱的毒气）。预防的最好办法是由薄伽丘提出的，被智者科西莫·德·美第奇概括为"走为上策"。走得越远越好，躲到乡下去，最好跑到高处去，那儿的空气最纯，躲在那儿直到瘟疫自行消失。《十日谈》里这样写道："兄弟、叔侄、夫妻分离……连做父母的也害怕照料他们的孩子。"封闭的房子里回荡着临终者孤零零的惨叫。这"黑死病"往往在几个星期后消失（1479 年佛罗伦萨的瘟疫就是这样消失的），这一次在米兰，它肆虐了长达两年之久，受害者数以万计，也许有三分之一的居民死亡。

公爵也一走了之。他听从星象学家的劝告，不再吃牡蛎和其他不易保存的食品，他和拜访他的客人离得远远的，信件要经浓香水"清洁"后才打开。[①] 莱奥纳多的笔记本上没谈到瘟疫的恐怖情景，但正如战争激发了他对武器的好奇心，米兰人的苦难也使他考虑卫生和城市规划的

① 莱奥纳多列出了配方的香水或许没有其他功用，只是为了保护人们不受"腐坏的空气"的"臭气"所害，这是疾病之源。

问题。开始是些基于理论的思考，参照的是他从读到的建筑师文章中得到的启发——如阿尔伯蒂、维特鲁威、费拉莱特的论著；有可能最初的念头来自和布拉曼特交谈中冒出的火花。布拉曼特是吕查诺·劳拉纳和弗朗切斯科·迪·乔尔乔·马尔蒂尼的继承人，他要整顿维吉瓦诺公爵夫人大广场，和弗朗切斯科·迪·乔尔乔·马尔蒂尼本人一起发展它，他在1490 年遇见了后者。

现在莱奥纳多养成了习惯，把一切都记录在笔记本里。莱奥纳多在纸上规划一座理想的城池，建在河流的两岸，这样就不可能产生瘟疫。不久，他又确定了平面图，画了些主要部分，就某些细节部分做了补充。

他从大都市人口密集是造成瘟疫的原因这个原则出发，想象着把米兰分成十个小城，每个小城拥有五千户人家，提供三万套住房。他写道：“这样，你就把密集的人群分散，他们本像羊群一样乱七八糟地被圈禁，臭气充塞所有角落，散播传染死亡。”因此要纵向也要横向地重新考虑规划，用运河水渠分开各个城区，还可作运输之用，通过船闸和磨坊灌溉菜场，差不多能自动洗街。民居分成两种层次：上层的步行区域，留给了绅士们，供高档住宅之用；下层的直接用地下水渠沟通（莱奥纳多很明确地将之与阴沟加以区分），用于牲畜和商品的运输，留给商人、手工业者居住。

这一伟大的乌托邦式的计划，按我们的标准看，非常精英主义——尽管他扬言要解决贱民的“悲惨境地”，并且通过各种办法设法改善所有人的生活，也就是现在的政客们称之为“生活质量”的问题：减少街道的宽度和门面的高度，使阳光最大限度地照入房子内部，发明一种烟囱系统以来分散屋顶上的浓烟……

他要沿着人行道挖小渠。他尤其关心垃圾的清理，希望能快而定期清理。他提倡公共场所用螺旋梯，因为他发现人们有在直梯的阴暗角落里大小便的可恶倾向。他希望增加公厕。事无巨细、毫无遗漏，他的设计中展现了惊人的现代化，他说："茅坑公厕的坑应当能摇动，像教堂里的小窗，用平衡锤使之自动回到原位，天花板应布满小孔，让人能呼吸畅通。"

15世纪90年代初，当局决定修整米兰最穷困的地区，即瘟疫流行最猖獗的地区。莱奥纳多得到了从空谈到实际运用的机会，他把自己的设计变为确实可行的资料，好像要用它们参加竞赛一样。他开始计算伦巴第首都、郊区、运河的面积，以便作出大幅的平面图。为此他寻找可用的地图，搜集资料，把笔记本当记事本用，在里面写道："在柯尔杜希奥的书店里有一本关于米兰及其教堂的书……"他有理有据地认为，首先应该在城里约十分之一的地区推行其计划，他挑选为试点的地区在旧区和新区之间，从罗马纳门到托萨门（今天叫维多利亚门）为止——佩德雷迪说这是个"试点计划"。在草图上可看到用墨划的图，中央四个广场，被多个城门包围着，莱奥纳多在中间写下"市场"一词。这四方形以对称的方法划定交错的街道和水渠，图纸一角画着一种住宅的标准尺寸。他最新计划的最大特色是城郊分离，是他想实行的"去中心化"。如果计划实现，他的理想城市会是一串不同的居民点，从传统的城墙围困中解放出来，（从地形上看）独立于城堡和教堂（每个城区围绕着商业和民用核心——市场、广场组织而成），就如我们现在的城区。

这虚构的城市规划（莱奥纳多身上有许多儒勒·凡尔纳式的科幻梦想）好像没有得到什么反响。没有人按这一计划去做，我也没看到有哪个当时或后来的建筑师受到过它的影响。莱奥纳多只把它提交给了法律界人士吗？ 1493年左右，他用红铅笔从左到右清楚地写着："致最尊贵

的、最著名的……致我最崇敬的卢多维科老爷。"他没有写完，他踌躇
着该怎么署名。"佛罗伦萨的莱奥纳多·达·芬奇"还是"莱奥纳多"？
他在思考投资项目的资金，他提出了公爵可在项目中得到的经济、政治
和社会收益，他提到"利益"和"不朽的声名"……我觉得所有这些以
及他那封吹嘘自己军事工程师本领的信只是草稿。就我们掌握的材料看
来，在发展修改如上观点的时候，他禁不住按他平日与人谈话时的习
惯，以"你"称呼："你可以从居民收入中抽税……洛蒂社区将设立海
关，并每年向你缴税一次……收入会随着你的声名而增加。"一般人不
会以这样的口气与爵爷谈话。我们又不知道莱奥纳多的意图发展到了什
么地步，他到底有多坚信自己能取得什么进展。当然他研究的热情和认
真是无可怀疑的，但在我对他的了解加深之后，我感觉他最喜欢的就是
假想。

可怕的瘟疫扰乱了城市生活，但没使之瘫痪，市民从鬼门关逃了出
来。这让人联想到贝鲁特，内战也阻挡不了贝鲁特人去店铺、办公室，
甚至去看戏、去海滩。（佛罗伦萨的道德家们说："'黑色瘟疫'能使人在
一天内赚得意想不到的财富。"他们怂恿人们过放荡生活，比他们教育
人们培养宗教感情还要卖力。在 17 世纪，英国人萨缪尔·佩皮斯还记录
道："这场瘟疫使我们变得比狗咬狗还要凶残。"）

在 1484 年到 1485 年间，莱奥纳多大概还和平时一样在普列迪家
工作。他画画、研究，准备一种"文档"以获得青铜马的订单。按萨
巴·德·卡斯提里欧尼所说，他在这雕塑上花了十六年时间。总之大家
认为他开始得太早，他一到米兰就着手画它的草图，考虑把青铜浇铸成
巨型作品的方法。设法获得这份合同的大概不止他一个人，其他艺术家
也在跃跃欲试。自从 1472 或 1473 年斯福尔扎家族决定竖立雕像纪念他

们的新王朝缔造者的光荣开始[①]，曼特加扎兄弟和伦巴家族都有了这打算，还有闻名全岛的波拉约洛兄弟。想要被选上，莱奥纳多就要准备一份特别新颖可靠的"材料"来。

当时骑像的问题引起许多人的思考，正如青铜门引起了如吉贝尔蒂、布鲁涅列斯齐和贾科坡·德拉·葛奇亚等一代人的兴趣一样。人们担心，雕刻大型马及骑士的手艺在罗马帝国灭亡之后的黑暗时代已消失，谁敢与罗马的马克·奥列勒皇帝骑像（高 4.24 米）以及可敬的帕维亚的列吉素勒像相比？人们已在油画中尝试过了（如佛罗伦萨的教堂里保罗·乌切罗和安德烈亚·德尔·卡斯塔尼奥的作品），但真正的困难在于铸模和浇铸，而不在绘画。这些技术难倒了雕塑家。多纳泰罗从罗马风格的马可·奥勒留皇帝骑像得到启发，在帕多瓦雕塑了自古希腊罗马时期以来第一尊骑马铜像[②]（名叫加塔梅拉塔，高 3.2 米，建造于 1453年）。现在韦罗基奥努力要超过它，要在威尼斯竖起他的柯里安铜像，其主题（一匹马）和技术难点激发了莱奥纳多的想象力，同时，弟子也

---

① 斯福尔扎家族祖上并不是伦巴第人，而是罗马涅人，只在三代前开始掌握米兰政权，而获得公爵称号只有两代。嘉莱阿·马利亚决定竖立起一个气势恢宏的骑士雕像以纪念他的父亲，也是想用青铜来铸就，肯定他们家族的权力地位。在 1473 年 11月，他要求建筑师巴尔托洛梅奥·加迪奥为他找一个"有能力完成这一项目的师傅"，不管是伦巴第人还是外国人，因为他想要一个"优秀的"艺术家。很显然，这个人没有找到，或者这一工程被搁置了。当摩尔人卢多维科于 1480 年掌权之后，重新开始了这一项目。

② 自古希腊罗马时期以来（或者说，自从拉文纳的特奥多利克皇帝的骑像以来），第一个青铜铸造的骑像是尼古拉侯爵三世在费拉拉的骑像。市里展开了一次竞赛，以寻找一个合格的艺术家。人们也咨询了阿尔伯蒂。佛罗伦萨人尼克罗·迪·乔万尼只是稍胜安东尼奥·迪·克里斯托弗罗一筹，于是马匹的制造就落在了他头上（这是最困难的部分），而他的对手则负责制造骑士。阿尔伯蒂画了基座，采用了罗马式拱顶形状。雕像在 1451 年升天节的时候安放完成，也就是多纳泰罗的《加塔梅拉塔骑像》之前两年。然而它却没有后者那样的巨大尺寸。

发现了一个向师傅挑战的好机会。

可能由于替公爵当时的情妇切西丽亚·加勒兰尼画了肖像，他开始赢得了卢多维科公爵的信任。我们认为这幅肖像就是摆在波兰克拉科夫的恰托雷斯基画廊的《怀抱白鼬的女子》。

这个方法倒不赖。

正如米歇列所说，斯福尔扎家族"这些白手起家且耐心狡猾的英雄们"，对性却非常感兴趣。这也许是遗传。作为公爵家族姓氏来源的祖先穆佐·阿腾多洛是个士兵（斯福尔扎意即"用力"：他力大无比），他留给后代三句忠告：千万别碰别人的老婆；千万别打奴才或朋友，如果实在不行打了的话就要尽快摆脱他们；最后一条，千万别骑烈马或马蹄铁钉得不牢的马。最后一条告诫，他的后代铭记在心，遵守得最好；第一条遵守最差。他的私生子弗朗切斯科（就是莱奥纳多要铸青铜马以示永垂不朽的那位），交给他的秘书一大本情书，要他出版成集。他留下的私生子女与婚生子女一样多。长子是残暴的浪子嘉莱阿·马利亚，继承了权位，有可能毒死了他的母亲。人们说，他干的不体面的事是不能写出来的，他用权力和金钱向男人们买他们的妻子，有时还当着公证人的面。常常在他玩腻了之后就把这些情妇赠给他的朋友或臣子，她们也不觉得羞耻。1471 年 3 月，他的奢侈和大逆不道震惊了佛罗伦萨。他的残酷、道德败坏和累累恶行使他最终遭人谋杀：正如司汤达所记，"三个学生被蒂托·李维精彩的文章所鼓动"，于 1476 年圣诞节第二天，用匕首把他刺死在圣托·斯特戈诺旅馆前。他死时，爵位继承人让·嘉莱阿只有八岁，他的母亲掌了一阵子权。但她却犯了个错，爱上了一位城堡主，并在各方面提拔他，导致了他们的失败。弗朗切斯科公爵的第四个儿子卢多维科·斯福尔扎利用这个机会篡取了年幼爵爷的监护权。即使没有称号（他还只是巴利公爵），他实际上是米兰主人。他虚伪地宣称："我承担权力的重担，把其荣耀留给侄子。"看来他也对"维纳斯的任性百依百顺"。有一段时间他和他道德败坏的兄弟嘉莱阿·马利亚共享美丽的露西亚·玛丽亚尼，还和她生了一个孩子。大家都知道他寻花问柳的风流事。15世纪80年代初，他开始宠幸这个切西丽亚·加勒兰尼。他写道："贵族血统的米兰姑娘，要多诚实有多诚实。"他要求莱奥纳多给她画肖像画。

卢多维科·斯福尔扎于1451年出生于维吉瓦诺，比莱奥纳多只大几个月。大家称他为"摩尔人"（le More），倒不是因为他深黑的头发和橄榄色的脸颊，而是因为他名字叫Mauro，并且他在武器上刻了个摩尔人的脑袋和一棵桑树（意大利语为moro，当时这种文字游戏很受欢迎）。而桑树是能干和细致的象征，他自己能干细致过了头。但这外号不能给他增添荣耀，倒让他的"懦弱""无情""奸诈"的坏名声广泛流传。历史学家利用他标志色评价他的冒险政策，为他服务了十三四年的莱奥纳多也说："摩尔人的法律，和他一样黑。"

然而他不凶残。和他死去的兄弟米兰公爵不同，他不会嗜血成性。他不会对敌人采用五马分尸、肢解、凌迟等刑罚。如有人谋杀他，他会惩罚主犯，把同谋关进监狱。有了这条例，每年他在圣昂布瓦斯日都要用绳子吊死两个可怜虫。

在当时这可真是难以想象的宽宏大量，几乎可说是软弱。

在帕维亚的修道院里摆着由索拉里奥所作的他的死者卧像，查尔斯·德·布罗斯惊诧地发现他的容貌"非常讨人喜欢"，对于莱奥纳多来说，摩尔人卢多维科作为"新的父亲替身"，个性不明显。他好像对自己很满意。他重实效又迷信，长着一张强壮结实的大脸，双下巴，年纪大了，脸颊的赘肉下垂，眼睛转动得太灵活，射出不知足的贪婪的光芒，还有两片贪吃的嘴唇。贪婪，加上对自己的聪明和命运之星的过分

穆佐·阿腾多洛
（1369—1424）
雇佣兵队长

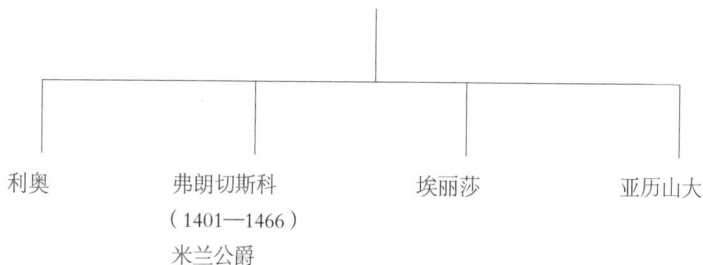

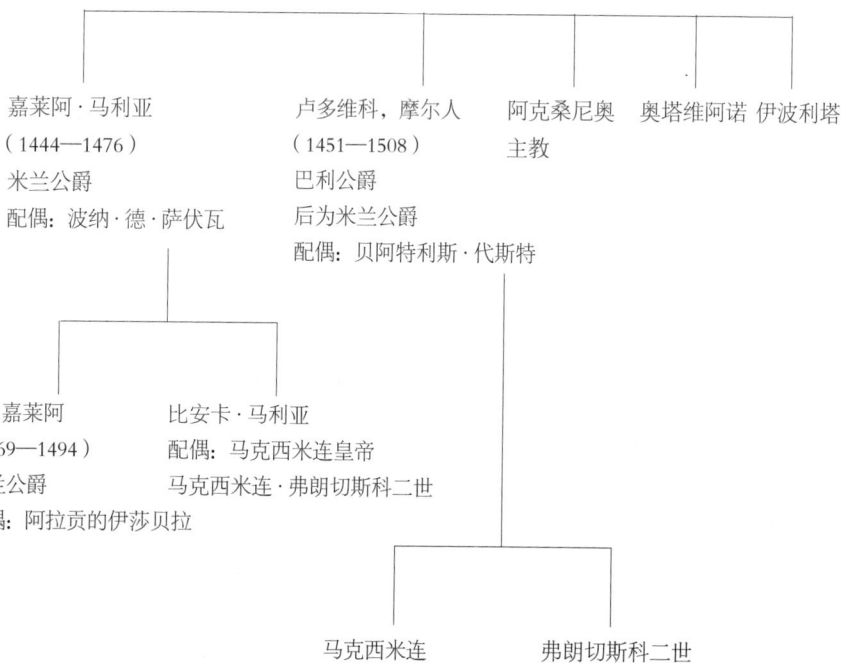

利奥　　　　　弗朗切斯科　　　　埃丽莎　　　　亚历山大
　　　　　　　（1401—1466）
　　　　　　　米兰公爵

嘉莱阿·马利亚　　　　卢多维科，摩尔人　　阿克桑尼奥　奥塔维阿诺　伊波利塔
（1444—1476）　　　（1451—1508）　　主教
米兰公爵　　　　　　　巴利公爵
配偶：波纳·德·萨伏瓦　后为米兰公爵
　　　　　　　　　　　配偶：贝阿特利斯·代斯特

让·嘉莱阿　　　　比安卡·马利亚
（1469—1494）　　配偶：马克西米连皇帝
米兰公爵　　　　　马克西米连·弗朗切斯科二世
配偶：阿拉贡的伊莎贝拉

马克西米连　　　　弗朗切斯科二世

斯福尔扎家族族谱

信任，让他像期货市场上的投机分子一样，拿国家的命运作赌注。几项卓有成效的措施令他越来越冒险，试图尝试实行不可能的联合：他将把整个意大利带向衰亡。

有首民谣是这样形容他的："天上唯有个上帝，人间有个摩尔人，随心所欲，宣战或媾和。"他厚颜无耻的虚荣心像不像他父亲的御用诗人费列尔弗？后者利欲熏心地写下鬼话连篇的《斯福尔扎颂》（*Sforziade*），还自比为维吉尔和西塞罗。

他的野心并不仅仅表现在政治上。因为受过一定的教育（他懂拉丁文，自诩为演说家），又曾流放到托斯卡纳，他把佛罗伦萨作家贝尔纳多·贝林奇奥尼请到宫廷里来，说是让他纠正"米兰人粗俗的言谈"；他聘了一位博学的秘书，此人是个饶有经验的古希腊语言学家，曾自费创办两间学校，后来成为皮克·德拉·米兰多拉的朋友。卢多维科要把他的首都变为新雅典。事实上他在努力照搬美第奇家族的治国策略，例如，在这个家族倾颓之后，他要购买洛伦佐收藏的精美的凹雕宝石，但没买成。他的"文化建设计划"便带有这样强制、做作的色彩。米兰的所有诗人都把奉承和吹捧他的家族作为头等任务。

摩尔人夺得政权的第二天就勾引了切西丽亚·加勒兰尼。那时她十四岁，现在十七岁。她擅弹诗琴，能吟诗作赋，因此朝臣称她为"现代萨福"，这其实毫无意义。重要的是她倾国倾城，大家佩服她能留得住朝三暮四的卢多维科：她把情敌一个个打败，稳稳地住在城堡。她从情人那儿弄到了萨洛诺那边的领地，尽管她青春年少，却以公爵夫人自居。

在莱奥纳多的笔记本里有一段书信片段，开头是："绝色的切西丽亚，我亲爱的女神……"有些人还以为是写给摩尔人的情妇的，画家竟对他的模特产生热情，这一假想十分浪漫。但这些字是用右手写的，大概是在 1510 年左右，写于罗马（字迹很像拉斐尔的）。

有些批评家们说认不出藏于克拉科夫的画上的年轻女人，这幅18世纪的画左上角的题词令人误解："美丽的额饰女郎 LEONARD D'AWINCI。"可以从奇怪的拼写上简单地推断，这幅画在送去波兰之前曾在巴黎逗留。莱奥纳多另有一幅画（在卢浮宫），也叫"美丽的额饰女郎"，大概和贝尔纳迪诺·达·孔蒂画的弗朗索瓦一世情妇的肖像弄混了，孔蒂是莱奥纳多的弟子。这两幅画中的模特额头上箍着一条窄窄的绸带，时称"额饰"（法语是 ferronnière），这一装饰在15世纪末的意大利北部非常时兴。

能鉴别克拉科夫的《抱白鼬的女子》（图6.4）就是切西丽亚而非别的女人（也有人说是贝阿特利斯·代斯特）的理由有很多，肖像中的女人清秀、鹅蛋脸，似笑非笑，很像《岩间圣母》里的天使乌里叶，两幅画像是同一时期所画。诗人贝林奇奥尼曾为莱奥纳多画的摩尔人情妇像写了几句诗："画像巧夺天工，栩栩如生，只是不会说话。"模特那专注的神气很符合这一描述。而且画中的女人抱着一只鼬或是貂，自古以来不养猫而养它们来抓老鼠，而鼬也是公爵数不清的象征物之一（他的象征物很多，并不只死守一个印度的图腾）。这一动物名字用希腊语念是 galé，大概是文字游戏，暗指加勒兰尼（Gallerani）。莱奥纳多不是也用过一丛阴暗的刺柏象征吉内芙拉·班奇吗?

肖像保存得很不好：几乎看不出其本来的面目了。底太黑，被重塑者抹得一塌糊涂。在加硬的时候，损伤了脑袋、肩膀、手的轮廓，由于透明的画布被粗暴地修改过，光滑的头发好像在下巴下打了结。左手大概也被抹去，经紫外线处理后看得在切西丽亚肩膀上方有一扇门或窗。安布罗奇奥·德·普列迪大概也参与了这幅画的制作，鼬和模特的皮肤无疑是莱奥纳多的手笔，但衣服和头发可能不是。

今天看来，再没有比不同风格、水平参差的艺术家合作创作更奇怪

图 6.4 《怀抱白鼬的女子》
（波兰，克拉科夫国家博物馆）

的了，但那时的画不是用于展览，它们创作之前就已卖出。画家不是为了自己，而是为了订购的货物工作。当时的他们远不是梵·高，还不会因为克制不住要"表现自己"而去作画。莱奥纳多已经开始出现这一想法，但他受到各种外部条件的逼迫。不管他是怎样细心认真，怀着怎样的激情，我们不能将一幅画视为他的心头肉，因为它只有一部分是属于画家的。在这种情况下，莱奥纳多继续利用他的米兰同事帮他开辟通往伦巴第宫廷的路，他很少考虑自己独立完成一件作品。他只是负责设计、构思。对于他来说，幸福就是想象并把设想交给别人完成，在他眼里，发明创造才是最重要的。绘画对他而言是"脑力劳动"，他明确地说过："思考是高尚的事业，实践是奴仆的行动。"藏于圣彼得堡，并广为伦巴第画家模仿的《丽塔圣母》和卢浮宫的《米兰女子肖像》①（以错误的题目"美丽的额饰女郎"闻名），肯定是几个画家合作的成果（图6.5）。它意图表现大师的水平，但拥有某些缺点（如生硬、干涩），才气也与之不符。我们可以觉察到在很多画作中莱奥纳多把后续工作放手给受训的弟子们完成。他会给他们一张样画（准备移到画板上去的画），或仅仅是草图，让他们随意发挥，他只远远指导就好……批评家们曾指出莱奥纳多在米兰的第一个竞争者安布罗奇奥·德·普列迪在这几年超越了他，但当莱奥纳多不在他身边的时候，他的才华就发挥不出来了。这些学生不是"影子作者"，谈不上什么欺骗：莱奥纳多不在他们的作品上签名，不用把他们当作身处困境的朋友来雪中送炭；他也不是他们的牺牲品。文艺复兴时期热衷于抄袭、模仿，除了古董之外几乎没有赝品的概念。我们如今对艺术作品的定义更明确，也更狭隘。当时不存在

---

① 这幅画像的模特被人们称为"额饰美人"，其身份一直没有得到确认。画作很早就纳入了皇家收藏，它曾属于弗朗索瓦一世，之后可能属于路易十二。

图 6.5 《米兰女子肖像》
（巴黎，卢浮宫）

艺术品版权，我认为莱奥纳多也不反对别人传播他的风格和构思。他自己也提到军事指挥官作为解释："是士兵取得的胜利，但士兵们按照指挥官的命令行事，他就应得到奖励。"我认为莱奥纳多在很大程度上具有韦罗基奥小工场的思想（在这方面，韦罗基奥不也一样吗？），这就有点类似现在的高级时装和成衣裁缝，出售其生产许可，还是难逃仿制。有些作品基本由他亲手完成，有些是在他的许可下，由合伙人和团队生产，还有些甚至未经同意，就在别的工场生产。莱奥纳多经过考虑和掂量，应该拿好了主意：他的后续工作者按他的设计和构思制作，为他的声誉服务，或我们要说的话，是替他做了宣传。我想象他的徒弟们会把酬金的一部分交给他，不管怎样，我认为对待博物馆里数不尽的"莱奥纳多指导"的油画，在赞美或诋毁之前，应该先努力理解大师的用意——尽管我们常无法了解它的含义。莱奥纳多画得很少，这样他就不会重复劳动。德拉克洛瓦在他 1860 年 4 月 3 日的日记中写道："他总是关注自然、师法自然，但从不重复自己的作品。"莱奥纳多把无聊的工作交给他人，别人的平庸和缺陷反衬、继续、扩大和加强了他自己的工作。

　　关于莱奥纳多在 15 世纪 80 年代的情况，我们没有任何资料。我们认为 1485 年 3 月 16 日即瘟疫最猖獗的时候，他观察了编年史家说的日全食，因为他在笔记本的一页纸上画了一件可以来研究这一现象却不伤眼睛的仪器，我们知道——这方面的资料并不缺乏——他和好几个建筑师参加了 1487 年米兰教堂的顶塔建造比稿。但我们知道的就是这些，我们完全不知道他的生活方式。由于资料缺乏，有些历史学家断定在这些年里，米兰向他关上了大门，他默默无闻、穷困潦倒地等待着，直到卢多维科终于注意到他。这些说法和瓦萨里的推断相差太远了。《岩间圣母》和切西丽亚·加勒兰尼的肖像（或是其他未留下痕迹的作品），足以说明莱奥纳多从 1485 年起就进入了宫廷。如果米兰方面没有恪守诺言，他一定会离开那里。我认为，即使他没有运气获得令人震惊的成就，他的境况改善得虽然缓慢，但也在慢慢地好转（他不是那种一下子会彻底改变境况的人，摩尔人也不会在一天中就信任他）。他的生活水平在逐步改善，到了第十年，他已是宫廷里最受瞩目的艺术家。

仔细地了解他参与教堂顶塔的竞争的详情，就会发现在 1487 年他已完全参加到伦巴第文化生活中，我觉得这已是成功的某种标志。

假如没说错的话，在米兰人的心里，没有什么比城里的主教堂更神圣的了。他们在这巨大的白色大理石的教堂里会感到非常自豪，它和别的教堂不同，它是"华而不实的顶级建筑"（丹纳），且有箭一般的尖塔、高楼和雕像，外国人常借用织造业和糕点业的词汇形容它。任何建筑物都不像它花时如此之长，从 1386 年开始不停地加工，直到 20 世纪初还在继续。建立它的法国和德国的大师们是头一批被订货人要求的古怪比例弄得狼狈不堪的人，顾主们刁难，并解聘了他们。意大利人继续接班。建筑师的名字写满了一大张纸。这一杂糅的建筑完全听命于装饰和对装饰的狂热，其最激烈的拥护者在下定论时都不禁有所保留。就我个人而言，我对它的新哥特式的畸形很赞赏：这一畸形有时达到了鬼斧神工的地步。

主教座堂地面上的平面图很简单，但建筑物本身。尤其是教堂半圆形后殿由陆坡升高，非常独特。如果不破坏整体的协调的话，实在不知道能怎样完工。建筑物的正面甚至没有草图，他们想拆毁覆盖着建筑物的穹顶，因为它可能崩塌，而在与大堂交叉的耳堂上竖漂亮的坚固的顶塔。卢多维科把阿尔伯蒂以前的弟子路加·方切利请来做参谋。他认为，主教座堂"没有骨架和尺寸，工程挺难办"：要在地面建起不止五十米高的建筑，而且建在四根窄柱子上。

于是一场比稿开始了，莱奥纳多和布拉曼特参加了比稿（布拉曼特为此还放弃了圣萨蒂罗的圣玛利亚教堂的收尾工程），伟大的弗朗切斯科·迪·乔尔乔·马尔蒂尼和其他著名建筑师也从意大利其他公国赶来。

　　莱奥纳多一到伦巴第就马上着手这一问题，对米兰的公民们来说，这是个要讨论、争论的问题。他大概从德国人让·梅耶（负责工程的第一批成员）那儿了解了情况，在正方形的平面图上画了好几份穹顶的草图，螺旋形的、星形的、马尔特式十字形的等等（图6.6）。他和以往一样，细心研究资料，然后想象所有可能的解决办法，从中得出一个切合实际的方案，然后付诸实践。可以想象他的全情投入。他忽视了特殊之

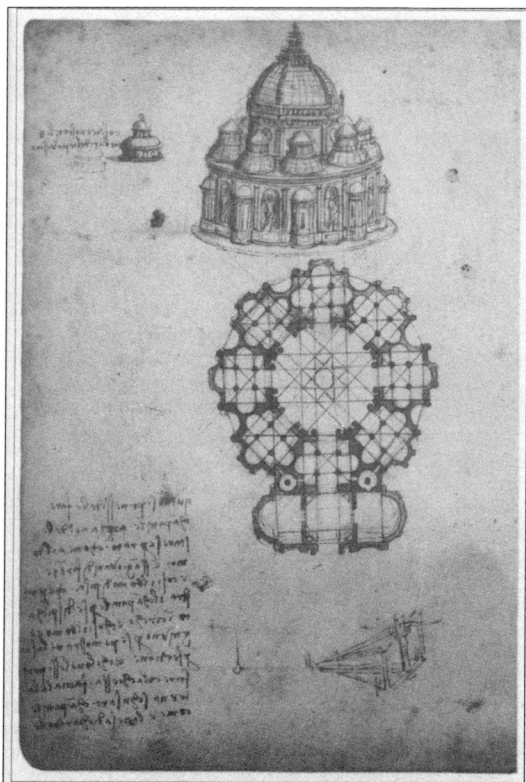

图6.6　《米兰大教堂的平面草图》
（达·芬奇手稿）

处，他不搞怪，而是当真实的建筑专著对待。这就是他的方法。

1487 年 7 月 30 日，细木工匠贝尔纳多·迪·阿比亚特收到预付金，按莱奥纳多的草图建筑。要做好需时 34 天。莱奥纳多本人分两次（8 月 8 日和 9 月 30 日）收到 16 里拉，然后是 40 里拉（1488 年 1 月 11 日），这不就证明了他在主教堂项目的负责人眼里是建筑师吗？

我们看到了一份写给他们的信件的草稿："致尊敬的建造委员会长老们。如同要医治病人的医生必须知道人体的结构，知道生命是怎么回事和什么是健康，元素的和谐能让人健康，不平衡不协调就会有损健康，了解这些元素的人能更好地对症下药……"他继续以这种论调谈到"患病的主教堂"，它首先需要"建筑医生"，唯有对它的情况了如指掌才能建起坚固的顶塔和其他建筑。他最后说："我的草图对称、适当、和谐，完全适用于这个有问题的建筑。请你们不要受任何成见的影响，要么选我要么选其他人，只要能表现这一建筑物及其建筑艺术原则，还有它所包含的各部分特性。"

大家会以为他又在自吹自擂，以为他对建筑一无所知。但莱奥纳多现在已仔细研究了土木工程学，谈起屋架和墙垛他像个内行，他能像个专家似的比较半圆拱腹的拱斜面等。他给拱发明了一个漂亮的公式："一支强力分成两支弱力。"他是没有建成什么东西，但在前几年里，他不停地阅读、观察，通过向四周的人请教来学习、思考。从他的某些草图看，在韦罗基奥建造佛罗伦萨教堂的青铜圆球时，他已经吸取了布鲁涅列斯齐的教训。另一些草图证明他并未忽视同时代的建筑师的意图，他手拿圆规和链条，到了许多时人建造的建筑现场勘察。他提出的几个新方案，在十五年或二十年后都被他的同行采用。

在他的信中，他把主教堂和活人的机体比较，把主教座堂比喻成病人，这就不是简单的想象了。在维特鲁威之后的阿尔伯蒂、费拉莱特都发展了这拟人建筑艺术观点：建筑物的柱子和肋条就如人体的肋骨，耳堂就是人的手臂，半圆后殿就是人的脑袋。同时路加·方切利谈到主教座堂的"骨架"，还有弗朗切斯科·迪·乔尔乔·马尔蒂尼（莱奥纳多后来从他身上得到启发，细细地给他的草图做了注解）把建筑物的平面图和柱子的简图上与人形重合。这个想法（很具古风）迷住了莱奥纳多，他把它发展得更远，甚至成了他的思想基础，很自然地滑向了类比。在他对教堂顶塔的研究中，他画上人腿的草图，在写给负责人的信中提到健康和疾病。还有以头颅的剖面图（他称为"精神之所"）作为建筑的模型。如果建筑应和人体的比例相似，那就应该了解"什么是人""什么是生命"，他应用了他个人在解剖学方面的知识。我不认为二者有因果的关系，而作为建筑师和画家，莱奥纳多从学徒时起就学习解剖学，他对"建筑艺术"的兴趣没让他发现这门科学，而是把他引向了它，这两门科学叠加在一起，互相为对方服务。应该相信，学问的所有枝节都是相互交融、交织维护的，他在其他方面的研究，有利于他的建筑工作。莱奥纳多总是把人放在研究中心。他说："人是世界的模型。"维特鲁威写的《论建筑》（当时由他的朋友、建筑师雅科莫·安德烈亚·德·费拉拉加以评论）[1]谈到人体由圆圈和四方形组成，莱奥纳多思考之后，画了那幅著名的画（图 6.7）。他在圆形和正方体里画了一个裸体的男人，四肢伸开。他可能记下了他的朋友路加·帕乔利在《论完美的比例》中的一句话："古人注意到人体的结构，在设计所有作品时，首先按比例设计他们的神殿，因为他们在人体中找到两种主要的形状，靠它们没有

---

① 对于这个雅科莫·安德烈亚，我们所知不多。路加·帕乔利似乎很欣赏他，称他为莱奥纳多的好友之一。莱奥纳多本人也在笔记中提到他三次（其中一次是说到他家去吃饭）。这个雅科莫在将近 1500 年的时候密谋对付法国人。之后他被斩首，然后被五马分尸，其尸块在米兰各个城门示众。

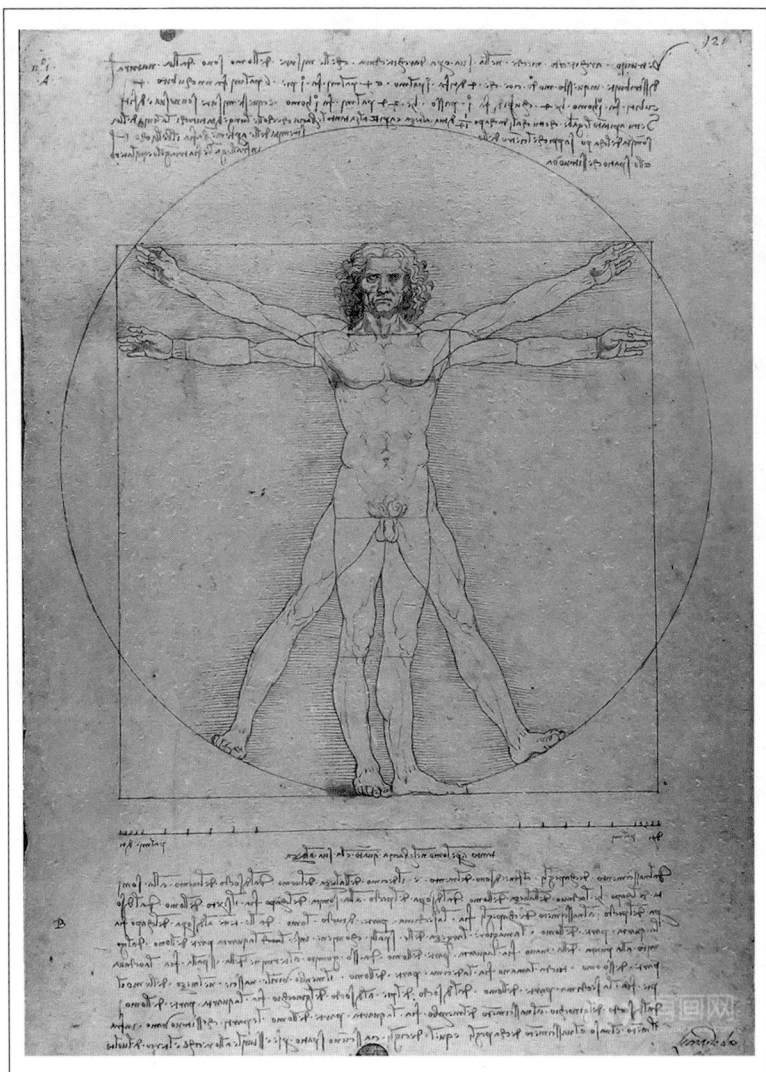

图 6.7 《维特鲁威人》
（威尼斯学院美术馆）

什么做不成的，这两种形状就是：完美的圆形，它是所有规则物体的标准；还有等边的四方形结构。"同时他想象了各种定轴建筑——所有部分围绕着轴，以它为中心对称地发展，好像圆花窗——它符合人体的几何学，且在他看来很好地表现了宇宙的统一和完美。布拉曼特在建造蒙托里奥的圣皮耶特罗神庙和绘制梵蒂冈的圣彼得大教堂第一批草图时，受到了这一观点的启发。莱奥纳多还认为地球也是以人为模版形成的，他写道："地球有生命，它的肉就是土地；它的骨和骨骼就是岩石和它组成的山；它的软骨就是石灰石；它的血就是活水源；海洋就是围绕着心脏的血库；潮涨潮落就是它的呼吸和脉搏的跳动；世界灵魂的热量是穿过地球的火。火从地球各处喷涌，在温泉里、在硫黄矿里、在火山里、在西西里的埃特纳山、在其他地方。"他以同样的方式形容了眼球运动、思维和阳光的关系。他认为没有感觉纤维和理性生命的地方就什么都没有。他对人体机器的设想影响了他的工程师工作，反之，他用胚胎学甚至妇科学的词汇讨论植物学。他以地理学家的方式谈及解剖，他写道："微观世界（Mondo minor）的宇宙和托勒密宇宙学一样，以十二个整形表现。这样，我分解人的四肢就如他把地球分解成地区一样，然后我把人整体的形状和构成呈现出来，以解释它们每个部分在其位置上的作用。感谢造物主，我能揭示人的天性和习俗，正如我能描绘其形状！"他似乎说，一切蕴含在一切之中，一切都与圆圈和人有关。当然这看法也有错误之处，按他的说法，地质学与生理学混杂在一起。他以为河流来自地下水，而地下水从海水深处上升，而不是雨水和雪水落到山上。他在笔记本中写道："地球如同活人一样，活人是由相连的血脉网穿过，以提供生命和养料。而地球是由水脉供应，它们来自海洋深处，经过许多周期，又由组成这些水脉的河流回到海洋深处，在地面上喷涌。"后来他重申这些观点[①]。

至于教堂那座顶塔，竞争者们于 1488 年或 1489 年递交各自的草图，负责人迟迟没有表态。1490 年 4 月 13 日，他们终于决定——慎重且从政治角度考虑——把工程的执行交付给两个伦巴第人，乔万尼·安东尼奥·阿马德奥和吉安·乔科莫·多尔切布欧诺，要求他们根据现有的工程准备模型，然后交给弗朗切斯科·迪·乔尔乔·马尔蒂尼和路加·方切利评判，似乎不愿轻易打扰他们这些重要人物。

事情被弄得一团糟。1490 年 5 月 10 日，莱奥纳多收回他的模型，但拱脚柱为了修理——或改善而被损坏了，为此付给了他 12 里拉。另一个（皮耶罗·迪·乔尔贡佐拉）的模型也一样被损坏或拆卸。5 月 31 日，建筑师们集中讨论协议，他们争论了很久，没有达成共识，然而布拉曼特认为"不用一个小时，从这模型中取一些，从另一模型中取一些"，就可以轻松地拼凑出理想的模型了。然后摩尔人召集了弗朗切斯科·迪·乔尔乔、乔万尼·安乐尼奥·阿马德奥和莱奥纳多（他也想听取他们的意见）。6 月 27 日，所有的竞争者集中到斯福尔扎城堡，当着卢多维科、米兰的主教和建设委员会长老们的面听取最后的决议。

9 月 11 日，主教放下了顶塔的奠基石（将于 1500 年完工）。但是谁赢得了竞争胜利？乔万尼·安东尼奥·阿马德奥领导工程，而弗朗切斯科·迪·乔尔乔虽然被官方正式任命，其解决方案却被忽视，似乎早就有了决定，工程采取了纯米兰式的方案。

由于莱奥纳多的名字没有出现在最后的报告里，好几个历史学家以

[①] 莱奥纳多还写道："山中的水是让此山保持生命的血液。它的血管打开了，要么是在山上，要么是在侧面，大自然急于帮助它的器官，弥补这一流淌的湿润物质的流失，慷慨地赋予它勤力的帮助，就像在人们受伤时会给予的帮助一样。我们于是可以看到，只要这一帮助到来，皮肤下流淌的血液涨了出来，以堵住被感染的地方。"

为他在 6 月的竞争中退出了，但应当看到，建造者掌握的方案只是各个方案的大杂烩。弗朗切斯科·迪·乔尔乔一定在设计最后的方案时考虑了他和莱奥纳多的讨论（他是由公爵安插的）。当时他们一起在帕维亚旅行，下榻于同一间旅店，6 月 27 日莱奥纳多没有向建造者呈交他的计划（没交还他该还的模型），不是因为他认为自己走错了路，而是因为它们已加入了同事的设计，他已经做出了贡献，大家已考虑了他的工作。而他也许已经猜到了后来的结果。

此外我并不认为他会因为没被执事会选上而失望，顾问、建筑顾问的工作非常适合他（他以阿尔伯蒂的方法，在建造帕维亚的教堂和不同的宫殿和别墅中重新采用了这一模型），而且他很体面地全身而退。说真的，如果他们把领导工地的工作交付给他，他会很为难——他终于获得了他特别想要的铸造铜马的订单（我们不确切知道是何时，也不知是什么条件），城堡方面交给他好几项工程，二十种不同的方面上的事情同时令他激动，他的生活走上了新的轨道，他就要收养一个小家伙……我们已经在问他怎样才能找到时间干这些他想干的事情了。

第七章

放飞思想

运气到来时，要用手牢牢地抓住它的正面，因为它的背后是光秃秃的。

——莱奥纳多·达·芬奇

《斯福尔扎巨马像草图》
（温莎，皇家图书馆）

1490 年，托和平之福，整个意大利进入了非常繁荣昌盛的阶段。岛上的所有国家都得到某种程度上的政治平稳。在米兰，人们从瘟疫的不幸和耻辱中复苏。据编年史家说，大家只想着积聚财富和享受财富带来的快乐。而且难免过于贪图逸乐了。正直的科里奥写道："人们肆意追求享乐，动不动就举办盛宴……爵爷们的宫廷更是纸醉金迷，追逐新时尚，讲究穿着，花天酒地。"他描绘这太平盛世、富饶繁华之年，也不忘提到虽然世风日下，艺术却得到了长足的进步。他和所有文人同胞一样，观察到在他的祖国，爱神丘比特和智慧女神雅典娜这两派之间的竞争十分激烈："前者在最英俊的小伙中招人，父亲们把他们的闺女往他那儿送；丈夫送妻子，兄弟送姐妹；就这样许多人毫无顾忌地进入爱情舞会，把它当作赏心乐事。而智慧女神雅典娜一派呢，却在尽力装饰它那豪华的学院。确实，闻名遐迩、光荣体面的爵爷卢多维科·斯福尔扎在呼唤杰出的人才为之服务……"

　　从马基雅维利到孟德斯鸠的道德说教者，都提防着这些寻欢作乐的时代。他们认为这个社会萎靡不振，道德沦丧。但在这人心放纵的时期，每件异想天开的事似乎都可以实现，莱奥纳多多方面的才华终于得到充分发展了。

金钱不只是战争的动力。粮仓满了，兵马荒废，公爵着手美化他的首都、帕维亚（国家的文化中心）的邻近城市和维吉瓦诺城（他心爱的城市，因为是他的诞生地）。石头建筑物是人们首选的用来流传百世的作品。他拆毁、重建、扩大；他命人画下花园草图、铺设街道、装饰建筑物的正面，这些都是莱奥纳多这几年里从事的事情中最主要的城市规划的部分。文艺复兴时期的艺术家没有选择：他再一次压抑着灵感去迎合爵爷的爱好。

然而在这个国土上，建筑比绘画更不算职业，文献中几乎从没出现过建筑师这个词。人们更喜欢用"工程师"代替它，因为它更正确地反映了现实。莱奥纳多的名字和布拉曼特的名字在伦巴第的档案里常和这称呼联系在一起。

怎样成为工程－建筑师？和成为画家的方法一样，尽管理论往往先行更有地位：在实地学习，先掌握传统技术，研究同代人的作品，然后，很矛盾的一点，如果你希望你的工作符合现代风格，就得学习古人的作品。

在帕维亚，莱奥纳多一直想扩大知识面，他向工人请教加固墙壁的方法，他研究早期基督教艺术的教堂的平面图（即佩尔提卡的圣玛利亚教堂），他画下古剧院的废墟，其听觉的效果启发他制订了个古怪的计划，要建一个"布道的场所"，然后弄一个"听弥撒的剧院"。同时他一直在找一本他听人说起过的渊博的书。他在笔记本里记着："M. 法兹奥拥有马尔利阿诺评论过的阿尔奇诺的《比例论》"，或是"画家吉安·安吉罗的侄子有本属于他父亲的关于水的书"。他在帕维亚大学藏书丰富的图书馆里孜孜不倦地学习。

莱奥纳多努力借鉴的榜样是弗朗切斯科·迪·乔尔乔·马尔蒂尼，从他身上可以看到人们对一位工程师 - 建筑师的要求，以及希望他们承担的所有任务。他于 1439 年出生于锡耶纳，受过画家和雕塑家的培训，后来领导主持了故乡的水力（即下水道）、喷泉、引水渠的工程，之后是在乌尔比诺为费列德里克·德·蒙特费尔特罗负责军事建筑工程。他在许多战场工作过：他懂得建造堡垒、武装要塞司令部，他也懂怎样攻城和怎样摧毁它们。他去过许多地方，因为到处都需要他，他也没放弃绘画和雕塑。他画过各种民用建筑、宫殿和教堂。他还写过一本专著，因此声名赫赫，其中包括三个部分：第一谈到一般意义上的建筑学；第二谈到工事；第三谈到民用和军用的机器、器械、传送系统、齿轮系统、离心式调节器、大炮、某些轮子又能转动又能引导方向的"自动"车、压力泵、钟、叶片船、用于海底攻击的潜水服……

这些成果不应当使我们吃惊。塔柯拉、瓦尔图利奥或费拉莱特的文章（这只是列举几个莱奥纳多提及的当代建筑师）中也提及了不少"泛技术"成果，布鲁涅列斯齐也发明机器。建筑师和画家一样也要亲自制造他们要用的工具，如要竖起柱子，就要设计运送、举起它的机械。因为他们拥有的能源种类有限（只有人力、畜力、水力、风力），这些器械大部分都是木制的，全都按简单的原则运转。他们使用螺丝、绞盘、齿轮，尽最大可能地发挥其效能和坚固性，或把它们结合在一起找到新的作用。即使莱奥纳多这样的发明家，也把玩齿轮和螺丝当作一种乐事，这算不上是什么发明，更多的只是完善工具的功能和发现前所未有的用法而已（图 7.1）。莱奥纳多本人就说："没有什么值得被牢牢铭记下来。"

这一发源于"军事""天才"一词的职业（"机械""天才"和"工程师"有共同的词根）事实上从古代起就要求他们成为多面手；按维特鲁威（全名叫作马尔居斯·维特鲁威·坡里奥，恺撒时期的建筑师）所说，磨坊、桥、庙宇、挖掘机、吊车、千斤顶、羊头撞锤、投石机和其

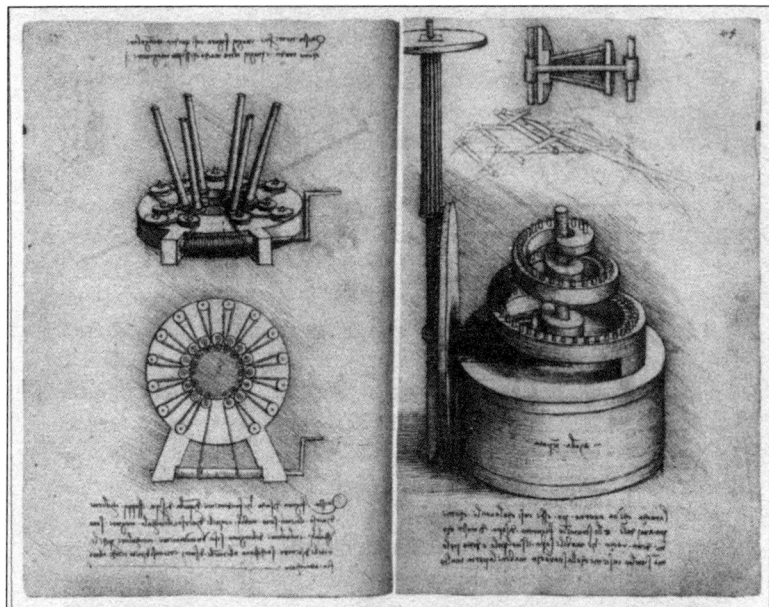

图 7.1 《涡形齿轮素描》
（马德里，国家图书馆）

他围城器械、工业机器，就如锯木厂和堤坝、整套水力设备、泵、喷泉、水渠、闸，直到漏壶或水钟，所有用于建造和摧毁的工具机器实际上都属于同一学科。在 15 世纪的意大利，"机器"和"建筑物"这两个词差不多可以互换。①

　　现在我们一下子就读懂了莱奥纳多写给卢多维科·斯福尔扎的那封求职信了，他能给要塞布雷、给军舰配备武器，能挖掘或放干水渠、引

① "在文艺复兴时期，就像在古希腊罗马时期，'建筑'这一词往往指的是一个战争或者水力机器，其骨架看上去像个建筑物。反之，'机器'这个词指的是建筑作品，比如米兰大教堂机器、布鲁涅列斯齐的圆顶机器等。"（佩德雷迪，《建筑师莱奥纳多·达·芬奇》）

水、造投石器或建教堂——他的信列举了职业的不同方面；弗朗切斯科·迪·乔尔乔或朱利安诺和安东尼奥·达·桑加罗（其他莱奥纳多的工程师－建筑师朋友）也可以写出这样的信。

因此，当他申请公爵的工程师职位时，莱奥纳多能同时做最不调和工作是很正常的一件事，而之后他更有理由谋得这职位。本质上说来，这种多样性绝不特殊。对他而言，这种多样性有着特别的比例，并逐渐地为一个高的目标服务。

1489 年，莱奥纳多在一篇很长的备忘录里提到（我已摘选了几行）度量斯福尔扎城堡和城里其他著名建筑的大小，他问一位叫安东尼奥的师傅"怎样日夜不停地安置炸弹和建筑围墙壁垒"；他向炸弹的生产商吉阿尼诺解释"不用洞就能用砖石砌费拉拉塔的方法"；研究"吉阿涅托师父的弩"；查了几本数学书，了解"把三角形转换成同等面积长方形的方法"；寻觅水利师傅，打听"有关堤坝和造价"的问题；石工帕哥利诺，即阿西奥罗，是个"能干的水利师傅"等等。从这份记载中可以知道他经常拜访手工艺者、拉布列拉修道院的某个修士、大学教员，尤其是数学和医学教授乔万尼·马尔里阿诺一家人。他常提到他们，并想问他们借"一根骨头"，我们不太知道这骨头在哪方面吸引了他，他还想借"一本美丽的植物志"。有几行字表明他对天文学一直很迷恋，在同一张纸上他写道，有个法国人答应告诉他太阳的大小，并提到亚里士多德关于天体的一篇文章刚刚被翻译成意大利文。最后，在这些他极为关注的问题中，他记下，不要忘了问佛罗伦萨富商贝涅代托·坡尔提拿利"怎样在弗兰德斯的冰上奔跑"。难道他也想学溜冰？

我试图按主题进行分类——武器、建筑艺术、水力、数学、天文学。实际上，他很无序地记下了这些——它们还没有这个时期他所做的活儿的一半多。其实按他原先记载的方式才可以了解他这些年的生活，那段时间里，因为物质条件已有好转，他似乎已放弃了绘画。出于好奇心和责任感，他同时在几个方向上都努力地工作着，几乎不可能一年年清晰地去回顾他的行动。

当时他记在笔记本里的内容还涉及了光学的问题（先于光线和暗影思考的）、解剖学、钟表学、声学、机械学和普通物理……同时——不忘弗朗切斯科·斯福尔扎的骑马像——他一定为公爵做了各类不同的小活计。我们还可以看到草图①的底座为螺旋形的玲珑的喷泉，或可以提起和放下藏着爵爷财产的开降帘子（大概是玻璃橱窗的帘子，公爵摩尔人藏金银器的），他把设计图画在大教堂顶塔的草图中了。

后来他画了压榨机、能自动关门的平衡锤、蜡烛架饰（这说明他没忘了从金银匠韦罗基奥那里学来的东西）、一只放在办公桌上的灯光可调节的台灯、一种强光灯、可折叠的家具、箱子锁、镜子（特别是多面的菱形镜，人在镜中形成多重形象，也许就是他用来画自画像的那种镜子）、理疗椅、烘箱、洗羊毛机、清空沟渠的起重机……我认为，是这类活计（以及制作青铜马）才使他晋升到公爵的工程师行列。②因为他把自己的"独创性""天才性"和高雅趣味表现得如此彻底，显得多才多艺、技高一筹，别人才会把宫廷中许多节日庆典的装饰项目交付于他，这些活计向来都是工程师的工作。就在1489年这一年里，他还忙于筹备摩尔人的侄子让·嘉莱阿·斯福尔扎，米兰公爵的合法继承者和

---

① 编者注：见第246页本章篇章页中图片。
② 在15世纪90年代初期，我们发现米兰有十三个公爵御用工程师，似乎其中四个拥有较高的地位。他们是布拉曼特，工程师和画家；乔万尼·巴塔吉奥，工程师和营造师；乔万尼·贾科莫·多尔切布奥诺，工程师和雕塑师；还有就是莱奥纳多·达·芬奇，工程师和画家。

阿拉贡的伊莎贝拉的婚礼。第二年，正当大教堂的执事们还在为挑选顶塔的建筑师争吵不休的时候，他设计了舞台装饰并且兼做导演指导了表演，使他获得了堪称半岛上最能干的工程师的名声：这就是"行星舞会"，也称"天堂节"。

关于摩尔人为那对年轻的公爵夫妇举办节日的动机，有过许多解释：他要代替侄子掌握政权，毫无让位之意。他（一直都是巴利公爵而不是米兰公爵）任由侄子举办各类娱乐活动，表面上显得很慷慨，但司马昭之心，路人皆知。根据大使们呈交给宫廷的详细报告，摩尔人千方百计让时年二十或二十一岁的糊涂侄子吃喝玩乐，诱导他举办种种寻欢作乐的活动，转移他对国事的关注。他甚至怂恿侄子为非作歹，销蚀他的雄心壮志，他把侄子关在帕维亚，就像关在牢狱中一样，让他和他的酒肉朋友鬼混，终日花天酒地。

让·嘉莱阿和阿拉贡的伊莎贝拉的婚礼在 1489 年 2 月举行。但正如费拉拉公爵夫人写给匈牙利皇后的信中所言，九个月之后，"新娘仍是处女，和她入门时一样贞洁，而且据所见所闻，她很有可能将一直如此"。新娘的祖父、那不勒斯的费朗特国王威胁新郎，如果他还不和他孙女圆房，他就不会把她的嫁妆二十万达克特送过去。有人说男方有点"神经衰弱"，还有人暗地里议论，说是摩尔人命人给侄子施了巫术。年轻的爵爷只好公开地在官员、医生、教士面前做出解释。

"行星舞会"于 1490 年 1 月 13 日在斯福尔扎城堡举行，目的也在于冲淡谣言造成的不快，这些谣言已经传到了国外。

卢多维科亲自确定主题，一定是听了他的医生兼星象学家安布罗吉奥·德·华列斯的建议。这位星象学家被他封为罗萨特伯爵（还获赐一块田地和一座城堡），这是对其两年前奇迹般把他从重病中拯救出来的谢礼。从那时起，宫廷里再没人能比他更能获得摩尔人的信任了。

虽然莱奥纳多似乎很尊重占星术（当时它与天文学几乎不可分离），相信天上的星宿对我们的行为有一定影响，但他对星象学家却没有任何尊重。他认为，星象学家专骗轻信的傻瓜。我估计莱奥纳多和这个与摩尔人形影相随的安布罗奇奥·德·罗萨特相处得不怎么好（连表演什么时候开始都得由他占卜决定），但莱奥纳多只能屈从于主人的任性，毕竟其中有能吸引他的一切。

贝尔纳多·贝林奇奥尼写了演出节目表。

舞会以表演跳舞开场，然后一排排戴假面具的人鱼贯出场，土耳其人骑马漫步的、绿色的圆穹遮住了大厅的天花板，许多幅画（是由莱奥纳多画的吗？）描述着古代历史故事和斯福尔扎家族立下的丰功伟绩。子夜的钟声敲响，摩尔人身穿东方服装，命令停止奏乐。幕布拉开，出现了一个象征着辽阔天穹的半球，费拉拉的大使特罗提写道："像半个鸡蛋，里面全部涂成金色，有许多蜡烛置于其中象征星光，还设有壁龛，里面是七颗按照轨道排列着的星星。半蛋形边上，在玻璃橱窗后面，由蜡烛照得明晃晃的是黄道十二宫的标记，呈现出奇妙的景象。"行星由演员来表现，他们"按诗人描述的那样装扮"，在他们的轨道上缓缓地移动，然后"乐声大作，伴着柔和动人的歌声"，盖住了看不见的机器的嗡嗡声。星神们从底座上走下来，如入迷一般，在舞台上宣读由贝林奇奥尼撰写的歌颂伊莎贝尔公爵夫人的赞词：丘比特感谢上帝创造了如此美貌贤惠的女人，阿波罗嫉妒比他还完美的公爵，美惠三女神和基督教七位力天使轮流向最和蔼可亲的爵爷们鞠躬行礼等等。

"天堂节"带来了好结果。几个月之后，费拉拉的使者终于报告"公爵夫人已有身孕——公爵因为过于辛勤耕耘而胃部不适"。这个节日尤其给莱奥纳多带来了其他作品不能带来的巨大荣誉。人们也明白他愿意在这条与他的爱好相符的道路上继续走下去：没什么能比制造幻象更使他快乐的了。后来，他发明了更精巧的机关，使观众叹为观止，他将在宫廷大部分节日中，出色地发挥其惊人才干。

我们从他的同时代人的文章中得悉这场"行星舞会"，莱奥纳多反倒没有谈及，连暗示都没有。在他的草稿中没有留下他准备这一节日的痕迹，也没有记录有关天花板装饰和照明系统的只字片语。我们看不到有关服装的图样，看不到有机器装备的图纸，也没有他设计的背景图。他一定把它们交给了相关的手工匠人（细木工匠、画家、服装师），我猜想他们没有理由在完工后还保存它们。有可能城堡的舞台监督在表演第二天也把舞台的脚手架、画布和其他零配件拆除了。由莱奥纳多想象做成的设计是如此的昙花一现，一下子就消失得无影无踪。

我不知道他设计的烤肉器具或水闹钟有没有得见天日。在伦巴第的档案和当时的通信录中都没有记载，人们更关心的是宫中闲话，而不是艺术和技术：除非可以由此谈到主子，否则是不会谈及奴才的。没有研究他笔记中非成品的草图，就无法评估莱奥纳多这位发明家、建筑师、导演、装饰师的能力；也要考虑到他的许多"完工的作品"，它们已成形，但没有机会被记录在案，一定是没有留下痕迹就消失了。

在莱奥纳多用于研究灯光和光影的大笔记本的第 15 页，他写道："1490 年 4 月 23 日，我开始使用这本笔记本，重新开始做巨马。"在下面写道："贾科莫在 1490 年圣抹大拉的玛利亚节这一天（7 月 22 日）来和我生活在一起，他十岁。"

下面记着孩子干的坏事，记录于不同日期，说明莱奥纳多（当时三十九岁）并不是天天都记录，而是概括过去一年的事件。一直记到1491 年 4 月——因为根据当时的日历，一年结束于 3 月 20 日，而不是12 月 31 日。

这算是一种总结。莱奥纳多投入到对他而言至关重要的光学工作中去（他发展了他的《目光的神秘主义》，这是他的第一本专著，其他书则只是收集了一些零散的笔记）；他重新着手做那尊青铜马；他家里收养了一个小男孩——这孩子是个不速之客，没教养，又调皮捣蛋，打乱了他的生活，让他束手无策。他需要打破常规，在笔记本里吐吐苦水了，他在一页纸上花了三分之二的篇幅记下这个被保护人在第一年花去的钱，而他从未对任何人有过这么长的记述。原因很简单，他不轻易向他人倾吐隐情，他总是自己化解。这次，他有条有理地记下里拉、索尔的数目，算是发泄了出来。每人有其特别的方法，对他来说钱是很好的催化剂，这位公证人的儿子在这里用算账来破译自己的感情。

这孩子大概没有什么像样的衣服，莱奥纳多说："第二天，我叫人给他做了两件衬衣、一双长筒袜和一件短上衣。但当我把钱准备好要付钱时，他却把我钱包里的钱偷走了，虽然我没办法叫他承认，但我确信是他干的。"

他花费了4里拉。就在笔记本边上，他接着写下了断然的评语："小偷，骗子，不听话，贪吃。"

头几行的字写得很小，由于越来越愤怒，后来的字也越写越大。

第三天，莱奥纳多继续写道，他们和雅科莫·安德烈亚·德·费拉拉一起吃晚饭，贾科莫在饭桌上很不安分，他花了2里拉的饭钱；干了4个人才干得出来的坏事，调皮捣蛋赔了4里拉，打破了3个瓶子，撞翻了酒瓶，又跑去吃晚饭……很奇怪是，莱奥纳多没写是在什么地方，纸上留下一段空白，我们可以想象那可能是一些糟糕的场所。

后来贾科莫在画室里偷了莱奥纳多一个学生马尔科（大概是马尔科·多吉奥诺）价值22个索尔的银尖头工具，大家到处寻找，最后在这小家伙的箱子里找到了。

摩尔人的女婿、军队的首领嘉列阿佐·德·桑塞维里诺举行化装的比武大会，当骑手们脱掉衣服试穿由莱奥纳多设计的"野蛮人的化装服"时，贾科莫趁此机会从堆放在床上的衣服里偷出一个钱包，拿光了里面的钱：2个里拉，4个索尔。

后来，帕维亚的画家阿古斯蒂诺·瓦帕里奥送给莱奥纳多一块土耳其皮做靴子用，贾科莫把它据为己有，并卖给补鞋匠；他最后向莱奥纳多招认他用得来的钱买了茴香糖：2个里拉。

后来，他又偷了莱奥纳多另一个徒弟乔万尼·安东尼奥的银尖笔：值1个里拉，4个古苏。

莱奥纳多用红粉笔在笔记本上大诉其苦，他估算了在1490年为男孩买衣着的花费，当时他给男孩买了挺体面的全部行头：1件大衣，花了2个里拉；6件衬衣，4个里拉；3件短上衣，6个里拉；4件紧身长裤，7个里拉，8个古苏；1件有里夹衣，5个里拉；4双鞋①，6个里拉，5个古苏；1顶帽子，1个里拉；6条腰带，1个里拉。

奇怪的是，他没有计算总数，纸页上还写满了"做徽章的粉"的配方，还有写明光影画法的三张图表（画家在每一幅下都注明：Luminoso）。

莱奥纳多没说明孩子是以什么身份进入他家的。只是简单提到"贾科莫来和我生活在一起"。就好像这事与他的愿望无关似的，就好像有人说"我赢了彩票"。或者说"他害得我长了白发"。后来，他常使用这种隐约有点公事的非私人化口气。

实际上贾科莫的身份应该是男仆。当时十岁的儿童被安排做这事的并不少见。里希特说莱奥纳多列的购物单和数额是给孩子的父亲或是给

---

① 莱奥纳多在讲到他为贾科莫买的鞋子时，写道"e 4 para"因为"e"很像"2"，所以有些抄本就认作是24双——单单一年中就买这么多，似乎有点夸张。

他的合法监护人看的。他父亲名叫吉奥凡·皮埃特罗·卡帕罗提，来自多列诺，是个身无分文的贫民。莱奥纳多列出购物的单子，为的是说明孩子并未对此做出回报，或只是为了列举孩子在这头几个月的表现。一般人不会留这样不听话、又馋又虚伪、专门小偷小摸的小孩做仆人，然而莱奥纳多却没解雇他。他虽然抱怨，但却从没打算甩掉他、惩罚他或叱骂他，事实上他一直把他留在身边，形影不离，到罗马、佛罗伦萨、法国，带着他四处动，还在遗嘱里提到他。

　　而这个孩子长大后丝毫也没改正错误。他一点都不像是来自 15 世纪的郊区，倒像出自帕索里尼的电影。六年后，莱奥纳多还在笔记本里说他偷了他几个索尔[①]，后来弄丢了他"两条毛巾"。此外莱奥纳多不久后给他取名为萨莱——一个阿拉伯名字（大概是阿拉的变音）[②]，在托斯卡语中意即"鬼灵精""小流氓""魔鬼"。他也许是在吕吉·浦尔契的诙谐诗中看到了这个词，萨莱这个绰号，一直保存了很久。

　　莱奥纳多还是照样疼爱他，把他打扮得很体面。在写于 1505 年的

---

① "萨莱的花费——1497

萨莱的外衣——1497 年 4 月 4 日

4 英尺银色布料	15 里 4 索
装饰的绿色天鹅绒	9 里
缎带	9 索
小戒指	12 索
人工	1 里 5 索
前面的缎带	5 索
针线	5 索

给他的 13 个格洛索尼（古托斯卡纳钱币）

萨莱偷了钱"

② 在维尔内夫阿尔伯蒂修士的意法字典（1772）里，我发现了"Sala"这一词条："在阿拉伯地区常常使用——这是一个意为上帝的土耳其词。"莱奥纳多给他的受保护者这么一个昵称或许因为他和萨尔塔列里的名字近似，所以他得想办法区别两人：贾科莫，雅可布……

财产清单里，可以看到除了师傅出了名的玫瑰色衣服，还有"法国式系带内长衣，属萨莱；法国式短斗篷，原是瓦伦蒂诺公爵的，现属萨莱；灰色弗兰德内长衣，属萨莱等等"。

在另外一些纸页上还记着给萨莱买的弓、箭、戒指、腰带、银镯子……还有给他姐姐办的嫁妆。

无名氏嘉迪阿诺和瓦萨里很好心地称萨莱为莱奥纳多的学生。在《名人传》写道："莱奥纳多收了米兰人萨莱为学生，他非常俊秀漂亮，一头卷曲的浓发，让师傅尤为钟爱。他教了他很多艺术知识，但在米兰人们认为出自萨莱的一些作品中其实有莱奥纳多的参与。"

在一些信件手稿中，我们看到这男孩负责不同的活计，莱奥纳多统称他为学生。尽管事实上雇用他的目的是做他的仆人——当时，两者的区别并不是很大，不过学生是要付学费的。1494 年，某个学生的父亲在每个月十五日就得付给莱奥纳多 5 个里拉，作为儿子的培训费。师傅才不会像资产者一样，从头到脚地装扮学生。

应该说这孩子并不是一般意义上的学生。他似乎也没什么艺术才华。瓦萨里说他的师傅"教了他很多"，这应理解为莱奥纳多很费劲地向他反复灌输绘画的基础知识。他教授的是技术，技术骗不了人，必须要助他一臂之力。全亏瓦萨里，我们知道在 16 世纪大家已很难认定哪幅作品是他亲自创作的了。而今天公认由其创作的少数作品丝毫不能显现他的能力。①

---

① 有时候甚至完全不顾考证，人们就很慷慨地把许多作品归到萨莱头上，一幅《圣母子与圣约翰》（米兰，私人收藏），一幅《圣母子》（罗马，阿尔巴尼收藏），或者在安布罗西亚纳的平淡的《圣约翰》。其他带着莱奥纳多风格的糟糕画作估计是他画的，因为在师傅死后他可能依然有些活动。在一些展览的目录上，他有时候被称之为安德烈亚·萨莱，或者萨莱诺。

　　虽是个平庸的徒弟、不怎么可靠的仆人，这个小魔鬼却长着一张天使般的脸蛋，"非常俊秀漂亮"——瓦萨里的这句话显得特别宝贵：这就是问题的关键。这就足以使莱奥纳多在乡村小道上留意到他，并想让他做模特。再说莱奥纳多也想帮他摆脱穷困的生活，让他与自己一起生活。这样我们就明白为什么莱奥纳多原谅他的一切：偷窃、撒谎；为什么莱奥纳多不愿也不能放弃他：莱奥纳多抵制不了他美色的诱惑，他被他迷住了，他雇佣他其实是要用丝绒和绸带装扮他，充分展现他外表形体的美。和这美少年走在一起大概能满足他的虚荣心。美貌会招来所有弱点。

　　莱奥纳多大概以他特有的方式，通过绘画来向我们描绘了这一迷住他的美貌（图7.2）。这个少年卷曲浓发的，双眸如星，有着性感的嘴唇。我们在莱奥纳多的铅笔画中不是多次见到这张脸，还在不同年代以不同年龄出现么？这不就是萨莱吗？

　　很难讲清一个已成年的男人与一个十岁小孩的关系，更确切地说，他们的关系会发展到什么地步。在一幅附带自行车草图的淫秽漫画上不知被谁写了萨莱的名字。当说书人洛马佐让想象中的莱奥纳多为同性恋做辩护时（上文提到的），萨莱就是个能说明"佛罗伦萨人非常爱好的后庭游戏"的一个例子。莱奥纳多很明显地喜好漂亮的小混混，有阿多尼斯外表的坏小子（我们还记得那场官司里的萨尔塔列里）。我不禁想到，当莱奥纳多列举萨莱所犯的偷窃行为，萨莱在餐桌上的丑态和贪吃时，他不是觉得好玩，就是感到又好笑又好气，在孩子坦白偷东西换茴香糖吃时，他大概会忍俊不禁吧。调皮捣蛋的萨莱完全扰乱了莱奥纳多谨小慎微的生活，也为他带来了欢乐。另一方面，笔记本里的一些句子（如"我像对儿子似的用牛奶喂你"），又让人觉得莱奥纳多对萨莱的感情很纯洁，但这也可能是一种责备和爱意的威胁，在爱当中，常常混合

图 7.2 《萨莱侧面像》
（温莎，皇家图书馆）

着各种最不同的感情。不管它们是什么性质的，总是会随着时间流逝而演变，即便最初不是这样，最终也会变成慈父般的感情。然而将近二十年之后，即 1508 年左右，师傅和他的漂亮侍从之间的关系似乎并不太平，风向一直倒向一边，正如记在笔记本中去市场采购食物的账单下面的几个字所指出的：

"鱼：8

酒：8

麸皮：302

面包：4

我希望和你和平相处，不要吵了，再也不吵了，因为我投降了。"

我觉得，对莱奥纳多这位公爵的工程师与捣蛋鬼组成的古怪一对，复兴时期的米兰人一定很惊讶，大概和我们一样，徒劳地试图弄明白他们之间的暧昧关系——又怎么可能知道呢？有没有可能是对自己名声非常在意的莱奥纳多搞了一个恶作剧，想弄出个噱头好对付和冒犯对他有闲言碎语的人呢？

既然莱奥纳多说在这关键的 1490 年里他重新着手青铜马的铸造，那就是说，他曾一度放弃过它。

这事在身处米兰的佛罗伦萨使者皮埃特罗·阿列马尼，写给他的主子洛伦佐·德·美第奇的信中得到证实。这信告诉我们，1489 年 7 月 22 日达·芬奇终于得到了塑像的订单："卢多维科大人计划给他的父亲铸造一个符合身份的纪念碑，骑在巨大铜马上的是全副武装的弗朗切斯科公爵。他已命令莱奥纳多·达·芬奇制造模型，因为大人意欲建造一个非比寻常的、独一无二的杰作，他吩咐我向您请求派遣一两位精于此道的佛罗伦萨的工匠过去。虽然他已把工程委托给莱奥纳多，但依我看来，他未必能妥善完成此项工程。"

信并没有下文。洛伦佐没有派佛罗伦萨的雕塑家来。摩尔人也没有再次提出要求。几个月之后，莱奥纳多重新着手这项工程。我们会问，既然莱奥纳多酝酿这个计划已长达六七年，订单也绝不会是轻易地就交给他的，他也已经证明过作为工程师和建筑师的能力，为什么他会突然显得没有能力完成它呢？

我首先考虑到的是技术问题。莱奥纳多开始设计的是直立的马，好像他《三博士来朝》中的那匹一样。在第一批草图中有一匹直立的马，后蹄支地撑起全身，前蹄竖起，驮着一个挥舞将军棍的骑士（图7.3）；另一幅草图则画了一匹跳跃的马，露出了模型里的柱子。他按这些草图用蜡加工出许多小模型，有些模型用青铜铸成。大家见过由莱奥纳多做的，或更有可能是按照其草图制成的好几个马的小塑像，尤其是保留在布达佩斯美术馆的那一个，具有令人赞赏的动感和力量。波拉约洛也考虑过铸一匹直立的马，但这样的作品在纸上或小规模地铸造倒还可以，一旦超过一定的尺寸、金属超过一定的重量就不可能成功了。怎样使好几吨重的马稳当地立在两只马蹄上（或加上马尾）呢？当然可以在马的

图 7.3 《关于骑士骑马的习作》
（温莎，皇家图书馆）

一条后腿上加一根树桩，或躺倒在地的敌人的盾牌，以作支撑，避免马匹悬伸突出而失去平衡。这类图像我们在钱币、古代浮雕玉石上也可以看到，莱奥纳多和波拉约洛一样一定也想到过。但怎么样铸造才使整体平衡呢？况且——在这方面给洛伦佐·德·美第奇的信说得很明白——摩尔人希望给他的父亲建造一个非比寻常的伟大纪念物。

大概他并非一直这样想的，因为原先他只要一座够"宏大"的雕像（至少这是已故嘉莱阿·马利亚的愿望），后来的大好形势促使他更进一步，要造比原先设想大三四倍的雕像。而这么大工程的雕塑，不管是直立的还是奔驰的战马，从来都没有人造过。莱奥纳多在接手这工程时，曾因要放弃第一个方案而沮丧，他是否摊开双臂表示无奈？还是面对巨大的技术困难宣告退出竞争？

但也许还有另一个原因促使他半途而废。他以前的师傅韦罗基奥几个月前在威尼斯去世了，师傅曾在那儿铸造了柯里安马。

韦罗基奥于1480年4月接到了订单。他在佛罗伦萨用蜡做了模型，当时莱奥纳多还在他的工场里。瓦萨里说，他准备将之铸成青铜。此时另一位雕塑家贝拉诺·德·帕杜以见不得人的手段代替他铸了骑士像，只把塑马的活儿留给了他，韦罗基奥一怒之下毁掉了他的模型。总督们便告诉他不要企图回到威尼斯去了，因为一回去他就会被砍头。他回答说他会小心行事的，因为他们没能力把被砍的脑袋粘补回去，尤其是他那样的人的脑袋。因此他已经重做了一个，比被毁的那个还要漂亮。瓦萨里说，他的信令总督们喜出望外，他们召他回去，付给他双倍的工钱。他修好了模型，又开始铸造，而且大有突破。但当他从炉窑里出来后着了凉而病倒了，终年五十六岁。瓦萨里说："他的去世令他的朋友和为数众多的弟子悲痛万分。"

莱奥纳多应该看见过蜡制模型，也许还参与了柯里安的模型铸造。

这一雕像最后由雕塑家亚历桑德罗·列奥帕尔提在 1490 年至 1496 年之间铸造，他还在雕塑上签署了自己的名字。

　　莱奥纳多参与骑像工程的工作（正是为此他才来到米兰），有一部分原因是为了挑战甚至是为了认同自我——不难想象 1488 年夏天，在得知那个教授了他一切知识的师傅辞世的消息时他的伤心和痛苦。那匹马杀死了韦罗基奥，暗暗的内疚和因迷信产生的恐惧可能麻痹了莱奥纳多。①

　　后来，因为有人威吓说要另请高明，要从佛罗伦萨请来雕塑家（还是波拉约洛吗？），他才开始动手了。在他写下自己的决定的那页纸上，他宣布收留了贾科莫。他意外地，也是第一回记下他学生的名字（就是被小混蛋偷去银尖笔的马尔科和乔万尼·安东尼奥）。我有个感觉，觉得这些事情是有关联的：师傅死了，师傅万岁！ 1489 年到 1490 年，这回轮到莱奥纳多建立自己的工作室，为自己组织了一个才智横溢的家庭——这一回是他当家长。他安顿了下来，一个新的周期开始了。他已经学到了许多知识，是时候传授给他人了。一个令人尊敬的长须智者的形象正在酝酿形成，并将都灵自画像变成永恒。

　　他怀着全新的设想和充沛的精力回到骑像的雕塑工程上来。这一回，相对而言，他的动作还算快，虽然当中他不断受到干扰，不断有人要借用他作为装饰师和布景师的才干。因为在米兰的这几年里，爵爷

---

① 还有另外一种可能的假设。在死前几天，韦罗基奥在遗书上要求他的学生以及工场的继承者洛伦佐·迪·克列迪代替他完成这个雕塑。洛伦佐接受了，并且聘请了一个佛罗伦萨熔铸师乔万尼·当德烈亚·迪·多美尼克，显然，他觉得自己无法胜任熔铸工作。1490 年，总督府从他手上收回了这一项目，并委派给了莱奥帕蒂。莱奥纳多是否曾有一度幻想过要完成柯里安骑像？依我看来，这不可能。当时，他是一个太过知名的师傅，手上有提多订单，忙得无法接过其他人的烂摊子。

们的婚礼接二连三没个完：让·嘉莱阿娶了阿拉贡的伊莎贝拉之后，摩尔人把他八岁的私生女比安卡许配给他的军队首领桑塞维利诺，莱奥纳多似乎和他还挺亲近的。摩尔人把他的侄女安娜·斯福尔扎配给阿尔封索·代斯特。然后是摩尔人本人决定迎娶费拉拉公爵的幼女贝阿特利斯·代斯特。他和她已在十年前订了婚，那时她五岁。最后他还结了一门好亲，把他另一个侄女让·嘉莱阿的妹妹比安卡，许配给马克西米连皇帝。所有这些婚礼都是大摆宴席、举办节日的借口，而且一场比一场更豪华，布拉曼特也和所有公爵的御用工程师一样忙得个不亦乐乎。就别提需要特制武器、装饰、服装的马上比武了。几乎没有哪几个月没有什么节目上演的，正如公爵夫人的秘书惊叹的那样："有田园牧歌、喜剧、悲剧或其他从未见过的新剧。"莱奥纳多在王爷的马厩里找过模特，他应该与马夫们有某些默契。在伟大的赛马运动爱好者桑塞维利诺的宫殿里，他从各个角度写生画下一匹被人称为"西西里人"的纯种马，并量取了它的比例。他还谈到同种的矮小结实的西班牙马——马里奥罗的佛罗伦萨黑马——体态匀称，尤其是颈脖和头部；还谈到可以在科玛布玛门看到，猎鹰人的白种公马具有完美的胁部，还有朱利奥拥有的大型塞尔莫尼诺战马……他似乎又被卷入一个异常广阔的研究领域里，好像准备写一篇有关马的解剖学论文——瓦萨里和洛马佐说，这些论文确实存在过。由于经常到城里的马厩，他产生了发明现代化马厩的念头，因为它们"既清洁卫生，又井然有序，适宜日常所用"：食槽的配备将自动化，草料储存在谷仓里，由墙上安置的竖式导管分派，由泵把水打到饮水槽，粪尿经与地下渠连接的倾斜板排出。一幅横截面的透视图简单扼要地呈现了这一计划，二十五年之后，佛罗伦萨便出现了这样的马厩，它是美第奇家族的马厩，蒙田曾参观过。

莱奥纳多在帕维亚认真研究过哥特国王的奥多亚克尔青铜骑马

像列吉索勒（它在 1796 年的造反骚乱中被毁，彼得拉克留下一番描绘）。

莱奥纳多在笔记本里写道："帕维亚的马的动作尤其值得称道……小跑的姿态几乎和真马一样。"他一再要求参照实物而不是模仿古董，他补充说从古代作品而不是现代的作品中寻找灵感。从他的草图判断，他当时用黏土加工成形的巨马溜蹄行走，就如列吉索勒的马一样，是最自然的样子，同侧前后蹄同时扬起——比多纳泰罗和韦罗基奥雕塑的马形态自然潇洒得多。

终于，他完成了一尊模型。好像是在 1493 年 11 月，比安卡·马利亚·斯福尔扎举办订婚仪式的时候展出，也许就摆放在城堡前面最近才拆毁推平的广场上，光是马匹就高达 12 寻（1 寻 =1.624 米），即约 7.2 米（加上底座和骑士，整座雕像的高度还要翻一番）。有可能这大如楼房的雕像还被画在画布上，挂在教堂内的凯旋门下面。这一巨作当众揭幕那天的空前盛况我们并无资料，但通过许多观后文章可知，我们宫廷诗人们（皮耶特罗·拉扎罗尼、乔万尼·达·托朗提诺、皮阿提诺·皮阿提……）都纷纷作诗，情感或有强弱，但歌颂却不绝于口，献给这匹"巨马"——少不了奉承附和。巴尔达萨尔·塔科纳高声喊道："希腊和罗马也不曾见过如此高大的骏马！"我们可以想象他们玩的文字游戏，芬奇这名字与动词"战胜"字形和发音相近，布拉曼特在赞颂他朋友的长诗中写道（在罗马发表，没署作者的名字）："胜利属于战胜者和你，芬奇——"或"啊，战胜者——你赢得了胜利"（Vittoria Wa Vince e Vincitu vittore）。瓦萨里写道："所有见过莱奥纳多用泥塑的伟大模型，无不肯定从未见过比它更美、更出色的作品。"很快雕塑者的赫赫盛名传遍了整个意大利。

当时的诗人，如阿西·德·拉布耶尔都津津乐道"腓比斯"（希腊神话中太阳神阿波罗的别称，意为"光明"），唯有保尔·约伏描写了被他称为"庞然大物"的泥马雕像，说它显得"急躁冲动、气喘吁吁"。

可以说莱奥纳多赢得了第一局。现在他要着手的是完成最艰巨的部分：把青铜像按模型铸造出来。

1491年至1493年间，他反复钻研浇铸的问题，在一本小本子上记录所有的观察，并抄录了以前的笔记。他大概整天泡在城里的兵工厂和大炮铸造厂里（温莎的皇家图书馆保留了一幅珍贵的羽毛笔图画，画的是炮兵战场，许多士兵在炮架上扯起一面大旗），在那里收集合金处方，了解观察炉内温度的方法、在熔铜里加锡的方法和用"细绳粗细的"铁丝扎的扫帚磨光金属方法 [1]……1492年，当宗教裁判所的火刑照亮西班牙，哥伦布发现了美洲新大陆，却还以为登上的是印度海岸的时候，莱奥纳多和美第奇的工程师朱利安诺·达·桑加罗就有关浇铸的问题进行了一番长谈，后者恰好住在佛罗伦萨他父亲皮耶罗居住的房子附近。莱奥纳多得出了结论：他的"巨马"必须改变蜡融的传统方法，采用整体浇铸。

那时，人们都是把要浇铸的作品拆开，分解成好几个小块，以减少浇铸的困难。他们从每个部件中抽出一块铸模，如上半身、腿或脑袋，在凹处填一薄层蜡增加铜的厚度，然后在上面形成耐高温的型芯，或把每一部分直接铸到一层包裹着粗略形状蜡里，在上面浇铸一层泥的保护层。在模子里开有各种出口、出气孔和浇铸口，然后把整个封闭在模子里。第一次烘烧使蜡融化消失，通过浇铸口浇入熔化的合金，冷却之后，把配件从模里脱出，经清洁、修整、零件间进行焊接，最后磨光、雕刻、上铜绿。

---

[1]　不该忘记莱奥纳多很熟悉窑炉的氛围：他的继父"爱吵架的人"，就在一个窑炉工作。

这方法的缺陷是焊接线在磨光后无法去除，融化时蜡层被破坏，在再冷却重铸时就不能指望它了；完全没可能使所有部件拥有统一的厚度，因此在竖起来的时候为保持整体平衡一定需要预先估计，这就很难做到了。

由于他的骑马像的罕见尺寸和它提出的静力学方面的特殊挑战，莱奥纳多尝试利用黏土模型和他可以保留的铸模进行整块浇铸（图7.4）。他在笔记本上的记载重现了他使用的方法。他用雌铸模（凹面的）来取下雕像的印痕，然后用笔刷上一层蜡或黏土，他称为"厚层"（切利尼称为"宽面条"），就在上面用泥做耐高温型芯，填满废棉毛，以留下雕刻内部的空间来减轻它的重量。脱掉蜡模，检查和修正印痕的准确度，调整"厚层"的规则度，通过计量使用了多少蜡就能相对准确地知道需

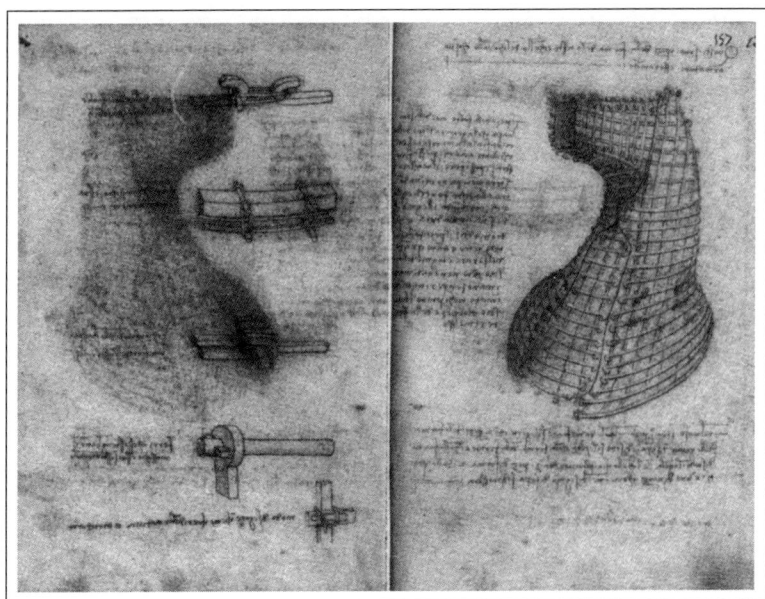

图7.4 《马头铸模草图》
（温莎，皇家图书馆）

要多少铜。然后他把由双头钉和横档加强的型芯拼装起来，也就成了雄铸模（凸面的）。它与四周各个雌铸模紧紧咬合，像穿了一副铠甲一样，就有了一层铁片的外壳，在内部加强和支撑型芯的横杠和主轴被固定在外壳的铁片上。瓦萨里解释说，像这样紧紧接合锁紧它们就能互相支撑。青铜然后铸到由"厚层"决定的、至多两只手指宽的空隙里，熔液通过许多个浇铸口分流，然后以均衡的速度流到各处得以冷却。

　　莱奥纳多挨个尝试了他打算使用的材料。他写道："首先试验每一种配料，然后挑最好的。"而模内的做法是这样的："把粗河沙与灰、捣碎的砖、鸡蛋白和醋和泥混在一起，首先试验一下。"他也想象在缩小的比例上用小模型、小零件和小炉子反反复复地做试验。

　　最初他打算挖一条大沟，模型可以反着埋起来，头向下，这样青铜熔液由马肚子灌进去，马蹄当作通风口。[①]1493 年 12 月，他发现马的体积使他不得不挖很深的沟，直到挖到了含水层，而米兰是水渠交织的城市，莱奥纳多写道：模子离水只有一寸多，不管防水铁外壳多么密封，湿气还是会毁了铸件。于是他考虑让马侧卧，但这办法也有弊病，他把它们一一罗列出来。我们也不知道他最后决定用卧姿还是其他倒过来的姿势，相反他留下了很精确的图纸，标出了外壳的铁片和型芯的铸铁骨架；还有其他一些东西，比如他设计了一个木架子用来把巨模从他的作坊运到铸造厂，还有用来有方便挖它的复滑车器械。

　　1494 年初，一切都已就位，依我看来已经准备正式开始铸造了。也许已经开始挖沟了，在四周建了他画过草图的四个炉子（两个正方形，两个长方形，"建在有牢固底座的柱子之间"），熔化的金属经由沟道流

---

① 莱奥纳多在笔记中从来没有谈到过骑士。骑士对他而言应该不是问题。显然一旦马匹制作完成，他就想一次性制模、熔铸做好骑士部分。

向浇铸口。莱奥纳多考虑到了最细节的问题，他写道："浇铸时，每个人用烧红的铁条守住关闭的炉门，当炉子同时打开时，用细铁条无法阻挡没烧熔的金属块堵住浇铸口，旁边有四条备用的烧红的铁条，以备正在使用的铁条折断时用。"他也设计了马背上的翻板活门（就是骑士坐的地方），从这儿把冷却后的型芯渣滓倒出来，还铸了一块铁板，"用铰链"来关闭活门。

斯福尔扎公爵当时正过着春风得意的称心日子：青铜马既是一个产品，又是一个象征。大家都没发现聚集在阿尔卑斯山另一头的乌云。从什么征兆上莱奥纳多猜出了在等着他的雕像的命运呢？

人民承担着强加给他们的赋税，并无太多怨言。科姆、松德里奥或布列斯奇亚的高炉不停地冒黑烟。平原上的稻田一片青翠。武器、丝绸、羊毛工业经历了史无前例的繁荣。帕维亚大学有了点小麻烦，很快就被压制下去了，开明的改革使校园归于平静。

幸运之神好像永远垂青摩尔人卢多维科，甚至连他的私人事业也一片兴旺。他的情妇给他生了一个儿子，而现在他又发现——他是第一个感到惊喜的人——他年轻的爱妻、多情的贝阿特利斯·代斯特锦上添花般地给他产下一个男孩厄尔柯勒。随后为了纪念日耳曼皇帝，改名为马克西米连。[①]

又在 1493 年 1 月，幸福满足的统治者以最大排场的节日庆祝儿子的诞生。大家把细金编织的摇篮披上金银，把贝阿特利斯在罗切塔的住房装修得富丽堂皇，布拉曼特撰写了美妙的幻想曲，教堂的钟敲了整整

① 改名字并不罕见。摩尔人卢多维科受洗的名字为卢多维科·莫罗，随后改为卢多维科·玛利亚，为的是能受到圣母玛利亚的保护。

一天，欠债的犯人得到大赦，在星象家安布罗奇奥·德·罗萨特定下的时间里，宫廷里的全部贵族穿着最贵重最体面的朝服到万圣玛利亚教堂感谢上帝。

切西丽亚·加勒兰尼很体面地退出。有丈夫，还有数不清的礼物，她也很知足了。

这幅如意的画面上只有一个阴影，阿拉贡的伊莎贝拉不愿意再躲在帘后了。她想做真正的公爵夫人而不是名义上的——她的合法愿望与日俱增。棕色皮肤，为人尖酸刻薄，米兰人嫌她长得太瘦了些。她外柔内刚，大家说她是宫廷里最倒霉的女人，丈夫让·嘉莱阿是窝囊废，在叔叔面前抖若筛糠，喝醉酒就殴打她，污辱她，当众公开表明他宁愿爱一个叫波佐纳（即吕斯特尔）的男子也不要她。她尤其嫉妒她的堂妹贝阿特利斯，她活泼开朗、娇媚、容光焕发，为了她，卢多维科不惜花费重金，她的衣柜里装了八十四条镶珍珠的绣花裙袍，而且抢了她的位置做了头号公爵夫人。她没有一个知己，被仆人监视着（由摩尔人指派）。伊莎贝尔没有别的救星，只能写信向娘家哭诉。她恳求她的父亲阿尔方斯·德·卡拉布尔和她的祖父费朗特——那不勒斯的握有重权的独裁者——恳求不惜动武也要夺回她丈夫的权力，为此她可与全世界所有人斗争，包括他本人。历史学家圭恰迪尼告诉我们："勇敢的公主含着泪恳求他们至少把她从可耻的女奴地位中解放出来。"

米兰和那不勒斯的关系本来就已剑拔弩张，她的信无疑是火上浇油，它造成的后果不堪设想。老国王怜悯孙女，勃然大怒，马上派出两名大使。的确，伊莎贝尔的利益和他的利益息息相关。他也不怕清除掉摩尔人，他要通过孙女把伦巴第据为己有。

老国王派去的大使稍微提高了点嗓门，卢多维科却无动于衷，他反倒责备伊莎贝尔善妒、狂傲自大，还债台高筑。按编年史家科里奥所说，摩尔人"所有事情都左耳进，右耳出"。人们骂他是压迫者、篡位者，他一笑了之，他已胸有成竹，他觉得一点都不用畏惧那不勒斯。

佛罗伦萨却筑了铜墙铁壁去抵御这个国家，从此不再保护他了。卢多维科的忠实盟友洛伦佐·德·美第奇是建筑师、和平守护者，在1492年驾崩。教皇英诺森八世不久也跟着他同赴黄泉。联盟被推翻了。在佛罗伦萨，洛伦佐的大儿子皮耶罗二世做事莽撞，性情优柔寡断，和他明智果断的父亲相反，他与那不勒斯人交好，还娶了一个那不勒斯女子为妻。在罗马，一位原籍西班牙的主教用金钱和谎言言收买了元老院：大家慢慢开始了解并质疑亚历山大六世波吉亚，人们已经了解到他的残忍、吝啬、狡猾、丧廉寡耻、毫无信仰，他只爱他的私生子。新的教皇大为震惊。

大家都在玩两面派，甚至三面派角色。摩尔人把棋子下在暗处。他加紧了外交活动。他接近他的死敌威尼斯，他的兄弟阿克桑尼奥主教替他到梵蒂冈游说，他向德国皇帝伸出援手（一只抓着一把金子的手），他特别注重和法国国王的关系，而法国国王几年来以含糊不清的借口，打着那不勒斯王国的主意：米兰在这些吞并协议中战胜了热那亚的公爵。卢多维科还没看到他政策的危险性，和大家一样，他只想着保持现状，在可能时才加强权力。他找到了强大的法国和日耳曼罗马帝国做他的靠山，没有起用军队就粉碎了那不勒斯的阴谋诡计。他以为有了与它们的联系，就可以回到安乐窝中高枕无忧了。那不勒斯不动声色，就让伊莎贝尔煽动战火。他夸下令人难以置信的天大海口："亚历山大教皇是我的布道牧师，皇帝是我的雇佣兵队长，威尼斯是我的侍从，法兰西国王是我的信使。"目前怎能觉出摩尔人这个被贝尔纳多·贝林奇奥尼形容为同时具有"狐狸和狮子"特性的人会自掘坟墓呢？

莱奥纳多的"政治敏感性"不是太高。再说，他很重视人，曾说人是世界的模特，他只为人们操心，尤其是对当代人。

对他主人有利的事对他也有利。卢多维科事事顺利，各方面都很成功，他的艺术家们也就大树底下好乘凉，一个个心满意足，别无他求。银行家、商人、知识分子或爵爷们都追名逐利，也不管主人是否倒霉。然而，主人一旦命运乖悖起来，他订制的工程也会跟着他一起倒霉。

1493 年，莱奥纳多和他的同事一起天真地参与了对主人歌功颂德的大合唱，主人也对此很满意。比如说，他千方百计满足主人对徽章的爱好，给他画了复杂的、恭维性的寓意图形，如斯福尔扎家族的白鸽子、维斯孔蒂家族的蝰蛇、帝国的鹰、卢多维科装饰武器用的刷子、他说要用它来"清洗意大利的脸"……这些我们无法辨认的寓意画也许用在装饰板上。有时这些发明很具文学色彩，如用与摩尔人同音的字组成的这句话，用了五次"摩尔"的音："O Moro, io moro se con tua moralita non mi amori, tanto il vivere m'è amoro."（意即："啊，摩尔人，如果你这个仁慈的人不爱我，我就会死了，生命对我而言是苦涩的。"）[1]

卢多维科在他事业一帆风顺时似乎对莱奥纳多也比较慷慨大方。我们不知道他给莱奥纳多的官俸有多少，但知道他拨给莱奥纳多很宽敞的场所，让他在那儿建工场，大概也在那儿居住。那地方就是维奇奥宫，以前是公爵府邸，大门朝向大教堂前的广场 。[2]

这个时候的莱奥纳多应该过着阔绰的生活，瓦萨里告诉我们："他

---

[1]　莱奥纳多可能不是一直那么好骗的，有可能一些寓言当中隐含着评论。比如说，该怎么理解他所说的"摩尔人的法律，和他一样黑"。
[2]　1138 年，维奇奥宫起初是一个市府所在，1310 年开始成为维斯孔蒂公爵家族的宫殿。斯福尔扎家族在约伏山建造了自己的城堡，所以就放弃了此处，有点像路易十四有了凡尔赛宫之后，就放弃了卢浮宫一样，其原因都是一样的。之后，奥地利的费迪南大公和西班牙统治者居住于此。几个世纪中，这个建筑经历了许多改造，我们无法在现在坐落于此的"皇宫"中找到莱奥纳多原有的工作室的一丝遗迹。

钱财虽不太多，但有奴仆侍候，有心爱的马匹，和各类他精心饲养的动物。"

莱奥纳多非常喜爱动物，似乎因此而成了素食者。他带着厌恶问过自己，为什么造物主竟允许他的创造物以同类的死亡求得生存。他不能容忍他的身体成为"其他动物的墓地，死人的客栈……充满腐烂物的囊袋"。依萨克·辛格在他的短篇小说里也以近似的论据解释他之所以拒绝吃肉的原因。

1515 年，旅行家安德烈亚·科尔萨里写信给朱利亚诺·迪·洛伦佐·德·美第奇，说印度教教徒尊重有生命的动物，甚至昆虫——"就像我们的莱奥纳多·达·芬奇"。我不相信在文艺复兴时期的意大利会有许多素食者。

莱奥纳多的笔记本里写满了买菜的账目，有好几次都提到买了肉。但这些肉可能是给学生吃的，师傅吃的则是沙拉、水果、蔬菜、粮食、蘑菇、面条，他好像挺偏爱意大利浓汤。

在一张纸上，他用诗歌的形式抄下这些健康饮食原则：

"你想有健康的身体吗，你就按以下的原则饮食吧：

没胃口时就别吃，晚餐要清淡；

细细嚼，慢慢咽

要熟食、简单食；

吃完饭要挺直腰，

午餐后不忙睡。

喝酒要节制，常喝要少量，

决不饭后喝也不要空腹饮，

上厕所勿拖延……"

莱奥纳多做事素来三思而后行，对每件事都要找到它的规律和理论。他不把他的观点强加于别人，我们不知道他是否固执己见，但他不会随波逐流，轻易接受俗世的风俗习惯。他对任何事都要问个为什么。在解剖学方面，他反对割马鼻子的老习惯。也反对那种给新生儿包襁褓的错误方法：把婴儿包得太紧，弄得可怜的孩子因失去自由而"恐惧而哀号"，在他看来这件事是值得加以合理的全新关注的。

他设计过一种理想的工场（就如他设计城区和现代化马厩），并画了平面图。他爱好小房间，他说在小房间里干活"容易集中注意力"，大房间"会分散注意力"。但他喜欢宽敞的窗户，因为他观察到，小窗户里光线的明暗反差太大，"对工作不利"，他还给窗设计了可移动的屏幕，可升可降，可控制所需要的投射到作品上的光线数量。同时他还设计了滑轮和平衡锤，可托起或放下支放作品的箱子，"这样便是作品而不是作者从高处挪动到低处"。这个箱子可穿过地板，通到楼下，莱奥纳多说："每天晚上你就可以把作品放在那里，关在里面像关在大箱里一样，合上后也可作板凳。"他就是这样装修他在维奇奥宫的工场的。

他一定拥有了整个建筑物，有一个院子或一个储藏室，因为他就在这里着手进行各项发明，雕塑巨马，准备铸模。

除了画些装饰画，他当时还自己画或指导画肖像（伊莎贝拉公爵夫人，比安卡·马利亚·斯福尔扎，贝阿特利斯公爵夫人）。总之他不缺活儿干，工场里也添了新的帮手和学徒。1493 年，托马索师傅（大概是佐罗阿斯特·德·佩列托拉）在他那儿安顿下来，然后是朱利奥，一个德国人。一个是金银匠，一个是铁匠，托马索师傅做了六个蜡烛台，朱利奥师傅部分为自己工作，部分为莱奥纳多（他给他造了个千斤顶，一些锁具——其中一个是特别为工场做的），然后嘉列阿佐以学徒的身份登记……

同年 7 月，莱奥纳多接待了一位名为卡泰丽娜的女人，这个女人一直是个谜——令历史学家们很尴尬：她大概是他的母亲，而不是一般的女仆。

弗洛伊德这个深信梅列日科夫斯基的小说《诸神的复活》的人，毫不怀疑这卡泰丽娜是那个生了一个孩子后被皮耶罗抛弃，然后又嫁给"爱吵架的人"的女人。有个超幻想性理论的华朗亭说她是"女管家，默默地忠于主人的平民妇女"。而贝尔特拉米和随后的伏马嘉里认为她是莱奥纳多的母亲，里希特反对这看法，布里翁不发表看法，许多人避而不谈这个问题。

事实上没有任何可靠的证据能支持任何假定。

几年之前，莱奥纳多写过："你能告诉我卡泰丽娜希望做什么吗……"而在同一页纸的上方，他又改写了奥维德的《变形记》里的一段话："啊，时间，你吞噬了一切！嫉妒的暮年在缓慢的死亡中用一年年这坚固的牙齿吞噬了一切！当它照镜子时，看见年龄刻在脸上的皱纹，海伦哭着问自己为什么会被抢走两次。啊，时光，你吞噬了一切！啊，嫉妒的暮年吞噬了一切！"

莱奥纳多好像在脑海里把"绝色美人"海伦和他的母亲联系起来，前者被特洛伊抢走，后者被皮耶罗引诱，又被"爱吵架的人"抢走，这个经历了两次被抢的年老色衰的海伦形象，让他思考起母亲卡泰丽娜的命运来。

现在他的母亲该有六十六岁了，从地籍登记册里可追寻她的足迹一直到 1490 年：她有四个女儿、一个儿子。她终生卑微地在芬奇镇郊区度过。后来由于税收制度改革，十四年后的有关"爱吵架的人"家的记录就再也找不到了。在这个时期，她在村里只剩下两个女儿，两个都成了寡妇，有三个外孙，他们的家族后代后来也湮没不见了，另外两个女儿或是已去世，或离开了本地；对 1487 年人口统计的再补充记录表明她的儿子（1490 年后）在比萨被火枪打死，他的继父不知所踪——但没有任何文件能确定他在哪儿和什么时候没了下落。

没有什么能反对也许已经守寡，又没有合法儿子赡养的卡泰丽娜到她私生子那儿安度晚年，何况她这个儿子在米兰混得还很不错。"卡泰丽娜希望做什么……"这些话可能是莱奥纳多对母亲发出的第一次邀请，请她到伦巴第来找他。

他在笔记本里写了两行字："7 月 16 日，1493 年 7 月 16 日卡泰丽娜来了。"

提到学生的时候，他只是说："和我住在一起。"他没有把日期写两遍。（他很少天天记这类事情。）

重写日期在莱奥纳多的手稿中很罕见，然而，另一次他重复记录时间，那是皮耶罗先生去世的日子。

话语重复好像口吃，让我们联想到干巴巴的句子下隐藏的情感。伏马嘉里用精神分析术语分析了这类无足轻重的细节，其效果如加西亚·洛尔迦在他的著名的诗中写到斗牛士伊格纳西奥·桑切斯·梅希亚斯死时，如回声那样重复那个悲惨的句子："下午五点钟。"而弗洛伊德举了但丁的例子，他让圣彼得重复说："他死了，他死了，他死了。"莱奥纳多把他的老母亲接到家里，他是不是通过重复她到达的日期，无意中表露了他的激动和兴奋？

母子重逢开启了回忆的闸门。卡尔维发现纸张的后面写出他童年家人的名单：安东尼奥（祖父）、巴尔托洛梅奥（村里的公证人？"爱吵架的人"的亲戚？）、露西亚（祖母）、皮耶罗（父亲）、莱奥纳多。

你难道以为这只是出于偶然？

然后卡泰丽娜的名字又出现在他的笔记本里。六个月之后，在有关斯福尔扎城堡的地形问题之下，他写道：

"1491 年 1 月 29 日

做长袜的布：	4 里拉 3 索尔
衬里：	16 索尔
制作人工费：	8 索尔
给萨莱的：	3 索尔
璧玉戒指：	13 索尔
星形石：	11 索尔
给卡泰丽娜的：	10 索尔
给卡泰丽娜的：	10 索尔"

在列出开支费用之后，他为什么又重复卡泰丽娜的名字？我认为提出这一点很重要。

后来就再没提到卡泰丽娜的情况了，直到一两年之后，她的丧事。大概 1495 年或 1496 年，那时莱奥纳多很习惯列账单（通过列账单数目他"描述"了萨莱的劣迹）。他没有眼泪，甚至没提母亲去世的事（我们是根据背景才得知确切日期的）。从表面上看，他冷淡地计算他在丧事上付出的费用：

"埋葬卡泰丽娜的费用：

3 磅蜡：27 索

棺材：8 索

棺材上的丧布：12 索

搬运和安放十字架：4 索

搬运尸体：8 索

4 个神父和 4 个教士：20 索

钟、书、海绵：2 索

掘墓人：16 索

教长：8 索

官方批准费：1 索

共 106 索

（之前费用：）

医生：5 索

糖和蜡烛台：12 索

共 123 索"

这样的开支，对于一个只服务了两三年的女佣或女管家，显得太多了些。

但是对于一个亲爱的、分隔了多年才重逢的母亲，它又显得太寒碜了。二十年之后，莱奥纳多在遗嘱中要求的自己葬礼的排场要大得多：他只给母亲买了三斤蜡，为自己却要了四十斤，分派给四个教堂，要六十个穷人给他排队，每人手拿一支蜡烛。

如果卡泰丽娜是他的母亲，他给她办的葬礼不应该更有排场一些吗？若是如此，他的笔下不会或多或少地透露出他的哀痛吗？

另一方面，我觉得莱奥纳多讨厌提到自己的出身和感情，他可能选择了审慎的、好歹也算体面的丧礼，不想让人联想到他是母亲的私生子，也不张扬他的这个身份。他只向他的亲属公开老女人的身份，因此葬礼才比较简单，和她的地位符合，这也证实了我对此的印象。

埃斯列说卡泰丽娜这个名字当时很少有人用。继贝朗斯之后，他深知"名字的古老含义，它们表示的令人无法征服的情感，其中的迷信成分和人们对它们寄予的神秘能力"。他认为卡泰丽娜很可能是一个仆人，莱奥纳多因她的名字就雇用了她，她的名字、她的年龄、外貌特征、她在家中的作用，使她变成了"母亲的替代品"……

卡泰丽娜带着她的秘密连同铁面具一起消失，或许我们永远无法得知她的真相。然而当历史找不到铁的事实而又要得出结论时，它会满足于与公正有出入的推测。我个人认为，莱奥纳多在经济条件许可的情况下，了解到母亲生活拮据，可能已经病倒，便请她到米兰和他一起住。在三年间，他高兴地让她安享晚年。韦罗基奥本人也赡养了家中好几个妇人。

莱奥纳多写道："整体中的零件从整体中分离出来，希望通过最短的捷径回归到整体中去，以避开它本身的不完美。"如果卡泰丽娜是他的生母，如果大家承认莱奥纳多的才气横溢是因为家庭结构的重建，如果大家想到他对父亲的复杂感情（他就这样负起了责任来补救），大家会发现他处于可称完美的精神饱满的状态。

我们可以从各种迹象中看到他的良好状态：在那个时期，他以他为之服务的爵爷为榜样，浑身上下充满了巴斯德所说的"通向一切的体内之神"的热情，以为自己无所不能，他无所不敢为也无所不为，他无所不知：他写了一篇又一篇论文，以闻所未闻的大胆和坚定要同时识破艺术世界、水、天空、人、世界的秘密（现在他又对地质学和化石和山的形成感兴趣了），他研究牛奶是从哪里来的，眼泪、醉酒、疯狂、梦、灵魂又起源于何处。他写下头脑中想的东西，"写下灵魂是什么"——好像它是可感觉的东西。他想像鹰和鸢那样飞上天空，他开始着手画各种飞行器。在一只笼中小鸟的图画旁边，他写道："放飞思想。"

整块铸造巨马的计划也来自这份激昂和狂热，要创造发明的热情，使他毫无畏惧。

我们已看到，为了成功铸成他的巨马，他似乎做好了一切准备。而同时，摩尔人卢多维科为了保住他的统治权，也毫不松懈地做好准备，以粉碎敌人的计划。但到底还是发生了大家意想不到的事件：1494 年 1 月，那不勒斯的费朗特驾崩了，法国国王查理八世率领欧洲最强大的军队跨过阿尔卑斯山，抵达意大利的国土。

大使在他的《回忆录》中说道，卢多维科让年轻的国王感觉到"意大利的硝烟和光荣"，以便利诱他，提醒他"在这美丽的那勒斯国土上拥有的权力[①]"。

这"硝烟和光荣"找到了它们的出路：非常天真、浪漫的基督徒查理八世，听多了罗马故事和骑士故事，梦想在恺撒的土地上扮演兰斯洛特骑士而出名。他想收回他的那不勒斯封地，他认为这就如设置一块合法且必需的跳板，以赢得圣地。因为他也想要在以后征服土耳其，他自认为自己应兼任耶路撒冷的国王和"两西西里"的国王（那不勒斯国王的称号）。

他当时二十二岁，是个矮个子，和蔼、神经质、敏感、丑陋。脸上

---

① 根据遗嘱，路易十一继承了安茹家的财产（在 1481 年其最后一个公爵死后），从纯粹理论上说，这权力包括那不勒斯王国和想象中的耶路撒冷王国。路易十一很明智地没有试图强行占有这些土地。但他的儿子查理八世继承王位后就开始幻想拥有这些土地。有了卢多维科的怂恿，加上费朗特国王的逝世（而他的儿子，阿尔方斯，阿拉贡的伊莎贝拉的父亲，则为那不勒斯人所痛恨），使得他于 1494 年发兵越过阿尔卑斯山。

多骨，峥嵘的头颅和身材相比起来显得太大，长着短棕色胡子，厚嘴唇，无神的大眼睛，鹰钩鼻"巨大得不相称"——威尼斯的大使孔塔利尼说，他不够机灵聪慧。

没有人想到他会这么快越过阿尔卑斯山，人们都以为他动作缓慢、缺乏经验、财力微薄，他大部分的爵爷都胆小怕死。大家对梦想的力量估计不足，尤其是具有异国情调的梦，因为意大利是一切都很精巧讲究的国家，比起神秘的东方更具吸引力。

只有性情阴郁狂热的修士萨伏那罗拉，由于多次出现异相，而意识到了敌人入侵的逼近。他在讲坛上对佛罗伦萨叫喊："我看见天空悬着一把利剑，我听见有人喊：利刃很快就会掉下，会挑起战争、大屠杀和无量的罪恶！"（后来他还说："我在预言中没提查理八世的名字，但我想的的确是他。"）

费朗特驾崩时那不勒斯真的陷入了恐慌，他的儿子阿尔方斯即阿拉贡的伊莎贝拉的父亲，是摩尔人最激烈的敌人，他招募了雇佣兵，集中兵力，企图（从热那亚）攻打米兰。看到大事不好，后来他毫不犹豫地——并得了教皇的同意——向土耳其求助。

卢多维科希望德国皇帝和查理八世能同时南下抵达意大利，两国国君的阴谋会互相抵消。他期待的是势力的较量而不是真的战争。但马克西米连皇帝在边境按兵不动，那不勒斯越来越危险（有人说阿尔方斯下令在伦巴第进行大屠杀），而卢多维科既不敢也不能走回头路了。

1494 年 8 月 29 日，查理八世离开格列诺贝尔，9 月 5 日，他到了都灵。几天之后，在鼓声中，由一队很有气势的炮兵部队领头，他进入阿斯蒂，摩尔人在那儿等他。摩尔人心里没底，由他的岳父费拉拉的侯爵厄尔居尔·代斯特陪同，最后国王抵达维吉瓦诺，他则在帕维亚。

莱奥纳多写下预言："百合花（法国国王的象征）来到特辛河岸，水流带走了河岸，连同百合花一起。"我们不知道他是否参加了欢迎查理八世的节日筹备。

卢多维科举办这些庆典的目的不过是装装样子，事实上两人已经不合。圭恰迪尼写道："怀疑和不满与日俱增。"

跟随国王的两个爵爷尤令摩尔人不安：一个是吉安·贾科莫·特里伏兹奥（法国人称他为让·雅克·特里伏尔斯），一个流放中的米兰人，反对政制，他是被剥夺了财产的教皇派成员；另一个是奥尔良的路易（未来的路易十二）、维斯孔蒂的孙子，他对米兰虎视眈眈，就如查理看待那不勒斯的权力一样。

非常蹊跷的是，让·嘉莱阿恰好在此时死了，大家都在私下里议论，说是他的叔叔命令宫廷星象学家把他毒死的。帕维亚的医生泰奥多尔也证实了这件事，大家都深信不疑。

不管怎么样，宣布了继位者，卢多维科终于如愿以偿，他和他的后代获得了他早已垂涎的米兰公爵的爵位。全城都为之欢呼，有自愿的，也有被迫的。但他的权力并不稳定。他觉得法国人的进展太快，颇为可忧。教皇（根据科明尼斯和马歇雅维利所说）说他们很甘愿用粉笔标出他们的住所：佛罗伦萨向他们敞开大门，然后是比萨，然后是罗马。那不勒斯厌倦了阿拉贡家族的暴政，在 1495 年 2 月把他们当作解放者一样迎接。塔西特指出，没有什么能比一个依靠属于自己军队的君主更为不稳定和虚弱的了。卢多维科摆脱了阿尔方斯，但他控制不了过于强大的同盟：当奥尔良的路易控制了诺瓦拉，公爵受到的威胁更甚于以前。摩尔人改变了政策，他转过来反对查理八世，参加了由皇帝马克西米连、西班牙费尔迪南国王（他们也担心法国的霸主地位）、教皇和威尼斯形成的联盟，为了"保卫意大利"。

这联盟在佛尔努战役中战胜了查理八世。而目前，这些波折、突然变故和政策的大转变却使莱奥纳多失去了他的巨马雕塑。

　　法国的炮兵部队——蛇形炮、轻型长炮、小炮和其他设计很现代化的炸弹——令意大利沉思良久。他们看见它在不到 3 小时的时间里就靠近附近的莫尔达诺要塞。他们也必须配备大炮，用于铸巨马的约 72 吨的铜就这样放在平底驳船上，运向摩尔人岳父的兵工厂……

　　大家原以为城堡里的财宝存取之不尽，然而和查理结盟，嫁给皇帝的比安卡·斯福尔扎的嫁妆，购买公爵的爵位、组织军队、招聘雇佣兵，还不算米兰、帕维亚和维吉瓦诺的装修工程，已差不多把卢多维科的金库消耗光了：他在威尼斯使用的是私人的首饰。青铜是贵重金属，尤其在战争时期。如今再也没有铜可供莱奥纳多铸雕塑了，也没有达克特金币去买了。如今卢多维科获得了爵位，他也许不那么关心纪念父亲的事儿了。

　　莱奥纳多没有灰心，他要完成他的作品。他一直为它努力，等待着更好的时机（它始终都没有到来），1496 年左右，他记道："对巨马的事我无话可说，因为我知道时机还没到。"[①]

　　铸模没有派上用场，不管是摆在维奇奥宫还是几年前曾被威风凛凛地展出的地方，诗人们赞颂的泥雕巨像将开裂、风化、腐烂。

　　弗朗切斯科·斯福尔扎的骑马铜像永远也不会被铸成青铜了。因此大家会质疑莱奥纳多是否真有能力铸好他的作品。许多人表示怀疑——首先是米开朗琪罗——并把失败的责任归咎到莱奥纳多头上。瓦萨里本人也说："他提出要铸造一匹巨型的铜马。他开了个头，做得那么庞大，以至于他无法将之完成。"瓦萨里认为达·芬奇的思想被自己过大的野

[①]　这些话写在一封给摩尔人卢多维科的信的草稿片断上（没有注明日期），莱奥纳多抱怨没有拿到工资："现在我的工资已经迟发了两年了……我一直给手下两个师傅发工资、提供伙食……"

心弄昏了。他还引用了彼得拉克的话补充道："作品被欲望延迟了。"人们一点也没考虑到当时的政治形势，15 世纪的弊病就是把一切归咎于个人——个人的气概。

也有不少的证明和资料是为莱奥纳多辩护的。切利尼好像看过莱奥纳多熔铸方法的文章，熟悉莱奥纳多发明的技术方法，而且从中得到了启发。正如布鲁诺里指出的，比方说，两个世纪以后，由法国人吉拉尔东竖起的路易十四的骑马雕像（高 6.82 米），就是按照与莱奥纳多设计很相似的方法铸成的。"甚至使用横杠加固，在安装型芯时加固整体，还有处理型芯和模的方法——构成可分开和固定的截面，甚至整块灌铸的方法，上下相反地把模子倒放在沟里。"马的步态，甚至倒霉的命运都相似得惊人——路易十四的雕像在大革命时被摧毁，也没能留存下来。但这一雕像铸造成功说明达·芬奇的方法是可行的。

有人还责备莱奥纳多在铸造方面拖时太长，考虑得太久，在犹豫中失去了机会，没有完成这作品。他们怎么就不想想，柯里安的雕像铸造的困难还不如莱奥纳多的铜马，从订货到落成仪式就花了十六年时间！

还有一篇莱奥纳多的文章不得不让人生疑。那是写给皮阿桑扎教堂建造人的长信的草稿，在许多方面让人想到几年前他写给米兰大教堂执事会执事的信："尊贵的执事：得知阁下决定开始几项重大的青铜作品，我胆敢向你们提几条建议。首先，请你们注意不要匆忙地把订单委托给人，不要不经考虑，就失去了在许多师傅中挑选的机会……"这些作品都是青铜门，莱奥纳多希望他们能交给他做。因为在最后一段话中他以第三人称谈到自己，所以人们以为这封信不是他写的，其实并非如此。有可能这是他自己写的，只不过打算找个他认识的有影响力的人替他签名并寄出。这方法不太光明正大，但很常见——在这里还有点开玩笑的意思。莱奥纳多让他的保护人写道："当想到有人向你们提起他们想从事这些工程的愿望时，我就禁不住要生气，他们也不想想是否有能力完成，就更别说其他的了。这个人是造罐子的，那个人是造盔甲的，第三个人是铸钟的，另一是做钟环的，他们当中甚至还有造炸弹的，其中还有一个受雇于公爵，自吹是位居高位的安布罗奇奥·费列尔的密友，说他朋友已经向他许诺：如果这还不够的话，他会骑上马找到他的主人，从主人手里要一份推荐信，这样你们就绝不可能拒绝让他做这项工程了。但请你们考虑到必须和这个败类竞争的可怜的师傅们的困境，他们拥有足够的技艺和学识来完成类似的作品。请明白必须用他们来做这样的工程，请你们睁大眼睛，尽量不要花钱给自己买耻辱……"信的结尾还写了句这样的话："你们可以相信我说的话，除了莱奥纳多，没一个人有资格做这个工程，现在他正在做弗朗切斯科公爵的青铜马，他无须任何证明，因为他一直都有活干，我甚至怀疑，他的工程是如此的重要，他是否能完成得了……"

失败没有令他气馁，他跌倒了又爬起来。在纸的后面也是他亲笔写的："有个佛罗伦萨人被大人召去做这工程，他是很有本领的师傅，但他有太多的工程要做，他永远也做不完……"

真是一份古怪的求职书——我们只能由进行推断了。莱奥纳多说（或让别人说）他是唯一能建造皮阿桑扎教堂门的人，但同时他又宣称自己太忙了没时间完成它们。他举了铜马项目说明自己的能干，又马上声明他不能确信是否能完成它。他在期待执事会来恳求他为他们服务？他要说明他任务缠身使他无法接受这项目？他对此无能为力，但一再强调他也许会接受顾问角色，如果不能更多参与的话。因为事情发展到这个地步，既然没多大的希望完成他的重大项目，他是否认为稍出点力也没有区别？

他的诡计显得相当幼稚，他没接下这个项目，或者项目流产了，总之他没被邀请到皮阿桑扎。

在这封写于 1495 年到 1496 年的信中，他也为自己未能完成铜马雕像而辩解，将之归咎于当时的形势。瓦萨里则很明确地说他被工程的庞大吓住了。

从技术上说，我相信他能完成铸像的任务。但他老是急于寻找而不是着手去做，似乎是作为对于无法挽回的事情的恼怒拒绝：对完成品的恼怒。而且每天都有许多其他东西引起他的注意……1494 年冬天，当他看见驳船载着本来留给他的青铜驶向费拉拉时，不知他内心是何感觉。

第八章

完人

可怜的凡人们啊，睁开眼睛吧。

——莱奥纳多·达·芬奇

创建生活的表象比生活本身更重要。上帝的作品只能在别的创造者那里得到更高的评价！

——无名氏，写于莱奥纳多的手稿上

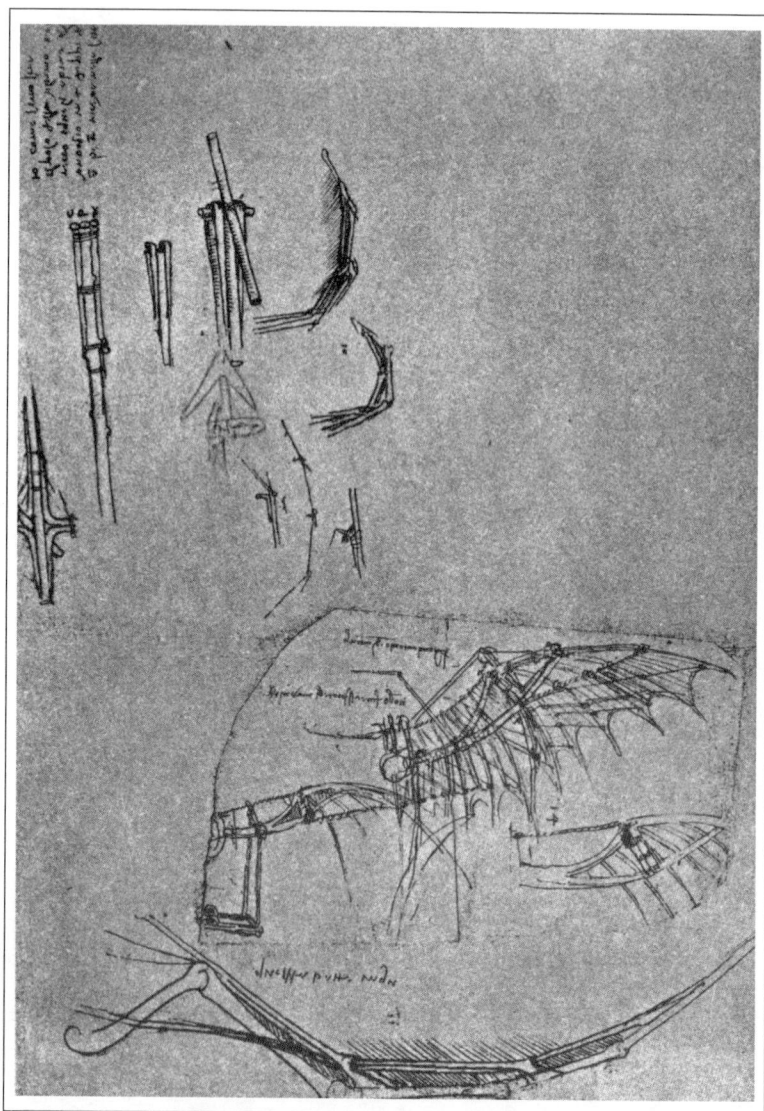

《人造翅膀设计图》
（达·芬奇手稿）

莱奥纳多说："所有的知识来自人们的感受。"通过感觉来检验——他把视觉放在所有感觉的第一位——来辨识、判断、思考，他认为这就是智慧（sapieta）的基本导体，同时又是知识和理智的基本导体。

他写道："人在少壮时掌握的知识能抵御暮年时的贫穷，如果你想在暮年时享受智慧的好处，少壮时就需努力，老年生活才不匮乏。"

莱奥纳多锻炼他的感觉，训练他观察的能力，就如一个运动员锻炼他的肌肉。同时，他培训、武装他的头脑，给它灌输规则，为它打开最广阔的文化天地，就如筹备和配备一支军队。

我们从他的笔记本里了解他那些为了令自己的观察、对世界的感知能力更精确所做的操练。

他说，首先要学会把部分从整体中分离出来："视觉是最快捷的行动之一，短瞬间它就能接受无限量的形状，然而它一时只能抓住一个目标。"读一篇文章，必须一个字一个字地认，然后是这些字组成的句子，而不是一下子就读了整篇印在纸上的字。同样，莱奥纳多说："如果你想了解事物的形状，你就从它们的细节着手，并且只有在记忆中牢牢确定了第一个细节，长久地实践它之后，再转到另一个细节。"

想象一下在贝蒂荣之前四百年时的一种人体测量的方法——莱奥纳多建议熟记"许多脑袋、眼睛、鼻子、嘴巴、下巴、喉咙、脖子和肩膀"以便容易记住容貌。例如，他区分从侧面看的十种不同类型的鼻子（"直的、球形、凹型、凸型、在脸中部以上、在脸中部以下、鹰钩状、匀称的、塌的、圆的、尖的"），正面看有十二种。他建议在笔记本里，画下这些属于同类的元素——嘴唇、眉毛、头颅的形状等，如同记录在档案中，并习惯于能第一眼在脸上看到它们时就进行分类区别，认出某人的一些特征与何者相近，或相差甚远（图 8.1）。他说："我说的不是畸形的脸，那样的脸可毫无困难地被记住。"

对人体、植物以及大自然的所有造物，他都采取同样的办法——因为他认为自己应该努力成为博学的人。他还说，用他的这个方法，很容易就成为全才。[①]

所谓寓教于乐，在游戏中完善自己，他举出一些"有利的消遣"，可以训练自己"判断东西的长和宽"，比较比例，估计距离。

他并不忽略画图机（透视画绘图器）的运用，他本人就画了一件，几年之后，丢勒仔细地研究了这个机器：那个画图机由一块外框和一个瞄准孔组成，外框上竖直嵌立着一块标有方格的玻璃板；把眼睛贴着瞄准孔（固定在离框中央约 30 厘米处），透过玻璃进行观察，将所看到的

---

① 莱奥纳多著名的那句话太经常地被曲解，我觉得应该重新把它放在背景中加以解释。莱奥纳多只是在谈及人体比例的时候说过："画家应该努力成为全才。"然后，又说："对于懂得表现人体的人来说，要成为全才很容易，因为如果就解剖角度而言，地上所有的动物在四肢，也就是肌肉、神经和骨骼上都很相像，只是在大小、长短上有所差别。水生动物有很多种类，要画它们的话，我还是建议画家遵循一个确定的法则，因为它们的差别变化几乎是无穷尽的。对于昆虫也是一样。"瓦萨里在他的《名人传》的导言中几乎重复了这段话（"大自然到处运用了同样的尺寸……"）。

图 8.1 《人的脸部习作》
（温莎，皇家图书馆）

描摹下来；方格用来定位参考。如今还有这种机器的变种。[①]

莱奥纳多批评这发明害得"使用它的人没了它就不知怎么办才好，他们也不动动脑子，用这个懒办法摧毁自己的才智"。不过，他觉得这个机器适合用来进行校正。他说："先经常性地描画一样物品，直到确信能烂熟于心了，再试着凭空画出它；然后把用透视法绘图机描出的图画放在凭记忆而画成的画上，看有没有不符之处，从中发现你的不足，并记得别再重蹈覆辙。"

记忆或许不能包含"所有形式和自然现象"，但却适合研究它们，尽可能地熟记它们，因为知识越广泛，接近新主题的困难就越小。为了能更好地记住物品，莱奥纳多努力在睡前回忆它们。他写道："我从经验知道，当你躺在床上，在黑暗中，脑子里想象已经研究过的物体的轮廓或由微妙的思维而得的其他特别之物，这绝对是有好处的：那就是我推荐的训练方式，能帮助你把东西牢记在脑中。"

莱奥纳多可能吸取了他师傅在实践中得出的几种经验，韦罗基奥是很有经验的教育家，也是绘画能手。瓦萨里本人尽管没表示过对韦罗基奥的喜爱，但也承认："在我的画夹里放着几张他以非常的耐心及令人赞叹的判断力所完成的画，其中有女人的头像，气质典雅，发卷可爱，它们画得很美，莱奥纳多一辈子都在模仿它们。我还有两张马的画，带有尺寸表格，为了能准确地按比例扩大。还有一个烧土制成的马头浮雕，

---

① 一些"透视画绘图机"框子里没有一块玻璃板，但却是"用细线分成小格"，按照莱奥纳多的说法，这一"装备"为准确地确立目标物体的比例提供了坐标，然后把看到的物体复制到同样也分成小格的纸上。莱奥纳多对于这些仪器的感情似乎随着时间推移而变化着：他之前对此是非常热衷的，之后则开始批评它的运用。

是仿古的作品，具有罕见的美丽。"① 总算是给了韦罗基奥师傅一个公正的评价……

莱奥纳多说："天刚拂晓，空气中充满了数不尽的引人注意的形象。"他不愿落下其中任何一个。在这样的情况下，他怎么能让自己沉浸于宗教气氛呢？他以最大的蔑视谈及虔诚的教徒，这些伪善的人"他们就知道批评那些休息日都刻苦工作，以探究上帝作品究竟的人们"。接下来的文字就很意味深长了，达·芬奇写道，研究自然会展现"发明了这么多奇妙事物"的创造者的伟大；通过研究他的作品，我们才学会热爱他。

感知（或构思），但也保留、分析、传达。没有什么比绘画更有效："作家要用什么词句来描写，才能与你画出的完整的形象相媲美？"一幅画常常等于一本书。

观察、绘画（和想象、思考），这些行为事实上很早以来就在莱奥纳多身上混为一体了。他的眼睛、头脑和双手由于受到训练，能协调一致地发挥作用。他逐渐化身为一种有发明能力、有理性的照相机（他说过"变成类似镜子的东西"——有智力的、会判断的镜子②），他作画就像别人说话一样。他比任何人都要看得清楚明白，他判断，他表现，在视网膜和图纸之间没有中间物；他的思想由手指的动作表现出来，手指和视觉紧密结合。当他动作很快时，你有时会感觉到他在"速写"。提到运动中的形态，他说："要学会窥伺。"在街头、广场或乡村，他能迅

---

① 韦罗基奥这些画中的某几幅，被瓦萨里在《名人传》的《韦罗基奥传》中提及，得到了确定，它们是藏于纽约大都会博物馆和巴约讷的波那博物馆的《马的习作》以及卢浮宫的《女人头像》，确实看起来非常像，莱奥纳多的草稿，还有慕尼黑的《康乃馨圣母》。

② 莱奥纳多说："按照常规和靠臆想工作而不解释事物的画家，就像是一面镜子，映照出所有放在它面前的东西，却不认得它们。"反映，但要"反照"映照出来的图像，就像考克多说的。莱奥纳多还说："不怀疑自我的画家不会有什么大收获。"

速记下最显著的特征；画个圆圈作为脑袋，直线或斜线为手臂、脚和躯干，然后回到住处重看这些笔记，完成整体造型。他可以继续运用这种方法："明天用纸板造出各种形状的轮廓，从阳台的高处扔下，让它们在空中下降，然后画出每个模型在下落不同阶段的动作。"长期以来他喜欢用银尖笔或羽毛笔和墨水在染色的纸上作画，因为这种工具不容他落笔后后悔。他对花、人体和机器都进行过研究，他抓住旋风中最小的涡旋，停格中鸟的飞翔，娴熟程度可与日本箭道的射手比美，不用瞄准，箭就能自己射中靶心。莱奥纳多用的句子奇怪地与"公案"相似，即日本佛教用以让人"开悟"的言辞。他写道："太阳永看不到阴影。"或自问："月亮，密度大、严肃——它怎么样呢，月亮？"① 令人感到不像是在说透视法和星象学问题，倒像是叫人迷惑的东方谜题。

　　莱奥纳多对一切都有秘诀，他甚至指出怎样可以激发起想象力。当他觉得"可笑和平庸"时，他建议，"为了使人产生各类创造的念头"（"创造"是他行文中常出现的词），应盯着"污迹斑斑"的墙或混杂的石头看：你会在里面看到山景、树、战斗、"活泼的姿势"、脸孔和"异域服装"。他还说，墙上染色的彩迹和天上的云就如同钟楼的排钟，"包含有所有你能想象的声音和词句"。（安德烈·夏斯特尔提到，在 20 世纪 20 年代，马克斯·恩斯特在学习莱奥纳多技巧的时候，发现了"摩擦法"这一超现实主义的技术。②）

---

① 莱奥纳多有一些画也有这秘义之美，比如一些几何学"练习"和机器的图表。
② 马可斯·恩斯特写道："1925 年 8 月 10 日，一个让我实在无法摆脱的视觉上的念头，使我发现了将莱奥纳多的方法投入使用的技术方法……就是对吸引住画家注意力的不平整的表面进行摩擦。"

"肯定没有人会为了保住听觉和嗅觉而宁可失去视觉的。"

莱奥纳多还说:"失去了视力,就是被剥夺了宇宙的美,好像一个人被活埋在坟墓里……你没发现是眼睛拥抱了整个世界的美丽吗?"

莱奥纳多花了很长的篇幅解释,有时用了很特别的论据来说明为什么视力是我们的感觉中最重要的,是"最高级的和最高尚的",并解释为什么绘画是"神的科学",远不是什么"机械活动",而是高于所有其他一切艺术。

他说:"本质上说,什么是素描?对建筑师、雕刻师、陶艺师和对金匠、织工、绣工一样,绘画都是不可或缺的。"它教会他们什么是美,什么是造型的和谐;它提供了供我们书写的文字,"它给算数家以数字,它教几何学家画影图形,它还能指导光学家、星象家、机器绘图员和工程师"。

素描是一切科学的第一工具;它的延伸,即绘画,或由形状获取的知识,比哲学本身更能触及真理。因为,莱奥纳多说,眼睛比起思想,犯错的机会要少。[①]

好像作为一篇巨幅绘画论文的序言,他乐得把不同艺术做对比——在 15 世纪末,这是很流行的讨论主题。绘画是否高于纯文学和诗歌这一"盲目的绘画"?是与莱奥纳多毫不含糊地回答:"如果诗人向一女子的情人描绘她的美貌,同时画家给她画肖像,你就会看到情人的判断会倾向哪一边。"它高于音乐吗?肯定是的。音乐是和谐的创造者,但只是"绘画的妹妹";因为声音保留的时间不长,在表达的时刻便死去了,在重复中耗损——这使它变得"叫人看不起,很低贱"。雕刻呢?除了

---

① 莱奥纳多说:"绘画触及表面、颜色和所有由大自然创造的形体,哲学则深入到这些身体的内部,思考着它们本身的美德。画家抓住了它们最初的模样,哲学却无法达到这一点,因为眼睛较少犯错。"

大理石和铜，没有任何东西能保留得更久了。然而雕刻基本上只牵涉到体积，它的"表达"很概略，无法和绘画竞争。绘画是"奇妙的东西"，是有智力的，依靠十项原则，即"明、暗、色彩、体积、形态、位置、远、近、动、静"，因此没有什么是绘画不能表现的。而雕刻是一门手工艺术，是累死人的肮脏活计。雕刻师满头大理石、气喘吁吁，满脸都是大理石的灰尘碎屑，跟面包师傅一样，好像自己会下雪一样，他的住所肮脏，满是石头碎渣①；而画家就不同了，他"悠闲地坐在自己的作品前，衣冠楚楚，在绚丽的颜色中挥动轻盈的画笔……住在干净的住所里，常被悠扬的乐声围绕，或阅读多种多样的美丽作品。他一面作画，一面兴致勃勃地聆听着，不会被铁锤和其他嘈杂的砸打声困扰到。"

莱奥纳多花费精力做这些活泼诙谐的笔战，赋予绘画以深刻意义（它不再是简单的插图和素描），表达了他的强烈愿望：要把这门长久以来被人视为低下、等同于手工业的艺术，提高到七种自由艺术的水平，证明绘画"乃精神之业，是更伟大的精神演说"，是建立在研究自然现象的基础上，值得被视为一门科学——一门定性的科学，即事关美学，能抓住和反映"世界的装饰"。此外，联想到他在画室绘画时的生活方式、行为举止，就可看出他有心要人们认为他从事的是最高尚体面的职业。

莱奥纳多把生活环境点缀得豪华体面、精细讲究，给人们留下一个印象，觉得艺术家和爵爷们一样尊贵。他出类拔萃，在提香或鲁本斯之

---

① 莱奥纳多在这里嘲笑了石刻雕塑家，他自己大多参与的是铜塑——制模和熔炼，没有他指出的那么"不便"。我们常希望能够在这篇文章里看到针对米开朗琪罗的讽刺，因为他最爱的是大理石雕塑。

前 ① 获得了同行不敢设想的社会地位，这是闻所未闻的新鲜事。这打败了他的同时代人，使瓦萨里之辈，以及直至 19 世纪的后来人都惊叹不已。瓦萨里（常借用相关当事人直接的证词）提到《蒙娜丽莎》著名的微笑，确认达·芬奇在给模特作画时，四周围绕着乐师、歌手和小丑，就如爵爷一样。后来，画家们若要重现莱奥纳多的工作像，他们则会选择这样一个画面：达·芬奇穿着最体面的节日服饰，在一所摆满漂亮家具的画室里，好像在真正的宫廷的文学沙龙或世俗沙龙里一样，就如贝尔提尼那幅藏于米兰的画所表现的那样 。②

从 1490 年起，莱奥纳多的研究呈螺旋形前进：这些研究好像被安排得有条不紊，就算没有计划，也是按一定的逻辑进行。他一面为巨马和组织节日操劳，一面研究他基本的工具——作为"心灵之窗"的眼睛的作用，从而研究视力的机理、光的性质、星体反射或产生光的方法；这又使他思考水的运动，然后是声音的扩散，他注意到音波、湖面的波浪及太阳的光线之间的类似处。于是他在暗房里做一些试验，在黑影中又做一些试验，这样又回到绘画上来，但有了新主意……

我们一直不知道应该说这是他的理性发现还是直觉的闪现。他的方法和他的阐述常常不走正统路子。我们在阅读他的笔记本时也常常赞叹着迷。例如，当时根据希腊哲学观点，人们以为视觉的形成是由眼睛

---

① 曼贴那或佩鲁贾在这一时期积蓄的金钱远比莱奥纳多拥有的微薄财产来得多。后者一点都没变富，挣多少花多少，他还没有什么特殊的地位。但是他却表现得很脱离于自己这一行业，拥有一副贵族的派头（受阿尔伯蒂启发），而没有一个同行热衷于此。（他说："谁愿意一日暴富，然后被吊起来一年。"还有："对于产业和物质财富，你要一直保持怀疑态度，它们常让它们的拥有者蒙受耻辱，当他失去了它们的话，他又将遭到取笑。"）

② 贝尔提尼的画作《莱奥纳多在摩尔人卢多维科的宫廷》现已遗失，只有一幅照片记录下来。18、19 世纪的雕版画，比如古内戈的《莱奥纳多在工坊》或者甘迪尼的《卢多维科·斯福尔扎和莱奥纳多》，也是同样推广了这样的画家公爵的形象。

投射的各种微粒（spezie）形成。莱奥纳多却认为眼睛根本不散播任何东西，只是接收光线。对眼睛进行解剖和研究后，他发现了晶状体，区分出中央视觉和周边视觉，他发现眼睛记录的形象是反过来的。他模糊地瞥见了老花眼的原因（他也许正受此困扰），并设计了一种隐形眼镜（他应该为如何磨制感到头痛）。[①] 他第一个找到了立体视觉原则——立体的感觉。他认为光是移动的（而他所在的时代认为它在瞬间充满世界），（也许）并试图计算它的速度。为了解释它的传播，他提到"震动"（tremore），即今天我们说的"振荡"。在费尔马之前一个世纪，凭借亚里士多德的学说，他阐明这个基本原则："每项自然现象都通过最短的道路产生。"他的某些实验预示了伦福德的光度计。他一直解释到天空的蓝色是如何产生的，"我认为我们看到的天空的蔚蓝色不是它自己的颜色，而是来自热的湿气，它们受到阳光的照射，蒸发成极小的难以觉察的小粒，在覆盖它们的茫茫黑暗下发亮……"他是怎么猜到我们大气层外的无边黑夜？

我在这列举的只是莱奥纳多在光学上做的研究。我本应该细细研究的也是这方面和他在声学、水、动力、碰撞及伴随而来的力和重力，或许还有地质学、植物学、语音学上的研究。这位杰出的天才在任何时候都没有停止过"发现"，而且这些"发现"都令人难以置信地——几乎有点诡异地——走在时代前面（梅列日科夫斯基把他比作"一个醒得太早的人，天空还漆黑一团，众人尚在沉睡"）。而科学界在长久惊讶之后，到了今天还犹豫不决，不知该对这些发现——或这些发现的萌芽——给予什么评价才是公正的。

有时这些发现合乎后世证明的科学原理，他写道："火苗不生的地方

---

① 莱奥纳多在寻找如何借用玻璃器具刺激眼球的运作时发现了隐形眼镜的原理。

不会有呼吸的生物。"[1] 他好像触到了现代化学——但也许只是重提日常的观察结果（在矿井深处劳动的矿工也可以说出这话来）。我们可不能上当：他完全不知道什么是氧气。莱奥纳多呼唤拉瓦锡，可他不能跳出时代与之相逢。同样，他发现了折射作用，但不能加以阐明，他三角学的知识不够充分。他对水蒸气的属性很有兴趣，但远不能发明蒸汽机。他似乎在伽利略之前一百年发明了望远镜，他写道："你去做玻璃，去看大号的月亮。"但即使他造出了这设备（对此我表示怀疑），他也没得到好处。他的设计太简陋了，无法引起天文学上的革命。从表面看，莱奥纳多坚信行星是绕着太阳转的 。[2]

在某种意义上说，通过科学史去领会莱奥纳多的发现，就会曲解莱奥纳多的科学成就。必须要谨慎小心。我无心与人争论。就我个人而言，我佩服莱奥纳多获得的数不清的成果（尽管人们指出了这些发现的局限和不足），佩服他求知若渴，佩服他坚忍不拔，从不间断地进行研究，不断向自己提出前人从没有提出过的问题，我佩服这个自学成才的人，凭借一些寒碜的工具探索研究宇宙，好像只是拿来当作消遣一样。他主要通过类比方法，最终成功制定了普遍的理论——扎实有力的严密理论。他引用亚里士多德的话，自己也这样说过："该赞扬还是责备一个

---

[1]　莱奥纳多用非常医学的手法，写到火焰时采用"活着"一词——不是"燃烧"或者"发光"。同样，他提到往水里丢去一块石头会造成的水的"伤口"，或者在说到地球引力的时候，用了"欲望"一词。让人感觉他对于大自然采用了一个心理学的研究方式。他使用的这些语言实际上都源自他对人与自然本来合一的观念。他用了帕拉塞尔斯的口气说："古人称人类为小宇宙，这一说法非常有道理，因为人类也是由土、水、风、火组成的，与世界的身体相似。"

[2]　莱奥纳多说："太阳是不动的。"这句话欺骗了许多研究者。这句话的上下文显示，莱奥纳多根本就没想要建立一个所有行星绕着太阳转的"日心说"理论。

人，只要看他依其能力做了什么或者没有做什么。"①

我们也曾在游戏中往水里扔石头，我们当中有个人发现，被抛出的两块石子在平整的水面上各自造成了一组同心圆水纹，水纹渐渐扩大、相碰，互相交错却没有折损形状——莱奥纳多觉得奇怪，但他推断出什么结果来了吗？他观察到，水当时好像动了，其实并没有；他说："它看上去是动了，其实它像那类小伤口，裂开后很快又闭合，好像有了反应似的。说它动，不如说是'震动'了一下。"（图8.2）水纹相交而没损坏，是因为"水的所有微粒是同质的，这种'震动'传播给了旁边的微粒，本身并没有动"。这样给水波下了定义之后，莱奥纳多发表文章说声和光在空气中也是以这种方式传播的。即使后来发现他的推断是错的，那又怎样呢？

大自然是他的实验室；他本人就是他最完美的研究调查工具。他说，睁开眼睛吧，只要细心地看，你就能理解许多事情。

他考察岩石的裂缝、河水冲刷下的沙砾、河泥和淤泥。从山的沉渣里发现了贝壳、藻类的残渣后，他明白大洋从前曾覆盖过陆地。②蜡烛头、针眼、漏斗、桶、金属盒都会使他得出最惊人的结论。装满水的玻璃球被他用来做聚透镜。他在纸上戳了许多小孔，再将这张纸在白墙屏前移动，用以确定光线的轨道。在黑暗中摇摆的炭火好像画出了一条火线，一把插入桌子的刀颤动着，看上去像两把刀似的。他从中悟出了眼

---

① 莱奥纳多在这里很例外地注明了其出处："亚里士多德在《伦理学》的第三卷中……"
② 莱奥纳多："你如何解释那么多种类的叶子被冰冻在高高山顶的岩石里，而其中还混有海藻、贝壳与海沙？你还会看到同样被石化的东西，比如被撕裂成碎片的海蟹，与海扇贝混杂在一起。"莱奥纳多似乎在这一阶段正在思考"海平面随着时代变迁而降低"，并没想到地壳的运动形成了山脉。

图 8.2 《关于水的运动的习作》
（温莎，皇家图书馆）

睛在辨识变动迅速的画面上有困难，他发现乐器的弦索在颤动时好像变成了几条，可见眼睛不是立即就能吸收视觉印象的——这不就又是一个证据，证明眼睛纯粹只起接收的作用，而光以很高的速度向它移动么？

莱奥纳多的第一批笔记开始于他抵达米兰的时候，基本上都是些关于机器的论述，这些笔记让我们看到了这位工程师的进步。由于经常到帕维亚的大学学习请教，他逐渐成熟为专业学者：对技术问题的深入使他提高了对运动和零件等的系统分析能力，并从中找到了他的努力方向。传统科学对他来说显得无能而可鄙，他对一切都提出了疑问，他自豪地说过好几次："面对那么多事物，实验足以让每个人都能清楚理解和掌握它们，在几个世纪里却被搁置、忽略或被错误解释！"①

　　他本人好像常常自相矛盾：一面按普遍的观点办事；一面又想检查它的理由和根据是否正确。若实验使他得出相反的观点，他就多次重复试验，直到得出无可否认的证据才敢确定个人的看法。大部分情况下他都只是在随便抓到的纸片上记下工作的成果，却少有兴致和耐心给它们分类，别人很难看出他的最后结论到底是什么。

　　事实上，他几乎是从零出发的。他不经常去大学——我们可以说他连中学的课程都没有上过，他甚至没有学完学徒的课程（建筑学就是如此）。他的知识是边做边学得来的，在观察、阅读和询问中积累而来。很快他就发现如果不扩大知识面、不打好基础，尽管他的眼力和绘画确有天才之处，但他若不从书面上领会事物，若不能正确地用语言表达它们，他的成就不可能太大：世界属于那些能够说明它的人。

　　为此，1490年，在他三十七八岁那年，他开始自编一种词库，他在一页页纸上写满了各种各样的字词。在一本笔记本里（《提福兹欧手稿》），他写了共有将近九千个字，一列列密密麻麻地排着。基本上都是些词汇，或为外文，或为编造。令人吃惊的是中间夹杂着民间俗语。只有一次，在四页纸上，单词按字母顺序排列着，还加上了简短的说明和定义。如：

　　"ardu：艰难困苦的

---

① 莱奥纳多还说："眼睛，经验清晰地告诉了我们其功能。直到我的时代，它们已经由一大批作者以某种方式确定下来，但我发现完全不是这么一回事。"

alpin：阿尔卑斯山的

archimandrite：修道院院长

ambition：带着竞争之意力争前列

……

syllogisme：一种表示怀疑的论述方法

sophisme：诡辩

schisme：分段

stipendo：一对士兵 ①"

　　这些单词大多数不按逻辑也不加解释地排列着，以至于有些文章的作者（如史提特斯，莱奥纳多对他来说是个被分析的样本）根据弗洛伊德的自由联想原则加以解释。应该承认这是很吸引人的一种解释方法，比如这张表的开头，莱奥纳多起笔写道（他是自右向左反过来写）：

"怀疑

建议

嫌疑犯

公众的

劝告

感情

理智的"

---

① 有些作者错误地认为莱奥纳多有意愿要编撰一本真正的字典（用以出版）——甚至是某种哲学论文……

我们是不是从中又一次看到他爱自寻烦恼的癖好和秘密？在同一页纸上还可看到：

"被确定的

生了根的

被找到的

快乐

结合

行动

引入

放弃 ①……"

这可能反映了他被侵犯的、苦恼的性欲。这会不会也是他自我探究的一种方法？然而也可能是他在阅读过程中逐渐抄下这些字（这也不能排除所说的精神测试的嫌疑）：每当他在一本书里碰到少见的字，或是令他觉得困惑或觉得有用的字，为了以后不会忘记，他就自动把这些字储存在词汇表里。很快他就可以自豪地说："我掌握了母语中那么多的词汇，以后我只能抱怨自己没理解事物，而不是自己不能正确表达思想了。"

从15世纪90年代开始，他的阅读量大增。他在笔记本里多次提及他经常阅读的作者。由于有酷爱列表这一古怪的癖好，他在1497年和1505年两次清查自己的私人图书室。我们因此了解到他阅读了170多

---

① 我们可以认为这一列单词是写给学生们用的，尤其是萨莱，因为莱奥纳多一定负责了他的教育。但在这种情况下，是否该反写字呢？（莱奥纳多左右手都能写字，只要他想写好，字迹就能很端正。）

本书籍。从《圣经》到《大阿尔贝》，从奥维德的《变形记》到阿尔伯蒂的《建筑学》；还有数学方面的各种著作、修辞学、手相术、圣依西多尔编年史和外科概要、有关尿液的小册子、蒂托·李维的《罗马史》《记忆的艺术》、布尔奇尔罗的《十四行诗》、普林尼的《自然史》、亚里士多德的《物理学》、一本极富中世纪特色的《美德之花》和好几本寓言故事集——他应该特别欣赏这几本书，因为他整页整页地借用其文字……

在《提福兹欧手稿》第一页上（在注释和讽刺画之间）写着这些话："阿米阿努斯·马尔切利努斯说，恺撒时代，攻打亚历山大城时烧了七十万册书籍。"就像是在哀叹，源于他对文化贪婪的胃口。这个男人自称"没有文化"，但他拥有的书比当时许多学者都要多。

许多古代流传下来的科学著作最吸引他，而他不是总能得到意大利文的书籍——就是因为没有手抄本，如阿基米德的《论浮体》的拉丁译本，他就花了多年时间去找。

四十岁那年，为了继续学习研究，他开始学拉丁文。他从小笔记本开始（很感人的手稿 H），像中学生似的做动词变位的练习：amo，amas，amat…（我爱，你爱，他爱……）他对西塞罗使用的语言一定有了些概念，但不够清晰：当他试图自己翻译最简单的句子时，他在曲解语意、逻辑不通的语句中挣扎。在他看来，"Caelidonium auctores vocant ipsi falcastrum"的意思就是一种卷成羊角面包一样的武器。

动词变位、性数格变化还有语法（他几乎把尼科罗·佩罗提的整本语法书全部都抄了下来），以及和拉丁文词汇（他从吕吉·浦尔契那里摘录），新的词汇使他的词汇量大增。他终于可以独自阅读古代先贤的作品，不用像以前一样需要学者朋友的帮助了。

莱奥纳多边看书边做笔记。他收集词汇，尤其喜欢誊抄，几乎会一个字一个字地抄下一大长段他感兴趣的文章。他有批评和想象能力，会对他记下来的东西进行评论，对照他设计的东西作画。

在研究罗贝尔托·维特鲁威的《论军事艺术》（1450年完稿，1472年发表，1483年再版）时，他熟悉了复杂武器的名字。他重绘出更精细的图纸（原本都只是粗刻的木板），并重制武器——改良了性能，按想象改造它们。这为他设计新型武器提供了灵感，他也许还把图纸卖给了米兰的军火商。这不乏前例：塔柯拉（外号是"锡耶纳的阿基米德"）、德国人孔拉·凯塞、4世纪的拉丁语作家维日斯就借鉴过维特鲁威。

莱奥纳多设计了惊人的、形如飞碟的坦克（图8.3），手柄操纵四个轮子的活动，和前人设计的各种坦克车有许多不同（包括居·德·维吉瓦诺的设计，动力来自风车磨坊）。把前人简陋的草图与莱奥纳多无可挑剔的图纸比较，差距一目了然：莱奥纳多的坦克清楚、精确、立体感强，无论是剖面图还是运动图，都很像实物，各部件分工明晰。而其他人的设计好像是典型的中世纪产物，虽然在原理上两者很接近，但给人的感觉就如拿高尖端的技术和初期阶段的做比较。后来他又改善了自动坦克，加上了齿轮"马达"——一个用于传输的系统——努力减少零件之间的摩擦力。他的水平比同时代的工程师高出许多。事实上，他那紧张的、精巧的笔法和令人印象深刻的排版，表现了其奇思妙想的本能风格，我们这个时代的出版商们仍不倦地模仿，常常借用。

同时，通过"解剖"机器——他从不同角度展示其机理，以截面图、分解图一个零件一个零件的展示，他交出的三维图构成了他的主要发明，清晰而精确的模型图可代替实验——对细节专注非凡。他研究机器的每个零件，用研究人脸的同样办法，从局部开始：眼睛、鼻子等。

图 8.3 《飞碟形坦克草图》
（伦敦，大英博物馆）

在电脑制图出现之前没人能画得比他更好。莱奥纳多也可能复制已存在的坦克设计图，他在重绘之时已用自己的方法进行了创新。

他把好几个学者的言行论述记在笔记本里，但由于他从来不写明出处，这些借鉴（文学、技术和科学上的）和他原创的设计完全混合在一起，有些句子好像是他写的，其实是抄普林尼或埃索普的；或某个"发现"事实上是佩克汉或阿尔－阿桑的；或某个"发明"是他的同时代人早就熟悉了的。但要去判别他留下的几千页资料，我们必须要深入掌握他所处时代的文化，阅读所有他读过的书，考察所有他可以看到的东西，所有他应该听说过的事。然后，下一步就该研究一下同代人对他的工作的了解，看看他们如何应用他的设计，他的笔记又经过了多少人，例如瓦萨里知道莱奥纳多画了"磨坊、缩绒机、水动力机和其他用于抬起巨大重物的机器"。当然这些机器都消失了，在这种条件下怎样才可以估量莱奥纳多的创造发明的重要性、新颖性和伟大意义？

当我们发现他创造的潜水服和掌状手套在阿基米德或阿尔伯蒂时代就存在了，他的海底帆船和塞萨里阿诺（布拉曼特的学生）在斯福尔扎城堡的壕沟的实验类似，我们就感到失望。莱奥纳多有时候会抄下那些因为天真稚气而让他觉得好玩的文章，比如他写道："出生在炎热国度的人喜欢夜晚，因为那带来凉爽，他们讨厌炎热的阳光。因此他们的肤色如黑夜一般。而出生在寒冷国家的人则相反。"[①]想到这一点，我们就松了一口气。

他对技术进步的贡献被他那个时代的技术浪潮卷走，但他的许多惊人的创造发明（或改进工作）是不可磨灭的，尤其是那些纺织机器，在他看来那比印刷机更有用、更先进、更完美：带有纺锤、散热片的纺纱机，还有织布机、绞扭大麻机、剪帽子机、制针机……他是无可争议的天才机械师——目光远大、预示了工业时代的天才。从这个意义上说，他的机器（计算数目的话，还要加上他发明的工具、乐器和武器），至少是朝着自动化系统方向在发展。

总之，不管人们在文章中怎样贬低他发明创造的价值并指出它们的局限性，莱奥纳多的科学技术作品依然特色鲜明，尤其是它们包含的倾向、意图和愿望，非常伟大。从 1490 年起，很明显，莱奥纳多在严格地消化和清点（根据他所说的"我的数学性原则"）全部人类知识，组织它们，需要时改正它们，可能的话还加以扩充。

---

① 莱奥纳多的另一则笔记使我们可以看到他一点都不相信黑人色素的来源是太阳："埃塞俄比亚的黑人种族，根本就不是因为太阳晒的……因为如果一个黑人和一个白种女人交配，生出的孩子是灰色的。这就证明母亲的种族和父亲对胎儿产生的影响力是一样的。"这是不是又一次他降低父亲影响的机会？

　　这种渴望是疯狂的，存有这种渴望本身就是一种不理智的行为（如他所说①）。但总之，正是今天想要了解"存在"的需求诞生了这一渴望，而这个渴望随后确定了"存在"，这两者界定的范围超越一切。

　　这样的计划不是一天就产生的，它是随着莱奥纳多知识逐渐丰富逐渐形成的。

　　他以客套谦虚的语调写作，却藏着许多辛辣的讽刺："我不能挑选特别有用、有趣的材料，因为前人已经拿起了所有有用的和必需的题材，我就像那些穷苦的人，最后一个到达市场，不能随心所欲地买自己要买的东西，只能要那些别人已经看到的，但因没什么价值而不要的东西。于是我把这些被许多买主蔑视、弃置的商品装进我寒酸的行囊里，把它们分发到贫穷的村镇里，而不是大城市，好收回购买物品花的钱。"福楼拜本来也应该把这些话放进那两个不知疲倦的文抄公——布法尔和白居谢——的嘴里。

　　莱奥纳多首先不加区别地在有限的领域里摸索，然后他热情澎湃地在越来越辽阔、肥沃的土地上开垦。他在那里发现大地原是一体，和人类相似，所有的东西都如此。②他很快发现他在笔记本里储藏了最丰富的收成，但为了什么目的呢？

　　作为阿尔伯蒂的竞争者、亚里士多德和但丁（其《神曲》被归类为诗歌，但包含着一个时代的文化）的忠实读者，莱奥纳多考虑把他所得的东西表达出来：也轮到他给世界贡献一本以论文的形式写成、类似《神曲》的手法的百科全书了。他曾几次打算把他的笔记本分类、整理后出版

①　莱奥纳多说："最大的快乐会是惨剧的起因，而智慧的完善则是疯狂的机会。"他还说："别想要不可能的东西。"
②　莱奥纳多引用阿纳克萨格尔的话："万物源于万物，且万物归于万物，因为所有元素中的东西就是由这些元素组成。"

发表，做成一份事业。他曾说："当你把水力学的都放在一起……"或以很形象的方式说过："书的顺序按这计划排列：首先是简单的横梁，然后是由下面的横梁所支撑的梁，先是一部分吊起，然后把整个吊起来，随后是支撑其他重量的梁柱。"他为自己各种论文预备了一个顺序："机械科学的书应放在实用发明的书之前。把解剖学的几本书联系起来。"

　　有些日子，他忍不住梦想自己已经找到了支配世界各类规则的唯一法则。他已经写下这样的话："运动是一切生命的原则。"他认为整个物理现象取决于四种力量（potenze），即运动、重量、力量和冲量。①

　　这种要整个深入了解和阐述所有知识的热烈希望，其实和画家的愿望相符——画家"虚构无限的形式、动物、草、植物和场所"，在图纸有限的空间里，包含世界里一切形象，是独自"与自然争吵和竞争"的人。搞科学的人和搞艺术的人一样希望能博学多才，事实上在任何时候这两种人都没有区别。

　　莱奥纳多说，画家是一切人和物的主人。"他能画出让人产生爱意的美好事物，如果为了吓人他能画出妖怪似的东西，为了逗笑或引起怜悯，他就画小丑。他是它们的主人和上帝。"他有能力创造田园诗般的风景，莽莽山脉，怒吼的海洋，直到虚构的形体，大自然未出现过的造物。他宣称："绘画的神性特征使画家的想法变成了体现上帝思想的画面。"

　　瓦萨里批评莱奥纳多相信异端邪说，不依附任何宗教，把"科学知

---

① 莱奥纳多说："没有机械器具，大自然无法让动物运动，我在这本书谈及了自然在动物身上制造的与运动相关的所有东西，证明了这一点。因此，我创立了四自然力的法则，若没有四个自然力，大自然就无法让动物运动。"

识凌驾于基督教义之上"。他头一个可以批评的是他的骄傲，正因如此他才会说出亵渎神灵的话：1490 年底，莱奥纳多越发认真地想像鸟似的飞到空中，像鱼似的潜入水底，与全能的上帝较量，像文明之父和人类文化的恩人普罗米修斯那样向宙斯挑战。

莱奥纳多瞧不起装腔作势的神甫，批评他们"空口说白话，积敛钱财，把天堂当花销"。他写道："许多人拿欺骗和假奇迹做交易，愚弄众生；要是不揭穿他们的诡计，他们就要横行于世了。"

从宗教物品的生意，他谈道："我看见基督又被出卖、又被钉上了十字架，看见他的圣徒成了殉道者。"[1]他挺身而出反对赎罪券，批评教堂过于豪华，批评强迫参加忏悔的教义，批评盲目崇拜圣人。他讥讽无用的高级教士一味"取悦上帝"却终年无所事事，享受着豪华的住所。当时整个欧洲都在进行宗教改革，这样的言论在知识分子界并不特别。比起顽固的萨伏那罗拉在讲坛上（或发表）的抨击言词，莱奥纳多还算温和。

莱奥纳多鲜明的反教权主义并没使他走向无神论者的道路。他相信上帝，相信不那么基督教的上帝。这个思想来自德国神学家尼科拉·德·居斯或亚里士多德，是斯宾诺莎所说的上帝的前身——在光的奇迹般的美里，在行星和谐的运动中，在人体内肌肉与神经的合理调中，在灵魂这难以言传的杰作里，他看到了这个上帝。他几乎要嫉妒造物主了，他称之为"第一动力"（Primo Motore）：万物的创造者是最好的建筑师，是他永远超越不了的机械师……

---

[1]　虔诚的米开朗琪罗关于基督（受难的基督）也写过类似的话："在罗马，人们连他的皮都卖。"但丁已经说过："在罗马，基督每天被出卖一次。"

在谈到眼球的时候，他写道："啊，这叫人赞叹的必需品！啊，这有力的动作！怎样的精神才可以窥透你的特性？怎样的语言能形容这奇迹？没有，一定没有。就在这儿，人类的言谈转化为神的凝视。"这惊叹道出了他的道德观，那是建立在唯一一条公理上的：尊重生灵。我不知道还有什么能比这更理智了。

他还说，绘画（或科学，在他看来，绘画就是科学）是可见物的女儿，是"大自然的孙女、上帝的亲戚"。你们看到了吗，他老是把一切与亲戚关系联系起来——音乐是绘画的妹妹，火焰是金属的母亲，真理是时间、实践的女儿等等——这是不是他又一非婚生身份造成精神创伤的表现？为了要寻找一个家，他把自己同整个大自然联系在一起，他把他的艺术想象为一棵族谱树，直接从造物主延续下来：他否认它的土地来源，他个人的宇宙学使他成为世界的受遗赠人，远离人类社会。他以四海为家，他的大量研究都来源于此的。

莱奥纳多肯定不去教堂礼拜，或只是以他的方式进行礼拜。他作品中没有金饰，没有天蓝色，他喜欢教堂一直都保持基本的宗教色彩（举例来说他想取消光环的愿望就表现了他的改革意图），甚至在表现非宗教主题时，他也以弥撒的方式表现万能的主创造的杰作，努力理解和反映它们。

莱奥纳多画了许多圣母像，一幅《天使报喜图》，一幅《三博士来朝》。他之前还从没画过成年的耶稣。1495 年，由于政局的相对暂时的稳定，摩尔人卢多维科要他画一幅《最后的晚餐》（图 8.4），表现导致耶稣受难的关键时刻，给了他实践他的绘画理论（从某方面说来是科学理论）的机会，他顺利完成了，也表达出了他深刻的宗教感情。

《最后的晚餐》一直都装饰着位于米兰的圣慈玛利亚修道院的餐室。这是莱奥纳多唯一一幅人们可以在原处观赏的作品。修道院的档案馆已

图 8.4 《最后的晚餐》
（米兰，圣慈玛利亚修道院）

被摧毁，但我们知道这个多明我会修道院是卢多维科公爵的钟爱之地：他常来此地冥想默思，他想和他的妻子贝阿特利斯以及后代们埋葬在此。他命人拆毁了祭坛和环形殿（它由索拉里在 1465 年开始建造），他委托布拉曼特扩充和完工这建筑。1495 年，半圆形后殿———一种用以支撑十六面的穹顶大形立方体还在建造中，两年后才完工。

　　同时，摩尔人也命人装修毗邻的修道院，他要求一位伦巴第的画家蒙托尔发诺在餐室的北墙上画一幅《耶稣受难图》，命莱奥纳多在对面墙上绘制一幅宽 8.8 米的壁画。

　　"最后的晚餐"当时被称为"耶稣的最后晚餐室"，意大利文为"ultima cena"，表现的是耶稣和他的门徒的最后一餐———在餐室他授给门徒圣餐。按照传统，这一主题一直以来用来装饰修院的用餐室。修士们坐着的餐桌，正好对应了"圣桌"，浮世与永恒相遇，这便实现了耶稣说的话："我永远在你们中间。"这一互相辉映的景象必然吸引着莱奥纳多。按歌德所说，他写生修院带有搁凳的桌子，还有桌布，"带着很明显的褶子、精致的条纹和流苏"，"还有他们平时用的碟、盆、玻璃杯"，莱奥纳多画中的虚构空间延伸了餐室的真实空间。他采用了透视的所有元素，这是戏剧场景的透视，因为就如在舞台上那样，他设立起能骗过双眼的建筑，给人增加了深度的感觉，他要制作出艺术史中最精巧、最成功的构图来。颇能证明这一点的是，《最后的晚餐》的第一批草图是几何学的：在一页纸上他指出怎样从一个圆画出八角形。穹顶和食堂土地范围的限制了大幅长方形油画的构图，它的中心是没影点（即透视画中平行线条的会聚点），用以安置耶稣的头。莱奥纳多首先歌颂的是欧几里得的上帝，其神迹通过尺子和圆规得到了庆祝。

他选择表现的"最后的晚餐"的时刻不是耶稣发放圣餐的时候（尽管面包和葡萄酒摆在他的面前），而是他向门徒们宣布他们当中有一个人出卖了他的时候。

《马太福音》中写道："到了晚上，耶稣和十二个门徒坐在席上。正吃的时候，耶稣说，我实在告诉你们，你们中间有一个人要卖我了。他们就甚忧愁，一个一个地问他说，主，是我吗？耶稣回答说，同我蘸手在盘子里的，就是他要卖我。"

莱奥纳多曾写道，画是"无言的诗"。他认为画首先通过人物的动作、态度和表情来表现文学，叙述故事——戏剧。

他以导演的方式解决这些"表演"问题。他记下门徒们的名字，并分派角色，他在一本笔记本里预先写道："一个在喝酒，放下玻璃杯，转头看向正在讲话的那个门徒；另一个手指交叉，皱着眉，转头向着伙伴；还有一个摊开手，露出掌心，耸肩耸到了耳边，震惊得张大了嘴巴；又一个凑在身边的人耳边说话，只手拿着一把刀，另一只手拿着切了一半的面包，伙伴转头向着他竖起耳朵倾听"等等（图8.5）。

图 8.5 《关于〈最后的晚餐〉的习作》
（威尼斯学院美术馆）

耳朵和嘴巴最为重要，话语引发动作，是动作的"载体"。双手表现并强调了交换的语言和反应。

我们于是可以在这幅作品中"读到"吃惊、怀疑、惊慌、愤怒、气愤、否认、猜疑：哪个门徒是叛徒？多疑的托马斯怀疑主人的话；菲利浦站起来，被这一背叛行为会引起的后果弄得心慌意乱；巴尔特列米也从座位上跳起来，他向西蒙询问，西蒙说他一无所知。这些人在慌乱地互相询问；那些人在愤怒，表明自己的清白、忠诚；好像有两股人流在两边如波涛在展开、咆哮、滚动，而耶稣在当中，形成等腰三角形，其平静压住了整体的骚动。只有耶稣最钟爱的门徒约翰，双目紧闭，歪着头，就像坐在身边的耶稣的镜中倒影，好像明白——按照《路加福音》的说法——"人子固然要照所预定的"走向他的命运。

莱奥纳多把门徒分为三人一组，共四组。有一个门徒尽管表情（或假装）和全体一样，然而与众不同：脸色阴暗的犹大躲在约翰的阴影里，手几乎触到了耶稣的手，他们在转瞬间，一起"蘸手在盘子里"，这动作暴露了他的背叛，正如耶稣刚才预言的。

15 世纪，为了让观众一眼看出犹大是叛徒，画家们剥夺了他头上的光环（只有他），并把他画在画面一角，与其他门徒分开，常常只画他的背部，并坐在餐桌的另一边（如西纽雷利、吉兰约洛、安德烈亚·德尔·卡斯塔尼奥①）；他们千方百计避免让十三个人坐在同一排，因为那会给人带来单调的感觉。然而莱奥纳多又一次打破了常规，他不用简单易行的办法，而使用暗影、表情、态度（犹大做了个后退的动作，神经质地抓住钱袋按在胸前），这就足以让人一眼看出谁是叛徒了。达·芬奇避免了人物的雷同，在打破常规的同时又忠于《圣经》的精神。以至于在他创作了这幅画后，自重的后辈画家都不敢再把犹大和基督及其他门徒分列在圣桌两边了。

莱奥纳多在他的笔记本里几乎是强迫症似地谈到嫉妒、诽谤、谎言、伪善、告密的危害性。他说言论如同毒箭和毒药一样能置人于死地，他从自身的经历了解它们造成的恶果。他写道："忘恩负义之徒记不住别人对他们的恩情。"还有："小过错常造成大恶果。""白鼬——纯洁的象征——宁死也不愿沾上污点。"）

自从发生了萨尔塔列里事件后，有关背叛的主题一直纠缠着他。也许自从他认识到父亲对卡泰丽娜始乱而终弃的错误后，这就一直萦绕在他心头。似乎在他一生中好几个阶段，莱奥纳多都发现有一些可耻的阴谋针对他。他认为自己成了被别人告发的受害者，他抱怨同类的伪善和

---

① 必须要研究一下把犹大放到圣桌另一端这一惯例的起源。（主要是在）15 世纪的佛罗伦萨画家中常能发现这一点。其他的早期画家并不管，而后主要是乔托，而不是皮耶特罗·洛伦泽蒂遵循了这个惯例，但却是由塔迪奥·加迪注意到了这一点。

邪恶。在他的笔记本里有一张写给摩尔人卢多维科的信稿，时间在创作《最后的晚餐》之前一两年。信中写道："有个人企图从我这儿得到更多他不该得到的东西。他的奢望不能得逞，失望之余，他企图把我的朋友从我身边夺走。但他看到他们很谨慎，不肯上当，就威胁说要在我的恩人面前控告我，让我失宠。我把此事禀告阁下，想令这意欲播下是非种子的人找不到土地，种植不了他邪恶的种子。如果此人企图把您变成他实现阴谋的工具，他会失望的。"

不幸的是莱奥纳多没写出这个挑拨是非的人的名字，也没有明确指出他在什么情况下树了这个敌人。更重要的是，那个人抓住了他的什么把柄。他亲手写的另一篇文章提到同样的事件、同一个人："我所犯过的或没犯过的过错，就算他拿来大做文章，还不能满足他肮脏灵魂的需要。我就是花费再多时间也不能向你描述他的真正天性，但我可以下定论……"下文缺失，我们没法了解更多。

"被虐待的美德"——莱奥纳多很乐意将这些词作为自己的墓志铭。我觉得他在救世主被人可耻地出卖，然后因犹大之吻而被恶毒的教士告发的事件中看到了自己。通过《最后的晚餐》，他又画出了一个他念念不忘的主题：人性中的纯洁与卑劣恶毒是水火不容的。

我觉得莱奥纳多和苏格拉底不同，他不相信人之初、性本善，在他看来有些人甚至不配有神赐予的漂亮躯壳。谈到骨架、肌肉、器官时，他说："我不认为粗俗的、道德败坏的、愚不可及的人配拥有如此漂亮的躯体和这么多样的机能。"他们的罪恶天性使他们不会欣赏人类（莱奥纳多还公正地提及了动物）的美好，不懂得尊重他们，于是互相残杀、撕咬、吞噬、背叛。愚蠢、平庸、卑贱、恶毒、贪婪，这些缺陷瑕疵令莱奥纳多愤怒，他写道："瞧，许多人只能做酒囊饭袋，只是制造肥料的工具，因为他们在这世界上没有别的用场。他没有给世界带来任何好处，只是填满了厕所粪坑。"

唉！人类中的大部分都是这样的人，我们就先看看自己，是属于愚蠢的，还是疯狂的。

于是他认为，人类断然地走在自我毁灭的道路上。差不多就在他画《最后的晚餐》的时候，莱奥纳多写下了谜语式的预言，其谜底是"人的残酷"："你会看见地上上帝的造物们在无止境地争斗，双方都遭受惨重的损失和伤亡。他们无比歹毒，在世界无涯的森林中，他们野蛮的手臂砍下无数的树木。一旦填饱了肚子，他们就以生灵涂炭为乐，让所有生灵死亡、痛苦、折磨、恐惧、流亡。啊，地球，赶快张开你的大口，把他们吞进你无底的深渊，别再让如此残酷可怕的妖魔鬼怪得见天日！"

莱奥纳多在《最后的晚餐》中，试图让基督的纯洁、稳定的几何形与邪恶卑鄙的犹大形象——他代表了凡人的共同形象——对立。犹大之恶是如此明显而生动，再明智的人都要惊得目瞪口呆（除了基督最心爱的门徒约翰）。

圣约翰说："他在世界里，世界因他而存在，世界却不认识他。"莱奥纳多为此写道："如果你遇到某个有德之士、善良的人，别让他离你太远。尊敬他，别让他为了躲避你的背叛而像个隐士似的躲在山洞或别的隐蔽之地。"他在写这段文字时，想到的是人之子耶稣还是他自己？

莱奥纳多动笔画《最后的晚餐》是在 1495 年左右。据传说（或换句话说，据瓦萨里所说），他画得非常慢，一直没画耶稣的脑袋。莱奥纳多这些年的大部分时间都在忙各种活儿，事实上，作品在两三年后就完工了（就让我们相信路加·帕乔利的话吧），总之，画家的进度不慢。

鉴于他是直接在圣慈玛利亚修道院餐室的墙上作画，而不是在他的工场里隐秘地工作，他很难不把他的作品公之于众。其中有贵族和"要人"。他并不轻视他们，还鼓励他们说出自己的看法。多亏他们我们才得到了一些关于他工作方法的目击证词，其中有乔万尼·巴提斯塔·吉拉尔迪，尤其是还有修院院长的侄子——作家马德奥·班代罗。

在他的一篇小说里（《路克》，1554 年），班代罗讲述在他还是少年时，怎样亲眼见到画家莱奥纳多一大早来到餐室，爬到脚手架上（《最后的晚餐》离地面有两米多高），马上就动起手来。"他从黎明一直待到太阳落山，绝不放下画笔，忘了吃喝，不停地画。有时他会两三天或四天不动画笔，他每天花上几个小时看着画，站着，双臂交叉，仔细地端详、打量着人物。我也看见过他被什么突然产生的想法推动着，不顾烈日，离开他正在雕塑泥马的维奇奥宫，直奔圣慈玛利亚修道院，爬上脚手架，抓起画笔，画上两三笔，然后离开。"

他顶着烈日赶去是为了做什么？他离开后是回去忙他的铜马了，（按班代罗所说，他当时还未放弃骑像），还是急于完成公爵交给他的其他项目？他急着回去，是不是因为他的队员正围着一台机器一筹莫展，等着他出主意？工作室里是不是有一辆坦克？还是他同时已经开始画摩尔人现任情妇露克列兹娅·克里维里[1]的肖像？还是有化装舞会或比武的行头等着他去设计？

我们知道他设计了《达那厄》的背景，还做了导演，这是诗人兼

---

[1] 摩尔人的新情妇露克列兹娅·克里维里有个窝囊的资产者丈夫，她是公爵夫人贝阿特利斯的陪同女官。莱奥纳多为她画的画像可能是卢浮宫里的《美丽的额饰女郎》。这幅肖像画不管怎样一定存在过：有个宫廷诗人宣称这个年轻女子不仅仅被诸神眷顾，拥有所有的才华和优点，而且她还拥有被卢多维科公爵——"所有亲王中的第一号人物"——宠爱的好运，并且有幸能被莱奥纳多——"所有画家中的第一号人物"——画了画像。

公爵的主事巴尔达萨尔·塔科纳的作品，于 1496 年 1 月 31 日在嘉列阿佐·德·桑塞维里诺的兄长、开阿佐伯爵的宫中上演。我们看到了有关这演出的一些笔记和草图，它的背景是逼真的城市场景，领先于威尼斯城东由帕拉奥设计的奥林匹克剧院。天空热闹得像天堂的节日，圆柱形的舞台装置机械，可以使演员突然在顶上出现，同时四周放射出一种熊熊的光环火焰……

切西丽亚·加勒兰尼命人给自己修建一座富丽堂皇的宫殿，莱奥纳多也许参与了装饰工程（完工于 1498 年）。他也参与了斯福尔扎城堡不朽的装修，或许还为一幢房子（给一位不知名的赞助者），以及一栋或好几栋别墅画了平面图。我们还看得到一些草图和这一时期的一些笔记，其中记录了这几个住所的建造工程，还有一份民房建筑论文的草稿。它们都在米兰，设计涉及室内和室外，无不显示莱奥纳多正红运当头。

他为贝阿特利斯公爵夫人设计了一个公园小凉亭，位于草木迷宫中央，是木制的，可拆卸。他还装饰了她城堡中的几个房间（或化妆间）。1496 年 6 月 8 日，卢多维科的秘书写道："负责化妆间的画家今天几乎做了件丑事，然后就走了。"没有更详细的说明了。他们威胁莱奥纳多要另找佩鲁贾代替他（但他没来），就如他们曾威胁他要找佛罗伦萨的雕塑家来代替他做铜马那样。迟迟没有拿到报酬，这个金钱问题也许是这次别扭的原因。公爵的钱库空了，艺术家们便是他们能想到的最后一批要付工钱的人——就如 19 世纪的裁缝。莱奥纳多多少有点强硬地要求报酬，他在给卢多维科的信件的草稿中这样写道："很抱歉，我正急等钱用。更遗憾的是这使我无法一如既往地听从阁下的调遣。"他又说："我非常遗憾，您会发现我急等钱用，因为需要确保生计使我不能……"找不到适当的词句。他又写道："我非常遗憾，需要糊口的现实强迫我干些零碎的活儿，而不能继续阁下您交给我的任务。但我希望不久能赚到足够的钱，好安心地满足阁下您的要求，我一直乐意为您服务。如果阁下您以为我有钱，那您就错了，在五十六个月中我必须养活六口人，而我只收到了五十个达克特。"

另一封恳求摩尔人的信稿也还保存着，可惜已被撕为左右两半。我们只能看到只字片语。里面谈到了铜马项目，谈到"改变其艺术"、不朽的光荣、他目前的贫困以及公爵夫人化妆间的装修。

写这些信的时候差不多是他的生母卡泰丽娜去世的时节，他要提防那些拥有"恶毒灵魂"的人抓他小辫子。这样我们就能更好地理解他的苦恼了。

我们不知道城堡的财务总管居阿尔提埃里是否最终收到指令给莱奥纳多发放工钱，莱奥纳多——据他说要养六口人——是否解决了糊口问题。他一定有好几个收入来源。再说他吐的苦水不如布拉曼特和贝林奇奥尼的多。据穆兹说："谁不知道第一次复兴时期艺术家们和人文主义者特有的哀诉呢？"此外，班代罗说过莱奥纳多光是靠《最后的晚餐》，每年就能领 2000 达克特，这还不算摩尔人馈赠给他的礼物和赠品。

不管怎样，莱奥纳多的这些记录告诉我们，他不能应公爵之召，因为他被许多"零碎的活儿"缠住了。他希望不久能赚够了钱，再安心地回到他的任务上来。

这些报酬挺高的零碎活或许是皮阿桑扎教堂的青铜门，或许是给圣弗朗切斯科教堂主祭台画的油画，或更有可能是莱奥纳多希望卖出去的发明平面图：织布机、制针机、轧机，甚至飞行器。因为很显然在绘制《最后的晚餐》和装饰公爵夫人的化妆间的同时（如果班代罗没搞错的话，也是他进行骑像制作的时候），他一刻也没有中断他的科学和技术研究。

1496 年 1 月的第二天，他记道："明天早上，我要做布带和试验。"
那是不是第一次飞行试验？

飞行的念头从他在佛罗伦萨时就产生了，甚至从他少年时代就开始
了。它第一次出现在一张画里（现保留在乌菲兹美术馆里），那是他画
《三博士来朝》的时期。大家也还记得在《天使报喜图》里他特别小心
地设计报喜天使的翅膀。从 1482 年起，在伦巴第，他的笔记比以前更
多地提到人能像巨大的猛禽般飞上天空翱翔的可能性。15 世纪 90 年代
初，他开始更频繁地观察鸟类，并建立了一种飞行理论（立足于在空气
的"力量"之上），画下了好几幅各种飞行器的平面图。他写道："鸟类
翅膀是一种按数学原理作用的工具，而人有能力制造这样的工具，完成
鸟的所有动作。"目前，1495 年至 1496 年间，他似乎把理论付诸实施了，
他试图进行试飞。他说过，他用作工场的维奇奥宫的屋顶是意大利试飞
他的飞行机器最便利的地方，可以"躲在塔后"，建造米兰大教堂圆顶
的工人们就看不到了。他希望试飞能秘密进行。

此计划在他的脑海一直盘旋不去——几年之后，大约 1505 年，热
情越来越高涨，他承认自己在某种程度上可说是为研究飞翔而生的。他
提到他著名的童年回忆，这日后成为弗洛伊德的研究起点："我躺在摇篮
里，一只鸢飞过来用嘴巴打开我的嘴，还在我嘴里拍打了几下……"

事实上，让人长出翅膀这一野心可追溯到古希腊罗马时代——佛罗
伦萨人还很清楚地记得伊卡鲁斯的神话，乔托和安德·比萨诺将之雕成
浮雕，摆在法院的旁边，用一块装饰钟楼的八角形大理石中的一块雕
成。这样的梦想在中世纪的基督教和阿拉伯的工程师们中延续着。在
13 世纪，英国哲学家罗吉尔·培根在他的书中曾列出一种技术研究，谈
到只由一人掌控没有桨手的大帆船、快得无法形容的自动车辆、威力无
边的起重机、不用绳索也不用支承就可架在河上的桥梁、探测海底的器

械，以及一种"飞行器，人坐在中间转动发动机，就可操纵人造的翅膀，像鸟一样拍打着飞上天空"。培根得出结论："所有这些机器在古代就已制造出来，今天也一定可以制造。我不知道有谁见过这些飞行器，但我知道有个专家已经拥有了一个制造它的方法。"

莱奥纳多不会不知道英国哲学家的文章，他记录说他的文章已经或应该印出来了。①但是他不需要读这些文章来知道里面的内容，他那些在帕维亚大学当老师的朋友们少不了在他面前提到它们，他经常去拜访的手工业师傅们也应该有那一套飞行器故事，当时的意大利工程师也试过飞行，例如吉奥凡·巴提斯塔·但提·德·佩鲁斯，1503 年他的飞行器在教堂屋顶撞毁。

莱奥纳多肯定又一次从现存的机器或机器的描述上着手。在中世纪工程师维拉尔·德·奥涅库的笔记本里可以看到铰接的鸟，能拍打翅膀；在英国图书馆的一份手稿中有一个降落伞，看着很像达·芬奇的降落伞——和所有白日梦一样，谁信了它们，冒险从悬崖上跳下，必定会摔得粉身碎骨——它们的翼展不够大，承受不起一个人的重量。然而这铰接的鸟、降落伞在小尺寸上就很好，可把它们当作玩具玩。莱奥纳多大概就是这样试验其飞行器的不同引擎的。他描写他的"直升机"（"如果这个形状如螺钉的工具做得好，即用麻布、淀粉塞紧孔，让它很快地转动，这螺旋器就能在空中旋出漩涡，飞得很高"）时，明确表示他想在第一次试飞时"用纸做模型，轴是钢做的细薄片，有力地扭动，放手后，它会让螺旋桨转动起来"。同时做飞行器时，他打算偷偷地在维

---

① 莱奥纳多说："Rugieri Baco fatto in istampa." 然而里希特曾注意到培根作品最早的版本是法文版，而且是在莱奥纳多死后四十年出版的。这句话仅仅只是一个愿望，还是因为信息错误？

奇奥宫的屋顶上试验，他写道："在大厅高处放架板，做个又大又高的模型。"

第一批试飞大概都取得了成功。由发条弹簧发动的小器械飞起来了，或用藤和绸缎做的滑翔机，上面甚至装了木偶。它们都很轻，可以升起或在空中维持一段时间。按照比例，莱奥纳多希望尺寸放大后它们能承受一个人的重量。在直升机里，他设计了直径将近十米的帆布螺旋器，从他的"飞机"简图看来，机翼不比它的小（它们当中一个约长 12 米）。加上承载的重物，一定超过几百公斤，他怎么能希望这样的机器能拥有飞行人需要的支承力呢？

这问题促使他研究鸟的翼展和重量的关系。他觉得没有什么确定的原则，因为某些大鸟如鹈鹕，它们的翅膀很短，而蝙蝠的翅膀与体形相比显得很长。[①] 考虑到他的计算太过近似，他试图做个展示大自然的奇迹的试验：在手稿 B 的一张纸上，我们看见一个人靠操纵杆活动大翅膀，就像蝙蝠那样，他身上捆上一块重 90 千克的木头，莱奥纳多由此推断出了承重力的极限。

从飞禽的解剖中，他考虑不同类型的翅膀，该用哪一种去做他的铰接翅膀。通过滑轮和细绳系统装置，它们可以折叠、定向、向上或左右拍打。他也寻找最轻、最软、最坚固的材料：由椴木、上浆塔夫绸、铺着羽毛的布、经明矾处理过的或抹了油的皮（皮带或布带）、生丝、幼松板和灯芯草（做骨架）、钢和角（做弹簧）。最后他还要解决平衡和静力学问题。飞行员是坐着、躺着，还是站着？怎样使他能同时使用四肢

---

① 莱奥纳多很仔细地研究过蝙蝠，甚至解剖过它们，所以看到他说出这样的话，会让人觉得很奇怪："因为它们的欲望太野性，当它交配的时候并不遵循自然规律。偶然相遇，雄性就与雄性交配，雌性与雌性交配。"

驱动和操纵机器？

在莱奥纳多的笔下，飞行器拥有如下这些版本：平衡棒似的独木舟、房子式的有支架的机器、有四个翅膀的大型昆虫、带有风磨的杂种葫芦。他逐步配上踏板、方向盘、帆、绳梯、手柄、吊篮、平台、定向缆绳、可收回的起落架还有梯子和减震器……

莱奥纳多充满信心，花了许多时间在他的"发明"上。在他之前虽有人试飞过，但没有一个人以如此的耐心、天才、勇气和热情去追逐这个梦想。

我觉得他经过深思熟虑之后，放弃了从维奇奥宫的高处跳下的试验（那会跳到大教堂的广场上吧？），他只有在检查飞行器翅膀的举力和试飞模型的时候才利用屋顶。他更小心了："在湖上试验飞行器，你要系上腰带，带上长羊皮袋（就像救生圈），万一掉在湖里也不会淹死。"

许多历史学家怀疑他没有试飞过，我对此持有异议。他设想过十种办法，可能终于选择了在《马德里手稿》中描述的一种类似风筝的飞行器或滑翔机（相当接近现代的三角翼悬吊式滑翔机），而不是配备了活动翅膀的机器，因为前者最不可能像石头般直直坠落。耶若姆·卡丹（其父为法兹奥·卡尔达诺先生，当时与莱奥纳多联系相当密切）说过一句话，证明莱奥纳多的确做过飞行的尝试，但以失败告终了："达·芬奇做过尝试而失败了。"（1550年的《探微》）

莱奥纳多确认过他从事过这方面的试验，也承认了失败。在15世纪的最后几年里，他在谈到人类残酷的长长的《预言》中间写道："由于自负，某些人想飞上天去，但他四肢太重，拉着他下坠。"他在此承认了自己的骄傲和虚荣的欲望。大家了解到他的希望和为此付出的艰辛后，以为他会灰心、失望、羞愧。暂时看来他是这样的，但为时不久。

几年后，回到佛罗伦萨，他更卖力地重新开始了飞行器设计。

还是在 1496 年，两位重要人物，一个已名扬四海，另一个声誉渐隆，他们都来到了米兰：他们是方济各会的修士路加·帕乔利和年轻的巴尔达萨尔·卡斯提格里欧尼。

路加·帕乔利出生在托斯卡纳的玻尔哥·桑·塞坡尔克罗，比莱奥纳多年长几岁（他应该五十多岁了），是阿尔伯蒂和皮耶罗·德拉·佛朗切斯卡的弟子，在佩鲁斯、罗马、佛罗伦萨、威尼斯从事数学研究。他发表了《论代数几何比例和比例性》，这为他建立了广泛的声誉。卢多维科公爵邀请他到米兰任教。而卡斯提格里欧尼还只是个诗人，来自曼图瓦。这两个人虽在不同领域，却追录着一个相似的目的，他们是知识渊博的编撰者，才能的推广者。帕乔利（瓦萨里说他以古代渊博的文章装点自己，"美化自己"）意图表现所有的数学知识，从欧几里得到列日蒙塔努，从勾股定理到商业的会计学；而卡斯提格里欧尼将要发表有关得体举止、待人接物、高尚原则、高明见解的全集——他是"完美的奉承者"，书中将让拉斐尔和其他当时的光辉人物对话。

卡斯提格里欧尼在书中提到莱奥纳多，但莱奥纳多没提到他——他好像完全不认识他，但他们见面的机会却不少，先是在米兰，然后在曼图瓦或罗马。相反，数学修士却一下子就吸引了莱奥纳多：莱奥纳多研究他的论文（同时买的还有《圣经》《历代记》，花了 119 个索尔，抄写了里面很多页），多次在笔记本里提到他，称他为路加先生。很快两人之间就传出了友谊的佳话。

那不勒斯的卡坡迪蒙托国家博物馆保留了一张漂亮的帕乔利和他的学生圭多巴尔多·迪·蒙特费尔特罗（以前叫雅可布·德·巴尔巴里）的

肖像。这是一个欧几里得形象的修士，身穿圣方济各会戴头巾的修士服，在他面前铺着绿色桌布的桌子上，我们可以看到一份几何手稿；在合着的大书上放着一个五面体、圆规、角尺和墨水壶。这都和莱奥纳多可能用的工具相似：放笔的笨重的圆柱形笔筒，可存放墨水，打开着，放在桌边，一端系着可拎着它的细绳；桌子左边放着一只很大的玻璃制器皿，好像飘浮在虚空中一样。

修士长着结实的大脸，目光坚定，博学，很有说服力——看上去便是很能让人信服的人，他一定让莱奥纳多很信服。我们会觉得奇怪，因为莱奥纳多素来蔑视那些"鼓吹和抄袭别人作品的人"（他本人只是借鉴别人的经验而已），但我们应该考虑到虽然他常常求助于这门学问，他自己的数学知识一点也不渊博。莱奥纳多虽然说过"若不是数学家便不了解我"，但也只是侧重于强调那种一致性、逻辑性和严密性。他很注重实用几何学的完善，这和当时的大部分画家、建筑师、工程师一样。在理论数学上，他就不能没有指导、建议和解释了。为了理解术语，他需要由一个大学教师——法兹奥·卡尔达诺或马尔里阿尼给他解释定义。他尤其不懂代数，数字感也不好，我们常见到他在计算中碰到困难，有时连简单的加法都弄错（是因为心不在焉？）——1504年，他统计他笔记的数量，其实他有50本，却算出有48本。他写道："25本小的，2本较大的，16本更大些的，6本由羊羔皮装订，1本包着绿羊皮：总共48本。"

帕乔利对他而言，有如无法估价的知识宝库。没有什么比抽象的数学更难理解，而帕乔利拥有解开它的钥匙。他对莱奥纳多的鼓励和友谊大大激发了莱奥纳多的求知欲。从1496年起，像他曾经对待意大利和拉丁语词汇一样，他突然狂热地在笔记本上，写满了开平方、乘法、分数和令人头晕的数字。他好像对大数字进行三四次方运算，纸上写满了令他陶醉的公设、公理、定理和充满热情的"几何游戏":长方形、正方形、菱形以及圆形、椭圆形,它们拆分、分裂、无穷无尽地变化。

帕乔利和莱奥纳多之间的吸引力是相互的。这一个解释欧几里得、阿基米德,另一个拿出他的研究成果,打开笔记本,展示他的器械、对于艺术的看法以及他个人对比例和谐的认识——他认为这可以运用到宇宙的任何领域。①

很快他们便合作出版了一本书——《论神圣的比例》(*De Divina Proportione*)——由帕乔利执笔,莱奥纳多插图。它于 1509 年在威尼斯出版。在 1498 年,原稿就已赠给了卢多维科公爵和嘉列阿佐·德·桑塞维里诺。在书的前言中,帕乔利向他的朋友莱奥纳多致敬,称他为"最杰出的画家、透视学专家、建筑师和音乐家,具备所有美德的大师,佛罗伦萨人莱奥纳多","他奇妙的左手"画了柏拉图定义的五个规则体,所有等边体和非等边体:四面体、六面体、八面体、十二面体、二十面体以及它们的变体(总之一共有六十多幅插图,有很多附有装饰的字母)。

瓦萨里批评帕乔利的《论代数几何比例和比例性》抄袭了皮德拉·弗朗切斯卡的著作;也指责弗朗索瓦一世的印刷师、法国人乔傅雷·托利没少掠夺莱奥纳多在《神圣的比例》中的插图:"我听说他偷偷地抄袭了画家、伟大的数学家和想象大师莱奥纳多·达·芬奇。"这当然有点夸张,莱奥纳多不可能是伟大的数学家,他最出名的倒是制造数学工具——有比例、带抛物线的椭圆形圆规等——他留下了这些简图。两

---

① 莱奥纳多说:"比例并不是在数字或者尺寸中存在,它还在声音、风景、时间和地点中存在,它存在于所有的力量中。"比方说,莱奥纳多试图在树木的生长中定义比例,他想在树干的圆周和树干上长出树枝的长度之间找出关系来。这只是某种心理作用。

个人并肩作战，取长补短（帕乔利给他朋友的科学教育添了最后一笔）。他们的观点不谋而合，就如在建筑学上莱奥纳多和布拉曼特观点一致一样，路加修士对艺术的建议好像是画家莱奥纳多的回声。我可以说，帕乔利对莱奥纳多来说，既是良师又是代言人。

艺术家莱奥纳多和数学家帕乔利卓有成效的合作或许对《最后的晚餐》的构图有所影响。这幅画不只是运用了几何学，它还表现了创作的热情。戏剧诗人乔万尼·巴提斯塔·吉拉尔迪在他的一篇发表于 1554 年的文章里认为，小说和戏剧作者应当从莱奥纳多创作人物的方法中得到启发。他说："这位伟大的画家，当他必须在画中引入某个人物时，首先要亲自调查这个人物的品质：他是高尚的还是低贱的，性情开朗的还是严肃的，此时正心情不安还是心平气和……经过深思熟虑，在他回答了这些问题之后，他就到与这人性格相似的人群平日聚集的地方去，专心观察他们的习惯动作、表情、举止，每次都能找到对他的创作有用的细节，然后把它们画在他从不离身的小本子里。跑了好多趟之后，他认为收集到足够多的材料了，才拿起画笔。"

吉拉尔迪是从他的父亲那里得到这些信息的，他父亲常去看达·芬奇在圣慈玛利亚修道院作画。莱奥纳多的笔记本提供了更多的信息，他习惯于到米兰某些"场所"艰苦地寻找他的模特——很鲜活地速写下这些人的样子，只为了创造一个画中人物。莱奥纳多在手稿的封面记道："每周星期六到公共浴室去，你会看到裸体的人群。"他还写道："克里斯托发诺·达·卡斯提在皮埃塔，他长着一颗美丽的脑袋。"或者："乔万尼娜有一张古怪的脸，她在圣卡塔利那医院。"他也去——表面上是为了同样的理由，为了发现"有趣"的长相——小酒馆、声名狼藉的场所和妓院。他说他曾经经过一间关闭着的房子，它有三个入口，有楼梯和独立的走廊，充分保障了顾客的隐私。几年之后，他也指出，在维尔切利纳门那边，"雅可莫先生（妓院老板？）的女人们"可以充当他的《丽达》的模特。[①]

瓦萨里说，莱奥纳多会花整整一天时间跟着一个有独特特征的人，只是为了研究他。据班代罗说，他也去画犯人受刑时的表情。畸形的脸、残废的身体、残缺的肢体特别令他惊奇，他曾说："朱利安诺·德·马利亚医生有个没手的助手。"他常常用快速的漫画似的笔法画下引起他注意的可怜的脸孔（图8.6）。于是在他最严肃的思考中就出现了肥胖的老人，好像被麻风啃咬过的龇牙咧嘴的怪脸，目瞪口呆或滑稽的面容，死气沉沉或精心打扮的老太婆（这些人也都是戈雅所无法抗拒的）。这些漫画式的人物很能取悦18、19世纪的人们，收藏者四处搜寻它们，雕刻家把它们出版成集。人们对莱奥纳多的病态好奇心有着各种解释。某些人认为这是他对完美的追求的一种反动，维克多·雨果在他的《克伦威尔》的前言中支持这一看法，他认为，人们厌倦了一切，甚至厌倦了美。有些人认为那不过是闹着玩的，当代人的不幸和外表的缺陷是英俊的莱奥纳多繁忙工作之余的消遣。我个人认为，这样的兴趣首先是迎合了当时的爱好（例如，大家知道，摩尔人就爱好罕见的奇特外形，不惜花重金从奇奥引进一个侏儒）；此外，奇特的外形不流于俗，并不符合达·芬奇要设立的比例性，这就进入了他的百科全书计划的领域。它们也同样是现实的一种，只不过滑稽人物夸张了常见的、大家都有的表情，也就是强调了它们。莱奥纳多说："好的画家基本上要表现两件事：人物和他的精神状态。第一件容易，第二件难，因为这要通过他的行为

---

① 莱奥纳多在找男性模特上应该没什么大困难，至少他可以使用自己工场里的男孩们。但是，女性模特因为他需要裸体的，可能只能在"下流的地方"找到了。

图 8.6 《五个漫画头像》
（威尼斯学院美术馆）

和肢体的动作才能表现。但可以在哑巴那儿学到，因为他们比一般人更善于用肢体表达思想。"在一个弱智人面前，他一定发现了"惊愕"的各种特点；面对狂怒的人，他发现了愤怒和失望的特点，依此类推。然后他把他的草图拿给周围的人看，看是否能如他所期望的那样吓住他们，引起他们的怜悯或让他们发笑。①

莱奥纳多大概是在城里大街上找到了《最后的晚餐》里的门徒的特征（以及他们各自的态度）。这令我们联想到费里尼对他的演员阵容的关注。上面提到的克里斯托发诺·达·卡斯提，也许使他受到启发，创作了圣约翰或另一位门徒的头像；某一位伯爵乔万尼，继摩尔塔罗主教之后为他创作基督提供了原型（基督的一只手是按帕尔玛的某个亚历桑德罗的手画的）。

按瓦萨里所说，吉拉尔迪曾讲过，1497 年左右，莱奥纳多完成了十一位门徒和犹大的身体，但还没为犹大找到令人满意的模特，还缺叛徒的头。吉拉尔迪说："修道院的院长看见他的餐室到处都是画家的工具，很不耐烦，就去向卢多维科公爵诉苦，因为公爵为这幅画给了莱奥纳多很优厚的工钱。公爵命人把莱奥纳多唤来，对他进度之慢表示惊奇。达·芬奇说他也对公爵阁下的话表示惊奇，因为他每天他都花两个小时在这画上。"（伦巴第的档案馆还保留着有关资料，记录了这件事原委："催促佛罗伦萨人莱奥纳多结束他在圣慈玛利亚修道院餐室墙壁上的作品，以便他能开始另一面墙上的工作。否则以前签的有关在限定日期内完工的合同就要取消。"）

---

① 洛马佐记述了某一日莱奥纳多娱乐一群农民，因为他们的长相很吸引他。他开了个宴会招待他们，逗得他们直笑，他则默默记下了他们表情的小细节，回到家后，"他画出的这些人物是那么栩栩如生，以至于观看此画的人们也如同宴会上的农民一样开怀大笑"。这幅画有可能存放于温莎。

尽管下了通知，壁画还是没有进展。以至于院长又去找了公爵。他重复说："就剩下犹大的脑袋了，差不多一年多了莱奥纳多没动那画，也不来看它一次。"摩尔人生了气，他又一次把画家叫来。莱奥纳多说，神父们不懂艺术，画家不是工人，使的不是铁锹。他承认自己好久没到修道院去了，但他天天都在为《最后的晚餐》工作，每天至少两小时。公爵问："你既然没去那儿，你怎么为它工作？"据吉拉尔迪说，莱奥纳多这样答道："阁下，您不是不知道我就剩下犹大的脑袋没画。他是一个众所周知的无赖流氓的典型，必须给他一副卑鄙的嘴脸。为此，一年或一年多之前，我天天早上或晚上到波尔格托去，阁下您知道那儿是首都的流氓集中的地方，但我还是找不到一张符合我想象中的恶人脸孔。只要找到了这脸孔，一天内我就能把作品完成了。然而如果我的寻找落了空，我会拿这个向您抱怨的院长的脸做模特。再说，他也非常符合我的要求。但我犹豫了很久，不忍心让他在自己的修道院里出洋相。"（瓦萨里有另一个版本，他让达·芬奇说出这样高调的话："这是他们工作得最少，而精神最高涨的时刻。于是他们有心要寻找新颖的东西，用手画出脑海里设想的东西，然后找到完美的表现形式。"）

莱奥纳多的回答把摩尔人逗乐了。吉拉尔迪说，摩尔人认为莱奥纳多是对的。画家终于找到了他想要的卑鄙面孔，他把它和自己已收集到的许多表情结合在一起（大概还有那些迫害过他的坏人的脸孔），很快就完成了那幅画。

今天大家仍不明白，《最后的晚餐》为何被损坏到这个地步，基督和他的门徒们的表情被糟蹋得一塌糊涂。想要了解原画，只能从大部分是用红粉笔画的他们脸部的草图中找了。大家都被画的匀称的结构所折服，为他天才的透视法和人物动作的表达方法而震惊。然而龚古尔的信中赞叹的这"世界上最美的，全部绘画中最杰出的"画中的人物已失去了他们的轮廓，全都剥落了，发霉、腐蚀了，就像被水淹过一样。正如亨利·詹姆斯在 1870 年说的，"成了影中之影"（《意大利时光》，1870）。

《最后的晚餐》从 16 世纪起开始恶化。到了瓦萨里时代，人们说它成了"一块炫目的印迹"。1624 年，据加尔都西会修士萨涅斯所说，"几乎没什么可看的了"。为了通向厨房，墙上开了一扇门，损害了壁画，毁掉了基督的脚和一截桌布。到了 18 世纪，人们两次修缮它，特别是修复者中有一个叫作贝罗提的人，不但没有修好画，反倒损害了它；人们把被损的部分从墙上划下来，用自己的办法重新画了一大块作品。1796 年，虽然波拿巴下了特别的命令，法国士兵还是把牲畜的草料堆在已改作他用的餐室里；共和国的龙骑兵也以丢砖头到门徒的脑袋上取乐。《最后的晚餐》又重新被修复过（1820 年到 1908 年之间，被修缮了三次）。第二次世界大战末期，炸弹落在食堂的屋顶上，莱奥纳多的作品因为有沙袋保护，几乎毫发未伤。1946 年至 1953 年，人们试图让它恢复原貌。基督鲜红的袍子，受难的象征色，终于再次浮现了。最后一次修缮用的是最现代化的科学方法，由今天的中央修复学院进行。

大家知道这幅壁画在 1500 年和 1800 年至少遭受两次水灾——据歌德所说，水淹进食堂高达 60 厘米——这就足以解释这幅画的不幸了吗？有人也说，修院的墙因为建造得很急，是由有多细孔的碎石构成的，保留了石灰渗出的湿气、盐和酸。但为什么《最后的晚餐》对面蒙托发尔诺画的《耶稣受难》却没有遭受那么严重的侵害？似乎莱奥纳多使用的特别技术在双重石灰层上褪色严重，他自己要对作品的恶化负部分责任。

此外它还不是字面意义上的壁画：它不是采用壁画手法用水稀释的颜料在生石灰上画的。这样的方法能使画耐久，但要求"动作果断、自信、迅速", 正如瓦萨里强调的（乔托用十天左右时间完工）。而莱奥纳多总是不满意他的工作, 不断修改人物形象, 还爱长时间地思考。他也许错误地使用了一种介于传统胶画与油画之间的技术。的确, 韦罗基奥的工场什么活都干, 但大型壁画除外, 这回学生要做师傅没教过的工作。达·芬奇知道在"干墙上画油画"的方法, 正如瓦萨里在《名人传》一书的前言中所说, 但若要《最后的晚餐》经受几个世纪的考验, 就很难讲了。

今天它只不过是个"著名的病人"（亨利·詹姆斯）。在 16 世纪它的无数临摹本 ①, 有些由他的直接弟子（如波尔特拉费奥、马尔科·多吉奥诺、塞萨尔·马格尼）制作, 让我们多少能猜到它的本来面目（尤其是细节和颜色）, 同时可以了解它难以令人置信的影响力。艺术家们没有弄错, 有了这幅莱奥纳多的作品, 绘画艺术翻开了新的一章。

瓦萨里、吉拉尔迪、班代罗, 还有莱奥纳多本人, 都没说明为什么摩尔人卢多维科在 1497 年 6 月那么急于看到《最后的晚餐》和修道院的作品完工。理由其实很简单：他的妻子, 公爵夫人贝阿特利斯在冬天去世了, 他希望修院里的一切都准备就绪, 可以迎接一个双人坟墓。他已委托给克里斯托佛罗·索拉里了, 他说："愿上帝允许, 让我们可以一起在那里, 直到复活的时刻。"

---

① 司汤达说他看到过超过四十幅《最后的晚餐》的复制品。这幅作品很早就在整个欧洲范围内被临摹了。在 15 世纪末期, 此画的雕版画就开始流行。路易十二曾想过要把壁画从墙上剥除下来运到法国, 据保罗·约伏的说法, 是要做一个复制品。弗朗索瓦一世做了一个壁毯的复制品, 在 1533 年送给了克雷芒七世。伦勃朗也用铅笔临摹过此画（纽约大都会博物馆）。在 19 世纪末期, 这是在全世界被临摹复制最频繁广泛的一幅画（雕版画, 彩色印刷, 石膏浅浮雕, 锡制品, 银制品等等）。最近我在里斯本的跳蚤市场, 很惊讶地在一天内看到了多于三十种不同的复制品。克拉克说,《最后的晚餐》"对我们来说已经不再是一个人创作的作品, 而是自然的产物"。

　　贝阿特利斯去世时和她活着时一样。她怀孕几个月，1497 年 1 月 2 日，她禁不住舞会的诱惑在罗切塔城堡里跳了舞，直到疼痛难忍。在夜里产下一个死婴后，她就咽了气。

　　她才二十二岁。那张本来玩偶般的俏丽面庞臃肿了，大家说她开始有点像老公爵夫人，她也只穿带条纹的裙袍，好显得身材苗条一些。卢多维科对她厌倦了，有了另一个情妇——露克列兹娅·克里维里。但贝阿特利斯仍是他一个宝贵的同盟，他任何事都与她商量，向她咨询的程度不亚于星象学家。她去世时，他对她的爱复苏了。在给曼图瓦侯爵的信中，他说办这个葬礼实在是一场痛苦和恐惧的折磨（还必须提到妻子的去世是雪上加霜，因为之前他的私生女比安卡也死了——她很年轻就嫁给嘉列阿佐·德·桑塞维利诺，去年一场"胃痛"夺去了她的性命，迷信的卢多维科感觉到好运弃他而去）。豪华的葬礼开始了，据米兰的大使们的记录，埃斯特的使者大声惊呼："点了那么多的蜡烛，场面真是壮观！"

　　他们肯定向莱奥纳多咨询过葬礼仪式，向他订了几幅宗教画（可能是修院大门上的《升天图》，现已遗失），以及城堡里用于悼念死者的"黑房间"的装饰。

　　公爵变得虔诚了，他吃斋，把首饰、银器、在维吉瓦诺的土地捐给多明我会修道院。公爵夫人的秘书说："宫廷以前是天堂，现在成了阴森的地狱。"然而卢多维科不能长久任由自己被悲伤吞噬。六个月之后，他恢复了原来的习惯，当时与贝阿特利斯同时怀孕的露克列兹娅·克里维里产下一个男婴。另一方面，局势也逼他重新开始复杂的冒险的外交关系，从 1498 年 4 月起，他加强结盟，在威尼斯、比萨、佛罗伦萨、德国、土耳其策划紧急而徒劳的阴谋。而此时查理八世因脑袋撞到门梁而过世，他的堂弟奥尔良的路易继承了王位，世称路易十二。他自称米兰公爵，并要求拿回他祖母维斯孔蒂的遗产。卢多维科曾请来的反对那不勒斯的法国军队这回准备好要征服伦巴第了。

斯福尔扎城堡又举办了欢迎代表团的芭蕾舞会。他们又要莱奥纳多负责装饰。我们永远无法知道公爵夫人的化妆室或"黑房间"是什么样子，但别人向他订的某些油画，却在 1901 年，在人们揭去覆盖着城堡北塔大厅（阿斯厅）穿顶的石膏之后得以重见天日。在一份 1498 年 4 月 23 日的文件中记载着：大家要求撤去那儿的脚手架（"阿斯"这名字就是这样来的——Asse 意为板子），只留下一架给佛罗伦萨的莱奥纳多师傅在 9 月前完成他的作品。

人们尽力恢复大厅原来的面目，并想在后来的加工下再现艺术家的意图，它也是时间的牺牲品；有一位过于热情的笨拙的修复师（一个叫巴沙尼的人），他想按艺术家的意图修复，就厚厚地给它抹了一层。这是个绿色的装饰画，大厅顶上刻着斯福尔扎家族的武器。大树干从树根盘结的岩石地层长出来，铺在穿形大厅中，它们像柱子般竖起，粗大的树枝相接交错，遮住层叠的底部石块。人们看见（或可以看见）从叶缝里透出天空的亮蓝色，以植物学家般的细心画出来的巨大树冠形成复杂的植物迷宫。人们被虚构的大自然的繁茂所迷惑。渐渐地，纠缠不休的枝叶显现出一种秩序，具有条不紊的构图和和谐的韵律。大概莱奥纳多动用了自己数学的知识。这一韵律由一条蜿蜒曲折的、到处与枝叶缠在一起的金色绳子决定（或凸显），人们看不到它和枝叶的尽头，它不停地伸展，从绿色的穿顶这一头伸展到另一头。莱奥纳多很耐心地在大厅的墙上编织并展开一条没有尽头的飘带。

树是公爵徽章中的关键元素，大概是象征人民和公爵之间的紧密联系（树还出现在卢多维科的武器上）。这样的主题并不新鲜。古代的哥特人就使用过它，布拉曼特也在建筑物中用交叉的树枝叶做装饰，我们在 17 世纪的威尼斯别墅里还看得见逼真的蔓藤花架。然而莱奥纳多赋予大厅的油画一种独属于他的特殊意义——他在其中讲述了自己的格言，这是一种代表了他的哲学的造型。

我们已经知道那个世纪热衷于用文字游戏来制造徽章:洛伦佐·德·美第奇以月桂树作为他徽章的象征；摩尔人卢多维科·斯福尔扎的象征是桑树或摩尔人的头。诗人们认为"芬奇"与"胜利"这个字相近，但"芬奇"在意大利语里也代表着"芦苇"或"灯芯草"，与"联结"也近似。莱奥纳多不会不知道但丁的诗句:"用如此甜蜜的纽带将我系捆。"（天堂篇，十四章）绳结对他而言是一种签名。

交织花体字或绶带饰，当时被人称为"达·芬奇花式"（图 8.7），出现在莱奥纳多变得多少有点繁复的草图中，在装饰品草图、刺绣的花样里（用于贝阿特利斯公爵夫人的裙袍?），在镶木地板、上彩釉的陶器

图 8.7　"达·芬奇学院"绶带饰

和细木镶嵌的、灰泥粉刷的装饰里都有；在《米兰女子肖像》中的袖子和发网里、在《丽达》中的编得非常漂亮的头发里都找得到它，还在剑的装饰柄、女人的手袋花边，甚至在建筑物的平面图和机器的简图里也有……瓦萨里说："莱奥纳多花了不少时间画交织花体字，在一个圆圈内，一条带子有条理地从这一头绕到那一头。它们当中有一个非常美丽、非常复杂，它被雕刻下来，还加上了他的签名：莱奥纳多·达·芬奇学院（Leonardus Vinci Accademia）。"一条无尽的白色线形成了复杂的缏带饰，以花环和涡状在黑色圆盘内部伸展。那圆盘是一系列由莱奥纳多或根据他的图画刻的木板之一（现藏有六份，保留在安布罗西亚纳），所有木盘都带有这些字，可能拼法不同，比如 Accademia Leonardi Vinci。它们让人误以为莱奥纳多领导着一间以佛罗伦萨的柏拉图学院为榜样的真正的学院。帕乔利在《论神圣的比例》前言中提到于 1498 年 2 月 19 日在斯福尔扎城堡举行了一次"出色的科学会考"，汇集了教会成员、神学家、"能干的建筑师和工程师，发明新事物的多产的发明家"。他说，莱奥纳多战胜了他们所有人。帕乔利只是提到了这么一次智力比赛，然而自他的文章开始，就形成了这样一个传说。吉洛拉莫·波尔斯耶利的《米兰的贵族》（1616 年出版）就提到莱奥纳多主持一个定期的聚会，人们天真地以为他会在聚会上主持辩论。1904 年，约瑟芬·佩拉当甚至出版了一本小册子，题为《莱奥纳多·达·芬奇在他的米兰学院的最后一课》。他在书中假设刻了缏带饰的木板是师父给优秀学生的文凭或奖励，好学生中有画家吕尼（在 1498 年时约十岁），洛马佐（也大不了多少），古希腊语学者如查尔孔迪拉和拉斯卡里以及帕乔利本人……有关莱奥纳多学院这一类的想法今天都被大家否定了，因为作为学校意义的"学院"在下一个世纪才出现。至于缏带饰木刻的神秘作用——大家认为它是莱奥纳多一个没有付梓的论文的卷首插图。"学院"也可能只是达·芬奇作坊的美称，在这种情况下，它就只是师傅团队销售的装饰设计而已（销售给刺绣工、首饰工、镶嵌工艺工人），"学院"相当于一种商标。

刻在一个圆形内的"达·芬奇花式"就如阿斯大厅里混杂在繁茂枝叶中的饰带装饰画，与莱奥纳多这位科学家和哲学家当时的根本状况相符。人们可以把它们当作哥特教堂的装饰，同时它又具有象征意义，象征无限和团结。它们宣告一条涉及万物的规则。莱奥纳多画在墙基的树根纠结着岩石，搞乱了岩石的排列；饱含树汁的树干被迫冲向天空，它的繁枝茂叶纠缠在一起如同迷宫；生活中的错综复杂挡不住要考虑大自然、所服膺的比例，借助于——如果可以这么说的话——耐心编结的绳结，艺术家和学者们肩负起让自然低头、使之转向和改正以及控制它的任务。从前莱奥纳多害怕在恐怖的黑夜中到深不可测的岩洞里冒险，而阿斯大厅那些光亮的、被降伏的欣欣向荣的繁茂枝叶，好像表示他已暂时地战胜了他心里的魔鬼。

第九章

荣誉和暴风雨

烈火炼真金。

——莱奥纳多·达·芬奇

《自然灾害》
（佛罗伦萨，乌菲兹美术馆）

1499 年 4 月 1 日，莱奥纳多有点满足地在笔记本里记录说自己已经拥有 218 里拉。在这个月的最后几天里，米兰大公卢多维科给了他一块地，位于城外，靠近维尔切利纳门，宽 16 杆，种着葡萄。米兰大公或许对这位艺术家特别满意，才奖赏他这块地；或许他的钱箱已空了，只好拿土地作为报酬。

　　莱奥纳多考虑建造一座房子。同时，法国的新国王路易十二向教皇波吉亚买了离婚书，这样就可以娶前任国王的寡妻了。她是他的外甥女，布列塔尼的安妮女王，一个丑陋的罗圈腿女人。没有她，他控制不了王国。轮到他被"意大利的硝烟和光荣"的糊涂念头缠住，他秘密与威尼斯联系，以反对米兰，通过威胁强迫佛罗伦萨保持中立。

　　卢多维科得悉山外在进行战备，看到他的大使们纷纷吃了闭门羹，被大家，甚至被费拉拉和曼图瓦所弃，他准备单枪匹马地面对法国人的怒火。他雇了雇佣兵，加强了要塞的武器装备。夏初，路易十二的军队开始跨越阿尔卑斯山，莱奥纳多对所有这些事都置若罔闻，他仍把时间花在物体的重量和运动的试验上，还为嘉莱阿·马利亚不幸的寡妻阿拉贡的伊莎贝拉做些白铁工。卢多维科把她软禁在威尼斯旧宫的一翼，莱奥纳多的工作室恰好也在那里。他给她安装锅炉和供应浴盆热水的管道，这样一来，公爵夫人随时可用上热水。他在笔记本的几页纸里画了锅炉和管道，我们从中知道理想的温度是把三份热水混上一份冷水。8月，法国人包围俯瞰塔那罗河的阿拉佐堡垒，莱奥纳多仍然冷静沉着地忙于公爵夫人的浴盆。

在卢森堡的路易·里尼伯爵、爱尔兰王室的奥比尼的斯图亚特和正在流放的米兰人让·雅克·特里武尔奇元帅，也就是米兰大公卢多维科的死敌的率领下，路易十二的部队很快就占领了安诺涅要塞（据圭恰迪尼说，驻军首领被人用剑刺死），然后攻下瓦朗斯、巴西拿诺、沃格拉、卡斯特诺沃。威尼斯人一面从东部攻打伦巴第，一面唱道："现在该米兰大公跳舞了！"嘉列阿佐·德·桑塞维里诺困守亚历山德亚城堡，后来惊恐地后撤，而他的兄弟卡亚佐伯爵无条件地向法国人投降。卢多维科尽管又是许愿又是发表动人的演说，也保不住他身后的首都。他的财物毁于一旦。感觉到风向已转，大势不好，他的将军们都背叛了他。恐慌之下，他把他的孩子们和剩余的财产送到德国马克西米连皇帝身边（他忙于和瑞士人的战争，无暇救援他）。他准备通过小路抵达因斯布鲁克，与他们会合。

米兰在9月14日投降，一炮都没发。10月6日，路易十二以胜利者的姿态入城，由于他们大力宣扬要减少税收，人民把他视为解放者而加以欢迎。意大利最富有的王国不到一个月就落到了法国人的手里。

米兰大公的许多宠臣逃离了首都。莱奥纳多还在举棋不定，里尼伯爵也许劝他为他服务，为他研究托斯卡纳的防御工事的状况，因为法国人打算直下那不勒斯，但却不懂得如何保住它。我们不知道他是怎样答应伯爵的，在他一篇古怪的备忘录中有关旅行的准备事项里，他提到了伯爵的名字，某些字是倒过来写的，让人云里雾里。他写道："去找 ingil

（即 Ligny，里尼），跟他说你在 amor（即 Rome，罗马）等他，你和他
到 ilopan（即 Naples，那不勒斯）。"为什么本来已经习惯写镜体字的莱
奥纳多在这里要用密码语言？这倒不是因为他耻于委身于紧逼不舍的敌
人，那个时代并没有这样的顾忌。我想他是有意要保住一个秘密，一件
他还没决定是否要着手的工程。

这篇备忘录中的另一句话表明了他与法国人的关系："用让·德·巴
黎的干上色的办法，用白盐和染色纸做……的方法。"这里说的
"让·德·巴黎"大概是让·佩雷阿尔，王室御用画家，此时正在米兰。
另一方面，大家知道，据保罗·约伏说，路易十二在圣慈玛利亚修道院
看到了《最后的晚餐》后非常着迷，问是否可以把它从墙上取下来，运
到法国去。如果当时路易十二没有想法子见见这位艺术家或是聘请他为
自己工作，那可就怪了。

莱奥纳多此时还没有替法国人服务。法国人激起了米兰人的仇恨，
他们在米兰人的国土上烧杀抢掠。画家也许看到他的朋友因此受苦受
罪，被入侵的士兵或示威者折磨[①]，他认为是逃亡的时候了。

写着里尼名字的备忘录告诉了我们莱奥纳多做的准备工作，他
首先考虑的是保存米兰大公给他的葡萄园（他在背面用镜体书写道：
"enoiganod al"，意为赠予，也许这就需要里尼或某个地位显赫的法国人
来做担保）；他在笔记本里记着带走几本书；"有两个打包了的箱子，方
便运走，达·芬奇给了赶骡人一些床单作为报酬"，他一共有三个箱子，
但他打算留一个在芬奇镇，他总还会回来，看看叔叔弗朗切斯科；他想

---

① 然而莱奥纳多似乎没有见到他朋友雅科莫·安德烈亚·德·费拉拉的受刑。雅
科莫参加的那个对卢多维科有益的阴谋在 1500 年 4 月才采取行动，当时莱奥纳多已
经到了佛罗伦萨。而雅科莫因为阴谋失败而被分尸。

到收回在圣慈玛利亚修道院的炉子和被人偷走的什么东西——字写得模糊,我们看不清楚;卖掉他不能带走的东西,尤其是脚手架的板子(就是他画《最后的晚餐》时脚下所踩的那些吗?);还要买"桌布和餐巾、帽子、鞋、四双袜子、一件羊皮大衣,以及翻新用的皮革"……他提到要带好几令纸和颜料盒(可能属于让·佩雷阿尔的);他还需要各种种子——百合花的、西瓜的——我们不知道他用来做什么。最后,在离开米兰之前,他很想学会怎样平整土地,并了解"一个人在一天能翻多少地"。

　　说到这里,他生活就翻到了新的一页。这些事务解决后,1499 年底,也就是那个世纪的最后几天,莱奥纳多把他的大部分钱财寄到佛罗伦萨的银行里——新圣玛利亚医院成了银行的办公地点,他家一直在那儿存钱——然后他就上路了,由路加·帕乔利和他亲爱的萨莱陪同。他也许考虑到去罗马找布拉曼特(他在那儿已经待了很久),但实际上走的却是新路:经由曼图瓦、威尼斯和他的老家托斯卡纳。

　　在米兰的十七八年里,莱奥纳多一定也离开过这座城市。他的笔记本证明他曾去过帕维亚、维吉瓦诺、科莫湖、查拉瓦莱(他就是在这里仔细研究了挂钟的工作原理①)和热那亚(1498 年 4 月,他和公爵亲眼见到可怕的暴风雨冲毁了港口的堤坝)……

　　他详细描写了查瓦纳、特洛佐和萨斯纳山谷,我估计他特别欣赏这些山景,它们使他想起童年时在芬奇镇附近的探险。在夏季的 7 月,他甚至爬了一座高峰——玫瑰峰,此峰位于阿尔卑斯山中心,高 4634

---

① 莱奥纳多写道:"查拉瓦莱塔的钟展现了月亮、太阳、钟点和分钟。"当他着手计算以解释机械原理的时候,他算错了一个乘法(他得出的数字是 9760 个小时,而不是 8760 个小时,后者除以 24 就得到了一年 365 天)。

米——这可不是什么平凡的举动，和彼特拉克与本博一样，他也算是历史上第一批攀登阿尔卑斯山的登山者了。到了山顶（他真的爬上去了吗？），看到的风景令他吃惊不已。他这个梦想飞上天空的人，如今站在云层之上，天空湛蓝——他对大气层也有了些理解，冰川在他的脚下闪闪发光，他看见山谷里面的河流蜿蜒如白练一般，他声称他俯瞰着"灌溉整个欧洲的四条江河"。

　　我们可以想象他也去了撒丁尼亚（Sardinia），他的笔记本三次提到它的名字，其实是个小地方，在阿尔诺河边，靠近佛罗伦萨。莱奥纳多也提到在海上的游历。[①] 他总是对远方的国家满怀好奇。然而当他说起西西里海岸、匈牙利、西班牙或英国的时候，我们可以肯定这都不是他的亲身经历，而只是重述别人跟他讲述的情况。他笔记本中提到的某些旅行甚至完全出自他的想象（曾几何时，这些记述把研究人员搞得晕头转向）：这些异想天开的记述充满异国情调，抑或是他的文学创作练习。其中有一篇看起来是写给佛罗伦萨商人贝内代托·戴的信件（正是这个人亲自探索了那些最遥远的国度），莱奥纳多在信中讲述了"东方新闻"，如何"在6月，出现了一个来自叙利亚沙漠的巨人"，引起了恐慌并播下死亡的种子，纸上许多增删暴露了作者的心虚。另一封是写给"叙利亚的德瓦塔达尔，巴比伦神圣的苏丹王的中尉"的，他长篇大论地描述了托鲁斯山脉和幼发拉底河；为了使叙述显得可信，莱奥纳多加了插图和地图，似乎他很快就迷上这样的叙述形式。第二封信似乎是小说的草稿，在"书的划分"的题目下，他指出共有十二章，以此代替

---

① 莱奥纳多对地理非常感兴趣，他在笔记里也提到了红海、尼罗河、埃特纳火山、希腊、直布罗陀海峡和印度……似乎他有过几次海上旅行，就像这句话所说的："当我在海上的时候，离河岸和山一样的距离，但是看上去河岸比山脉离的更远。"

引言。书中写到预言、水灾、一座城的摧毁、失望和破坏，最后，在"新预言家"（指的是他本人？）中，他指出："所有这些不幸都将被预言——印证。"

事实上，在为米兰大公服务的这些年里，莱奥纳多并没有远离伦巴第的边境，大家认为他回过佛罗伦萨一两次，但毫无确凿的证据。异国情调是很时髦的玩意（宫廷迷恋土耳其①或东方色彩的故事，这是那个时代的重大发现），他尤其梦想神奇的旅行——对他而言，这算是给了他一个借口去描写末日般的悲惨场面，这些场面在不同时期常常困扰着他。

莱奥纳多没有在曼图瓦滞留，虽然在这里他会得到最热情的接待：已故公爵夫人贝阿特利斯的姐姐侯爵夫人伊莎贝拉，早就要他给她画肖像了。她曾多次作客米兰宫廷，所以已经见过她。两年前，即1498年，她写信给切西丽亚·加勒兰尼，米兰大公的前任情妇，请她把莱奥纳多画的肖像借给她，她想把它和她拥有的作品做个比较——她是这么说的。切西丽亚拒绝了，基于什么理由呢？因为肖像已经不像她了——"但阁下您别以为这是画家的错，我认为他是举世无双的画家，这只是因为他画我的时候，我还非常年轻。如今我的颜容已大为失色，把它和画像相比，会以为那不是我的肖像。"

时人认为侯爵夫人是意大利最绝色的女人，尼科罗达·柯瑞吉奥说她是"世界第一夫人"，诗人们也不停地歌颂她的美德、勇气、智慧、

---

① 文艺复兴时期的意大利与东方的联系很多，可谓密切。莱奥纳多对于土耳其风格的个人喜好在他的文学和建筑作品中都有反映。比如，他设计的集中式的教堂，圆顶密集，彼此支撑，这就是拜占庭式的圆顶风格。他的素食习惯、长须也都带有东方色彩。

博学、品位。她支持并保护所有艺术，她向当时最好的艺术家订购作品来装饰她的私人沙龙，如痴迷于她的画家曼贴那、佩鲁贾、乔万尼·贝利尼，还有洛伦佐·达·科斯达，以及后来的拉斐尔和提香。初看起来，她好像是莱奥纳多理想的保护人，她已经把歌手阿塔朗特·米格里奥罗提招至麾下，莱奥纳多第一次出现在她的沙龙就有这位歌手伴其左右。但莱奥纳多很快发现侯爵夫人性情刁钻、蛮横，他很难与她打交道。他不可能不知道她是怎样纠缠贝利尼的，为了得到她想要的作品，她一直逼他到了打官司的地步。他也知道她写了 53 封措辞激烈的信给佩鲁贾，说服他完成她想出的寓意画《爱情与贞洁的斗争》，以宣扬自己的功绩。事实上，伊莎贝拉只想得到为她歌功颂德的画作和完全遵从她指挥的画家。

莱奥纳多假装听从她的命令，他使用黑石和红粉笔，用浅色笔触和彩色粉笔画她的侧面像（图9.1）。他大概拿出一幅副本给侯爵夫人 [1]，而他自己保留了原画，并把它搬到木板上，制成油画。他含糊其辞地虚应着侯爵夫人，继续前行：他动身去了威尼斯，帕乔利在那儿有不少关系。

1500 年 3 月 13 日，莱奥纳多的朋友洛伦佐·古拿斯科，一名乐器工匠，从这个城市给在曼图瓦的侯爵夫人寄去一把珍贵的诗琴——以西班牙的方式——还有一封信，告诉她莱奥纳多给了她一幅肖像画："非

---

[1]　卢浮宫所藏的《伊莎贝拉·代斯特画像》是一块卡板纸，轮廓被刺穿（采用一根针）到背后，这是印拓一幅作品的方便方法。这些刺孔肯定是为了得到一幅复制品。莱奥纳多留在曼图瓦时，有一封侯爵夫人给他的佛罗伦萨代理人的信中提到了这幅画："要求他（莱奥纳多）再寄一份我的肖像画的新草图来，因为我的丈夫把我有的这幅送人了。"（1501 年 5 月 27 日信）这幅画有数不清的复制品，在佛罗伦萨的乌菲兹美术馆，在伦敦的大英博物馆……其中有一幅，藏于牛津，显示出卢浮宫的那幅画在三个角上被切割了：原件可以看到公爵夫人的双手、一张桌子的桌角和一本书。在艺术史专家看来，这个侧面头像在一个正面的身体上的稳健平衡，对文艺复兴时期的肖像画的发展产生了重大的影响。

图 9.1 《伊莎贝拉·代斯特画像》
（巴黎，卢浮宫）

常像她。画得再好不过，没有别人能画得比它更好了。这就是我这封信要对您说的话。"最后两句话一定反映了莱奥纳多对此画的构想，他不会再为苛刻的伊莎贝拉执起画笔，他似乎对官方订购的肖像画不再有兴趣。可以说，他正以一个画家的任性对付整个王族的任性。

1500 年初，莱奥纳多到达威尼斯，他得知米兰大公试图重新征服米兰人，当地已经集结了新的党派迎接他的归来。米兰大公请求苏丹巴贾泽反对威尼斯，他大费钱财组织了由八千瑞士人和五百弗朗什—孔泰军人组成的雇佣军。正当土耳其人骚扰弗留利的时候，他夺回了他的首都——和失去它一样轻易。然而法国人在诺瓦拉逼得他走投无路。他们也雇用了瑞士人，所有这些雇佣兵，一半出于冲动，一半受了法国人收买，在开战前夜突然决定不能兄弟相残，于是都回了老家。4 月 10 日，卢多维科大公只好乔装成普通士兵藏在他们的行列里，徒步出逃。但有人认出了他并向敌人报告，他被路易·德·里尼逮捕，在严密的看管下被解送到法国。路易十二让他到里昂街头游街（据米歇列说，"就像野兽一样"），然后关在都灵洛切城堡的主塔里，法国人一直拒绝赦免他。八年之后，米兰大公卢多维科在监禁中死去。他在历史上留给我们的印象就是一个把外国军队召唤到半岛上来的人。法国人和西班牙人先是争夺那不勒斯，接着争夺伦巴第，后来法国人被打败，西班牙人又让位于奥地利人。意大利直到 19 世纪才从侵略者手中获得解放，赢得统一。

　　直到诺瓦拉背叛前，莱奥纳多也许还保留着一点找回保护人的希望，这位主人很适合他，给了他许多空闲时间，雇佣他做各种项目。但现在该转向哪一位爵爷呢？他在笔记本（手稿 L）的背面写着几句艰涩难懂的话，提到最近发生的事件，全都说得不明不白。莱奥纳多谈到"在门徒上面的一小间"和"布拉曼特的建筑"（为了悲叹它们都未完工？）；他记下几个他认识的人的命运：城堡的长官成了囚犯，某一个维斯孔蒂"被逮捕，他的儿子被杀"，星象家安布罗奇奥·德拉·罗萨"被剥夺了钱财"，行政官贝尔贡佐·博塔破了产。最后几句话记的是米兰大公，也许是间接地提到了铜马："大公失去了国家、私人财产和自由；他要做的几个项目都没有完成。"

莱奥纳多在威尼斯没有画画，尽管他的油画给这个城市的艺术家们留下了很深的印象。瓦萨里说达芬奇"朦胧、阴沉的"风格如此讨年轻的乔尔乔内喜欢，以至于他终生都按这一风格作画，而且"在油画上广泛地应用这种风格"。这个影响也波及老帕尔玛——这些都是瓦萨里说的。

在莱奥纳多的笔记本里提及的几个威尼斯人当中，有一个叫安东尼奥·费利斯的人，在"法院理事会"工作；有一位军事建筑师（也许就是著名的乔贡多修士）；有一些军人，如船长阿尔维斯·萨罗门，和在勒旁特被打败的海军元帅安东尼奥·格利玛尼。土耳其人不负米兰大公卢多维科所愿（占领共和国、保卫自己的国界），他们的先遣队驻扎在伊松佐河岸上，离公爵府不到八十公里。这形势唤起了莱奥纳多这位军事工程师的野心。他到了弗留利，就地研究受到威胁的山谷的地形，在格拉蒂斯卡，他似乎指示过该如何安置射石炮。回到威尼斯，他向城邦议会提交一项计划用于阻挡奥斯曼进军，我们只能看到这封信的草稿。他建议在土耳其人向维内蒂前进必经的伊松佐河上建一个木制活动闸，或"带齿的支架"，有了它，几个人用很少时间就能使山谷和整支部队被淹没。不幸的是，威尼斯档案没有保留丝毫有关该计划的资料，它和其他许多达·芬奇设想的东西一样，成了一纸空文。

一些历史学家认为他也向城邦议会提交了一项海底攻击计划，可以解放被土耳其人囚禁的威尼斯人，甚至可以一下子消灭苏丹强大的海军。继阿尔伯蒂和塔科拉之后，几年来，莱奥纳多一直想派遣潜水士兵攻击敌人港口。他设想潜水员戴着玻璃眼镜，配备着充满空气的羊皮袋、锋利的大刀，以应对被网逮住的危险。他们好像千斤顶一样刺破船壳，在吃水面下击沉旗舰，然后再烧毁战帆。一幅草图中的皮质的密封潜水服相当有说服力。这项可怕的发明使他内心颇为挣扎，他坦承道："我为什么既不说明我在水下生存的方法，也不说明我可以在水下待很久而平安无恙呢？我不愿意推广，也不愿意公开，因为使用者都居心不良，他们会将之用于海底谋杀。"另一方面，这种方法可以结束无尽杀戮的战争，因为它预见性地发出最后通牒："如果从现在算起四小时后你们不投降，我便让你们葬身海底。"它也可以用于救出土耳其人拒绝释放的基督徒奴隶。他的发明能让他发一大笔财。他本人能得到战俘家人答应支付的赎金。在他画的海底攻击图的旁边，他写道："不教给别人，你就是最棒的。"他怕别人偷了他的设计。他继续写道："首先，签下合法的合同（在公证人面前），领一半的赎金，毫无例外和附加条件……"他的小心是徒劳的，没有一个军官愿意帮这个忙，也没有什么海底攻击，只有水淹伊松佐山谷。我们不能肯定这个计划是否只是艺术家莱奥纳多的纸上谈兵。不久，威尼斯和土耳其苏丹签了协定。1500 年 4 月，莱奥纳多返回佛罗伦萨。

这时，他已经四十八岁了，头发开始花白稀疏。他所见的城市也发生了很大的变化。佛罗伦萨赶走了美第奇家族，又变成了共和国，它狂热而盲目地跟随着耶若姆·萨伏那罗拉修士——佛罗伦萨经历了四年神权政治独裁的狂热和激进——直到教皇迫使修士挣扎着交出权力，并耻辱地在公共广场接受火刑。虽然铲除了萨伏那罗拉，但他的说教和布道由于他的牺牲而更加深入人心（如他预言过的那样）：许多人都认为他们杀死了一位圣人。在艺术家当中，波提切利、洛伦佐·迪·克列迪、巴乔·德拉·波尔塔（他做修士时名为巴托洛梅奥）和米开朗琪罗，直到生命的最后日子还带着这个多明我会修士说教的黑色烙印。某些人还欢天喜地地参加了 1497 年的大型"虚荣会"（把艺术品、乐器、游戏用的纸牌、古董、书籍、非基督教的稀有手稿、镜子、女人的首饰等等，统统扔进火里烧毁）。好几个艺术家都表示以后再也不创作非宗教题材的作品了。

莱奥纳多又见到了父亲。皮耶罗先生已七十四岁高龄，同他的第四任妻子（公证人的女儿露克列兹娅·迪·古格列莫）和十一个孩子住在吉贝利纳街的新房子里——最大的孩子二十四岁，最小的还不到两岁。我们猜测莱奥纳多住在米兰时与父亲经常通信，但只有一封莱奥纳多的信稿留了下来："最亲爱的父亲，上个月最后一天，我收到了您写给我的信，才一阵子功夫，它就让我又喜又悲。喜的是知道您身体安康，我为此感谢上帝；悲的是知道您愁眉不展。"这封信很短。皮耶罗先生大概很痛苦，但我们不知道莱奥纳多所谓的"愁眉不展"究竟是为了什么，是因为他第三任妻子的离世吗？是因为失去了朋友，或是生意失败，还是失去了大主顾？在萨伏那罗拉政府的专制下，破产是再稀松平常不过的事情了。

莱奥纳多从新圣玛利亚的账户取出 50 个弗罗林。如果他还指望着路易·德·里尼，那他就只有失望了。路易·德·里尼没去那不勒斯，他突然离开了伦巴第，回到法国（好让自己在三年之后不至于客死他乡）。莱奥纳多一边寻找保护人，一边寻找住处。当他得知圣母玛利亚会的修士想要订制一幅用在安南扎塔教堂主祭坛的画，他便放出口风，说自己乐意承担此事。费利皮诺·利皮本来已签了合同，但为了照顾莱奥纳多这位久负盛名的同行，他主动放弃了合同——事实上，他在托斯卡纳的首府比莱奥纳多还要早出名。于是莱奥纳多和萨莱一起住到修道院里，由修道院负责他们的食宿。然而头几个月，他什么也没有画（瓦萨里说他弄得修士们很紧张，因为他"一笔都没动"）。他参与了受到滑坡威胁的圣萨尔瓦多教堂的修复工程，还参与了圣米尼亚托·阿尔·蒙特钟楼的修复：自从米兰大教堂的圆殿比稿后，他难道不一直都是这方面的专家吗？在他的笔记本里有两篇未完成的论文，一篇关于建筑物倒塌的原因，另一篇关于材料的耐久性。他为曼图瓦侯爵弗朗切斯科·德·贡扎格描制了一座了佛罗伦萨式的别墅，或者画了别墅的平面图，因为侯爵想在家里建一幢同样的别墅。于是修士们生气了，开始催促他（他们已经向巴乔·达格洛罗订购了画框）。莱奥纳多则总是一副不紧不慢、气定神闲的姿态，不论修士们如何旁敲侧击，他继续进行重量和冲量的研究，继续和帕乔利研究数学和几何学。

曼图瓦侯爵夫人失去了自己肖像画的消息，固执地非要一张他的油画不可。1501 年 3 月，她写信给在佛罗伦萨的朋友皮耶特罗·达·诺维拉拉修士，信中说："最尊敬的神父，若画家莱奥纳多此时正在佛罗伦萨，请您务必告诉我们他的近况。是否正如人们所说的，他正忙于一件作品？这件作品是何类型？他又是否会在这座城市久留？恳请您以您本人的名义问一问画家，是否愿意为我们的居所画一幅画，如果他愿意，日期和主题将都由他来决定。如果他显得勉强，也请您劝他至少给我们画一幅小型圣母像，就是他最擅长的那种笃信而温情的风格。"

于是尊敬的神父来到圣母玛利亚修道院，他四处打听莱奥纳多的情况。几天之后，1501 年 4 月 8 日，他答复侯爵夫人说："莱奥纳多的生活很不稳定，可以说他过一天是一天。"信中谈到莱奥纳多终于开始为修士们画草图了，根据的是米兰一份名为《圣母、圣安娜与圣子》的草图。神父说达·芬奇全身心投入这项创作，"最多时不时地在两个学生的肖像习作上添上几笔"。

侯爵夫人可不满足于简单的解释，因此神父继续进行调查。他询问萨莱和"画家周围的人们"——他终于费尽周折在圣星期三接近了画家。4月14日，这一回他说由于沉湎于数学研究，莱奥纳多已经"厌倦了画笔"，又说画家在完成给法国国王的宠臣弗洛利蒙·罗伯尔特的画（《纺锤圣母》①）（图9.2）之前，任何别的事情都不能干——这说法显然有点矛盾。

图9.2 《关于〈纺锤圣母〉的习作》
（威尼斯学院美术馆）

① 皮耶特罗·达·诺维拉拉修士信中提到的《纺锤圣母》有许多个版本（藏于卢浮宫，在德鲁姆兰里吉城堡，在埃克斯等等）。但没有一个像是出自莱奥纳多之手。有一些研究者认为它们是某一幅如今已遗失的作品的临摹，但有可能就像夏斯特尔指出的那样，根本就没有原作：莱奥纳多完全可能画出了一幅《纺锤圣母》的草图（一幅一个女子半身像的红粉笔画——温莎编号12514——似乎与此有关），然后交由弟子们完成。皮耶特罗修士确实提到，在当时师傅有时候会参与弟子的作品。圣婴玩耍的纺锤或者线轴是十字架、受难的象征。这幅作品是献给路易十二的宠臣弗洛利蒙·罗伯尔特，这说明莱奥纳多那时候跟法国人关系紧密。

　　侯爵夫人又骚扰了莱奥纳多好几回，要求他替她鉴赏名贵的花瓶，这些花瓶原属于伟大的洛伦佐（见 1502 年 3 月 3 日信①）。她派自己的代理人安吉罗·德尔·托瓦格里亚拜见莱奥纳多，并以优厚的条件诱惑他（1504 年 5 月 14 日）。她还亲自写信给他，希望这最后一着棋能够奏效："莱奥纳多大师，得知您已在佛罗伦萨安顿下来，我们抱着实现夙愿的希望……上一次您到访的时候，为我们画了木炭肖像画，还允诺为我们再画幅彩色的。我们知道您履行诺言有困难，因为您难以亲自前来，我们恳请您为我们画一幅我主耶稣十二岁时的《少年基督》②来代替我们的肖像，即他与博士们在庙宇辩论时，请您画出他的甜美与魅力，这些都是您的拿手好戏。如果您能达成我们的愿望，酬劳多少由您决定，我们对您的感激之情无以复加。"1504 年 10 月 30 日她又再次提出要求。莱奥纳多在 1505 年春与皮耶罗先生第一任妻子的兄弟——议事司铎亚历山德罗·德吉里·阿玛多利重逢。1506 年，侯爵夫人请求亚历山德罗替她出面说情，希望画家能回心转意……佩鲁贾、拉斐尔、提香都曾在侯爵夫人的催促下，对她的执着让了步。但她给予最优厚报酬的，让她放下身段最低声下气哀求的莱奥纳多却不买她的账。对佩鲁贾，她说："在这幅画上，我不允许你加上一丝半点的创意。"对达·芬奇，她却说："恕我再对您恳求几句，真心希望您能赏脸给我们画一小幅画……"

　　① 　1502 年 3 月 3 日，曼图瓦的侯爵写给他的某一个佛罗伦萨联络员："如果你能够把这些花瓶给胜任的人看，比如我们的朋友，米兰画家莱奥纳多·达·芬奇，那将太好了。"莱奥纳多查看了这些花瓶（有可能在 1494 年从美第奇家族的收藏品中掠得），发现它们非常漂亮。高昂的价格使伊莎贝拉没有买下这些花瓶。艺术家充当鉴别专家的情况并不罕见。

　　② 　就像《纺锤圣母》一样，我们也看到了莱奥纳多所作的一幅《博士与耶稣》或者《萨尔瓦多基督》的草图和各种各样与之相应的画作，但是没有一幅是他所作。我还是认为这些作品也是交给弟子们完成的。其中没有一幅是献给曼图瓦侯爵的。

莱奥纳多没有让步，甚至好像不屑于答复她。他自有他的道理。但不论如何，这是第一次一位艺术家显示出他的独立性。

1501 年 4 月，据侯爵夫人派出的使者报告，莱奥纳多正忙于圣母玛利亚修士订购的画——更确切地说，他正在绘制草图。瓦萨里说这幅《圣安娜、圣母与圣子》（图 9.3）迷住了所有来拜访的画家。画完工后，

图 9.3 《圣安娜、圣母与圣子》
（巴黎，卢浮宫）

来参观的人群络绎不绝。短短两天，男女老幼，成群结队，好像"参加隆重的节日"一样涌入展厅，争睹画作。瓦萨里说："大家都被它的完美惊呆了。"艺术家莱奥纳多年轻时，他们对他不满，如今风尚变了，大家都对他刮目相看，肃然起敬。我想皮耶罗先生对他的私生子定会大为自豪。

　　莱奥纳多在这幅草图的基础上做了修改，他去掉了浓烈的色彩，使人物充满活力，于是他开始绘制油画，今天这幅画就收藏在卢浮宫。画中，圣母坐在圣安娜（她的母亲）的膝盖上，紧抱着圣子，她俯身向着孩子，好像要把孩子玩着的羊羔拿开（羊羔是赎罪的祭品，象征着受难、基督的痛苦）。艺术批评家们非常欣赏这三个人物的亲切与和谐、他们自由的动作、面部色彩的柔和，还有带有迷幻色彩的远山。弗洛伊德惊讶于莱奥纳多选择的主题，也就是"对母性的颂扬"。圣安娜和圣母的年龄相差无几，她们俩的身体好像合二而一，他写道："莱奥纳多给了孩子两个母亲……她们脸上都露出幸福的母亲的微笑。"弗洛伊德又提到画家的童年时代，莱奥纳多有一位生母，还有一位继母（皮耶罗先生的第一任合法妻子），与画中一样，他在精神上也把她们融合在一起——这幅作品除了他，任何人都画不出来。（在弗洛伊德著作的第二版中，他提到一个学生的发现：圣母身上的蓝袍轮廓形如童年时代记忆中的"秃鹫"，好像是一种"无意识的谜语"。）

　　关于主题的独到之处，弗洛伊德就说错了：圣安娜、圣母和圣婴是复兴时代的意大利常用的主题（马萨乔、戈佐利等人都曾画过）。意大利人称之为"Santa Anna Metterza"，也就是圣安娜三位。这样的构图符合不断升温的圣母崇拜（对她的无玷始胎的崇拜），这样的崇拜还包括对基督的外祖母圣安娜的崇拜，她就是伪福音书中三位一体的第三个元素。从图中可见的三只脚所组成的金字塔式结构来看，莱奥纳多的作品中一切都是三重的。事实上，通过这幅画，莱奥纳多继续思考神学中基督的命运，这一思考从他创作《岩间圣母》时就开始了，甚至始于他更早以前的作品：耶稣命中注定要死在十字架上，这是在他出生很久以前就注定了的，从圣母奇迹般地受孕开始。怎样有别于传闻，在造型上表达深刻的内容呢？这是个复杂的命题，莱奥纳多画了许多草稿和素描作为准备，进度缓慢，为了完成最后的构图，他煞费苦心。莱奥纳多曾让两位女性坐在同一平面图上，圣婴与圣约翰嬉戏（《岩间圣母》）。这还不能充分表达他的想法，于是他又用羊羔代替了圣约翰，圣母伸出手臂分开她的儿子和带有象征意义的羊羔，而圣安娜则竭力要阻拦女儿的动作，她认为女儿要把他们分开是无益之举，因为基督必须要为人类的罪行受难。在卢浮宫的那幅画里，圣安娜凝然不动，含着笑俯身弯着膝盖，像抱着膝似的；圣母对孩子的命运很担忧，两位女性看上去年龄相差不大，我们可以理解为历史发展超脱于时光之外，或者说历史总是在永恒而无限的预言中前行（这又让我们想起在《圣殇》系列中的基督，他看上去比圣母更苍老，比如现存于梵蒂冈由米开朗琪罗所作的《哀悼基督》）。莱奥纳多又一次按照他的意愿创造了宗教的象征形象，从这个意义上看，弗洛伊德说得有理。他说这画只有莱奥纳多画得出来，别的画家不行，圣安娜无论在形式上还是在内容上都和前人笔下的不同。很明显，这样的构思受到画家本人生活经历的影响。此外，我觉得很重要的是艺术家不断地以宗教为题材来表达他的感情，从他的一幅幅作品中，我们看到了他的思路，就像从书中一页页纸上我们可以看出作者的思路一样。

　　卢浮宫的这幅画没有完工。莱奥纳多在大约八九年中，断断续续地绘制这幅作品，但他没有画完风景和衣服，其中一部分好像交给他的搭档去做了（他的学生却争先恐后地临摹这幅画）。要解释他又一次表现出来的随便懒散，我们不妨引用侯爵夫人的笔友、那位修士皮耶特罗·达·诺维拉拉的话：这幅画惹恼了莱奥纳多。尽管我仍有一点怀疑修士因不愿侯爵夫人生疑而有意夸大其词。我认为尤其要考虑这个时期莱奥纳多的任务，他在寻找合乎自己需要和品位的爵爷为之效力，这一寻找一直延续到他生命最后的日子，使他远离佛罗伦萨，来到了米兰，又使他走向罗马——催得他终日马不停蹄。

1502 年，他以为自己找到了完美的保护人，他就是切萨雷·波吉亚。他给画家提供了他梦寐以求的职位，在五十岁的时候，莱奥纳多终于被任命为军事工程师。

今天切萨雷·波吉亚的名字成了无耻下流的同义词，他在人们心目中的形象是残酷、狡猾奸诈、大逆不道、淫荡好色、乱伦。他是教皇亚历山大六世和一个罗马交际花的私生子，他十六岁做了主教，二十二岁脱离宗教，他身上集中了复兴时期所有的缺陷——他就是勋章的反面。他和他的妹妹卢克雷齐亚发生乱伦的关系，又为了利益把她嫁人，然后轻易地甩掉这些爵爷妹夫，他还用武力和圈套对付过其中的一个；他命人杀死了自己的亲兄弟，抢去了他教会总管的职位；不受他欺骗或收买的人都逃不出被谋杀的命运……富于想象力的 19 世纪热衷于夸大他的罪行。与他同时代的人和现在的历史学家对他的评价更是五花八门。圭恰迪尼把他描写成"嗜血的野蛮人""公众的强盗"，说他"比土耳其人还要坏"，但他是在切萨雷倒台之后才发表了以上的评论，圭恰迪尼的立场非常明确。其他历史学家都被他的魅力吸引了，说他是天才的冒险家。人们对他又怕又敬，他的所作所为令人惊讶——这就足以使大家欣赏他，认为他有许多长处。说真的，那个时代暴君无数，他们推行长期政策从不需要理由，切萨雷也与这些暴君做斗争（这令我们联想起法国国王路易十一）他杀人不眨眼，但他不杀无辜之人——有关他的传记都不忘强调这个特点——他杀人不是为了寻开心，也不是为了卑鄙的目的。他公开宣称自己热爱权力，他不掩饰个人野心，不打着骗人的幌子，不空许愿，不制定哗众取宠的方针政策，他光明正大地玩把戏，丝毫没有现代政客的虚伪。总之，他的凶残首先是针对专制者，他们只想着敲诈人民；他取消了封建特权，设立非宗教的法官，带来了相对的和平，人民（至少是资产者）称他为英雄。

二十七岁那年他觉得实现了自己的目标：制服中意大利，把它团结在教廷的旗帜下，也就是他的父亲教皇亚历山大的旗帜下；下一阶段目标就是要征服半岛上法国和西班牙正在争夺的地盘（西班牙人要求收回那不勒斯）。有人说，他的名字早已占据了他的思想，他在自己的座右铭中也承认这一点："Aut Caesar, aut nihil."（若不为恺撒①，便一事无成。）刻在他佩剑上的格言也说："Cum nomine Caesaris omen."（以恺撒之名为预兆。）

1499 年莱奥纳多可能在里尼伯爵的陪同下，在米兰碰见了切萨雷·波吉亚，当时他正与法国人一道攻占伦巴第：由于他的帮忙，国王与布列塔尼的安妮的婚事得到了必需的教皇特许，因为他在所有事情上都能代表罗马。路易十二还给了他一小支军队、年金和头衔，赋予他法国国籍，封他为瓦朗斯公爵——莱奥纳多于是选定了这个被叫作瓦伦蒂诺的人作为自己的新主人。

切萨雷和莱奥纳多大概是一见如故，艺术家－工程师的大胆在一定程度上符合勇敢无畏的切萨雷公爵的性格，我想象这两个同是私生子、靠自己的努力成材的男人，互相折服于对方的智慧、独立精神和对陈规

---

① 编者注：因为切萨雷（Cesare）与古罗马的征服者恺撒同名，意大利语发音为切萨雷。

俗套的藐视。莱奥纳多一定很欣赏仪表堂堂、堪称人中之龙的切萨雷，在他画的肖像画中，切萨雷的外表高傲英俊（据编年史家所说，他出生于"安达卢西亚"），胡子浓黑，充满活力和精力，活像他打猎时用的豹。画家需要有这样的人来保护，一个有魄力的、坚不可摧的、强大的人——心理分析家说，这就是皮耶罗先生的形象。

1502 年夏初，莱奥纳多开始行使他的军事工程师的职能。从他的笔记本里可以看到他几乎是寸步不离地跟着切萨雷。7 月，他在皮翁比诺，在托斯卡纳海岸，他忙于修筑堡垒，给沼泽排水，在观赏海景中消除疲劳，或者说是研究起伏的波涛、风暴和海潮。然后他到锡耶纳考察钟的报时；然后到阿瑞佐，到维特罗佐·维特利船长身旁，给他画地区地图；他也许目睹了托斯卡纳地区的暴动，又目睹了忠于共和国的部队固守筑垒的战斗——他们严防死守了整整两个星期。紧接着，维特罗佐就攻打了帕乔利出生的城市波尔戈·圣·塞普尔克洛，那里应该有一份莱奥纳多寻觅已久的阿基米德的论文，于是他便向切萨雷索求（算是战利品的一部分？）。在 7 月的最后几天，莱奥纳多找到切萨雷，此时，后者刚用狡计轻而易举地占领了乌尔比诺。在乌尔比诺，莱奥纳多（可以说是作为游客）画了由弗朗切斯科·迪·乔尔乔设计的庄重的石级，他测量了石级的尺寸，匆忙画了城堡的草图；好奇的他甚至连鸽棚也没有放过。切萨雷在城中掠夺金子和文化艺术财宝，用骡子把它们运到可靠的地方。也许是看到他要用的稀有文稿远去而觉得遗憾，莱奥纳多在笔记本里记道："许多宝贵的财富托付给了四足动物，让它们运到各地。"乌尔比诺之后，他又去了佩萨罗，到了阿德里亚海岸然后到里米尼，在那里他被一座能发出和谐音响的"音乐喷泉"深深吸引。几天之后，他反身北上，向罗马涅的首都切斯纳的方向进发。

8 月 18 日，在路易十二国王身边策划阴谋的切萨雷·波吉亚从帕维亚给莱奥纳多寄去通行证："致所有副长官、城堡主、总管、雇佣军队长、军官、士兵和臣民们：持有此文件者乃是我们卓越而著名的建筑师和总工程师莱奥纳多·达·芬奇，他负责检查、考察我们国家各个地方的军事工程，我们根据他的指示和实际需要对各地工程进行维修和保养。你们若见此文件，我命令你们必须给予通行，无须对他及他的同行（我们猜想当时与莱奥纳多同行的还有萨莱和其他学生）强制缴纳任何公共捐税，应当友好地接待他们，让他们测量和检查一切他们认为有必要的地方。给他们提供所需人员，给予他们帮助和支持，提供一切方便。我们希望，全国一切工程中的每个工程师都要和他商量，按他的指示办事，任何人不得擅自行事，否则必定严惩不贷。"

被委以重任又赋予大权的莱奥纳多参与了（他的参与究竟有多么重要，我们无法准确估计）各项由瓦伦蒂诺在罗马涅进行的工程，尤其在切斯纳和切斯纳提科门：那儿是民用和军用的建筑，这儿是联结城市和港口的水渠。他的笔记本只记着简短的、间接的活动，在地图的边上他写到蓄水池；9 月 6 日早上 9 点钟他突然想到了保护炮火攻击的堡垒；他指出挖沟的工人如何以金字塔形集中在一起。如果他把计划和报告交给了波吉亚的建造者们，那么这些文档是不会被保存下来的。大概他主要是以顾问的身份参与这些工程的，就像阿尔伯蒂以前那样——他应当很乐意扮演这样的角色。

有时他到乡村散步，他对当地的民俗民风很感兴趣，他在思考一种新型磨坊——风磨。风磨的设计很像半个世纪之后建造的荷兰磨坊。他在路上看见四轮运货车设计不合理，他就在脑海里修正它，还说："罗马涅是愚蠢玩意之都。"

同年 10 月 12 日，切萨雷·波吉亚洗劫了靠近乌尔比诺的弗索姆布洛涅小城，然后占领了在伊莫拉的冬季宿营地。维特罗佐等好几个军队司令联合起来反对他，他们差点抢走了切萨雷刚刚获得的好处；另外，他还害怕法国人甩掉他。

就在这个月，莱奥纳多在伊莫拉与他再度会合，他急需在那里建筑堡垒。莱奥纳多对于筑城给了一些指导，他绘制了一幅彩色的、非常精致的城市圆形平面图（图9.4），也许他借此机会发明了绘制地图的独特方法和专门工具（佩德雷迪认为拉斐尔就是采用此办法写了给利奥十世的古罗马废墟的报告——从中心点出发，借助一个专用罗盘规定各个方向的比例尺，那些假想的线条就如同一个圆的一条条半径）。

在波吉亚的宫廷里聚集了好些大使，当中有奥斯曼王国的代表，莱奥纳多从他们那儿得知苏丹巴贾泽正在寻找能在金角河上建桥的工程师，他要把伊斯坦布尔和佩拉连接起来。好几个艺术家已经在挥金如土的土耳其人那里等消息了，尤其是让蒂耶·贝利尼。莱奥纳多反复斟酌

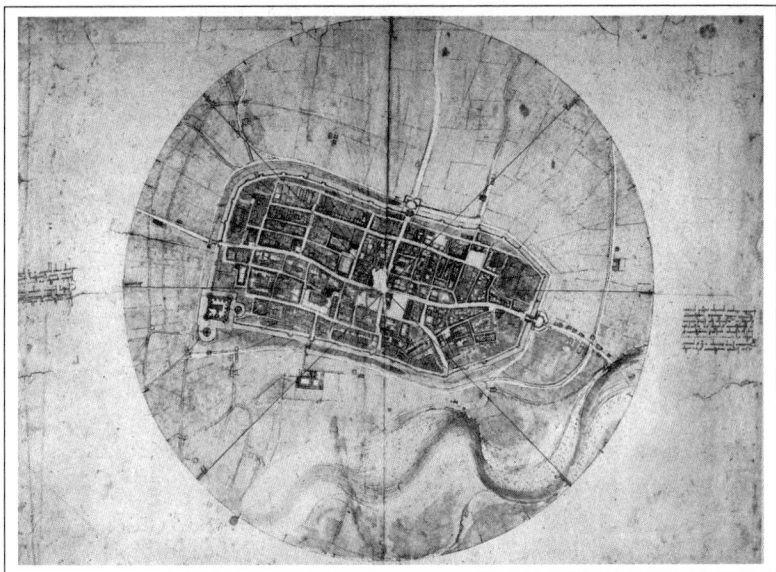

图9.4 《伊莫拉城的设计图》
（温莎，皇家图书馆）

了这次的报价。在他跋涉经过罗马涅的时候，他好像已经研究过正在施工的只有一个桥孔的卡斯特尔·德尔·利奥桥（其平面图是伊莫拉的安德烈亚·富利耶利设计的）；在这个模型的基础上加上古拜占庭的地形，他画了一座大桥的简图，线条很工细，具有惊人的现代感，桥孔长达 240 米。然后他写信给苏丹——1952 年，我们在伊斯坦布尔的托普卡皮档案馆里发现了这封信的土耳其文版本，署名是"一位名叫莱奥纳多的异教徒"。在这封阿拉伯化的信件里，有大量对上帝的祈祷，艺术家自吹能建风磨，能制造抽干底舱的自动化泵，而且能"花费很少钱"就建造出连接欧洲和亚洲的大桥。由于翻译的问题，这份文件与原文有些许出入，但莱奥纳多真的曾动过念头，要把他的才华献给土耳其苏丹宫廷。而且也不仅仅是他一个人试图冒这个险。从瓦萨里那儿我们知道，米开朗琪罗在几年之后由于与教皇不和，也自我推荐要建金角河桥。而莱奥纳多呢，他的计划似乎没有得到苏丹的顾问们的重视——总之这件事没有了后文。

在切萨雷身边莱奥纳多认识了一个又瘦又矮的男人，他的眼睛闪着调皮狡猾的光，薄嘴唇，短头发：他叫尼可罗·马基雅维利，佛罗伦萨共和国的书记官。他以观察员和调停人的身份被派往罗马涅，并不像是谈判代表，——这样微不足道的任务使之不胜烦恼：他的工作只是解读和传达瓦伦蒂诺人对托斯卡纳谜一般的意图，而他渴望成为积极的一分子，他喜欢行动，也就是喜欢谈判、提建议、出谋献策，希望最终能令拿不定主意的佛罗伦萨与他的主人联合。后者是战无不胜的首领、辉煌的统帅、精明的暴君，对这位主人他找不到更有力的赞语。切萨雷·波吉亚的为人和行动使马基雅维利写出了杰作《君主论》，他的思想被严重歪曲，他的名字和由此派生的形容词都似乎能散发出浓重的硫黄气。人们责备他企图美化这个公众眼中的不道德的人，那时候可没有"政治正确性"的说法，结果完全可以为手段辩解。《君主论》在许多时代都被列为禁书，被禁止出版。伏尔泰批评过它，孟德斯鸠也一样，责备它的作者太崇拜"他的偶像瓦伦蒂诺公爵"；而在拿破仑的眼中，这是"唯一可读的书"，但这还不足以为这部书辩护。马基雅维利值得尊敬，不是尊敬他在反复出现的可悲历史事实面前表现出来的清醒和公平，他像肖德洛·德·拉克洛那样分析描绘诱惑的狡计，至少我们要佩服他的心理分析和对人类感情的深刻了解。吉奥诺把他的书摆在床头，爱不释手，他说："马基雅维利没有政治理论，他的书是第一次也是唯一一次对人的纯客观的考察；这是对激情的没有激情的研究，就如对数学问题的研究那样。"这就是莱奥纳多眼中这部著作的优点。马基雅维利还是才华横溢的诗人，他跟随切萨雷三个月（从 1502 年 10 月到 1503 年 1 月），冬季的漫漫长夜是传统的休战歇息时节，这让他们有机会长谈；人们都喜欢听这位渐渐衰老的艺术家和共和国年轻的书记官在火堆旁亲切交谈（他们也许几个月前就在皮斯托亚结识）——他们一人揭示权力的机制，另一人探索大自然的奥秘，他们有着同样科学而严谨的态度。尽管他们在书面材料中从没提及对方的名字，但莱奥纳多书中的某些句子几乎就是出自马基雅维利之口，而马基雅维利也在《佛罗伦萨史》中用数页篇幅叙述对达·芬奇的个人回忆。他们的关系后来变得更加密切。

　　直至此时，莱奥纳多还完全没有参与、目击过他的主人的劣迹。他只是绘制工程图、地图和修筑工事，他总是远离军队。他或多或少曾经参与的唯一一次行动是攻占波尔戈·圣·塞普尔克洛——据圭恰迪尼所说，这场战争没有流血，以"和解"的方式而告终。然而那些促使瓦伦蒂诺前进的屠杀和谋杀呢？莱奥纳多不可能不知道众所周知的一些事情，例如罗马涅的守城官瑞米罗·德尔·奥尔柯的遭遇：切萨雷命他"千方百计"地在这块被占领的土地上强行执行命令，大家知道这样的命令会带来怎样的极端行动，而瑞米罗以可怕的效率执行了切萨雷的命令。社会秩序"正常化"后，切萨雷得知此人已被万人所憎，便在舞会后的清晨，把他押解到切斯纳的"广场中央，用木砧和血淋淋的刀把他砍为两截"，以此来说明城中的残虐罪不在切萨雷，"而在执行者的恶劣天性"——而他已经英明地还众人以正义。马基雅维利在《君主论》一书中详述了此事，对切萨雷的所为他举双手赞成。他得出结论："人民对此满意而且惊诧。"莱奥纳多没有表态，艺术家提倡对生命的绝对尊重（他是关心人权吗？），在任何地方都没有发表他对这位主人的看法。

在1502年12月的最后几天里，他和马基雅维利是在斯纳格利亚吗？在这座亚德里亚海岸小城，切萨雷这个瓦伦蒂诺公爵采用了大家公认的最漂亮的一招。他没有在战场上和反叛的军事将领们较量，而是装作和他们妥协的样子，宽恕他们，照他们的要求安置他们，给他们金子，然后他带着一小队人马，唇边挂着笑，到城门去迎接他们。圭恰迪尼描述说，他还"抚慰他们"，亲热地请他们到自己房间去；在那儿命人逮捕了他们并处以绞刑，没有通过任何审讯，也不看他们的请求书。

法国国王和当时任诺切拉主教的保罗·约伏很欣赏这些暴行，称之为"漂亮的欺骗行为"。切萨雷·波吉亚在一段时间里收回了对中意大利的控制权。他会因此而失去他的建筑师和总工程师吗？我们不知道。1503年3月，莱奥纳多回到佛罗伦萨，他从新圣玛利亚取出一些钱，没有往里面存钱。看来他在罗马涅失去了工作。在笔记本里也没写明他是何时离开切萨雷·波吉亚的（1月份他可能还跟他一同在罗马），更没有写明是什么原因使他离开了这位主人：是因为他预感到切萨雷的末日不远才决定离开他吗？还是因为切萨雷不再需要他而解雇了他？为了通过马基雅维利答复佛罗伦萨共和国对他提出的建议？或如大家所认为的，因为切萨雷的暴虐无度及滥杀无辜（莱奥纳多至少知道切萨雷的一次谋杀：维特罗佐·维特利，他曾向他索求过阿基米德的草稿）使他心生反感而背离了主人？

1503 年初的笔记本丝毫没有提及这些问题，它提到的是他的老友细密画家阿塔旺特（4 月 8 日莱奥纳多借给他 4 个金达克特）、萨莱的日常消费（20 日一双玫瑰色鞋 3 个金达克特，同一天，还买了做衬衣的布料），或还有 4 月 17 日，一个圣克罗齐的修士写信给他，谈到圣骨的事……再没别的了。在莱奥纳多所有书面材料中唯一提到切萨雷·波吉亚的，是一份没有日期的备忘录的开头（备忘录里面记着靴子、他的朋友们、留在海关的箱子、研磨器、绳结、一个裸体的人、一个四方形、要寄走的口袋、一副眼镜——视力的下降让他不得不戴上眼镜），接着便是一个极简单的问题："瓦伦蒂诺在哪儿呢？"

莱奥纳多又一次没做出任何解释。然而我们只要看看他在以后几个月里的基本活动，就会发现那是他对军事工程师生涯的修整的开始：在夏天，他会去开挖一条渠道，这条渠道也许能结束一场战争；从 10 月开始，他将开始绘制一幅反映战争恐惧的大型壁画。

这两件事情好像都得益于马基雅维利的参与。

这场战争在佛罗伦萨与比萨之间展开。比萨曾经是佛罗伦萨的附庸国，但利用 1494 年法国在意大利的第一次远征而得以独立。佛罗伦萨共和国不论付出多大的牺牲也要夺回这城市，因为它是托斯卡纳的主要港口。佛罗伦萨动用了大军，租了船只，要阻止热那亚人从海上供应粮草给反叛的城市。他还安排了士兵进驻农村，禁止农民为第二年的粮食播种。然而尽管被封锁，被饥饿困扰，比萨人就是不投降。

由于在罗马涅积累了丰富的经验，莱奥纳多也是被咨询有关围城问题的工程师当中的一员。6 月，他跑遍了整个地区，画了详细的地图。[①]也许他向佛罗伦萨政府提出改变阿诺河河道的建议，让它流经比萨前方，以断水和封锁港口（阿诺河的小港湾）来夺城，这样不用兵刃相见就能逼他们投降。总之他向马基雅维利提出了这样的计划，而马基雅维利又满腔热情地向当局建议这计划。以前莱奥纳多提出在弗留利决开堤坝淹没土耳其人，威尼斯人没听他的，这回不知道他采用了什么论据，显得特别有说服力[②]（也可能是因为当时形势已濒临绝望）。尽管有多人反对，但还是通过了一条法令——工程将在 1503 年 8 月动工。

比亚乔·布奥纳科斯是马基雅维利的助手，由他监管这项工程。人们开始认为 10 月以前每天动用两千工人，就可以在阿诺河上筑起木堤坝，挖两条引水渠，使河流在远离比萨的地方通过水渠汇入湖泊，形成急流注入大海。很快他们就发现先前的计算过于乐观，他们遇到了许多没预想到的困难。因为工钱不能准时发放，劳动力不足。成千十兵只能仅仅保护民工不被比萨人攻击。河水奔涌而至，致使一些工程前功尽弃，引水渠的堤坝在第一次水流冲击下就崩塌了。将军们非常不满，威胁说要辞职。于是又雇佣新的工人、工头，还有两名伦巴第的水利工程

---

① 莱奥纳多绘制了比萨和其他区的地图。1503 年 6 月 21 日，他视察了维鲁卡山的战略要塞，然后他去了位于被围困的佛罗伦萨前方的营地。他有一幅阿尔诺河草稿图标注日期为 7 月 22 日（"圣玛德莲娜日"），正是一份政府报告所表示的，"经过了无数讨论和怀疑之后"，决定"作品（大坝和分流）正是时候。如果我们真能围住阿尔诺河，或者从一条运河袭人，这样至少可以阻止敌人攻击我们的山丘"。

② 我们已经提到过莱奥纳多说服别人的才能。无名氏嘉迪阿诺和瓦萨里曾带着崇拜的口气提到过。比如，后者曾这样写道："在莱奥纳多的模型和计划中，有一个他提交给了市民发明局，其中提到了一种抬升施洗者约翰使之在一个平台上升起但又丝毫不摇动的办法。他是如此具有说服力，以至于这个东西看起来很可行。但是每个人一旦回到家里，就会发现其实按这个计划不可能做出来。"这个工程计划显然存在，因为我们发现施洗者与教堂相比显得太低了。它不是那么难以想象的：在 1455 年，建筑师菲奥拉万蒂在布隆涅成功地把 18 米高、重达几百吨的教堂塔楼移走了。

师。尽管耗资巨大（高达七千多达克特），但工期还是大大地耽搁了。江河水位继续升高，而水流却不流入新的河床，六个月之后，工程还没完成一半，公众舆论不耐烦了，马基雅维利对议会的恳求不起作用，这个项目最终在一片反对声中半途而废。正如布奥纳科斯所说："他们决定用另一种方式向比萨人讨回损失，主要就是用城墙把他们团团困住。"

莱奥纳多从来没有主持过具体的工程。一旦最初的决议被通过，计划被采纳，他的名字就不再出现在官方文件里——布奥纳科斯从没提到他的名字。和他平日的习惯一样，莱奥纳多好像还是以工程师顾问为挡箭牌。以至于我们会问这荒谬的解决办法（出于战略考虑，在充满敌意的土地上，以极短的时间修建两条总长达十二公里的引水渠）是否真的是他头脑中的想法。人们大概接受了是他提出给河流改道的计划——用非武力的技术办法解决武装冲突——然后再把实现改道计划交给别的工程师。

在他的关于阿诺河谷的笔记里（某些可以上溯到他的米兰时期，即比萨问题的开端），莱奥纳多考虑过一种解决办法，比起马基雅维利支持的办法，莱奥纳多的提议显得没那么野心勃勃，也没那么复杂和昂贵。正如他之前的工程师路加·方切利（佩鲁贾的岳父）那样，莱奥纳多想在佛罗伦萨和大海之间挖一条可航行的运河，它能够充分地灌溉一直干旱的土地，利益农民，尤其可以使托斯卡纳首都在地中海商贸中不再依靠一个渴望独立的港口。

正当挖土工人努力弄干比萨河，莱奥纳多继续视察该地区，不断地画地图和地形图，他执着地追求他的梦想。在他看来，战争只是次要的事故，它又可悲又多余；不管结果如何，由此产生的协定不能解决长远问题，他认为最重要的是集中力量找到明智的、人道的、和平的终极办法，让每个人都能从中获益；他认为要在根源上铲除弊病。为了建设理想中的城市，他长久地考虑投资计划，这体现了他的深思熟虑——他建议把投资交给不同的行会，这些行会能从水渠产生的水力中获益；他设想沿着河岸将涌现石磨坊、毛料加工坊、丝绸纺纱、生产纸浆的工场，以及其他陶器制造塔、锯木厂、抛光打磨工场……相关的工场负责完成相关的工程任务。这比无能而分裂的政府要强得多；技术带来的好处则又能使敌对的地区达成和解。他写道："运河能提高土地的价值，普拉托、皮斯托亚和比萨，还有佛罗伦萨地区都能从中获得每年二十万达克特的收入，这么丰厚的回报让它们无法拒绝这么有益的举措，卢克斯的居民当然也不会拒绝。"他呼吁："如果让阿诺河在上游和下游都改道，同意这样做的人将会在每块土地上找到财宝！"

在几个年头里，莱奥纳多一直发展着这些思想，但没人理会，到了米兰以后，这些念头自然而然地又涌上心头。米兰是水道纵横的城市，拥有很辽阔的水网（是意大利最辽阔的），而他在米兰，是一名工程师。他细细研究了伦巴第许多已通航的水道：玛特萨纳运河（1460年左右在米兰和科莫湖之间挖凿）、贝热夏尔多运河水闸、帕维亚郊区的堤坝、斯福尔泽斯卡的灌溉工程、在维吉瓦诺由米兰大公构想的模范农场。1490年前夕，莱奥纳多在阅读了许多资料和进行了许多试验（针对江河不同点的水流速度、漩涡的形成、河岸抵挡水流的能力、水渠被堵塞的可能性等）的基础上，他开始写关于水利的论文。卢多维科从没委托他处理大型水利工程，但他已成了一名无可辩驳的杰出的水利专家。他自然努力要把知识应用到实践中去，在这个水道并不发达的地区，尤其是当形势要求他这样做的时候，他不愿只局限在理论上。他多次这样表示过："让我在倦于效力之前就丧失行动的能力；我并不是无用，只是缺少行动；宁死也不做庸碌之人……我永不会倦于做个有用的人。"①

　　莱奥纳多对水的兴趣尤其浓厚，他称水为"大自然的运输者"。他认为，水是世界上最重要的东西，就如同血液于人体，甚至比血更重要；它在地表和地下按一定的规律运行；它时而化成雨，时而化成雪降落下来；它从土地里喷涌而出，它流成江河，然后回到大洋和大海这浩瀚的蓄水池；它到处围绕着我们，人类、动物、植物都少不了它。它又是我们可以想象到的最可怕的破坏力，没有什么东西抵挡得住它的威力。莱奥纳多目睹过暴风雨造成的灾害，他注意到波涛和水流永不停歇的运动，他似乎还是第一个发现侵蚀原理的人："水啃噬高山、填满山谷，如果可以，它甚至会把世界变成圆球。"水是生命的基本元素，人应当控制它，使它有益于人类；人应当开凿运河，控制它发作时的威力。莱奥纳多希望驯服大自然、控制它、驾驭它，就如他在阿斯厅所作的装饰画里随心所欲地摆布那些繁茂的植物那样。

　　他年轻时的备忘录已谈到某些"水力工具"。在米兰，他要用水闸和叶片磨坊自动冲洗街道，以驱赶疫气。在他生命的最后几个月里，他还在努力整治河流，挖水渠，排干沼泽。这一执着还反映在他的生命各个时期，对暴风雨、洪水、特大洪灾的大量文学描写中。洪灾令他神往，但水的狂怒总使他恐慌。他认为水的危害性更甚于风灾、地震和火山爆发，至少洪水更骇人。他认为，没什么东西比在河床里暴涨起来的水更可怕、更肆虐的了。它摧毁房子，连根拔起大树，把人、牲畜，甚至土地卷进大海。谈到这个，他表现出了从未有过的紧张，就如他在给

―――――――――

① 莱奥纳多可能隐约觉得这样重复他"决不放弃为朋友们服务"是很愚蠢的事情。在边上，他写道："我不厌倦做有用的人是一个狂欢节的座右铭。"但是又无法阻止他接着写道："为了他人的利益，我永远做不够。上天生我如此。"

商人贝内代托·戴的信中讲述那场在利比亚发生的恐怖的海啸，它发自海底深处，吞噬"鲸鱼、抹香鲸和船只"，那声音突然而至如好似风雷，就像一场噩梦，或是黑夜里在岩洞窥见的妖怪，莱奥纳多被吓得全身僵硬。当他看见自己要被吞噬掉时，他写道："我说不出话来，也不知道该怎么办。我感觉自己好像在游泳，低着头，落到大鱼的巨口中，死亡让我什么也辨认不了，我被埋在大鱼的巨腹中。"

　　莱奥纳多会有这样挥之不去的恐怖念头，不是没有原因的，在他很小的时候，这个念头就在他脑子里生了根。他本人没有提到过此事，但马基雅维利在《佛罗伦萨史》中描写了 1456 年摧毁破坏阿诺河谷的龙卷风（就在芬奇镇附近），当时莱奥纳多四岁。马基雅维利并不是出生在这个时期，这场洪灾在佛罗伦萨历史中也无足轻重，因为它只影响到周边的农村，城市则幸免于难。然而就这样他还花了整整两页纸来描述它。他认为："这个例子说明，上帝有意在人的心里留下他威力的记忆。"这篇叙述，以及那篇提到在米兰大公访问之后托斯卡纳风俗败坏的文章，是否都受到莱奥纳多自述的启发？十年之后，1466 年 1 月 12 日，阿诺河泛滥成灾，造成了巨大损失，路加·兰杜奇在他的《佛罗伦萨日记》中做了总结。1478 年又一次洪水泛滥，莱奥纳多一定亲眼看见了这些水患。当他束手无策地目睹这些灾难时，心情会是何等的凄凉？洪灾使他产生了怎样的恐慌？这样的感触如此深刻地印在他的记忆里，使他带着某种近乎病态的兴奋不断地回想。在他一生中，他用图画和文字表现这一挥之不去的印象，发明机器去征服它，修筑堤坝去阻挡噩梦重现。他一生致力于驾驭大自然盲目的力量，向大自然报复……很遗憾，弗洛伊德并没有重视这些情况，也没有仔细探查，只是提到那个可疑的秃鹫。

　　挖凿联结佛罗伦萨和大海的运河是莱奥纳多不离不弃的梦想。他画了无数地图，有些是彩色的，有些非常精细，有些非常生动，他绘制的水道如同人的神经，或是肌肉的丝丝纹理，在黑底上扭结颤动。阿诺河从佛罗伦萨西部的陡峭山壁间蜿蜒而过，他想象着要让他的运河流经普拉托和皮斯托亚，从阿尔巴诺山的另一边经过，强迫它兜一个大圈。运河必须穿过塞拉维拉的高处，他犹豫着，是在岩石间凿开隧道（就如今天为了修筑高速公路而挖隧道一样），还是修筑大型的石级，如带闸门的导水渠，使船攀爬上山，通过很大的存水湾，水便从一个平台流向另一个平台。他写道："按照水泵的原理，我们可以把任何一条河流引上最高的山。"他也想过要把不洁的奇阿诺山谷沼泽变成人工湖，作贮水池用，然后把它的水和特拉希梅涅湖湖水汇聚起来，通过一系列水闸使它们的水位平衡……他采取了精确的措施，列了预算表，笔记本上满是密密麻麻的数字和计算。他画了两台巨大的挖掘机，好像在对它们进行比较，一台是传统型的，另一台是他发明的革新型的。新型的挖掘机被安装在钢轨上，由绞车发动，这样几百工人可以同时向不同方向一起工作。慢慢地，他才从乌托邦式的幻想中回到现实里来。

1503 年 8 月，教皇亚历山大六世去世，可能是他自己误服毒药而死的。他的儿子切萨雷·波吉亚只好从那不勒斯逃亡到西班牙，他失去了财产，沦为纳瓦尔国王的雇佣兵队长，后来在一场小型武装冲突中被杀。照米歇列的话，波吉亚是在"在树林的角落里"被杀的。

比萨战争还在继续。10 月，莱奥纳多在行会以佛罗伦萨画家的身份再次登记，开始描画战争场面。市政议会向他下订单，希望借此使他为这座城市留下些纪念。瓦萨里说，他们请他在市政议会大厅，也就是旧宫的五百人大厅的一堵墙上描绘该城的一段光荣历史。这间大厅长 53 米，宽 22 米，还正在施工。他们在新圣玛利亚给莱奥纳多和他的学生准备了套房，一间称为"教皇"的房间，被他用来做了工场。10月24日，画家拿到了套房的钥匙。

市政议会大厅的建造是由萨伏那罗拉决定的，象征着胜利的共和国。墙壁布置得很有爱国主义的气氛，上面挂着武器，燃烧着想象的激情。佛罗伦萨人和米兰人进行了一场战争，取得了小小的胜利，战争发生在1440年的波尔戈·圣·塞普尔克洛的郊区安吉亚里。我们不知道是谁选择了这个主题，但在莱奥纳多笔记本里的详细战斗过程好像是由马基雅维利的一名秘书，阿戈斯蒂诺·维斯普奇写的。一长串人物名字开启了这段回忆，占了一张折成四份的大纸的四分之三——因为缺纸，在剩下的空白纸上，莱奥纳多画了一个飞行器的机翼接合处。维斯普奇描述两兵相接的地点（"山峰、草原、江河灌溉的山谷"），盘点了参与战斗的人马（四十队骑兵、两千步兵和炮兵队……）。他按年代记述了事情的经过：黎明时分，由将军们熟悉地形；到了傍晚，收集战场上的尸体；战争胜负难定，充满了各种曲折离奇的情节和英雄壮举（尤其是保卫一座桥的那场战役）；双方相持不下，直至圣彼得奇迹般地出现在云端。即使不加插天神，这段叙述也一点都不符合事实。马基雅维利在他的《佛罗伦萨史》中只提到一人死亡，还是由于意外从马上跌落致死。可在维斯普奇笔下，那场战役俨然是一场"大屠杀"，也许他这是按照"官方认可版本"，为艺术家描述了当时的战况。

莱奥纳多对事实本身并不重视。对表现战斗场面他早有自己的构思，他将按照自己的想法作画。1490年左右，他写道："你首先画炮火、马匹和士兵战斗时卷起的滚滚烟尘……被炮火映红的脸，人物和空气，火枪手和他们旁边的人，随着炮火的熄灭，火光也在消淡……密集的箭矢四处乱飞，火枪手的子弹划过一道道烟火……画上跌倒在血泊中的士兵，四周是黏稠的土地，你可以看得见战马和士兵践踏的痕迹，马拖着它死去的主人，在灰尘和泥泞中，尸横遍野。战败者面容苍白，显得很疲惫，眉头紧锁，额头布满痛苦的皱纹……溃退的军士吼叫着，张大着嘴巴。在战士脚边画上各种武器——折断的盾牌、矛、剑把等等。垂死者龇牙咧嘴，翻着白眼，双手痛苦地抚着身躯和伤腿。你可以画一个被缴械的惊呆的士兵正和敌人撕扯，进行着你死我活的搏斗。没有了骑兵的战马在敌阵狂奔，马鬃在风中飘拂，铁蹄践踏着人群。几个倒在地上的残废士兵，被盾牌压着，敌人正对他施以致命的打击。还有一队士兵在马的尸体上互殴。好些胜利者离开了战斗，从混乱的场面中逃出来，用手抹着被尘土蒙住的眼睛和满面泥垢的脸……千万注意，画面中没有一处地方是没被践踏和沾上了血迹的。"

《安吉亚里战役》的第一批画稿（比如保留在威尼斯学院里的那些，图 9.5），展示了非常真实的战争场面，人与马的隐约人影在尘土和硝烟中相持不下，描画混战的线条纠缠在一起，看得见这边有一个步兵挥舞着斧头，那边两个士兵死命地扭打在一起，地上横躺着马尸。在这混乱的群体中，莱奥纳多不放弃最初描画疯狂混战的构思，他摸索着开始构思起整幅图来——中心主题和四周的要素。在壁画中间，他安排了旋风般的骑兵，为了夺取军旗而战（所画旋风得益于他对水和风暴的研究）。四下里，在这大漩涡的威力影响下，几百士兵，不管是骑马的还是徒步的，全都发了疯似的撕扯扭打，相互残杀着。不幸的是，仅凭这些描述，或是莱奥纳多的几幅草图（收藏在温莎和大英博物馆）以及米开朗琪罗和拉斐尔的壁画部分，我们只能获得一个比较模糊的概念。从某种方式上说，画家再次采用了二十年前在《三博士来朝》中采用的办法。

1504 年 2 月，莱奥纳多向细木工订购了被瓦萨里描述为"很灵巧"的器械——配了甲板的活动脚手架，拉紧是便上升，放松时便下降。有了它，画家可以很方便地创作《安吉亚里战役》的大幅草图，此画长

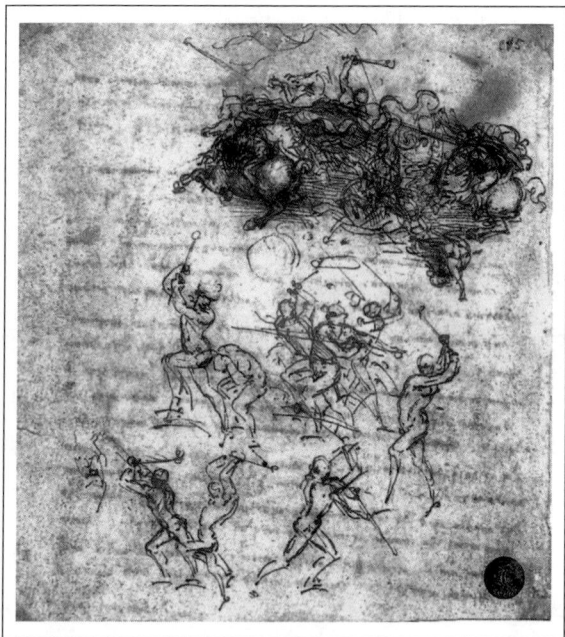

图 9.5 《安吉亚里战役》草图
（威尼斯学院美术馆）

20 米、宽 8 米，这是别人向他订制的最重要的油画作品。

　　市政议会的一份报告告诉我们，莱奥纳多在 1504 年 5 月 4 日开始画草图，经商议后，他们付给他 35 弗罗林的预付金。从 4 月起他每月拿 15 弗罗林的工钱，交换条件是他必须在第二年的 2 月底之前完成《安吉亚里战役》的绘制，如画砸了或工期延迟，他必须退还工钱，把画稿留给市政议会。经议会审查通过草图后，再为油画制订更详细的合同。订购方当然承担画家的一切费用：文件最后决定为画家购买亚历山大铅白、一令纸张和笔记本、粘纸的面粉以及做底图的"三宽"的床单。

　　这些琐碎的账单惹得莱奥纳多大发脾气。瓦萨里说，因为市政议会的出纳员有一天付他月薪时给了他一堆碎钱，他拒绝接收，并声明说："我可不是用零钱就能打发的画家。"他要求他们不要把他看作工匠、伙计或官员。佛罗伦萨的首长（终身当选）皮耶罗·索德里尼为人刻板、严峻、平庸，总是处事不当，他批评莱奥纳多傲慢无礼。莱奥纳多在朋友们支持下，一气之下将已收的工钱退还给市政厅，这时他多么留恋米兰大公卢多维科对他的宽容和随性！这场小风波的结果对画家有利，他们请他留下钱，重新开始工作。

这幅画的中心主题是夺取军旗，这段情景既没出现在维斯普奇的文章里，也没出现在马基雅维利的叙述中。这完全是莱奥纳多天马行空的想象，但恰好符合议会对他的要求，很好地诠释了这个爱国主义的事件。瓦萨里这么认为的，他说："由于洋溢其中的可敬思想，这幅画立即被看作充满教育意义的作品。"莱奥纳多虽按市政府的意图办事，但他的壁画还表现了些许与当权者相悖的想法：它一点都没颂扬好战的观点，相反，他极其露骨地揭露战争的残酷性，莱奥纳多直截了当地称之为"兽性的疯狂"。瓦萨里在描写这幅油画时有过这样一段中肯的评价："疯狂、仇恨、愤怒在人和马的身上得到了一样的体现。"（图 9.6）也许，除了普桑的《屠杀婴儿》、戈雅的《5 月 3 日枪杀起义者》和毕加索的《格尔尼卡》，艺术历史中没有一幅油画能像《安吉亚里战役》一样强烈、可怕、震撼人心，莱奥纳多的油画再一次触碰到了观众的心灵，撼动人心，使他们陷入沉思。他想要通过自己的壁画让人们感受到他心中的恐慌。

在这种感情和军事工程师的愿望之间存在着令人吃惊的矛盾。莱奥纳多在递给卢多维科·斯福尔扎的求职书中，展示了一个非常尚武的计划，他说他准备制造最高效的杀人武器。当我们浏览他的笔记本，不难发现他花了很多精力去想象杀人机器——炸弹、炸药、圆炮弹（就像我

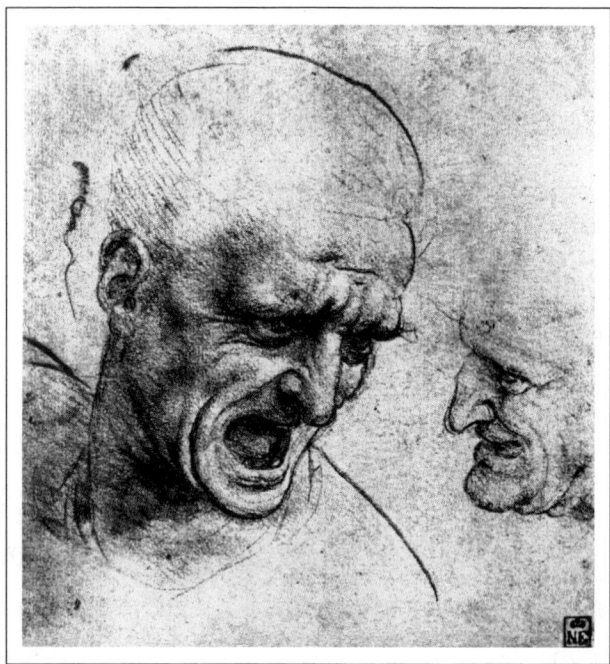

图 9.6 《〈安吉亚里战役〉头部习作》
（佛罗伦萨，乌菲兹美术馆）

们今天的炮弹）、各种机关枪、投石器、巨型弩，还有称为"对手"的既能把对方撕成碎片又能吐出火焰的坦克……手稿 B 中许多页纸上记着不少古代武器的名字，这些名字令人浮想联翩：曲柄发射机、腰刀、蝎子车、标枪、铁蒺藜等等。可以说他很喜欢画锋利的刀剑、铁器，以及一切可以想象出的最可怕的武器的尖头、齿轮传动装置、铰接链条，还有他平时设计的用于和平时期的机器发条。他的许多新发明一点也不实用，如盾牌与捕狼陷阱相连的装置（用剑敲击盾牌，陷阱就会自动关闭，把剑紧紧夹住），这个装置的设计图保留在卢浮宫。但首先我们要了解这些图的用处，他设计的某些剑或给军械师做装饰的护胸盔甲，大部分只停留在草图阶段，所以我们才可以见到它们，它们是画家画在纸上的东西。杀人武器让莱奥纳多着迷，正如大自然的灾害、洪灾、龙卷风一样，但他至死反对暴力，因此他不可能提供新式武器给那些热衷于自相残杀的同类。安德烈亚·苏阿列兹说："在孤傲的外表下，他其实热爱和平。"我们记得莱奥纳多在写信谈到有关"在水下停留"和"潜艇"的发明计划时，曾说："我不愿公开它们也不愿宣传它们，因为人类天性恶劣。"这句话说得再清楚不过了。和爱因斯坦不同，莱奥纳多在把发明计划交给作战参谋部之前内心就充满歉疚。我认为他画在笔记本上的武器只是出于有些病态的爱好而偷偷留给自己把弄的玩具——它们令人想起马塞尔·杜尚设计的那些"单身机器"，那些假模假样的消遣和虚构的"超级大杂烩"。①

作为米兰大公的工程师，莱奥纳多从没支持过伦巴第的将军们，他做了切萨雷·波吉亚六七个月的工程师，正如他的通行证上所写，他基本上满足于给罗马涅的建筑师提建议。作为佛罗伦萨共和国的工程师，他建议挖运河，以避免流血冲突；他建议开辟运河，以缓和各派的矛盾。1504 年秋天，他一面绘制极力美化战争的《安吉亚里战役》，一面重新开始负责在皮翁比诺为阿皮亚尼的雅克四世加固工事；他画了名为沃班的工事轮廓，但那只是防御工事——他致力于防卫、保护，任何时候都没参加过进攻行动。瓦萨里提到过莱奥纳多好几份技术性的"计划

---

① 马塞尔·杜尚给他的主要作品——被单身汉脱光衣服的新娘本人——作品下半身取名为"单身机器"。米歇尔·卡鲁格将这个作品和卡夫卡在一本叫作《单身机器》（巴黎，1954）书中的《监狱殖民地》做比较，这也是 1976 年 5 月巴黎装饰艺术博物馆的一个展览的出发点——当然里面也有莱奥纳多的一席之地。"单身机器"等词非常符合达·芬奇的技术绘图："异常暧昧，它们同时展现又否决了情欲的力量，同时展现了死亡、不死，酷刑与仙境，震惊与复活。在这里，拒绝女色，甚至拒绝繁衍似乎是与宇宙法则决裂的主要条件，这是中国人和卡夫卡使用这一说法的意思，但这也是启蒙、自由和奇妙的长生永恒的条件。"

和"模型"，他也不是不知道后者科学作品的重要性，但他却出于某些原因，一点儿也不了解莱奥纳多作为军事工程师的生涯。

　　莱奥纳多在《安吉亚里战役》这幅画上花费了将近三年时间。这期间他经历了一次丧事，他曾经满怀新的希望，也饱尝了许多失望。

　　1503 年夏，他的父亲皮耶罗先生去世了，似乎是因衰老而无疾而终。莱奥纳多在他的笔记本里有两处提到此事，重复说了两次去世的时间，几乎用的是同样的词句。在那本留在大英博物馆的草稿本里，他写道："1504 年 7 月 9 日，星期三，我的父亲、波德斯塔宫的公证人皮耶罗·达·芬奇去世，七点钟，享年八十岁，身后留下十男二女。"在《大西洋抄本》中，他写道："1504 年 7 月 9 日星期三，七点，皮耶罗·达·芬奇去世——星期三，将近七点。"这一有点奇怪的重复（他是害怕遗忘吗？），表明了他激动难抑的心情，他记错了父亲的年龄，他的父亲去世时是七十八岁而不是八十岁，而他重复两遍的"星期三"，事实上应该是"星期二"，这些又说明了他心中的困惑……总之，我不认为他是个被众人责备的无情的人。还有他的笔记本——还需要再提吗？笔记本是他勤奋记录科学研究成果的东西，连备忘录都很少出现在他的笔记本里，更何况是日记般的心事与忏悔。他对父亲的感情一定是矛盾的，而我认为，这样的感情更为强烈。

　　我们很难评价这次丧事对他的影响，再加上此时发生了另一件令他沮丧的事：倒不是他们把装饰市政议会大厅的任务交给了另一位艺术家，而是他得知自己作画墙壁的对面一堵墙已经交给米开朗琪罗来负责。米开朗琪罗的保护人是佛罗伦萨首长索德里尼，他是佛罗伦萨绘画和雕塑的新星：他将在这面墙上绘制与达·芬奇那幅一样大小的壁画，同样是真实的战役"卡辛那之战"——在此战役中，来自比萨的敌人突袭在河中赤裸沐浴的佛罗伦萨士兵。据某些历史学家说，此次战役的失败也许对阿诺河分流的决定起了作用。总之，在这个时期，索德里尼对米开朗琪罗赞不绝口，政府对他的宠信一定胜于对莱奥多。

米开朗琪罗·波纳罗蒂当时二十九岁，给基尔兰达约做过不到一年的徒弟，基本上是在伟大的洛伦佐宫殿中磨炼技艺，无论在佛罗伦萨还是在罗马都已享有盛名。1501 年，他用没人想用的一整块大理石雕刻了巨型的《大卫》，雕像白得耀眼，赤身裸体，傲气冲天。相比之下，多纳泰罗和韦罗基奥以前雕刻的大卫简直是矫揉造作。莱奥纳多大概是在1504 年 2 月第一次遇见了米开朗琪罗，当时他和佩鲁贾、波提切利、费利皮诺·利皮、柯罗纳卡、安德烈亚·德拉·罗比亚和其他著名艺术家一起，被邀请组成委员会负责决定如何安置这尊雕像。整座城市为此展开了热烈的争论，有人因此还被石头砸伤。莱奥纳多和大部分同事一样，倾向于把它安放在兰兹集会所内部，以避免恶劣天气的损坏。米开朗琪罗却希望他的《大卫》自豪地耸立在广场的阳光下，摆在市政议会宫前面的好位置。他终于胜利了，但那些投了反对票的人大概都对他失去了好感。

很难想象有两个人会像莱奥纳多和他的年轻对手那样截然不同。他们各自的拥护者后来似乎都各自为政，为各自对立的、不可调和的理由辩护，就如中世纪的唯名论者和现实主义者，好像爱这个就必须反对另一个。我们可以说，莱奥纳多努力把生命神秘的光芒压缩在阴暗的内部空间里，而米开朗琪罗在茫茫的地狱和天际展示生命悲剧性的伟大；莱奥纳多偏爱绘画，追求它的深刻，米开朗琪罗实际上是雕塑家，尤其擅长大块材料的雕刻。但他们的不同不仅表现在艺术的不同追求上，他们的性格、外形、信仰也不相同。米开朗琪罗出生在中产阶级家庭，具有贵族的抱负，他说他的祖先原是卡诺萨伯爵。他落拓不羁、吊儿郎当、五短身材、虎背熊腰、机敏活跃、言行粗犷，目光和他的《大卫》一样傲慢，他认为人们"疯狂、凶恶"，他气量小、戚戚于怀、易怒暴躁、易与同事发生争执，为了把自己的观点强加给别人可以和所有的人闹翻。他和雕刻家托利吉亚诺斗殴过，托利吉亚诺一拳砸扁了他的鼻子。他污蔑过佩鲁贾，以致佩鲁贾要告他诽谤，不过没有成功。他受到萨伏那罗拉的巨大影响，死心塌地追随他的教义，陶醉和痛苦轮番折磨他。他写道："忧郁就是我的快乐。"他很有钱，但仍过着苦行者的生活，吃穿都像行乞僧人，做事像苦役犯，他从不脱下他的狗皮靴；他不洗脸；他可以躺在尘埃中，待在他的作品旁，每天只要一块面包和一壶酒就够了；他是同性恋者，激情和宗教的感情几乎要撕裂他。他怎能不嫉妒和讨厌莱奥纳多的魅力、文雅、精细、亲切温和以及广泛的涉猎，尤其是他对宗教信条的怀疑。他与他不同辈，莱奥纳多是人们眼中的无神论者，四周常围绕着漂亮英俊的小伙子，时刻不离那个令人着迷的萨莱。对彼此的艺术才华他们是敬重的，米开朗琪罗临摹了《安吉亚里战役》的片段，莱奥纳多以内行的身份在画纸的一角画了《大卫》不朽的轮廓（图 9.7）。然而这两个个性完全不同的人在窄小的佛罗伦萨终有一天会发生摩擦。

　　一次偶然的相遇、一个文学问题引发了他们的冲突。一位被人称为无名氏嘉迪阿诺所作的莱奥纳多传记后面，说到莱奥纳多在画家乔万尼·迪·加维纳的陪同下经过斯皮尼宫前的圣三一广场，几个坐在板凳上的人拦住了他，要他谈谈对但丁某几句难懂的诗句的看法。正好此时，米开朗琪罗也来到广场，或出于谦虚，或因有急事要办而不耐烦回答，莱奥纳多说："他就是米开朗琪罗，让他给你们回答吧。"这句话惹恼了雕刻家，他觉得莱奥纳多有意要讥笑他，便生气地说道："你自己给他们做解释吧，你做了巨马的模型却不能把它铸成铜马，你放弃了

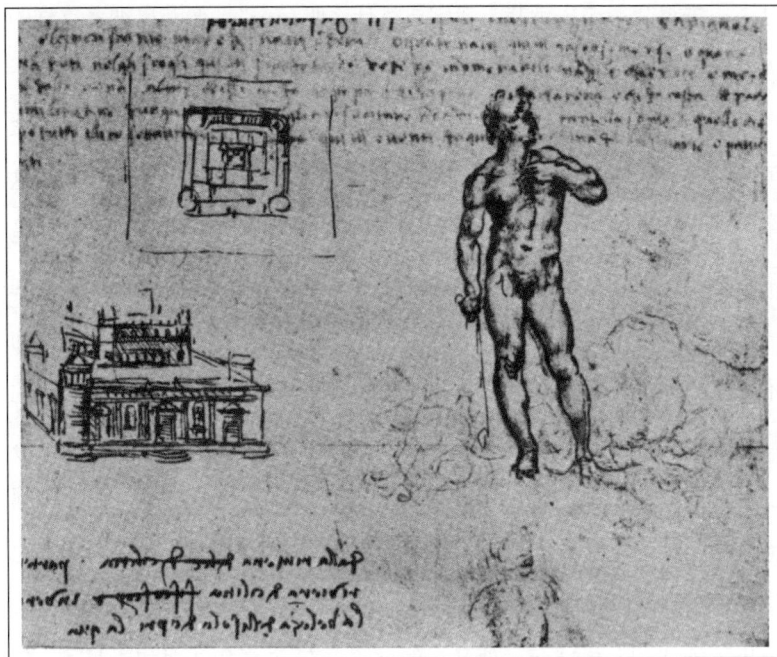

图 9.7 关于《大卫》的习作
（温莎，皇家图书馆）

铜马，你不羞愧吗？"然后他转身就走。莱奥纳多在他的顶撞下红了脸，呆住了，无言以对。米开朗琪罗还在远处喊道："这群笨蛋米兰人信任过你吗？"

莱奥纳多写道："耐心能经得住不公平的待遇，就如衣服能御寒。天气越寒冷，你穿得越暖和，就越不会受冻。别人对你越不公平，你越要耐心，他们就不会伤你的心。"然而他红了脸，米开朗琪罗的话一针见血，击中了他的要害：莱奥纳多放弃了多少没完成的作品！过去多少次他在试用新笔时苦涩地在笔记本里写道："告诉我，我没完成过什么作品……告诉我……告诉我，我完成过什么吗……"① 像莱奥纳多这样的人，要怎样才能屈从于失败的厄运而不失望呢？

　　这些年失败接二连三，一直伴随他到生命的结束。他无法实现使阿诺河成为通航河道的计划，却想在佛罗伦萨的东部或西部继续整治这条河，水力机器的草图夹杂在《安吉亚里战役》的草图里，可大家还是不听他的。他埋头研究的数学和几何学一直没有进展。1504 年 11 月的一个夜晚，在微弱的烛光下，他又在寻找帕乔利给他解释的阿基米德的不完整的解答，他努力解决化圆为方的问题，一张张纸上写满了漂亮的几何公式。晨曦初露时，他发现自己一无所得，他的希望死了：他走不远了。他在笔记本的边上用疲倦的手写道："圣安德烈之夜，我和化圆为方的问题玩儿完了，这是光明的结束，是夜的结束，是我书写用纸的结束，直到最后时刻我才领悟了这个道理。"和没能超越阿基米德一样，他也不能飞翔。1503 年，他又去做试验，在 1505 年 3 月和 4 月间，在菲耶索莱，他刻苦钻研鸟的飞翔，在新的笔记本上记录它们起飞的情况，它们是飞呢，还是随风打转，它们在飞行的不同阶段拍击翅膀。他庆幸自己发现了其中的奥秘，这个奥秘使他也能在天空中飞翔，他以为自己达到了目的。在笔记本封面的内页上，在家庭开支账目和一幅建筑图下面，他写了一句奇怪的预言："大鸟在它的大天鹅的背上第一次飞翔，令整个世界目瞪口呆，在它的出生地，记载着它永恒的声名。"在另一页纸上还写着："那座以大鸟命名的山上，誉满全球的著名鸟儿在奋

---

① 莱奥纳多一定是因为马基雅维利的推荐而被派去了皮翁比诺。1504 年年底，他在那里度过了几个月。特别是在《马德里手稿Ⅱ》当中提到了委派给他的工程（挖一条沟，建造一座塔、一条海堤……）。这些工程中有一些可能真的实施了，让他彻底重新考虑防御工事的原则（在朱利阿诺·达·桑加罗的帮助下？），甚至要准备撰写一篇关于军事建筑的论文。

翅飞翔。"大家都在思考这里的"山"和这"大天鹅"指的是什么，当时佛罗伦萨郊区的高山的名字是天鹅山，在天鹅山顶，莱奥纳多大概又一次试图战胜重力。不管他怎么样努力，世界并没有被惊得目瞪口呆，试验还是失败了。一个世纪之后，笛卡尔很理智地写道："从形而上学的观点看，我们可以制造机器使我们像鸟儿一样飞上天空。而鸟本身，至少我是这样认为的，就是这样的机器，但这观点不可能是科学的也不是实用的，因为需要很奇特的巨大力量，人才能制造出这样的机器。"在莱特兄弟制造飞行器之后，我们就明白笛卡尔的话的含义。和笛卡尔理智的论断比较（鉴于时代所限，我们不能认为他说错了），莱奥纳多疯狂的想象力令人敬佩。

　　莱奥纳多也没有完成他的《安吉亚里战役》。① 而在染布工人医院圣诺菲里奥，米开朗琪罗正在绘制自己的草图。莱奥纳多在限期内结束了他在新圣玛利亚的画，他准备把画移到市政议会大厅的墙上去。他命人把脚手架搬到那儿，1505 年 2 月，市政议会给他解决了购买石斋、亚麻油的问题，然后又着手购买希腊的树脂、亚历山大铅白、威尼斯海绵。好几个助手或学生帮助他制造涂料，将墙壁准备妥当，并打磨光滑：拉斐罗·丹东尼奥·迪·比亚乔（只为他服务了两个星期）、西班牙人费朗多·拉诺斯、瑞奇奥·德拉·波尔塔、德国人雅可布（大概于 1504 年 8 月被雇佣），从 4 月 14 日开始，一个据说年仅十七岁，名叫洛伦佐的人也加入进来。托马索·迪·乔万尼·马西尼，自称外号是佐罗阿斯特罗，莱奥纳多亲切地称他为"我的家里人"，负责捣碎颜料。他在米兰做铁

① 佩德雷迪在他对莱奥纳多笔记的评论中指出莱奥纳多试写一只新笔的时候写下的、由"说吧，跟我说"开头的咒语式的句子，大部分在 1500 年以前。但是他在绘制《安吉亚里战役》的 1505 年，写下了这些句子："告诉我是否做完……"在 1508 年后他写："告诉我类似的是否能做完……"

匠和机械师，是个怪人，在这个队伍里什么活都干。画第一笔的时刻终于到来了。莱奥纳多记道："1505 年 6 月 6 日，星期五，13 时（早上 9 时 30 分），我开始在旧宫作画，我拿起刷子，天气变坏了，要大家集中的警钟也响了，而大草图（用纸张粘在一起的）松开了，水流出来，因为装水的容器破了，天气越来越恶劣，下起了滂沱大雨，一直下到黄昏，白日变成了黑夜。"这真是不祥的征兆，那天是星期五，恰恰是民间传说中不吉利的日子。我不相信莱奥纳多迷信，但他的朋友佐罗阿斯特罗会如何解读这些征兆呢？8 月，市政议会的登记本上又出现了新购买的物品，还是铅白、核桃油、用以保护脚手架的布匹，还有蜡。工钱直到冬天才支付。相关记录到此戛然而止，表面上看，莱奥纳多停止在市政大厅画画了。1506 年 5 月，他放弃了壁画，回到米兰。

我们不知道走前的几个月他干了什么。安东尼奥·塞格尼是一位博学的诗人和文艺资助者，莱奥纳多似乎与他关系十分密切，他为诗人画了海神喷泉，瓦萨里说他"画得栩栩如生，里面有骚动的大海，被海马牵着的车辆，各种奇幻的生物，有王储和风神们，还有海神美丽的头颅"。据说这计划对第二次文艺复兴造成了很深远的影响，据克拉克说，它启发了阿玛纳蒂在佛罗伦萨市政议会广场建造我们今天看到的海神喷泉，以及由贝尔宁设计的罗马的特列维喷泉。莱奥纳多的作品没有得以实施，但他在这上面可能花了不少心思。我们是否应当认为在这段时间里，他曾试图到天鹅山顶做飞行试验，或到芬奇镇为他的叔叔建造磨颜料的磨坊呢？再或者，他开始致力于画两幅新画，《丽达》（其第一幅草图出现在《安吉亚里战役》的系列草图里）和《约孔德》（即《蒙娜丽莎》）。好像就是在这一年，他开始绘制这两幅画。莱奥纳多有可能把工作当作庇护，同时干几件事对他而言不是难事，放弃《安吉亚里战役》的理由应该来自作品本身。

无名氏嘉迪阿诺说他放弃是因为他"不满意，或还有别的动机"，保罗·约伏认为这无数次失败来源于技术问题，即施于墙上的涂料质量恶劣，他说："用核桃油调配颜色时根本不起反应。"根据 1518 年左右的《安东尼奥·比利书》记载，这油属于亚麻油，质量糟糕，无名氏所作的莱奥纳多传记之后，有文章说，莱奥纳多"向普林尼（老普林尼，拉丁文作家，莱奥纳多常读他的作品）借鉴颜料的配方，但他并没有完全明白如何配制。他在教皇大厅第一次试验调配，他在墙前生了炭火，用来烘干墙面。后来当他在市政大厅着手作画时，他发现炭火的确烘干并加固了壁画的下部，却由于火距离壁画的上部较远，无法烘干，也无法固定，于是颜料就开始化开"。

这样的解释似乎很可信。莱奥纳多希望用油来画他的作品，油画颜料是唯一适合他的画法的颜料。他在一小块面积的墙面上试验古方，就如他以前为了铸铜马所做的浇铸试验一样。试验有了结论，他就可以在市政大厅的墙壁上放心地、大面积地采用这一方法。是否有人故意骗他，给他掺假油，使得颜料干燥不了？"炭火"使人想起他在圣慈马利亚修道院必须收回的炉子，《里尼备忘录》中说，他在绘制《最后的晚餐》时，也许已经试图加速颜料的干燥了。到了 1505 年底，他已不能再挽回由错误方法或掺假材料造成的损失，又没有勇气抹去墙上的一切、从零开始。此时，法国人又邀请他回伦巴第，他只好放弃，让这幅壁画的计划流产……当时许多匿名的复制品（油画，如属于慕尼黑私人收藏品的《多利亚图》和保留在佛罗伦萨的卢切莱宫的雕刻）都表明莱奥纳多在构图的核心部分，即夺取军旗的战斗时突然停工。

稍可安慰的是，米开朗琪罗也没有画完他的油画《卡辛那战役》，草图完工后，他动身去了罗马，教皇尤利乌二世向他下了订单，要米开朗琪罗为他修筑坟墓，并绘制西斯廷教堂的壁画。

　　米开朗琪罗的草图和莱奥纳多油画的某些片段分别在教皇大厅和市政大厅长期展出，本韦努托·切利尼说，当时它们是"世界的学校"。"战役之战"宣布之后，人们从意大利所有的工场跑到佛罗伦萨，一睹大师名作的风采，这两幅作品将直接导致古典主义和巴洛克风格的产生。在 16 世纪初，还有许多艺术家在这百合花之城的街道上相遇，除了莱奥纳多和米开朗琪罗，1505 年，我们还可以见到波提切利、佩鲁贾、费利皮诺·利皮、洛伦佐·迪·克列迪、皮耶罗·迪·科西莫、安德烈亚·德尔·萨尔托、巴乔·德拉·波尔塔、两个桑加罗、柯罗纳卡和一个来自乌尔比诺的二十岁小伙子——据瓦萨里所说，莱奥纳多的风格一下子就给他留下了极深的印象，他努力忘掉他以前学过的、试图模仿的一切——他就是拉斐尔，佩鲁贾以前的学生。这样的景象的确难得一见，在如此窄小的地区里群星璀璨、天才云集。而在众多天才人物面前，米开朗琪罗的赤裸战士和达·芬奇的疯狂马群在比武场上对峙着，如切利尼所说，它们不分胜负："不论是古人还是今人，都不可能创造出比它们更出色的作品了。"

　　《卡辛那战役》的草图非常脆弱，在 1512 年的骚乱之后，这幅草图从此销声匿迹（也许是雕刻家巴乔·班迪内利嫉妒的牺牲品）。第二年，人们吸取教训，造了一个木框保护莱奥纳多那块残破的壁画。1549 年，安东·弗朗切斯科·多尼以佛罗伦萨艺术向导的身份，以写给朋友的信的形式写了一篇文章："在大厅拾级而上，欣赏那组马群，真能大饱眼福。"后来，鲁本斯临摹莱奥纳多夺取军旗的画作片段，司汤达说："这好比斯塔尔夫人翻译维吉尔的作品。"这已经超越了为临摹而临摹的境地，因为美第奇家族重新掌握佛罗伦萨的政权后，在他们的命令下，瓦萨里负责抹掉市政议会墙壁上的所有共和国时代留下的作品。1560 年，他在用今天我们看见的讨厌的壁画覆盖墙壁之前，用石膏涂去莱奥纳多的《安吉亚里战役》的残存部分。瓦萨里在他的《传记》中提到此事，这倒不是吹牛。最近人们用超声波探查市政大厅的墙壁，希望找得到莱奥纳多的作品的某些痕迹——结果一无所获。

第十章

就像忙碌了一天

爱情取得了胜利。

————维吉尔

《蒙娜丽莎》
（巴黎，卢浮宫）

1482 年左右，莱奥纳多离开佛罗伦萨，留下未完成的《圣耶若姆》和《三博士来朝》；二十四年之后他又一次离开该城，又没有完成《圣安娜、圣母与圣子》和《安吉亚里战役》，以及他从 1500 年开始的任何工程。从某种意义上说，他度过青年时代的城市破坏了他的计划，消磨了他的壮志。

　　市政议会接到他要离开的通知后大为不快，1506 年 5 月，因为深受法国制约（法国在佛罗伦萨与比萨战争中是佛罗伦萨的同盟），而不得不对米兰大公的意愿做出让步，无奈地只得同意放行。法国国王路易十二身边的红人查尔斯·当布瓦斯，即肖蒙的伯爵，迫切要求莱奥纳多到他的宫廷去。然而佛罗伦萨只给他三个月的假期，还附带一个条件：如果他迟回来，就要被罚 150 弗罗林的重金。

　　莱奥纳多接受了他们强加给他的条款——我想他当时一定耸了耸肩。以后他可以随意行动了，被他称为"伟大的主人"的新保护人鼓励他、帮助他。8 月 18 日，查尔斯·当布瓦斯婉言请求佛罗伦萨的市政议会延长莱奥纳多的假期，至少直至 9 月底。正义旗手索德里尼大为不悦，认为达·芬奇对佛罗伦萨共和国未能尽职，回复说"他收了一大笔工钱，却只交付了他负责的大工程的开头小部分（指《安吉亚里战役》油画），希望你们别为他申请延期了，因为他的工作应满足我们城市的公民——我们不能免去他的义务，也就是承担起我们委托他在这项目中的责任——别让我们蒙受严重的损失。"

莱奥纳多充耳不闻。他们强迫不了他，否则在威胁下完成的壁画也只会带来苦涩和失望。他在米兰感觉良好，他在这儿一直很快乐，这里有他的朋友们，有大量的艺术作品，他一点也不想离开。最后安布罗奇奥·德·普列迪解决了他们之间的冲突，从1483年起，受贞净协会所托，他与莱奥纳多一起画画，或合力完成油画《岩石圣母》的第二个版本（即如今在伦敦的那幅），第一幅也许卖给了法国国王。他们被允许收回在圣弗朗切斯科大教堂的那幅原图，以便绘制第二本。安布罗奇奥因此油画得到了100里拉的工钱，莱奥纳多通过公证书 ① 认可这笔付款。另一方面，查尔斯·当布瓦斯向达·芬奇订制在维内兹亚门建大宫殿的设计，莱奥纳多还给我们留下关于这个计划的几张图和笔记，尤其是关于那座堪与《一千零一夜》里的花园媲美的花园的描写：莱奥纳多设计了叶片磨坊，夏天它的叶片能送来人工造的凉风；潺潺流水穿行在橙树林、

---

① 这第二幅《岩间圣母》（在圣弗朗西斯科大教堂保存到1781年，四年以后辗转至英格兰，1880年卖给了伦敦的英国国家美术馆）是所有艺术史学家所津津乐道的。这幅画何时动工，为什么要画这第二幅画作？是否因为法国国王要把原作搬到法国的缘故？作者究竟有哪些人组成？莱奥纳多应该在某些部分帮助了安布罗奇奥·德·普列迪（特别是脸部与手部），但这是1500年以前，还是1507年以后？参与绘画的助手还有哪些人？怎么解释伦敦美术馆和卢浮宫内两幅画的不同？这些问题至今没有确切的答案。在伦敦的画中，岩石的笔触生硬，天使神色造作，幼年的圣约翰也没有卢浮宫的那么生动优雅。这亦是原作的"改良版"，这回光环在头上闪耀，约翰持十字架，而炽天使乌里叶著名的举起手指指向前方的设计不见了。所有这些让我们认为，莱奥纳多并没有怎么参与这幅画，但是也有一些历史学家不同意这一看法。编者注：两个版本的《岩间圣母》，可参见第六章图6.2和图6.3。

柠檬林、枸橼树和其他散发出芳香的树林中，水里养着各色鱼类，"还可以行曲水流觞之戏，取其清凉之意"；铜丝编造的大鸟笼里关着无数的各色鸟类，花香伴随着鸟语，鸣啭的鸟声悦耳动听；各种乐器尽显神通，由磨坊的转动操纵；散步的通道上"有喷泉溅出水花，微微溅湿行人，比如说还可以喷到夫人小姐身上取乐"[1]，因为查尔斯·当布瓦斯是"维纳斯（爱神）的朋友也是巴克斯（酒神）的朋友"。根据编年史作者普拉托所说，他们也委托莱奥纳多组织节日和表演[2]，让他按客人的爱好替米兰大公安排——在这个时期，没有人比米兰城堡里的人更会享受了。这是占领时期的好日子，莱奥纳多这个老画师处在快乐的中心，他不愿离开大家，而大家尊重他，给他很体面的年金，还给他过去大公赠给他的种植着葡萄的土地。他不再局限于完成单一的任务，各方面的问题大家都要询问他，他又成了斯福尔扎时代的时尚的裁判。大家争着要他做伴，或争要他的作品——对于法国人来说，没有人能像他一样。他是复兴时期这些灿烂文化的化身，他的魅力使他们在意大利发动战争。宫廷里的每一个要人都希望得到他亲手画的一幅画，也有人要请他设计教堂。[3] 大家让他负责水利方面的问题，这让他夙愿以偿。他改善了船闸系统和伦巴第堤坝，他在这些事情上处理得那么妥善，大家答应给他令人羡慕的报酬——他负责整治的圣克里斯托弗洛运河中以 350 毫升为

---

① 莱奥纳多可能是受到了查尔斯在安布瓦斯的宫殿花园及其挚爱的里米尼音乐喷泉的启发，人文主义者对"维纳斯岛"的描述也对他有所触动。他在晚年，越发对古代感兴趣。而他的笔记上关于这座宫殿的记录只限于入口与楼梯。

② 莱奥纳多特别为法国人设计了波利齐亚诺的《俄耳甫斯》的演出。在他的《阿伦德尔抄本》中他提到了彩绘和金画的价钱，还有一个旋转舞台的草图（受普林尼启发）。在该舞台上，会浮出一座山，表示处于地狱诸神管辖的地下。

③ 1507 年，查尔斯·当布瓦斯下令在米兰的城郊、科马齐那附近的音乐喷泉的遗址上，建造一所喷泉圣母堂。莱奥纳多是否给出了建筑的设计图纸——未完成，但的确有过？从《大西洋抄本》中的速写来看似乎是这样的。

单位的水税。

查尔斯·当布瓦斯又写了一封信给佛罗伦萨的市政议会，日期是1506年12月16日，概述了大家委托给莱奥纳多的工程和法国人对他的无比尊敬，信文如下："在意大利，尤其在米兰，由你们的公民莱奥纳多·达·芬奇师傅完成的出色的工程，所有亲眼看到它们的人都深深热爱着它们的创造者，甚至包括那些没接近过他的人。至于我们，毫无隐瞒地说，在遇见他之前就对他情有独钟。现在我们经常与他打交道，他经验丰富、多才多艺，我们亲眼看到他在绘画方面的才华，真的是名不虚传、实至名归，但与其他方面的值得赞美的杰出才能相比，他的绘画才华又算不上什么。必须这样说，他契合我们的需要，交给我们的建筑设计图或其他工作样样合我们的心意，他让我们这么满意，实在应该不遗余力地赞美他。所谓君子不敢专美，我们要尽力把他推荐给你们，并向你们保证，不管是增加他的财产、给予他恩惠或给他应得的荣誉，都会给他和我们带来同样的最大的快乐，我们会非常感谢你们。"

米兰的副执政官约费罗·卡尔勒（或约费列杜·卡罗里）是诗人、科学家、知识渊博的艺术爱好者，为使索德里尼不再纠缠莱奥纳多，也参与了此事。法国国王也亲自过问此事。路易十二在布洛瓦住了一年，他通知佛罗伦萨的使者，他很喜爱达·芬奇刚给他看的一幅画（是那幅给弗洛利蒙·罗伯尔特的《纺锤圣母》吗？），他热切希望莱奥纳多能待在米兰，因为他希望能从他那儿得到几幅作品。这还不够，1507年1月，他命弗洛利蒙·罗伯尔特写信给市政议会的正义旗手和上层们："奉法兰西王之命，米兰公爵、热那亚的领主、亲爱的朋友……我们不得不劳烦莱奥纳多·达·芬奇师傅，你们佛罗伦萨市的画家，可否让他不要离开这座城市（米兰），我已经和你们的大使说过了。"莱奥纳多成了真正外交冲突的赌注。佛罗伦萨人不理解为什么法国人这么重视一位艺术家。

吹毛求疵的索德里尼在君主的愿望面前低头了。然而他凭借着莱奥纳多与他们签订的合同，顽固地要求莱奥纳多退回共和国支付给《安吉亚里战役》的那笔费用。1507 年，由于遗产问题，莱奥纳多被迫返回佛罗伦萨，退回那笔钱后买来了自由。总之，1507 年 6 月，有人看见他在新圣玛利亚银行结算了账目。

当时又有一桩遗产问题使他和他的同父异母兄弟姐妹起了纠纷。皮耶罗先生未立遗嘱身亡，第四次婚姻生下的孩子们和第三次婚姻生下的孩子们争夺遗产，分到了最丰厚的部分，他们联合起来要剥夺父亲的非婚生儿子的遗产继承权。1506 年 4 月 30 日，在一位受委托的公证人的安排下终于达成了临时协议，莱奥纳多被排除在外。几个月之后，叔叔弗朗切斯科也去世了，他没有孩子，为了补偿侄子遭受的不公平待遇，他要把他所有的财产传给他最喜欢的侄子莱奥纳多。全家都反对叔叔的遗嘱①，这一回莱奥纳多不肯放弃他的权利，而且叔叔在去世不久前还从他借了钱。他同父异母的兄弟姐妹们把他看作外人，他认为事关原则，而不仅仅是感情问题。在他的笔记本里写着的有关遗产的语义混乱的片段，写于佛罗伦萨时期，夹杂在有关鸟类飞翔的记录文字中间："您这是要给弗朗切斯科最大的伤害，在他活着的时候，您让他享受您的产业，在我看来，您存心不想让他好过……"后面的文字更难理解，因为这段话是以想象中的争论形式写的，争论者的身份很难弄清（他本人、他同父异母的兄弟们还是叔叔弗朗切斯科？）："这人想要我的钱，在我死之后，所以我再也不能随意支配了，他知道我不会放弃我的受遗赠

① 不知道叔叔弗朗西斯科死亡日期。1504 年 8 月 2 日，叔叔的遗嘱当着公证人吉洛拉莫·施奇的面立下（在皮耶罗无遗嘱死后的若干星期），保存在佛罗伦萨国立档案馆。

人……你把这钱给了莱奥纳多吗？啊！为什么你似乎把他推进了亦真亦假的陷阱，如果不是他想拿回他的钱？好，但凡他还活着一天，我便不再跟他提起……"在纸边上他还写道："啊！为什么在他活着的时候不让他快乐过活，既然最后还是要归于您的孩子？……"

一块名为布鲁托的地产似乎是官司的关键。皮耶罗婚生的小儿子朱利安诺当律师不久，他把这事抓在手里了[①]，他确信熟识的法官们会支持他，他把胜诉的希望押在市政议会对画家的普遍反感上。他自以为能轻而易举地令叔叔的遗嘱无法生效。

莱奥纳多呢，他希望他的保护人能出面干预此事，他要把国王的影响作为天平上的砝码。他不是体面光彩地进入米兰了吗？在 1507 年 5 月，回佛罗伦萨前几个星期，他难道没有带着古代彩车和舞台布景机械进入凯旋门吗？路易十二为他提笔写信，他把莱奥纳多提升到他的宫廷画家和工程师的地位，现在国王称他为"亲爱的、我们敬爱的莱奥纳多·达·芬奇"。他写信给佛罗伦萨市政议会高层："我们希望官司能尽快妥善结束，为此写了此信。"查尔斯·当布瓦斯也写信给法官，表示同样的意愿：快点下判决，因为国王很需要这位画家。但法国人鞭长莫及，管的又是私事，可想而知法庭的动作缓慢了。官司没有进展，结果尚不可知。因此莱奥纳多只好请求红衣主教伊波利·代斯特的帮助，这位主教很照顾他，他有渠道认识负责官司的修道院院长拉斐罗·伊耶罗尼莫和负责诉讼官司的教士。在莫德纳国家档案馆找到了莱奥纳多的信件。这不是莱奥纳多的亲笔信，而是委托给一个朋友起草，因为他对自己的

---

① 莱奥纳多在某封口述写给米兰而非亲笔写的信的草稿中写道："我的弟弟，朱利安诺先生，成为其他兄弟的主心骨。"不知道这封信是寄给谁的（查尔斯·当布瓦斯？曼图亚的总督？），信的第一段描述了一批准宝石，"做玉石浮雕正合适"。

书法和文笔没有自信，就如当初他向摩尔人卢多维科乞求工作时那样。然而这封信是他亲手签的名："莱奥纳多·达·芬奇。"这是唯一的一封可以肯定是已寄出的信，而其他信不过是写在笔记本里的草稿。莱奥纳多在信里解释道："虽然权益在我这一边，我不愿在一件我很重视的事情上搞砸了……我恳请阁下您给拉斐罗大人写封信，就以您素日常有的亲切灵活的态度，为了您卑微的永远的仆人莱奥纳多·达·芬奇。"

　　判决书久久没有下来。他只好待在佛罗伦萨，准备为官司做辩护。他和萨莱住在富裕的知识分子兼艺术家的庇护人、著名数学家皮耶罗·迪·布拉乔·马尔泰利的家里，马尔泰利的亲戚保护过多纳泰罗，而他自己接待过雕塑家吉奥凡·弗朗切斯科·鲁斯蒂奇，提供他住宿。莱奥纳多很喜爱这位雕塑家。鲁斯蒂奇，约三十岁，是韦罗基奥以前的学徒，他的工场很像挪亚方舟。据瓦萨里说，里面有鹰、乌鸦（"它说话和人一样"），蛇、箭猪（它能像狗一样直立起来，还有在桌子底下啃客人脚的坏习惯）。鲁斯蒂奇是业余炼金术士，偶尔还做做巫师。他和安德烈亚·德尔·萨尔托、亚里士多德·德·桑加罗和其他同辈艺术家属于一个命名为"小锅会"的小圈子。他们在吵闹喧嚣的宴会上有时为了好玩，每个人要画一幅画——肖像、风景或希腊罗马神话场面，他们在一口深锅里或酒槽里，用母鸡、明胶，红肠、宽面条、干酪、切成片的烤肉和其他好吃的东西代替颜料，他们"作的画"可以给阿奇姆博多做范本了。我们不知道莱奥纳多和鲁斯蒂奇的关系发展到什么地步，莱奥纳多本人就喜欢各种玩笑，也许艺术家们豢养许多动物的时尚就是由他挑起的头，在那笼罩着自由快乐气氛的马尔泰利家里他应当感觉非常自在。如果我们从他最喜欢交往的人中判断他的为人，那么我们可以说他的爱好没有变化。他喜欢和各种古怪的人来往。他在米兰似乎有个门徒叫"怪僻的索多玛"，他的绰号就说明了他的为人，他也一样生活在真正的动物园里（他有猴子、矮驴……）。孤僻的皮耶罗·迪·科西莫，有时在作品中模仿他的风格，也是他的忠实门徒。"怪癖的索多玛"行为像"野人"，他比别人都要喜欢大自然里的古怪现象。他以莱奥纳多的风格画妖怪，据瓦萨里说，他说的话逗得大家笑得要死，后来他老了，终日谵妄，令人无法忍受。

3月，莱奥纳多利用空余时间整理笔记本。①他不敢肯定自己是否能整理好它。再读之后，他吃惊于它们的杂乱和里面出现的许多重复的字眼，他大概已估计到自己不可能完成以前的计划，把他的知识编成宏大的喜剧。他打消了这个念头，他没有这个能力。如果有一天能发表它们的话，他是不是仅限于写几篇论文（关于水、绘画、解剖学）？

在他研究数学和解剖学之余，他帮助鲁斯蒂奇塑造《向利未人和法利赛教士布道的施洗者圣约翰》的塑像。它是商人行会向鲁斯蒂奇订的用于洗礼小教堂的一组大型塑像。瓦萨里说，每当鲁斯蒂奇塑此像时，他不容许任何人待在他旁边，除了莱奥纳多。这种情况直到铸模和浇铸，以至于大家认为莱奥纳多师傅对作品的完成不会袖手旁观。施洗者圣约翰手指天空，那动作是莱奥纳多作品中人物特有的姿势，表现的却完全是鲁斯蒂奇式的有点粗鲁的动作。而四周崇敬他的人群，其形象完全超出了鲁斯蒂奇过去雕塑的水平。三尊青铜雕像一直俯瞰着洗礼小教堂的北门，其中一座叫人联想起《三博士来朝》中的沉思的老头，我认为它们是唯一还存在的多少可以肯定出自达·芬奇之手的雕像。

━━━━━━━━━━━━

① 　莱奥纳多说："1508年3月22日，在佛罗伦萨皮耶特罗·迪·巴乔·马尔泰利府开始。这将是一个杂乱的集子，包括了许多我誊抄的书页，希望能够根据相关主题将之按照顺序，妥善整理。我相信在做完这件事之前，我必须重复做同一件事。所以，哦，读者，不要责怪我，因为这些主题都是多重的，而记忆力已经无法牢记、分辨，我不是因为已经写了这些东西所以才要写这本书……"

法国人很不耐烦地看着他们的画家兼工程师滞留在佛罗伦萨，在短短时间里，他好像就成了他们不可缺少的人。在官司尚未了结的那一年里，他大概在托斯卡纳和伦巴第之间走了两个来回。1508年头几个月，他写信给他的保护人，通知他们他的事快了结了，他打算在复活节前回米兰，并带两幅他画的尺寸不一的圣母像回去，一幅赠给国王，另一幅赠给大家认为该赠的人。在这封他命萨莱带去的信里，表示他对落脚处的担忧，因为他不再希望打扰米兰的执政官（这就表明他直到现在还是客人的身份），他还提到他们答应付给他的年金和关于水利的利润还没付。另一封信是写给运河的总监，他称之为"了不起的主席"，更明显地提到关于国王许他的"350毫升水税"的报酬，莱奥纳多说："阁下您知道我还没有得到它，因为答应给我时，因干旱和调整开渠工程尚未完工，运河正缺水。您曾答允我，调整完毕，我的希望就能实现。得知运河已调整完毕，我写了好几回信给您，还给葛洛拉莫·达·古萨诺先生，他还保留着赠予证书……但没得到答复。我派萨莱带此信给您，他是我的学生，恳请阁下您把有关此事的一切经过告诉他。"

判决书终于下来了，修院院长驳回皮耶罗小儿子的诉讼，宣布叔叔的遗嘱有效——至少有了个结果。莱奥纳多很满意，匆忙取道米兰，那大概是在1508年夏天。

后来他还回了几趟佛罗伦萨——在1509年、1511年、1514年、1515年、1516年——但逗留的时间不长。

"我将带去两幅圣母像"，我们不知道莱奥纳多在给查尔斯·当布瓦斯信中提到的，"在失去的时间"里画的这两幅尺寸不一的圣母像，究竟是哪两幅。

它们也许丢失了。或者这两幅画是他起草草图，然后交给学生完成的；只要他觉得这幅画不很重要，他越来越中意这样的处理方式。因为这幅画对他而言并不足够刺激他的想象力，不能调动他的智力，或者说，他在起草时已经展现精华部分，而完成此画不能引起他的兴趣。他认为引不起胃口的食物吃了会损害健康。在他的指点下，根据他的作品与草图，由他的弟子完成的圣母像并不在少数，如《圣母子》《持天平的圣母》《拈花圣母》等。选择起来颇为麻烦，这些受莱奥纳多指点的画，正如有时展览目录列出的，其中随便一幅都符合他对带去米兰的图画的描述。

我们可以相信此时的莱奥纳多已腻透了画笔。正如代斯特侯爵夫人的信使、修士皮耶罗·达·诺维拉所说，特别是因为《安吉亚里战役》的失败，他心灰意冷，而且加上埋头于数学研究、解剖学、地形学，又被法国人委托给他的不同的水利工程或建筑工程缠住了身，没有了画画的兴趣。然而事实却与之相反，在那些年（好像是 1505 年到 1515 年）他同时交出了《丽达》《蒙娜丽莎》①《施洗者圣约翰》，后两幅（至少）无可争辩地有他的参与。

没有资料能证明这些画的稍为准确的绘制日期，也不知道订这些画的人是谁——有关它们的故事事实上都是假定。我们几乎说不出它们的先后顺序。大家只知道《蒙娜丽莎》出现在《丽达》前面，而《施洗者圣约翰》（就作坊出品后保存在卢浮宫的《酒神巴克斯》来看）是莱奥纳多画的最后一件作品。这些画时间上是交错的。从这幅到另一幅，不管怎样都有连贯性。如果我们要理解它们的话，就要找到其中的发展线索。

拉斐尔临摹了《蒙娜丽莎》或它的草图。他的画（在卢浮宫）中人

---

① 编者注:《蒙娜丽莎》见第 396 页本章篇章页中图片。

物的姿势很出名，四分之三的手臂交叉着，轻靠在家具的边上或栏杆上，微露笑容，身后是朦胧的背景。这方式成了肖像画的经典模式，拉斐尔多次采用此姿势，如在他的《抱独角兽的夫人》、肖像画《玛德莱娜·多尼》和《弗娜尼娜》，甚至在他朋友的肖像画《巴尔达萨尔·卡斯提里欧尼》里也能看到。这方式又是如此的新颖，拉斐尔直到1505年左右才开始借鉴，那时两个人都在托斯卡纳。

瓦萨里说："莱奥纳多受托为弗朗切斯科·德尔·乔贡多画他的妻子蒙娜丽莎的肖像，但经四年的努力，他还是没能完成它。他现在为法国国王效劳了。"我们在探究这对夫妇是谁：托斯卡纳的档案里证明弗朗切斯科·迪·巴托洛梅奥·扎诺比·德尔·乔贡多是有钱人，靠丝绸贸易发财，负责某公共事务，他的家庭喜欢艺术，他的几个亲戚都向名画家订过画。他已做了两次鳏夫，1495年他娶了一位姑娘，出身比他寒微，名叫丽莎·迪·葛拉尔蒂尼，他们有过孩子，但夭折了。此外大家对他们的情况就一无所知了，还有就是1505年的丽莎夫人大概二十六七岁。这些情况和瓦萨里说的没有矛盾（和油画也没矛盾），因此这幅莱奥纳多没起名的画在意大利被命名为"La Gioconda"，在法国被命名为"约孔德"，在英国被命名为"蒙娜丽莎"。

无名氏嘉迪阿诺确实提到有过一幅弗朗切斯科·德尔·乔贡多的肖像，而不是他妻子的。此外，阿拉贡的主教在莱奥纳多去世前几个月在法国看见"一位佛罗伦萨女子的肖像，是写生画，按已故伟大的朱利亚诺·洛伦佐·德·美第奇的命令画的"（朱利亚诺是洛伦佐的儿子，性喜风流，是莱奥纳多的保护人），此画酷似那幅我们称为《蒙娜丽莎》的画。洛马佐认为画中人是那不勒斯的模特，在第一批王宫画作的清点中，此画中人被指明是"一位戴面纱的高等妓女"；后来的说法又截然不同，说是"一位意大利良家妇女"（这是17世纪国王油画保存者神父丹的说法）。

瓦萨里详细描绘了《蒙娜丽莎》，但他从未接近过这幅在法国的画，只是道听途说。他在准备写《名人传》的时候这么承认的。没有任何证据或以前的文章能证实他的说法。是他本人用了"蒙娜丽莎"的名字，因此许多历史学家怀疑他的话，他们倒愿意听信别的说法：今天有十种关于模特的身份的说法，多多少少都有点根据。有人说她可能是朱利亚诺·洛伦佐·德·美第奇的宠妃，那么她就是那个叫帕奇菲卡·布兰达诺或那个叫"戛兰达夫人"的人；有人说她是查尔斯·当布瓦斯的情妇，或是曼图亚侯爵夫人伊莎贝拉·代斯特——说莱奥纳多最后向她让了步；有人说她是弗朗卡维拉·克斯塔扎·达维洛斯公爵夫人，因为有个诗人提到她的某幅肖像（未知）也是莱奥纳多画的；有些人认为根本就没有模特，莱奥纳多只是画了一个理想中的女人；更有异想天开的说法，认为它是一幅男人的肖像，甚至就是画家本人的自画像，只是去掉了皱纹和胡子，看上去显得像女人……说真的，莱奥纳多从不画模特，就像平时画家画资产者妇女的肖像那样。他非常艺术地、认真地用画圣母或公主的态度表现它，为它树立了纪念性的形象。但说到底，由于没有一位研究者能拿出无可争辩的证据让我们信服，大家只好还是回到瓦萨里的说法上来，继续称它为"蒙娜丽莎"。

如果它是一幅肖像，我们不禁要问——这也是历史学家提出的重要问题之一——为什么莱奥纳多不把画交给订货人呢？按照瓦萨里的说法，画了四年之后，他还没有完成，而他必须离开佛罗伦萨到米兰去，因此莱奥纳多把这幅画和另一幅画《圣安娜、圣母与圣子》一起带到了法国。莱奥纳多把《蒙娜丽莎》一直留在身边，直到生命的最后几年，这样的解释还有点道理。然而就卢浮宫所藏的《蒙娜丽莎》看来，它已经是完成品，如果达·芬奇是在米兰或罗马完工的，为什么他不把它寄给弗朗切斯科·德尔·乔贡多呢？只有这样他才能得到工钱呀。会不会因为在此期间蒙娜丽莎死了（没人知道她去世的日期）？或者——做个浪漫的假定——因为他爱上了自己的作品？或者因为他是在法国才画上最后一笔的？画中人是朱利亚诺·洛伦佐·德·美第奇的情妇，这个说法不缺论据，而朱利亚诺不愿收货，因为那会勾起他对放荡的过去的回忆，1515年正是他娶萨伏瓦的菲丽盖特的时候。大家记得拉斐尔在1515年左右按此画画了一幅草图，如果是这样，那么莱奥纳多在这幅画上足足花了十年时间，而最后订货的人又改变了主意取消了订单。为了使事情复杂化，某些历史学家假定如是放荡的朱利亚诺订的货，他会要求画裸体的"蒙娜丽莎"，而大家都知道它的复制品是什么样（如在法国尚蒂耶的贡德博物馆的那幅）。他们还想出有可能存在其他画或草图，近似于《蒙娜丽莎》，但却在它之前完成，而这些画遗失不见了。他们还展开了漫无边际的想象，为了使拥有不同看法的各方达成一致，他们认为弗朗切斯科·德尔·乔贡多的妻子就是朱利亚诺的情妇，即帕奇菲卡·布兰达诺或戛兰达夫人……还有别的可供考虑的情况，那就是说莱奥纳多一直没丢开这幅画，因为这不是某人的肖像，而是一个理想中人的画像。对着美妙的风景，他只是为了自娱或出于一时的高兴（这一次他没有合作者）而画了此画。给人物加上一抹微笑，让他想起他生母的样子（根据弗洛伊德的观点），再加上他认为理想女性所拥有的所有优点和品德——温和、善解人意、宽容、耐心、恒定。因此《蒙娜丽莎》是世界上第一幅纯粹凭意愿画出来的画。

有人说《蒙娜丽莎》像它的作者。为什么我们不干脆说是他的母亲去世后的遗像呢？莱奥纳多一直没有透露画中人的身份，或有意引他的同代人去追寻假的踪迹，因为他对他的母亲卡泰丽娜的态度一直是很审慎的……

　　好几代艺术史专家都试图解开这个让人头痛的谜题，但却都无功而返。在莱奥纳多留下的书面材料中，也找不到一点有关这幅画和订画人的线索。甚至在他的所有草图中也没有这幅画的草图。重要的是，我们知道这是个被保守得非常严密的秘密。笼罩在它的制作、诞生问题上的浓重迷雾，非常符合《蒙娜丽莎》画中的神秘感。莱奥纳多在绘画、文字和自己的身世上都故意玩弄虚实，在他身后拉上了一层烟雾般的厚纱。这就是他的风格，他的方式——他热衷的把戏。

　　莱奥纳多深知，事物越暧昧就越完美。他熟练地让谜团的线条越发纠结——谜，正是他真正的主题。首先在光线的使用上就表现了这一点。他在他的《论绘画》里说："在街上观察看看，夕阳西下时，在坏天气的日子里，你看看男男女女的脸庞吧，它们显得多么柔和优雅。"黄昏金色的夕辉塑造了蒙娜丽莎的微笑。莱奥纳多接着说："你可以在黄昏时分去画画，有云和雾时更妙。"在这样的时候工作不怎么实际，他于是发明了一种办法，可以人工制造出这样的黄昏："啊，画家，你可以专门布置一个院子，把墙染成黑色，屋顶稍稍突出于墙外，这种院子宽约3米、长6米、高3米，有太阳的日子，你就用布把它盖上。"此外他谈到"阳光的自由氛围"，在高墙耸立的小街里，即使到了中午，脸颊也只反映出四周的暗影，唯有额头部分被照亮，"再加上柔和优雅的暗影，就会隐去太硬的线条，变得影影绰绰、和谐均衡了"。

　　《蒙娜丽莎》遵循着这个少用光亮的设想，采用"时隐时现"的手法，利用雾、潮湿，和当白天将尽物体的形状奇迹般地逐渐暗淡的时刻。大家会联想到，白日尽了，瞬息之间黑夜将淹没柔和的夕辉，然而这个妇人却微笑着。瓦萨里说，莱奥纳多捕捉了蒙娜丽莎的微笑，让歌手、乐师、小丑围绕着她。这笑是转瞬即逝的，既不是幸福的笑，也不是诱惑人的笑。大家会这样联想，这妇人微笑着，而她四周的一切正在消亡。太阳落下去了，宏伟的景物逐渐黯然失色，被黑暗包围、吞噬着，这女人的衣裳也是黑色的，包裹着头发的纱巾也是黑色的，像穿着孝服（如果画中人是蒙娜丽莎，那她还在为死去的孩子穿孝，如果按万图利所说，画中人是弗朗卡维拉公爵夫人，那她恰好是寡妇）。奥斯卡·王尔德说："她的脸集中了世界上最细致的东西，她的眼皮有点慵懒。"（《意图》，1891 年）她不再年轻了，至少在当时如此。她的笑是妻子的笑，是永恒的、饱尝酸甜苦辣的母亲的笑，是即使在痛苦中依然无所不知、充满同情怜悯的笑，她是基督的女性化身，双手从容地交叉着，平静地面对时间的挑战，是"饱经沧桑的女人"。莱奥纳多很早就明白这样对比的手法会产生什么效果。在《岩间圣母》里他已采用过对比手法，《吉内芙拉·班奇的肖像》是《蒙娜丽莎》的一种原型。它好像说（这反映了一整套的哲学），美、生命恒久的奇观只有出现在布满悲惨标记的无常的首饰盒上才最灿烂，最富有魅力。

正如达·芬奇的大部分画作一样，《蒙娜丽莎》经受不住时间的折磨。它左右两边的护板被削去了约 7 厘米的边，在拉斐尔的草图和复制画中出现过的框住风景的两根柱子不见了。还有被人重画的痕迹。青绿色的清漆代替了脸庞上轻抹上去的透明的淡色。对原画的描述有了解的瓦萨里说，原画里的人物"明亮的眼睛闪烁着生命的光辉，眼圈淡红、青灰，睫毛画得逼真，极其细致，眉毛纤毫可见，根据毛孔的不同或浓或疏，再真实不过。鼻孔是玫瑰色，玲珑剔透，鼻子画得活生生的，红润的唇凹凸有致，脸庞和嘴唇的肉色都不像是颜料调出来的，而是人的肌肉的颜色。细心的观众还会在画中人的脖子上看到血管的跳动"。如今的画虽还给人活生生的印象，但鲜亮的肉色却被难看的发青的颜料代替。没有了肉色的红润、血管和瓦萨里说的细致的眉，也许是被某个修复师抹去了。

　　然而，今天妨碍太多人尊重它、了解它的真正价值的原因，并不在于这幅画遭受的这些事故：《蒙娜丽莎》的名声太大了，它总是被印在邮票，印在作为纪念品的碟子和巧克力盒子上——被迫以勉强强硬的态度接受人们的倾慕。人们彬彬有礼地贬低了它。如何以全新的目光看待它？中国明朝有个叫李日华的诗人发现，世界上有三件事是最可悲的：看见年轻人被宠坏；看见好茶被不恰当的冲法糟蹋；看见好画被平庸的观赏者的大惊小怪贬了值。《蒙娜丽莎》被公认达到了艺术的顶峰，但人们强加给它的荣誉让人无法忍受——人们欣赏它的动机常远离它本身的质量——以后人们要发现它的伟大之处常常要做出一番努力。①

　　在米兰，和他画《蒙娜丽莎》的同时（如果我们考虑瓦萨里提到的四年时间，画中的风景更像伦巴第而不像托斯卡纳的山区），也在画《丽达》（别忘了还有《圣安娜、圣母与圣子》），莱奥纳多还拾起他以前的水利工程师工作。他写给查尔斯·当布瓦斯的信，说到他希望回来后制造一些工具和"仁慈的阁下您很喜欢的其他东西"，大概那是些测量水流量的器具。政府垄断着用水的权利，直至那时水都以近似"盎司"的标准作为计算单位贩卖给民众。在莱奥纳多的笔记本里有许多有关水

---

① 《蒙娜丽莎》很快就声名鹊起。它刚被创造出来之后，在法国、意大利、弗兰德斯、西班牙，人们开始模仿、临摹它。我们可以举出在 16 世纪和 19 世纪之间十来幅临摹作品，而它的光芒并没有减退。夏赛西奥很忠实地复制了它，柯罗从它那里得到灵感创作了《戴珍珠头饰的女郎》，象征主义者由此展开了一个革新。但是它光芒最耀眼的时候，是它在 1911 年被窃的时候，盗窃者粉刷工文森佐·佩鲁贾说，他想把《蒙娜丽莎》送回它的祖国意大利。被窃后三年，卢浮宫对此画进行的修复工作也被媒体广泛报道（这在战争到来前，转移了人们的注意力）。在这样过度的媒体曝光下，诞生了"蒙娜丽莎迷恋"——视觉先锋主义、未来主义和达达主义的反应也加剧了这种迷恋。《蒙娜丽莎》成为缪斯的艺术绘画本身的象征，当它被出借到美国（1963年），然后去了日本和苏联（1974 年）的时候，成为一个国际性象征。

的量具的笔记和简图，是一些以前完全没有过的模型。他还不止步于此，他继续研究"水运动的科学"，研究有关它的理论观点[1]并寻找改善闸和现存堤坝的办法。他想过挖大运河，完善伦巴第的航行水网；他考虑过要筑一条 30 米长的堤坝、一条穿山的长隧道、在阿达谷和米兰之间建一座唯一的大水闸——这一了不起的计划在 16 世纪末实现了，但没设想的那么宏伟（人们称它为"法国机器"）。

　　他为了了解当地的地形已经跑遍了整个地区，我估计他对他看见的风景很有感触，那是些陡峭的山冈，绿油油的植物，山间蜿蜒曲折的山路，急流在其间奔泻，坡度稍小的山上种植着果树，果树丛中露出红瓦顶的房子，还看得见远处阿尔卑斯山的蓝色山脊。1506 年或 1507 年，他在东奔西走时认识了一位伦巴第的贵族小伙子——十五岁的弗朗切斯科·梅尔兹，他的父母在瓦普里奥有领地，就在阿达河边上。据瓦萨里说，这是个漂亮的青年。莱奥纳多的徒弟波尔特拉菲奥给他画的肖像上有张鹅蛋脸、水汪汪的杏眼和披肩浓发。这位少年和老艺术家一见如故，经常见面。因为莱奥纳多和兄弟们打官司时从佛罗伦萨写信给弗朗切斯科，口气就很亲热，两人之间已经很有好感了。鉴于他高贵的出身，莱奥纳多在信里面称这位年轻的朋友为"弗朗切斯科大人"，也是礼貌的尊称，信中写道："看在上帝的份上，为什么您连一封信都不回我？等着我回来吧，以上帝的名义发誓，我等您的信都快等

---

[1]　近 1508 年，莱奥纳多再次打算搜集自己的笔记，然后总结整理出一篇关于水的论文。他把自己的研究分为 15 册（或者 15 个章节）："1. 关于水本身；2. 关于海洋；3. 关于泉水；4. 河流；5. 深度的性质；6. 障碍物；7. 沙砾；8. 水面；9. 移动的东西；10. 修复河流（堤岸）的方法；11. 沟渠；12. 运河；13. 毁坏水的东西……"莱奥纳多从来没有动手写过这个论文，其计划却不停地被修改、扩充。他不停地在这方面工作，直到过世。在 1828 年的罗马，他的一部分笔记由弗朗切斯科·卡迪纳利编辑并冠名为"论水的流动和测量"。

病了。"

这封信（或不如说是信的草稿）和莱奥纳多交给伦巴第运河总监的文件放在一起，很有可能是由萨莱负责亲手交到收信人手里。萨莱当时二十七八岁，我在想他会以什么目光看待他的主人和这可爱的、有教养的、有钱的、与自己有着天壤之别的年轻人的关系。他不是容易将就的人，他也不会看好在佛罗伦萨和鲁斯蒂奇同住之事。总之，在这一年（1508 年）萨莱和他闹了几场之后，莱奥纳多在一张订单的下面写道，他希望和萨莱和好。"永不要再闹了，因为我投降了，"他这样恳求道。

更难理解的是梅尔兹家庭的反应。梅尔兹不久就表示他要追随莱奥纳多，至少跟他学画画，他想入油画这一行。那么他的父母怎么处理此事呢？——他的父亲是吉洛拉莫·梅尔兹，是路易十二的王室总管。在伦巴第还从没见过世家子弟用颜料弄脏自己手的。大概他的父母思想解放，不落俗见，听任儿子的意愿行事，并没有为难他。大概他们也被老艺术家的魅力征服了。后来梅尔兹一直没离开莱奥纳多，照顾他直到他离世。他在莱奥纳多生病时看护他，负责处理工场事务（处理得比萨莱好），在莱奥纳多的口授下记各种笔记，然后努力地学写文章，在绘画方面他学得一点也不差。他画的好几幅画和草图，尤其是复制莱奥纳多的作品的几幅，而且如果专家没看错的话，他画的画更有个性，如在柏林的斯塔里奇博物馆的《波莫内》和在圣彼得堡隐修院博物馆的《花神》证明他很有才华，懂得学习吸收师傅特殊的方法。

此时，莱奥纳多没能铸成的巨马的黏土模型，大概无可救药地毁坏了。1501 年 9 月，费拉拉的公爵厄居尔·代斯特（曼图瓦侯爵夫人的父亲）试图从法国人手中买下它，雕一座纪念他家族光荣的雕像。他按此意写信给他在米兰的代理人，我们有这封信和他在同年 12 月收到的答复。米兰政府命人告诉他，他们很乐意答应他的要求，但他们没有这个权利，必须首先得到国王的首肯（他到布洛瓦去了），因为国王喜欢这个雕像。我们不知道他们商谈的是泥塑模型还是准备铸造的铸模——据萨巴·德·卡斯提里欧尼（和瓦萨里）说，泥马在法国人进入米兰时就被摧毁了，加斯科涅的弓箭手把它当靶子。不管怎样，事情就搁置在那儿了。国王好像没有答复公爵，大家也没再谈论斯福尔扎家族订的巨马雕像了。

1507 年或 1508 年，路易十二的一员大将元帅让·雅克·特里维尔斯非常欣赏被摧毁前的泥马雕像，要求莱奥纳多为他在圣纳佐罗教堂的一座坟墓做一个骑马武士的雕像。于是达·芬奇又去研究马了——直立起来的、把一个敌人踩在脚下的、小跑的、迈步的……和他以前那匹斯福尔扎巨马的草图不同，这一次的草图画了戴着盔甲的骑士，挥舞着指挥棒，这骑士肯定不是元帅，元帅本人又丑又矮壮，而这骑士是将领的理想形象。莱奥纳多同样画了好几张雕像的高底座的设计图，形状像凯旋门或古代庙宇，包括棺材和旁边的用锁链锁着的女奴们，基本上和米开朗琪罗为尤里乌斯二世设计的坟墓相似。

他被赋予了第二次在大型铜雕上出名的机会，他可不想错过。他替订货方做了预算表，几乎精确到毫厘。他计算了金属、泥模、铸模、盔甲、建炉、木炭的价钱，计算了给铜像抛光和凿大理石底座的工人的工资，加上购买石料、底座、柱座、柱子，以及柱顶盘的中楣、下楣、上楣和安放死者卧像的石板的费用。他以有力的字体写着："琢方 8 块柱座和装框，每块 2 达克特；共 16 达克特；6 张带有人像和凯旋门的桌子，每张 25 达克特，共 150 达克特；死者卧像下的石上楣: 40 达克特；死者卧像精细工: 100 达克特；6 根哈尔皮耶为托的烛台：每根 25 达克特，共

150 达克特……"估价单写满了一大张纸，莱奥纳多的预算做得很精细，他还想到铸完后回收蜡烛，然后再卖出去，他为自己定的工钱很低，总共 3046 达克特，是特里维尔斯元帅完全付得起的价钱。

这样一来，将近六十岁的他又和过去一样，被各项义务、订单、个人研究的网缠住，不知不觉地被锁在里面，还感觉很幸福。从某种意义上说，展开多项活动在他那儿是必需的，同时关照各种多样的任务对他的头脑锻炼是再好不过的事了。这些事务混杂在一起，相互补充、相互支持，就好像他以前在阿斯大厅画的繁茂的枝叶，把他带进绘画、雕刻、建筑、水利工程、数学研究（还有化圆为方问题）、地上和天上的研究里，使他处于心满意足的状态——他一直把这些研究看作唯一的研究园地。一切都在他面前相互适应、相互应答，就像波德莱尔的诗句形容的："悠长的回音……互相混合成幽昧而深邃的统一体。"

1510 年 10 月 21 日，星期一，米兰大教堂建造负责人请莱奥纳多和其他几位杰出的工程师如安德烈亚·达·富西纳、乔万尼·安东尼奥·阿马蒂奥、克里斯托弗洛·索拉里一起建造神职祷告席，尽管这是细木工的活儿，他也没有推脱。这使他想起当年为了建教堂半圆殿而比稿的事了。几个月之后，他对白石采石场发生了兴趣，"这些石头硬得和斑岩一样"，他的朋友雕刻家贝内代托·布里奥斯科答应给他带一些样品来。他也没有放弃出售他的发明而发财的念头，例如他早已考虑生产几件人造物品：他提到有一种处方制造毛糙的假琥珀（用猪血香肠衣在蛋白里煮）；另一种用于制作"大小随意"的珍珠的方法（把珍珠质溶解在柠檬汁里）；他谈到塑料材料（"我发明的塑料玻璃"），可以通过熬煮蛋、胶和植物颜料获得，其中包括藏红花、丽春花粉和整朵百合花（大概还漏掉了一些配料，这个方子是不全的，他还要保守秘密呢）；他简单地解释怎样捏成形、刮擦、抛光（用狗的牙？），使这些材料看上去像玛瑙、碧玉或其他硬宝石；他提供了一张单子说能制造以下物品：刀柄、棋子、盐瓶、蘸水笔的笔杆、盒子、古色古香的瓶子、项链、灯、烛台、带有镶嵌的首饰箱……

我们可以想象，制作这些各种各样的玩意足够他从早忙到晚了。这些还是小事，这个时期的莱奥纳多以年轻人的热情同时还继续他二十年前开始的解剖工作。他逐渐地从力学过渡到器官学，他对生命的研究越来越感兴趣。毫不顾及当时人们的反对，他锯骨头、破头颅、剥皮，就是为了分析神经系统和肌肉系统。在佛罗伦萨，当他为《安吉亚里战役》准备草图时，他的画室在新玛利亚济贫院，他有机会看到和进行不同的解剖。尤其是他解剖了一个老头和一个两岁的小孩，他亲口说过："去世前几个小时，老头对我说他活了一百岁，身体没有什么不适，就是虚弱。这样，他坐在这家济贫院的床上，没有动弹也没有任何不适的表现，静静地死去了。我解剖了他，要了解死得这么安宁的原因，我发现他死亡的原因是给心脏和其他内脏供血的动脉衰竭，供血无力，我还发现他的内脏干瘪、枯萎，很衰弱……另一次解剖的是个两岁的小孩，他的情况和老头的相反。"就这样他做了医学史上第一篇有关动脉硬化症的报告。我在想，一个没受过这方面训练的人，把刀子插进他刚刚谈过话的人的胸腔或一个死去的孩子的肉里时，他的感觉如何。此外他说他给因患病（患的是癌症吗？）而骨瘦如柴的尸体剥过皮，死者的肌肉已经萎缩，只剩下一层皮了。他还解剖过被吊死的人的尸体，他的生殖器已充血。当然他的笔记还配有插图。

他首先研究的是人体的形状结构和机能（它的外观、动作、功能），也许因为遇到了杰出的年轻医生马克·安东尼奥·德拉·托尔，他给自己定下了更广阔、野心更大的计划。他把研究扩展到动物——熊、猴子、母牛、青蛙、鸟①——上，把它们的解剖和人体的解剖进行比较。尤其是他想从本质上把握生命的特性，了解部分和整体的关系，了解每个器官的发展，从胚胎的形成到成熟。这样最后他可以向他的同类揭示"他们生存的第一，也许是第二位的起源原因"（人类的起源，睾丸产生的精液；神圣起源，按希波克拉底所说的，脊髓传导的灵魂）。当时他比同行米开朗琪罗"为艺术而解剖"走得更远。莱奥纳多喊道："我要创造奇迹！"——他冒着穷困的风险，就如被炼金的奇迹所迷的炼金术士、为长生不老穷尽碧落却徒劳而返的巫师和魔术师那样。

　　读着他的笔记本，你会觉得他像发着高烧，被寻找和发现的快乐控制着，为他所完成的事业自豪。随着他切开检查肺、心脏（从这个中心出发，血管开始有分支）、脑子、肝、肠子、脖子、脸，他越来越入迷，越来越惊喜，被造物主的奇特的作品所吸引："造物主不造多余的、不完美的东西。"然而他所献身的工作是令人厌恶的工作，他对他想象出来的一个想尝试解剖工作的学生说："如果你爱上了这工作，也许反胃的感觉会破坏这一热爱，如果你不因此而改变主意的话，你也会害怕守着被开膛破肚的恐怖尸体过夜。"他解释说，尸体保存的时间不久，来不及细细检查和描画它们。要"发现它们之间的不同"，常常需要几具尸体。他做计划时已预见到血淋淋的肉、内脏、体内的肌肉，至少要做三次解剖才能"了解血管和动脉，因为需要毁掉其余的器官；三次为了膜，三次为了腱、肌肉和韧带，三次为了骨和软骨，三次为了解剖骨头——他

---

①　莱奥纳多谈到过解剖不同动物的脚，还描述过"啄木鸟的舌头和鳄鱼的颚"，研究过猴子、鸟类和狮子的肠子。似乎他最容易解剖到的是公牛、母牛和马。他还在青蛙身上做实验，他说："青蛙，只要（用一根针）刺到它的脊椎，马上就会死亡。之前，没有头、内脏、肠子或被剥去皮，它都还活着，可见脊椎才是生命和运动的起源之地。"

必须锯开看看哪些是凹下去的，哪些不是，哪些里面有骨髓，哪些是海绵质的"等等。他说，"为了了解怀有大秘密的女人，即有子宫和胎儿的女人"，也要做三次解剖。最后要从三个不同角度画出解剖的器官，"就如你把它们放在手里，把它们翻过来翻过去地检查"。

每当办公室里备好刀锯，检查认定剥光处理的部件没受到损坏，用流水或石灰水洗过，用注射器给它们注入液体蜡让它们的内部形状重现出来之后，莱奥纳多马上用铅笔或其他笔准确画下他所看见的东西。这样，光是一具人体，他就画了两百多幅插图，我们不知道更该赞美它们的造型之美还是科学价值。因为他的前人从未做过类似的事情，在18世纪末之前也没有人这样做过。他犯过错，但别忘了他得到的每一样发现——在骨学、肌学、心脏病学、神经学等方面——都和前人、阿拉伯人和他那个时代的人的发现不同（比如他们认为肝脏负责着血管）。而且要知道他得历经多大的困难才弄得到人的尸体：他得到过七个月的胚胎，但没有运气得到孕妇的尸体，他对胚胎学的研究结论都是从母牛的子宫得出的。

他依稀窥见了血液流动的规则，以及生殖泌尿系统的功能。而胚胎的发展是他最想钻研的领域，它们是生命的钥匙，大秘密的钥匙。在画着肌肉和肌腱的笔记本上，他写道："1510年冬天，我希望结束这解剖。"后来，在人力、物力尚可支持的情况下，他花了好几年时间继续这有关灵魂、生命的冲动以及生命起源的研究，还有关于水力、土地的整治。他希望找到什么？他最后的解剖观察是关于呼吸系统和发声器官。我们感觉到他逐渐地不安于计划的迟缓进展，对自己也有点失望。他说："我要停止我的研究了，不是因为我吝啬也不是因为我疏忽，而是因为时间问题。永别了！"他叹息："我浪费了我的时间。"他简单地画了互相碰倒的骨牌，并做了注解："它们互相驱逐，这些方块象征着生命和对人的研究。"

他曾经考虑写下"什么是灵魂",现在他放弃了"关于宗教、万民之父以及那些凭神谕获得所有的秘密的人"这样的问题,他的脑海里产生了怀疑:是否有一道门槛是智力迈不过去的。他一向认为智慧之母——经验,从来就不出差错。他期待通过经验了解一切,但他有一天终于承认:"大自然充满无穷无尽的经验无法证明的原因。"他在必要性的重压下屈服:必要性是一切东西的规则和约束。[①] 在幽深的洞穴里,他止步不前,于是他放弃了解剖刀、圆规和鹅毛笔,正如他一再说过的,他被他窥见的神奇景象所迷惑,但他无法揭穿它的秘密,他只好在伟大的神灵面前俯首听命,满足于表现它——于是他重操他的画笔。

《圣安娜、圣母与圣子》《蒙娜丽莎》《丽达》和《施洗者圣约翰》里面的人物的微笑,努力却无法表达的感觉,也是学者莱奥纳多在无法解答的真理面前的无奈。这些作品是他的解剖、水力、地形研究的结论,如研究科学一样,它们也体现了他超越自然科学的边界的空想。

例如《丽达》(图 10.1),从某种意义上说,这是他对动物生殖和胚胎学相关领域的概括和补充。按传说,宙斯为了诱惑丽达,变成天鹅,而丽达是斯巴达国王廷达瑞俄斯的妻子。这类不合法的结合是反自然的题材,可能正是它的奇特吸引了莱奥纳多。丽达产下了两个蛋,从蛋里孵出两对孪生子,卡斯托和波吕丢刻斯以及克吕泰涅斯特拉和海伦——她是特洛伊战争的导火线。神话中的天鹅和天鹅山有没有关系? 莱奥纳

---

① 莱奥纳多说:"必要性是大自然的女主人和奶妈,必要性是大自然存在的主题和理由,它将永远是大自然的制裁和标尺。"这是不是他最终的感情? 为了试着在这里总结达·芬奇的思想的各种行为,我们必须将之简化到几条大纲上。实际上,这涉及了不确定性、动力和成功的一百八十度转向,一个莱奥纳多在决定采取一个主意或者态度之前,总是转来转去,这样或那样变化念头的迷宫。

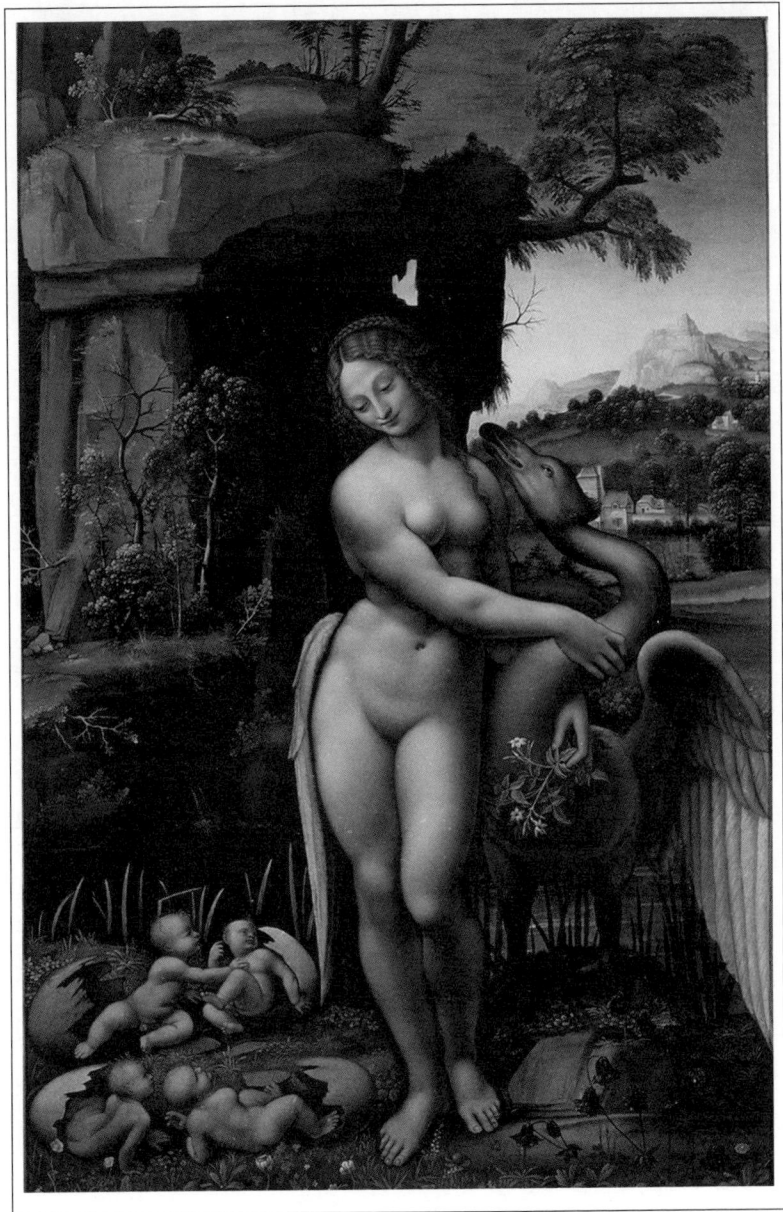

图 10.1 《丽达》
（佛罗伦萨，乌菲兹美术馆，达·芬奇弟子临摹作品）

多想在天鹅山骑着他的大鸟飞向天空？另一方面，莱奥纳多在年老的海伦身上似乎看到了他生母的形象，"加倍的生动"……这两方面的考虑也许是他选择这反神性的女性主题的原因，这主题和他平时的主题很不相同。《丽达》是我们可以肯定的莱奥纳多画的唯一的裸体女人，他一直拒绝画这类画；也是他第一幅取材于古代神话的画。有可能莱奥纳多画《安吉亚里战役》时期，为他设计了"海神之泉"的博学的诗人安东尼奥·塞尼，怂恿他向古人取材，但他也可能是从阅读中选定这一题材的，大家知道他很喜爱奥维德的《变形记》。

《丽达》消失了。它可能被路易十三的一位神父摧毁了。或者和人们焚烧巫婆一样，它也在 1700 年左右被曼特农夫人付之一炬，夫人因一生不幸加上年纪太大而过于虔诚。瓦萨里没听说过这幅画；而无名氏嘉迪阿诺犹豫不决，他提到了它，然后却把它的名字划掉了（代之以《年轻时代的亚当和夏娃》）；洛马佐认得它，并这样描写："一丝不挂的丽达搂着天鹅，双目羞答答地低垂。"鲁本斯的朋友卡西亚诺·德尔·普佐确认他曾在 1625 年在枫丹白露见过它："丽达站着，几乎是一丝不挂，双脚间站着一只天鹅，以及两只被砸开的蛋，从蛋里出来四个小孩。这幅油画，尽管在构图上有点枯燥，却细腻得可敬，尤其是姑娘的胸脯，其余如风景和植物的装饰，画得极为细腻。遗憾的是画保存得很糟糕，三块长画板的接合处裂开了，严重地损坏了画。" 1692 年和 1694 年，皇室物品清单也提到它，把它归为达·芬奇的作品，以后的财产清单就没有它的下落了。它也许是在 18 世纪的头几年消失的，但这幅画是莱奥纳多的原作还是什么模仿作品？莱奥纳多真的亲手画完了这幅神龙见首不见尾的画吗？

如果我们今天对《丽达》有印象，要归功于大师莱奥纳多的众多学生和追捧者（意大利人和弗拉芒人）的复制——比如在罗马的斯皮利东和博尔格尔美术馆的收藏品，还有其他良莠不齐的作品，大部分都是私人收藏——以及在温莎收藏的一幅拉斐尔的画里。而莱奥纳多本人亲手画的画只剩下草图，是在《安吉亚里战役》期间和回到米兰的最初那段日子里画的。在那些画里，丽达开始是跪着的，然后才站起来；好几幅只有头像，发辫编得很细致，是缕带饰、复杂的螺旋形（图10.2）——这还是按照达·芬奇的想象方式。

　　由莱奥纳多引入的这一主题，启发了16世纪许多艺术家、画家、雕刻家。米开朗琪罗画了油画《丽达》（它也不见了），但比莱奥纳多的更接近古代造型。他表现了天鹅和斯巴达王后的畸形交合，如同保留威

图 10.2 《〈丽达〉头部草图》
（温莎，皇家图书馆）

尼斯的希腊大理石所显示的那样（米开朗琪罗画的与后者不同，米开朗琪罗画的王后是甘心情愿的，而希腊的雕像是抗拒的）。该作品表现出激情、被拥抱的满足，不是丰饶多产的寓意；莱奥纳多画的贞洁女子的身体曲线柔和、形体丰满，天鹅的脖子像男性生殖器，加上繁茂的植物和一丝不苟画出的卷曲的头发，一点也没表现出欲望和爱情的迷醉。破壳的蛋冲击了想象力，令人联想到母亲分娩时的痛苦。《丽达》没有《蒙娜丽莎》给人的那么浓烈的迷醉感觉，它表现的是晦涩的生育机理、畸形的遗传、激烈的生长，以及在人体内部深渊处的原始生命力。某些批评家认为在这幅画中看到了令人恐怖的东西。对着它，人会感觉到科学被超越了——你会本能地体会到画家为了这幅画，研究了植物的生长、水的涡流，尤其是他一定解剖了人的腹部，在颤抖的烛光下观察了恶臭的内脏。我们可以想象目睹女人的"大秘密"和可怕的生育使他产生的困惑、不适和无缘无故的不安。他的《丽达》最终在老曼特农夫人的命令下被付之一炬，这不是因为它的色情特点，而是因为它以它那折磨人的、拒绝信教的自然主义违反了基督教的教义。

　　昂布瓦斯的主教、米兰执政官的叔叔首相乔治，一直觊觎罗马教廷。但是一直未能成功。他请莱奥纳多为他装修他位于巴黎不远的盖龙的城堡，大概宫廷也召唤莱奥纳多到卢瓦尔河岸去。莱奥纳多拒绝了这些邀请[①]，他很愿意为法国人服务以尽余生，但条件是他要住在他亲爱的伦巴第。于是他最好的一个学生安德烈亚·索拉里奥代替他出发了。

---

① 近1507年时，昂布瓦斯的红衣主教应该邀请了莱奥纳多去法国。我们一度相信莱奥纳多在这个时期前往法国，因为有一封写给他的信收信人名称是这样："莱奥纳多先生，昂布瓦斯的皇家画家。"这一看法如今已被放弃，但莱奥纳多被派去法国的时候有城堡的平面图也不是不可能的事情。

在此期间，莱奥纳多进入了衰年，他接到了四周的熟人相继去世的噩耗。他失去了父亲和叔叔；卢多维科·斯福尔扎被囚禁至死；1510 年，他得知波提切利在佛罗伦萨过世（年轻的乔尔乔内在威尼斯去世）；同年，昂布瓦斯主教被流行病夺去了性命，医生含糊其词地说他患的是百日咳；第二年 3 月 10 日，据说因法国反对教皇而开战，查尔斯·当布瓦斯被教皇逐出教会，忧伤过度而亡，事实上他患了疟疾；还有帮助过莱奥纳多解剖的医学教授马克·安东尼奥·德拉·托尔也成了鼠疫的牺牲品；最后是米兰的新执政官、路易十二的侄子加斯东·德·弗瓦在 1512 年复活节被杀害（圭恰迪尼认为，法国军队的活力随着这位爵爷的死亡而丧失了）。因此，当我们看到莱奥纳多在笔记本里表示出对他的熟人的命运的担忧，并在笔记本里问，他后母的弟弟亚历山德罗·阿玛多利、费耶索莱的议事司铎"是活着还是死了呢？"的时候，我们又怎么会惊讶呢？

当时的法国很天真地推行意大利式的扩张主义政策。它和梵蒂冈、日耳曼帝国以及西班牙签订了贡布雷条约，企图把威尼斯大部分领土占为己有——土耳其照旧成为法国人合适的借口。入侵一个国家、同化他们的思想还是不够的，虔诚的基督徒国王天真地相信别人说的话（有时是共同的谎言）。他的骑士们，其中有英勇无畏的巴亚尔，在阿格纳德尔战役中创造了奇迹，而阿格纳德尔距梅尔兹别墅所在的瓦普里奥只有几公里。然后他们屠杀了一两个驻军士兵，以杀鸡儆猴，但在这场好几方参与的比赛中，比武力、勇敢、残酷虽一时可留下深刻印象，最后比试的还是领导者的精明能干。在意大利，必须懂得同时在两张桌子，最好是三张桌子上赌牌，否则，你这一只手赢了钱，另一只手又会把钱输出去，除非动作很快。然而法国人打得很盲目，他们不断地取得新的领地，却不鼓不成列，专打君子之战，等对方回击才重新派出骑兵和大炮。他们面对的是教皇尤里乌斯二世，他对剑和奸计的使用跟他逐出教

会的伎俩同样灵活。在这方面，威尼斯共和国的几个世纪的经验很有
利，德国和西班牙没有什么可失去的，满足于一面缓慢地推进他们的棋
子，一面做着交易。路易十二不懂真正的作战是在幕后，却给他的头上
套桂冠。威尼斯派大使到西班牙、罗马，让出威尼斯该让的东西，于是
教皇解除了打击这座城市的禁令，把神的雷电转向（总是行之有效的）
那些以前称为同盟的国家。为了把法国野蛮人赶出半岛，在获得了他想
要的土地和要塞之后，病怏怏的教皇组织了神圣同盟。

　　威尼斯共和国制订的政策和紧急措施又一次打断了莱奥纳多正在进
行的工作。他没建成位于威尼斯门的爵爷府，也没建成大鸟笼和他想用
来装备神妙花园的磨坊。他同样没给特里维尔奇元帅铸成铜马，教堂
的工程动工于1511年，由布拉芒提诺指挥，但达·芬奇没收到他需要的
大理石块，他们甚至迟迟没付钱给他。他在笔记本里记着："即使十年前
我不该收到大理石，我也没想到他们会拖延不付给我工钱。"他在世的
时候也没看见他梦想的水利工程动工。

　　在对威尼斯的最初几次战事中，他虽跟着国王或国王的将领，却没
有以任何方式参与战争。他的军事工程师的野心终于破灭了，他在路上
记的笔记只提到河流、水渠、堤坝、水泵或当时的地形、环境。我还有
这样的感觉：他实际上并没为查尔斯·当布瓦斯做过什么事，而查尔斯
却邀请他到米兰，不惜违抗正义旗手索德里尼，莱奥纳多马上就远离了
这位保护人，因为他是个战争贩子和管理方法有问题的管理者。

　　法国覆灭的最初征兆很快就表现了出来。教皇付出了代价，成功地
怂恿瑞士人——可怕的士兵——去攻打路易十二。瑞士人是欧洲的雇佣
兵，他们的老家穷乡僻壤，养不活他们，他们只好出卖肌肉和血来参
战，遵守令人发抖、敬畏的罗马式纪律。尤里乌斯二世用胜仗后的劫城
或优厚的报酬诱惑他们。他们从他们的镇子来到瓦热斯，第二年就来到

米兰城下。莱奥纳多用红粉笔记道："12 月 10 日，早上 9 点，发生了火灾。"然后："1511 年 12 月 18 日，同时，瑞士人又点火了，在名为德西奥的地方（米兰的郊区）。"

瑞士人和教皇在意大利的棋盘上推进摩尔人卢多维科的正统的儿子、年轻柔顺的马克西米连·斯福尔扎。战火刚燃起，就给他们好处，他们失去了他，然后又在威尼斯的帮助下把他收回：这一回，马克西米连坚决要登上他父亲坐过的公爵宝座。法国人在整条线上被耍弄，他们低着头又越过阿尔卑斯山。

在这些事件中，莱奥纳多小心地远离伦巴第的首都，炮火震耳欲聋，人口锐减。他退到了瓦普里奥，躲在他年轻朋友梅尔兹的父母家里，并在那儿度过了 1513 年的大部分时间。他也许帮助加固特列佐城堡，那儿一直看得见废墟。他在邻近的高山散步，他画了阿达山谷的连绵起伏的风景，他为他的主人拟定扩充和美化他们别墅的计划。他补充他的解剖工作，因为缺少人的尸体而解剖了动物。在 1513 年 1 月 9 日的笔记里，他画了建筑图（"瓦普里奥塔内的卧室"）和对横膈膜、消化器官、呼吸器官的研究草图——夹在椭圆形的胸廓简图之间，好像是戏院的涡形装饰或玉石浮雕。

因为不能无所事事地待得太久，他需要为强大稳定的保护人服务，莱奥纳多整理了行李（添了好几幅画和几千张草稿）上路了。在新的笔记本上，他用惯有的简练方法写道："9 月 24 日，我从米兰动身前往罗马，同行的有吉奥凡·弗朗切斯科·梅尔兹、萨莱、洛伦佐（1505 年在画《安吉亚里战役》时期他收的学生）和凡菲欧亚（大概是仆人）。"他六十一岁了，大概就是在这时候，在这种情况下，他画了留在都灵的那张红粉笔自画像。

1513 年是政治形势变化最为剧烈的年代。法国人退出了伦巴第，尤里乌斯二世在罗马去世，伟大的洛伦佐的幼子被选为教皇，史称利奥十世——这样一来，美第奇家族这个拥有梵蒂冈世俗权力并得到西班牙支持的家族，在被贬二十年之后重掌佛罗伦萨的政权。共和国倒台了，正义旗手索德里尼被迫流放。

基督的新代理人是个宽厚的男人，肥胖，有张贪吃的嘴巴，双手娇嫩。他年轻时父亲劝他少吃些、多活动，他想到要听话的时候已经太迟了。他的宴席足以招待卢库卢斯，他的身体（和钱包）因而受损。胃痛得吃不了东西，他就把贪吃的权利移交给部下，看着他们大吃大嚼自己被禁吃的食物。他还打猎、玩牌、赌博、听音乐、让小丑做伴，以此取乐。据说，他要求小丑在餐桌上谈论什么灵魂的不朽。他把歌手加百利·梅利诺提升到大主教的位置，当然不是因为后者擅长教务的缘故。这位利奥十世博览群书，他爱好旅行，也曾饱尝流放、战争、牢狱之苦（他做过法国人的囚犯），他处理罗马的（暂时的）政务理智、得体，还有着高超的审美能力，对一切都很好奇，他鼓励艺术、科学和文学——至少和他的前任一样。他出手阔绰，大批艺术家都被吸引到这座不朽城市里来。奉承他的人说，就像马尔斯的继任者是阿波罗一样，铁器时代变成了黄金时代。

莱奥纳多踏上罗马之途，不是为了凑热闹，要成为利奥十世宫廷中闪烁的一员，他是受到了利奥十世的兄弟朱利亚诺·洛伦佐·德·美第奇的邀请——后者是教皇亲卫队的总指挥，有些人还说他就是《蒙娜丽莎》的订货人。这个终日惶乱不安、病态的、被忧郁病折磨的人被放荡荒淫掏空了身子，看去像个无精打采的老头，其实他才四十五岁。他写诗歌颂自杀，瓦萨里说他对自然科学和化学很感兴趣。我们不知道莱奥纳多是在什么地方认识这位新保护人的，也许就在上次与切萨雷·波吉亚去罗马时，或在米兰的宫廷里，别忘了莱奥纳早已通过马尔泰利和美第奇家族有了联系。

莱奥纳多和他的随从们在佛罗伦萨与朱利亚诺会合，那是 1513 年 10 月，他把积蓄存在银行里（300 弗罗林），然后他们一起继续赶路。

布拉曼特的助手朱利安诺·雷诺为莱奥纳多和他的学生在梵蒂冈的郊区贝尔维德尔准备了套房，就在教皇宫殿附近。我们还见到了发票，写明是为了装修地板和天花板，设置板壁，扩充窗户，布置几个房间、厨房和画室，以及购买家具、柜子、板凳、箱子、桌子、用来磨碎颜料的桌子、搁脚凳。

莱奥纳多与老友们重逢了，包括歌手阿塔朗特·米格里奥罗提（他成了教皇制造局的总管）还有多纳托·布拉曼特（他只有几个月可活了）。他见到了索多玛、工程师修士吉奥贡多、朱利安诺·达·桑加罗、虔诚的修士巴托洛梅奥以及他——现在拉斐尔已达到了荣誉的顶峰（三四年前，他在教皇的签字大厅里绘制《雅典学院》时，借画正中的柏拉图向莱奥纳多致敬）——他是教皇最喜爱的艺术家。达·芬奇还见了曾受斯福尔扎家族庇护的徽章师路加·西纽雷利，还有米开朗琪罗，他已完成了西斯廷的穹顶画，正在为不能实现计划中的尤里乌斯二世的坟墓而焦急。

大部分有关莱奥纳多的传记认为他在罗马这几年的生活是最不幸的，罗马被伟大的洛伦佐称为"所有罪恶的集中点"。他不再赶时髦了，留着长长的白胡子，像古代的圣贤和英雄时代的最后幸存者之一，大家任他吃素，听任他孤独、忧郁地待在梵蒂冈的走廊里。在年轻的同事们旁边，他的声名淡薄了，他们做事迅速敏捷、热情充沛，活儿多得忙不过来。和四周画家、诗人、乐师们得到的赏赐比较，他每月才有 33 达克特，对他简直是种侮辱（拉斐尔每幅画可得 1.2 万达克特）。在这个唯利是图的、充满寄生虫的世界里，他无法谋得一个席位。天才让位于小丑，他没有竞争的念头和逢迎拍马的本事，或者说他已失去了这种本事——过分赞扬他的法国人没让他学会如何在米兰与人竞争。他变得更严肃了，年龄也削弱了他的创造力，他交不出重要的作品了，他在混乱和阴谋的宫廷里受着罪。

作为他的苦涩心情和在这种处境下生活的感受的见证，大家常引用他当时在笔记本里写的这句话："i medici me crearono edesstrussono."因为达·芬奇没有大写的习惯，许多人把这句话翻译成了"美第奇家族造就了我，又毁灭了我"。事实上，我们看不到美第奇家族怎么会造就了他，在莱奥纳多年轻时，他们没帮过他，而现在他们正在保护他（佛罗伦萨的哲学家贝内代托·瓦奇说朱利亚诺·洛伦佐·德·美第奇待莱奥纳多有如兄弟），又何谈毁灭他。在意大利语中，"medico"是"医生"的意思，我想这句话的意思应该是莱奥纳多责备医生"摧毁了生命"（destruttore divite）。他一点也不喜欢他们，他曾写道："努力保持你健康的身体，那你就不用找医生了，他们的药是一种炼丹术，不是良药。"这句话的意思是，医生让他又活过来，却不能治好他的病，他们给他开的药使他心力衰竭。他的笔记本有好几处令人感觉他正病着，在"medici"这句话上面写着有关生理卫生的句子，还有提防治药剂师的药水的字眼；他还几次提到夜里要盖得暖些，好像他感冒了（在米兰，他还提醒自己要买皮背心），或着了凉。在另一页纸上，有陌生的笔迹写下一位罗马医生的地址和名字。1515年夏天，他在写给朱利亚诺·洛伦佐·德·美第奇的信的草稿中说道："我差不多病愈了。"我们不能准确了解他的感受，但可以肯定的是这几年他的健康每况愈下。他的眼睛也有毛病，回到佛罗伦萨为切萨雷·波吉亚服务时，他提到了眼镜，在备忘录中有"蓝玻璃"的字眼。在他画的自画像中可以看见他的眼皮很重，半眯着，好像一丝光亮都会伤了他的瞳孔。

然而别以为他的精力不如从前就会影响他的活动力，会削弱他的能力：莱奥纳多一直精力充沛地以一如既往的创造力从事各种领域的工作。

他在贝尔维德尔安顿下来之后，马上着手研究。他不知疲倦地研究运动、叩诊、重量、空气、几何、数学、植物学（梵蒂冈有座花园，种着各种奇花异草）、解剖学，尤其是解剖肺——他把呼吸的节奏和大海的潮涨潮落做比较[①]——了解由喉咙发出的声音，因为他准备写本声音的研究专著。不久他画了纺绳机和造币机器的草图。在他将为朱利亚诺·洛伦佐·德·美第奇服务的三年里，他尤其忙于造镜子、建筑和水利工程。

教皇刚上任，就扬言要整治净化一片开阔的沼泽地——取道阿皮亚的蓬丹斯沼泽，因为它危害健康，会产生致死的鼠疫。1514 年他把这艰难的任务交给他的兄弟。有一份文件这样写着，"因为有风险存在"，作为交换条件，"给发起人一部分排干了的土地"。由莱奥纳多提议，由多美尼科·德·居维尼毕尤斯准备计划，莱奥纳多在梅尔兹的帮助下画了地图。1503 年，莱奥纳多在皮翁比诺时就已考虑过排干沼泽地的问题，解决的办法就在于挖渠，把沼泽的水排到大海。他的手稿还提出了可采取的办法。几个月之后在修士乔万尼·斯科蒂·德·科莫的领导下开始动工，但离奇古怪的厄运似乎落到莱奥纳多参与的所有工程上：几年之后，工程中断了，直到 19 世纪末才成功地完工。

由于美第奇家族（和佛罗伦萨）的财富很大一部分建立在纺织工业上（因此才有莱奥纳多的纺绳机的发明），莱奥纳多建议他的主人用染

---

① 莱奥纳多说："应该观察人体肺部的呼吸运动，在十二小时中被地球牵引的潮汐的运动节奏，涨与落，能够使我们找到地球肺部的尺寸……"

匠的大锅煮水时可以利用太阳能，这种能量可用他发明的大型的抛面柱镜发出。我们不了解这些有关玻璃或磨光金属的镜子的工程，只知道它们占用了他很多时间，成为他烦恼的源泉。1480年，他已经想象过几种能生产凹透镜的机器，也许是用于焊接以及用于压延、磨光金属凹面镜，这一回他希望制造巨大的反射镜，能让他观察星球。

他们派给他两名德国的助手，一名铁匠、一名制镜工人，即乔尔乔师傅和乔万尼制镜师傅，每月工钱为每人7达克特。莱奥纳多和他们合不来，很快就开始抱怨，担心他们是来偷他的发明的。再说他们当中一个懒，很傲慢；另一个只想吃，还诽谤他。我们从他给朱利亚诺·洛伦佐·德·美第奇的信稿中了解到这些德国捣蛋鬼让他遭的罪（朱利亚诺去了波罗涅），在信中他提到健康问题。因为气愤和狂怒，他涂抹了六张草稿，又是划杠杠又是打叉叉，不停地修改删补。他说他一直善待乔尔乔师傅，提前付他工钱，他还有签了名的收条为证。起初他邀请师傅吃饭，请他在他身边干活，这样经济些，还可让他们直接学到意大利语，以便能与人毫无困难地交流。而这个狡猾的人只会批评已做完的活，还和教皇卫队里的瑞士人吃午饭，那里有不少懒汉，然后和他们一起用喇叭口火枪打鸟，一直闹到晚上。在莱奥纳多看来，在古罗马的废墟里屠杀鸟群是特别可恶的事情。这样的事已持续两个月了。有一天他派他的学生洛伦佐去叫德国人干活，德国人说他正为教皇的兵工厂忙着，莱奥纳多打听了情况，事实并非如此。乔尔乔是在干活，不过是为自己干，或是为他的同胞、做镜子的乔万尼师傅干活，他已买了房子并在宫廷的什么地方开了铺子，甚至在市场里卖他们做出的成品。都是制镜子的德国佬的错，莱奥纳多说，乔万尼师傅嫉妒他来到以后受到的恩宠。在宫廷里不能容忍对手，尤其当他想强夺自己的秘密的时候——他常在莱奥纳多背后侦探，"他想了解工场里的活，好传播出去或在外面贬低它"。他怂恿乔尔乔把该做成金属的模型做成木制的，"好把它们带到他的国家去"——莱奥纳多坚决反对。他只交给这些助手一些简图，"指出宽、高、厚和他打算做的东西的轮廓"，他甚至不敢清楚指出合金的构成；他用密码语言，或借用炼金术语言，谈到朱庇特、维纳斯或墨丘利："必须回到母亲肚子里的"金属，那意思就是要把它们放到火里，以至于别人对他的巨型凹面镜的模具和形状一无所知。而且最糟的是，为了使莱奥纳多在梵蒂冈名誉扫地，乔万尼师傅诬告莱奥纳多从事巫术，后来莱奥纳多被禁止继续在圣斯皮提托济贫院做解剖了……

巨型太阳反射镜也没能得见天日，也许莱奥纳多找不到时间完成它。他老是外出，去帕尔玛、布莱桑斯、米兰、佛罗伦萨——他的保护人命他去那儿（或是保护人的侄子洛伦佐·迪·皮耶罗·德·美第奇，百合花城的新行政官）。

他给几项城市规划和建筑项目提供意见。大概有人首先向他建议继承于 1514 年 4 月 11 日去世的布拉曼特的职位，代替朋友完成奇维塔维奇亚港口的整治工程。1515 年，他似乎参加了佛罗伦萨的圣洛伦佐教堂的正面建筑的比稿。[①] 在托斯卡纳首都，他还提供了整治美第奇地区的计划，以及为美第奇家族装修在"大街"的新宫殿的装修计划，看起来他们只重视他的马厩计划——这一马厩可以容纳 128 匹马，他重新拾起了在塑巨马时在米兰设计的现代化马厩计划。建筑物现在还存在，就在军事地理学院所在地。

我们可以从朱利亚诺·洛伦佐·德·美第奇委托莱奥纳多办的任务

---

① 据瓦萨里所说，佛罗伦萨圣洛伦佐教堂正面的建造竞赛是莱奥纳多和米开朗琪罗又一次面对面竞争的机会，莱奥纳多甚至离开了意大利，以避免和这个雕塑家竞争。实际上，米开朗琪罗在 1516 年开始这一建筑正面的工程，当时莱奥纳多还在罗马。

上看出他对他的尊敬，不过我们还不了解利奥十世对他的感情。教皇可能很喜欢莱奥纳多，因为他追逐新奇的消遣玩意，有时亲自演示给大臣们看。瓦萨里大概从约伏那儿听说——当时约伏在罗马，莱奥纳多在贝尔维德尔的葡萄农带给他的巨蜥背上装上从其他爬行动物身上剥下来的鳞甲和水银碎片，还装上大眼睛、犄角和胡子，把它养驯了，装在盒子里，当盒子打开的时候，观众吓得尖叫着四散逃窜。他还拿以蜡作基础的材料做成中空的、很轻的动物形状，朝里面吹气时，它就会飞起来。又有一次，他把羊肠里的油去掉，清洗干净，使它变得很薄能贴在掌心，然后把这肠衣的两端捆在风箱口，把风箱藏在隔壁房间里，等客人来了，他开了风箱，肠衣鼓胀起来，大得可怕，塞满了整个房间，逼得客人们躲到角落里。瓦萨里说，莱奥纳多把这些充满空气的透明物比喻成个人道德，开始很微小，后来占很大空间。这些东西足以讨教皇的欢心吗？还是瓦萨里说的，莱奥纳多为教皇的一个公证人巴尔达萨尔·图利尼·德·布列斯奇亚画了《圣母子》以及一个小男孩的肖像，它们被称为完美的杰作，但一直没有证据。当利奥十世向他订画，莱奥纳多出了岔子，因为他想把从橄榄油和植物中蒸馏出东西作清漆用，弄得圣父大叫："哎呀！又来了，他什么事都做不成，他还没开始就想着结束了！"这样的话传到莱奥纳多这位老师傅耳边了吗？其实自从《安吉亚里战役》失败之后，他一直很小心。小心也一直是他的态度，几年前，他把这句话当作格言写下来："好好考虑怎样收尾，首先考虑尾。"

朱利亚诺·洛伦佐·德·美第奇不在罗马的时候，莱奥纳多如果没跟着他走的话，便心烦意乱。他发明的吹胀了的羊肠衣、乔装的蜥蜴，这些玩意都带有攻击性，不是安宁和平的东西。他在梵蒂冈没有朋友和保护人。1514 年 12 月，他的同父异母兄弟、公证人朱利安诺交给他一封在佛罗伦萨收到的信，他已经和莱奥纳多和解了。信的附言中，家人托他转告莱奥纳多，说家人都想念他，说他是"杰出的、与众不同的人"，并告诉他公证人的妻子亚历山德拉濒临发疯。莱奥纳多保留了这封信，在信的背面画了地形学的研究，还记下他把一本书交给教皇的一个秘密侍从。我不知道他的兄弟来看他是否让他很兴奋，但他一定为弟媳担忧。他本人的惶恐大概更严重了。主人也无法保护他，他的主人患了支气管炎，病得很重，是否因此莱奥纳多在肺的功能上有了研究的动力？只有年轻的梅尔兹和萨莱能安慰他。由于德国制镜工的中伤，他被逐出解剖室。解剖工作中断了，身体又不如以前，他的英俊美貌凋零了，浪费了不少光阴，计划又不能实现。他看到自己的人生被时局、被个人过失耽误了，朋友一个个离开人世（路加·帕乔利也在 1514 年去世），他消沉颓丧，童年时代出现的妖魔又出来张牙舞爪，再次把他带到了黑暗的深渊。

为了驱除噩梦，他常常提及地震、水灾（大家还记得叙利亚的大洪水）、喷出岩浆的火山，他写生，画狂怒的波涛和阿尔卑斯山谷的暴风雨[1]。早在斯福尔扎宫廷里，他想象过大量超现实主义的用具——耙、小锅、凳子、量规、灯笼、盔甲等，想象从一团阴沉的云中泼洒出倾盆大雨。由于他也熟悉萨伏那罗拉的预言（他就算是没在教堂听过布讲，也读过出版了几千份的这个多明我会修士们的宣言），似乎是闹着玩，或出于不安、愤世嫉俗，他多次描绘大灾难到来的场面。这一次他从困扰他的幻境中挣脱出来，更细致地绘出了它们的来源，他绘出了他预见中的世界末日，他想画有关它的壁画（他是要和米开朗琪罗的油画较量吗？）。他写了一篇文章，以描绘战役的方式提到它，题目是"大洪水及如何用油画表现"。电影导演倒是可以利用他的剧情介绍，包括

─────────────

[1]　编者注：参见第 344 页第九章篇章页中图片。

悲剧情节推进、摄影机的分镜头和动作。莱奥纳多说："大家看见阴霾的天空，狂风撕扯着乌云，卷着连绵大雨，夹杂着冰雹，无数树枝被折断，无边落叶纷纷掉下，四周的古树被连根拔起，狂怒的风暴把它们撕成碎片。山体被汹涌的急流冲刷得精光，倒塌崩溃，堵塞着山谷，掀起连天的波涛，洪水汹涌澎湃、铺天盖地，淹没了辽阔的平原和平原上的居民。"背景被非常科学地确定了下来，因为莱奥纳多以地质学家和水利工程师傅的学识进行了论证。开场白写完后，接着描绘动物和人类的状况："在无数山的顶峰，看得见各种恐慌失措的牲畜，还有带着妻儿老小逃命的人群。"他细细地描绘他们的动作："茫茫无际的被淹没的田野上，漂浮着桌子、床、小船和临时扎的木筏。出于逃生需要和对死亡的恐惧，男女老少挤在木筏上，叫嚷着，吼叫着，悲叹着，被狂怒的龙卷风吓得惊慌失措。风卷着巨浪，波涛卷着被淹死的人畜的尸体，漂浮的物体上无不拥挤着悲惨的人和牲畜、野兽——狼、狐狸、蛇和所有逃生的种类。波涛撞击着它们，不断地拍击它们的身体，其中夹杂着人的尸体，要把还剩下最后一口气的都吞噬掉。"对整体做了一番描绘之后，莱奥纳多转入对具体的残酷场面的精心描绘："你可以看到几群人，手执武器以保卫他们剩下的家人或牲畜，抵御那些要进攻他们的狮子、狼和野兽……啊，你会看见多少人捂着耳朵，不想听风的狂吼。狂风夹着暴雨，天上雷电交加，满天的黑云，有些人不光闭上了眼睛，还以手掩面，不敢看狂怒的上帝对人类的无情屠杀的场面……还有人因无法忍受这样的折磨而绝望，因精神错乱而自杀，有人从暗礁上投身波涛，有人互相掐着对方，有些人抓住他们的孩子，把他们杀死……啊，多少母亲举手伸向天空，膝上躺着她们已被淹死的孩子，她们号啕大哭，诅咒上帝的疯狂！"莱奥纳多根据这个故事画了几个版本，用了两三页纸。画上有恐慌的动物互相践踏、互相残杀；因为找不到一块可立足的土地，精疲力竭的鸟停在人的脑袋上栖息。水还在暴涨，饥饿造成了死亡，船只被摧毁，撞击着暗礁，水上的尸体左右漂浮就像大片的水藻。山峰、植物、动物、人类，都抵挡不了洪水。莱奥纳多大概受了《启示录》的启发（他在笔记本某页纸上，用科学逻辑驳斥了《圣经》里提到的解释和数字①），但正如但丁在《地狱篇》里描绘的那样——人放弃了一切希望，在莱奥纳多的笔下，无人能在洪水的漩涡中幸存。在他的大洪水中没有诺亚的方舟，他想到的是整个地球的覆没。

他用黑色颜料画了十多张精彩的草图，浓墨渲染。配合他的文学描绘，草图画的也是被强风卷走的树和骑士，巨浪吞噬了船只和船上的人。有些船触礁沉没。汹涌的波涛淹没了山谷，冲毁了山坡，城市和高大的建筑物被吞没，如沙塔般轰然倒塌……莱奥纳多似乎想和整个世界一起沉沦灭亡。

然而就在他设计绘制这一系列悲惨可怜的世界末日景象的同时（没有人可以确定这些图画中，是哪一幅引出了另一幅，哪一幅是完结），他完成了如今收藏在卢浮宫的《施洗者圣约翰》（图 10.3），宣告了赎罪者的来临。

这幅画和他画的有关洪水的图画在形式上有些类似：线条从圣人唇边自微倾的脑袋延伸下去，到浑圆的手臂，再到指着天空的食指，显示出莱奥纳多惯用的漩涡状——只是这一回表现的是受克制、被掌控的动作，完全听从于意愿的力量，精神压倒了物质。同时，卷发的螺旋形

---

① 莱奥纳多急于要知道世界的形成，试着找出大洪水的一个逻辑严密的解释。《圣经》里面的数字（"一千，在四十日"）在他看来是不切实际的。在试着了解事物是如何消失、死亡的时候，他慢慢开始想象，很理性地，然后很细致地描绘出来，似乎想用图画表现出来，表现出他个人版本的大洪水。因为有时候他使用未来式，有时候是过去式，他的记述既像是预言，又像是"重建"。

图 10.3 《施洗者圣约翰》
（巴黎，卢浮宫）

线条（今天已看不清楚了，被厚漆抹黑了），令人联想到莱奥纳多常用的流水的线条。从年代上看，莱奥纳多对洪水的最初设想可以追溯到在梅尔兹家停留时，在瓦普里奥画阿达山谷风景的时期。而《施洗者圣约翰》以及卢浮宫保留的那幅《酒神巴克斯》是他在米兰时想法的延续和实现。

这幅《酒神巴克斯》（图 10.4）是工场的作品，大概在 1510 年左右根据莱奥纳多的草图或计划由学生们完成（梅尔兹、马尔科·多吉奥诺、凯萨·达·塞斯托、贝尔纳佐涅？）。在法国皇家收藏中要找到它的踪迹并不容易（它大概很早就被收录了进去），因为在清单中有时它的题目是《酒神在野外》，有时是《沙漠里的圣约翰》。而且说真的，那幅画很模糊，人物的脸画得很清秀柔媚，却长着一副赤裸男人的身体。正如卡斯亚诺·德尔·波佐解释的，这在当时（1625 年左右）是很少见的，他说它"并不能激发虔诚的宗教情绪"。这个在 17 世纪末并不能感化人的圣人披着一张豹皮，头缠葡萄藤蔓，身边佩的十字架变成了酒神杖，食指指着一边，似乎是为了强调其异教的特征。这说明不了问题。大家知道莱奥纳多对预言的爱好，他的大部分油画都围绕着出生或宿命的主题，他很可能故意把酒神、解脱的狂喜，和圣人的前驱混淆起来，他的时代努力使古人为基督教教义服务。但丁已经把他欣赏的哲学家和古代诗人的灵魂放在炼狱而不是地狱里；神父费其诺在柏拉图身上寻找基督；而在成功发表于 1509 年的《闻道的奥维德》里，皮埃尔·贝尔苏伊尔把酒神的神话解释为基督受难的预兆。酒是圣体两因素之中一种，酒神是朱庇特和塞墨勒的儿子，出生于他父亲的大腿之中，他并不在人们期待中，是被杀死又复活了的，和耶稣一样……也和施洗者圣约翰一样，他远离人群，在沙漠漂泊流浪，成为救世主的预言人。他的法国朋友们，或博学的安东尼奥·塞尼，可能把《闻道的奥维德》交到莱奥纳多手

图 10.4 《酒神巴克斯》
（巴黎，卢浮宫）

里。这一联系并非正统，但在他那个时代尚可接受（然后在17世纪不被理解，贝尔苏伊尔的书久被遗忘），以它的事实的永久性和一致性鼓舞着他。

然后他画了《施洗者圣约翰》，他重新采用了《酒神巴克斯》里的元素（我们可以称它为《闻道的酒神》）：圣约翰一臂搭着豹皮，拥有雌雄莫辨的异教神的美。然而他把次要和附属部分削减得更厉害，以黑底代替风景，没有别的颜色，只有光线的透明的金色。无须解释，人们就会爱上它——那美感、那微笑、那动作一下子就使人感动。没什么需要解读的，不需要任何东西来说明在约旦河畔隐居的圣人的生活，他也不是以前画里出现的瘦削野人——这幅画只要人好好感受。莱奥纳多在画《三博士来朝》时很早就发现，食指指着天空（至少指着画外的东西）这一动作很有表现力，他常常使用。相反，微笑则很迟才出现在他的作品中。并不是如精神分析家所说的，是在他父亲死后才出现，几年前它就出现在《圣安娜、圣母与圣子》的草图中了（也许在《最后的晚餐》草图中约翰的唇边就已经出现了？），在《蒙娜丽莎》《丽达》《酒神巴克斯》中更得到了强调；在施洗者圣约翰——这位《圣经·新约》中的"光明的证人"和"上帝的信使"的迷人的脸上，他充分发挥了它的作用和意义，表现出绘画方法的精炼。

人们对这一微笑有很多评论，把它和兰斯教堂的天使或高棉的神祇的微笑相比。莱奥纳多也喜欢佛教的教理，他赞同："唯有爱才能遏制仇恨"，或者"在战役中战胜一千个敌人不如战胜自己"的观点。和佛教的菩萨化身不同的是，他笔下人物的笑不是出自内心的平静的笑，而是用来魅惑人心的。米歇列在评论"酒神—圣约翰"时说得很正确："这幅画吸引我、召唤我、打动我、诱惑我，我不由自主地向它走过去，像鸟在蛇面前迷失了心智。"莱奥纳多说，绘画的目的就是要这样打动观众。

于是看到它造成的影响和激烈反应我们就无须惊讶了：达·芬奇的图画是艺术史中破坏文物者最热衷于攻击的对象，他们用石头砸、用刀砍向保护图画的玻璃橱窗，最近还有人向伦敦的《圣安娜、圣母与圣子》开枪。卢浮宫的一位看守爱上了他负责看管的《蒙娜丽莎》，他和她谈话，他嫉妒那些靠近她的游客，他说她有时向他们微笑，结果他被提前辞退了。莱奥纳多强调吸引、打动观众的效果，他一生都在净化他的手法，就是为了让其他所有人都得到最大强度的情感冲击——由于他把自己一些有异于常人的性观念掺杂其中，理性常抵挡不住它造成的迷眩，《施洗者圣约翰》可以发出所有的诱惑。我乐于看到这是莱奥纳多最后一件作品——可以说是他的遗嘱。它达到了人类知识的极限。他用手指指出令他感动，但又抓不住的原因。于是不再是"在沙漠中的呼喊"，他微笑是为了向专注于这幅画的人表达出每时每刻在发生的奇迹——时机正在成熟。但达·芬奇同时也给了洪水画中的可怕结局：事实上人们不知道什么是他最后的使命。大概是双重的。直到最后，对着黑暗的洞穴，莱奥纳多还是怀着畏惧和渴望。

莱奥纳多在笔记本里记道："1515 年 1 月的第九天黎明，美男子朱利亚诺·洛伦佐·德·美第奇从罗马动身来到萨伏瓦娶亲。同一天我们得知法国国王驾崩的消息。"

达·芬奇的这位保护人朱利亚诺尽管心有不甘，还是从国家的利益出发，娶了萨伏瓦的菲丽盖特。弗朗索瓦一世登上岳父路易十二去世后留下的空缺的王位。他的第一个念头和岳父登上王位时一样，想到的是米兰公爵。王冠还未戴稳，法国军队又跨过阿尔卑斯山，7 月，在马利格南，他的炮兵部队屠杀了马克西米连·斯福尔扎的瑞士士兵，几天之后，他胜利进入伦巴第的首都。

弗朗索瓦一世很高大——身高 1.95 米，在当时是巨人了。他还有斗士般的肩膀，笑眯眯的小眼睛，大鼻子，朱红色的嘴唇，短胡子。他还不到二十岁，披着金色的盔甲，给意大利人以骑士小说中的英雄的形象，他的母亲萨伏瓦的路易丝和他的姐姐才女玛格丽特·丹古列姆，都很宠爱他，并培养了他的文学兴趣。虔诚的巴亚尔把他武装成骑士，一心要成为"无所畏惧、无可挑剔的人"。他喜欢战争，他和他的将领身先士卒，在战斗中冲锋陷阵，为此他在帕维亚被俘。说到这个，他也真是个宽宏大量的人，他抓住马克西米连·斯福尔扎后，没有把他投入监狱，还给他年金，在宫廷里接见他，把他当作表兄弟看待。有人说，在中午之后他不办理政事，他吃午饭时命人为他朗读古希腊罗马作家的书，其余时间打猎，晚上便进行世俗的娱乐，跳舞、写诗，也就是说基本上是和女人厮混。他很讨女人的欢心，不仅仅因为他是国王。

教皇利奥十世被他这与众不同的个性弄得很尴尬，国王俘获了所有人的心（威尼斯的大使写道："君王的魅力这么大，谁也抗拒不了。"），还有法国在马利格南的胜利也使他为难，教皇担心国王对教会的态度，他在战斗中把他的部队安排在恶劣的阵地。他们准备于 1515 年 10 月在波罗涅调解，莱奥纳多大概也去了，也许他就在那儿见到了他最后一位保护人。据瓦萨里说，达·芬奇造了一个自动狮子，走几步后胸口会张开，在心脏的位置上有一束百合花。狮子是佛罗伦萨的象征，表达了佛罗伦萨和美第奇对法国的好感。洛马佐也确认了莱奥纳多制造了好几种能活动的动物模型，比如狮子和鸟。它们由齿轮系统发动（大概是一种上发条的、座钟式的机械装置）莱奥纳多的笔记本里有好几处甚至提到机器人的计划。即使有人对他的发明有所怀疑，我们也不知道他是在什么情况下把它们上呈给国王的。是 1515 年 7 月在里昂，还是在同年 12

月在波罗涅？或 1517 年 10 月在阿尔让坦？ [①] 也许他已多次使用过它们了，大概经改良后，又在 1600 年出现在凯瑟琳·德·美第奇的婚礼上。这些机器大概不太复杂（它只能走几步，莱奥纳多是匆匆忙忙赶出来的），然而效果不错，它们是空前的发明。

不管莱奥纳多得到了怎样的邀请，他一再重申，因为他是在路易十二时代被请去法国的，所以他并不曾正式为弗朗索瓦一世服务，他仍然忠于朱利亚诺·洛伦佐·德·美第奇（或许他想首先完成他的巨型凹面镜或人们请他完成的建筑计划）：他只能在他的保护人死了之后（朱利亚诺于 1516 年 3 月 17 日在佛罗伦萨去世）才能决定移居国外。

8 月他一直在罗马测量圣保罗大教堂。最后发现他找不到意大利爵爷去投靠，如拉斐尔在梵蒂冈、米开朗琪罗在佛罗伦萨、提香在威尼斯那样有依靠。他又从经验上知道米兰的政局不稳，所以他处理了业务，又一次打点行装，去了阿尔卑斯山的另一边了此残生。在那儿——在国王重新占领的卢瓦尔河岸，他又受到了推崇。

他在 1516 年秋或第二年春，山口可通行的时候离开意大利。他取道佛罗伦萨、米兰、日内瓦山、格列诺贝尔、里昂，然后又经过维尔宗，顺着谢尔河走，经过约三个月的旅行，他到达昂布瓦斯。陪同他的人有萨莱、梅尔兹和新的仆人巴蒂斯塔·德·维兰尼斯，还有几匹骡子，载着箱子和行李。因为达·芬奇没在意大利留下任何东西，他把全部家当都带到法国去了，油画、草图、手稿都带走了，心里明白他不会再回

---

① 对于这个机械狮子我们几乎一无所知。瓦萨里认为这是给路易十二做的。似乎它第一次亮相是在 1515 年的里昂，由佛罗伦萨团体呈现给弗朗索瓦一世，然后又用过一次。编年史还显示在阿尔让坦有一个人工心脏献给了国王，里面会跳出一堆拥抱着的情侣——这可能是莱奥纳多的另一个发明。这些物品已遗失。

来了。

弗朗索瓦一世盛情接待了莱奥纳多和他的随从人员。他把他们安置在克卢堡中，这小城堡是他母亲的，就在他的昂布瓦斯城堡脚下。地下走廊联结着这个小城堡——他姐姐和路易·德·里尼曾居住于此——和国王的住所，国王因此常拜访他的"首席画家和工程师、建筑师"。据切利尼说，国王常来看莱奥纳多，因为很喜欢听他高谈阔论。此外国王还赐给他非常厚的工薪：年金一千"太阳埃居"，给梅尔兹（"跟随着莱奥纳多师傅的意大利绅士，"法国人的记录上还这样详细写道）四百多"一般的埃居"，"一次性地支付一百埃居给萨莱，莱奥纳多师傅的仆人"。

莱奥纳多细细观赏国王赐给他的领地：将近 5000—7500 平方米的土地，有花园、微陡的牧场、葡萄园、鸽棚、美丽的树林和养鱼的流水池。房子是时兴的两栋互成直角的楼房，一栋旁边有小教堂，分三层。下面的大厅做画室，在中间的塔楼里有一座螺旋形楼梯，通向几个房间。按传统，莱奥纳多住最大的那间。房间里有石壁炉，窗口向着绿油油的山冈，那儿耸立着国王的城堡。梅尔兹画了在那儿看到的风景，它的变化不大。他们雇了当地一位叫玛图丽娜的妇女给他们做饭、做家务。莱奥纳多不能梦想比这更舒适独立的退休生活了——但他也只能享受不到三年时间。

我们了解到的唯一有关莱奥纳多在昂布瓦斯的生活情况，是在阿拉贡主教的秘书堂安东尼奥·德·贝阿蒂斯的旅行日记里。这位高级教士在去布洛瓦途中，即 1517 年 10 月的第一个星期拜访了"声名卓著"的画家。莱奥纳多看上去像有七十多岁（其实他才六十五岁），他向客人展示了三幅"画得非常完美"的画：有一幅是"某位佛罗伦萨夫人的肖像"——大概是《蒙娜丽莎》，还有《洗者圣约翰》和《圣安娜、圣母与圣子》。

尽管这些信息数量稀少，也不够确切，对于我们还是很重要的。贝阿蒂斯说莱奥纳多从此以后不再画画了，再别指望他能"做出什么漂亮的活儿"，因为他的右臂瘫痪了。"但他培养了一位来自米兰的学生，在他的指导下工作出色。尽管师傅不再能以他惯用的柔和色调给油画上色，但他还能画草图，指点别人的工作。"他提到的学生只可能是梅尔兹，萨莱是不会工作"出色"的。所谓"瘫痪"是不是指达·芬奇在罗马就已经患上的风湿，使他不得不多穿点衣服？但不管怎么说，秘书是弄错了，只有左手病残，他才不能再运笔。

莱奥纳多打开了他的几张草图。高级教士承认自己被梅尔兹在他面前虔诚地展开的画稿的内容所深深打动。堂安东尼奥·德·贝阿蒂斯称莱奥纳多为"绅士"，因为莱奥纳多气宇轩昂，他说莱奥纳多"画了专门用于绘画研究的解剖图，男人和女人的四肢、肌肉、神经、血管、关节、内脏和一切可以做解释之用的部分。还没有人做过这样的工作。他把它们拿给我们看，此外还对我们说，他解剖了三十多具各种年龄的男男女女的尸体"。他说的"一切可以做解释用的"，我觉得说得很准确——莱奥纳多在康德之前就有挑战人类理性界限的觉悟了。

主教的秘书继续写道："莱奥纳多大人同样写了许多册子，有关水的特性、各种机器和其他他提到过的主题。所有这些书都是用意大利文写的，当它们问世之后，将会带给读者很多好处和快乐。"于是人们考虑到出版它们、利用它们。而莱奥纳多却指出——他没有向访客们公开他的全部笔记——他正努力补充完善，按顺序重新整理笔记内容。他不允许他人仔细研究自己有关有用发明的著作，像他的有关水利的论文；他的"无须加减物质便能变化物体形态"的书；他关于声音、马与鸟的飞行、眼睛以及、视力方面的论著；他的有关弹道学、建筑损坏、空气、星体的论著；他有关绘画或铸造的论著……由于种种原因它们无法公之于众。书写这些巨作的抱负很少被最后实施。莱奥纳多确定了宏伟的计划，提早分好了章节，可是却连预期中的"概要"都没写完。他的笔记本里只是一些文章的提纲草稿、分散的草图、不完整的研究的成果、实际上没有实用价值的零件以及一大堆晦涩的草稿。莱奥纳多再也没能完成有关科技文艺的笔记，他没有完成巨马、《三博士来朝》或《安吉亚里战役》。在苦恼的时候他自己也承认："一切都好像分裂的王国在奔向毁灭。致力于太广泛的研究，会令神智混乱衰弱。"

我们猜想当时的弗朗索瓦一世对这位老头会有何期待。他花了重金雇用莱奥纳多，而莱奥纳多已患轻瘫，不能绘画，更不能雕刻，从他的笔记本判断，他已放弃了技术工程。国王喜欢他的谈吐，因为他认为他是地球上最有学问的人，是"伟大的哲学家"。这些都是本韦努托·切利尼和乔傅雷·托利证实过的。弗朗索瓦一世是否就满足于梅尔兹完成的作品，满足于达·芬奇艺术的替代品，满足于听他高谈阔论？（他们用什么语言交谈？莱奥纳多在查尔斯·当布瓦斯的宫廷里学了法语？还是国王听得懂意大利语？他是不是和他的许多大臣和他的姐姐一样懂意大利语？）可能达·芬奇出现在他的宫廷里就足以让弗朗索瓦一世心满意足了：达·芬奇是他宫廷的装饰品。但我不相信莱奥纳多能容许自己无所事事，他说过："铁不使用就会生锈，水不流动就会失去纯净，遇冷就会结冰；同样，不动用脑筋，大脑就会失去活力。"贝阿蒂斯说，他还可以画，特别是可以思考、提建议、口述、指挥，让别人利用他的口味和经验。1518年，他在笔记本的纸角上写下这了不起的句子："我会继续干下去。"他永不放弃，在一息尚存的几个月里，他是年轻的骑士国王的梅林国师。

他有他学习的楷模，有一天他写道："亚历山大和亚里士多德是师生关系，亚历山大拥有征服世界的能力，亚里士多德拥有伟大的学识，使他能拥有其他哲学家的全部科学。"我们想知道莱奥纳多教了国王什么东西。他大概给国王讲了米兰的古罗马大事记，使他惊奇，给他讲水的功能、天空的蓝、血的流动、地球的起源，他看见过、研究过的许多奇怪的东西：从某个西班牙人于 1513 年 10 月在佛罗伦萨展出的连体怪胎——直到挖土工人发现的大海底生物的骸骨——"自从这形态美妙的鱼死在这凹下去的角落里之后，世事发生了多少变化！"他还在一本练习本上写道："如今被时间摧毁了，它平静地躺在这有限的空间里，被剥了皮，赤裸裸地只剩下骨头，成了支架，承受这上面压着它的山。"[①]

　　他亲手写的一篇笔记指出，他到法国后不久，便和国王弗朗索瓦一世到罗莫拉汀去了。弗朗索瓦一世想在那儿为自己和他的朝廷建一座城堡，该城市位于法国正中，他的母亲就住在那儿。莱奥纳多勘察了地形，穿过它的河流，可以联结它们的江河。他设计了理想城市的平面图，那是他在米兰就已想象过的，加以发展、完善、修改。他首先考虑的是挖几条渠道，从国王居住地开始，像星星放射的光线一样散发出去，把新首都和整个国家从英吉利海峡到地中海联系起来——那么国王就真的成了法国的心脏。按切萨雷·波吉亚的兵营的模型来建造城堡和花园，城市位于由四周水渠所组成的水网中间，水渠中的水可供应城中的喷泉和演出水上项目的大水池，此外还能灌溉、清洗街道，排除垃

[①]　这块鱼化石显然是在挖运河的时候发现的，让莱奥纳多很震惊，并启发他写了许多文学色彩浓厚的文章。我抄录一个片断："哦，大自然所拥有的强大而活生生的器具，你的强大力量并未为你所用，你一定是静静地抛弃了创造性的自己的生命，屈从于上帝与时间为多产的大自然制定的法令。"莱奥纳多似乎想到了自己的艺术，总是认为生物一定要死亡才能够孕育其他生物——这就是他面对繁衍、生产的担忧和恐惧，因为这是在死尸身上进行的。由此也可以说明为何他选择了素食主义。

圾。大概这是欧洲从未有过的最伟大最革命性的城市规划了。莱奥纳多画了城堡的平面图，它们应当被称为宫殿，因为它们更接近君主路易十四的凡尔赛宫。他为大花园设计了八边形的楼阁，八边形介于圆形和方形之间，他认为那是完美的形状。他在设计教堂、壁柱时运用了这一形状还有其他楼阁——可拆卸的、在宫廷搬动时用得着——以及大型的马厩上。最后他又回到了古式楼梯的草图，他是否启发了之后布洛瓦城堡和香博尔城堡的设计？那些楼梯（复式的，三座、四座的……）像水流或主动脉，像血管和一切流动的东西一样迷住了他：运动不就是生命的原则吗？

博卡多尔说莱奥纳多大概把他的观点告诉了国王的建筑师和工匠们，也许告诉了他的同胞多美尼科·巴尔纳贝·达·柯尔托纳，国王正是把建香博尔城堡和巴黎市政厅的第一批平面图委托给了他。如果他听从莱奥纳多的某些意见（这些意见对16世纪的法国建筑应该产生过一定影响），应该就是在这儿，通过它流传出去的。因为在1519年，经过几年的建造，罗莫拉汀的工地被放弃了，一场传染病造成了工人大量死亡。

达·芬奇还负责组织节日的庆祝工作。尽管和过去一样，没有任何正式的文件注明他的名字，但他大概组织或监管了1517年10月最初几天在阿尔让塔举行的舞会（舞会上又出现了他的机器狮子），然后在昂布瓦斯，又有一场太子洗礼的庆祝活动和一场婚礼——佛罗伦萨的执政官、教皇的侄子洛伦佐·迪·皮耶罗·美第奇和玛德莲娜·德·拉图尔·当维尔涅结婚，欢庆节日从1518年4月15日一直到5月2日，包括比武。据编年史学者说，这是法国和基督教历史上最漂亮的节日。之后在1518年6月18日，他采用了新的形式，用明亮的天空般的颜色举办"天堂舞会"，用上了以前他在米兰曾为伊莎贝拉公爵夫人导演过的场面。

我们不知道在昂布瓦斯，除了梅尔兹之外他还有什么朋友。他大概又见到了嘉列阿佐·德·桑塞维里诺——摩尔人的女婿和将领，他成了皇家马厩的总监。萨莱回米兰去了，由于一时冲动或在莱奥纳多的命令下。在宫廷里可以与他相处的意大利人很多。

他一直埋头于他称为"几何练习"的研究，他在圆圈里面画各种图形——有时这些抽象的图形成了建筑、花饰和关于眼镜研究的一部分。年纪大了，他好像觉得这些消遣的东西也有它们的价值。在一张纸上，他费劲地把长方形分成等份的长方形，他给陆坡等写完了注解，后面还写着一行字，以解释他匆忙完工的原因："因为汤凉了。"吃完晚饭后他又拾起了他的练习。

1519年4月23日，过完了六十七岁的生日之后几天，他"感觉到死亡肯定到来，他能活的时日却不肯定"，他按照必须执行的手续，要求昂布瓦斯的一位公证人纪尧姆·博若出面做他的遗嘱见证人。

瓦萨里说，病了漫长的几个月，到了生命的尽头，莱奥纳多"希望认真了解天主教的习俗，好的、健康的基督教教义。在流了许多眼泪之后，他后悔并开始忏悔，因为他站不起来，便由他的朋友们和仆人扶着，虔诚地起床接受圣体"。遗嘱好像确认了他回归了宗教，莱奥纳多把他的灵魂交付给万能的上帝、光荣的圣母玛利亚、圣米歇尔、所有的天使以及天堂里所有的圣徒和圣女。他首先表达的愿望是有关葬礼的安排：他希望葬在昂布瓦斯的圣佛罗伦丁教堂，他的遗体将由这教堂的神甫们运送，后面跟着修院院长、神甫和少年修士；由执事和副执事举行三场大弥撒，三十多场小弥撒，在圣佛罗伦丁和圣德尼举行；请六十个穷人在他的棺材上点六十支蜡烛，在祈祷他的灵魂安息时点十支大蜡烛，七十支派给主宫医院和昂布瓦斯的圣圣拉扎尔教堂的穷人……但这些我们都可以理解为莱奥纳多考虑到要遵守礼仪，而瓦萨里总是有过于说教的倾向。事实上莱奥纳多只不过不希望与习俗背道而驰，他是国王的首席画家，葬礼不可能太简单。达·芬奇从来就没说过他相信死后轮回的事，他认为"死就是最后的痛苦"。他这样解释灵魂："灵魂就是怀着最大的厌恶离开了躯体，而我认为它的痛苦和抱怨不是没有理由的。"疾病和身体上的痛楚是他一直比任何东西都要害怕的东西，它们还会令他有别的打算吗？最奇怪的是对自己的坟墓他没有提出任何一点要求，他没有要求在墓碑上刻什么字，只字不提，这是否说明他对来生并不关心？说到他的墓志铭，我们能否选择这个三十多年前他在米兰说过的话："度过非常充实的一生后幸福的死亡，就像忙碌了一天后幸福的睡眠。"但这句话对他还适用吗？

考虑到他们选择体贴辛劳的服务，莱奥纳多把国王路易十二许诺他的圣克里斯托弗洛的水税，和摩尔人赠给他的葡萄园的一半土地给了他的仆人巴蒂斯塔·德·维兰尼斯。他把另一半留给萨莱，还有萨莱自己建造居住的房子也留给了他。他给女仆玛图利娜一条"没有镶皮草的上好布料做的裙子、一件大衣，并一次性付了两个达克特"。给他的同父异母兄弟留下他在佛罗伦萨新玛利亚银行里存的 400 太阳埃居，以及从叔叔弗朗切斯科那儿继承的小块土地。[①] 他指定弗朗切斯科·梅尔兹为他的遗嘱执行人，留给他余下的一切：他的年金、衣服、书、笔记和"所有与他的艺术和职业有关的一切工具和肖像"。大家很奇怪萨莱所得不多，或许因为他与主人闹翻了，所以他在主人未死之前就离开了他；或者是他在走前就大大地捞了一笔——那幢他给自己建的房子。

---

① 　莱奥纳多没有在自己的遗嘱中提及这块他从叔叔弗朗切斯科那里继承到的土地，但是在一封梅尔兹给达·芬奇的异母兄弟的信中有谈到，这可能是 1507 年的审判之后他们得到的安排：莱奥纳多一直享用这块田产，直到去世，然后这块土地就归于他的异母兄弟了。这就解释了上文的一句话："哦！为什么不留给他有生之年的快乐，既然这之后会归于你的孩子？"

莱奥纳多最后的愿望交代完毕，无论虔诚或不虔诚，他把灵魂交给了上帝——1519年5月2日，他在克卢小城堡咽了气。

瓦萨里说，"经常亲切地拜访他的国王"在神父给莱奥纳多敷了圣油之后，走进莱奥纳多的房间。莱奥纳多使出最后一点力气，恭恭敬敬地坐在床上，向弗朗索瓦一世解释他的病情和现状，然后表示他认识到自己"因为没有从事他应当完成的艺术创作，大大违背了天意"。然后他不再说话，他痉挛了。于是国王凑过身去，扶住他的脑袋，安慰他，努力减轻他的痛苦。过了片刻，莱奥纳多在国王的怀抱里去世了。1850年，雷翁德·拉伯尔德怀疑瓦萨里的说法，他找到国王在5月3日在圣日耳曼昂莱签署的一份文件：骑马从昂布瓦斯到该城需整整两天，国王不可能在前一天到达莱奥纳多的床头。大部分的现代历史学家都同意这观点。然而正如艾梅·香博林在1856年指出的，1519年5月3日的文件不是国王签的名，而是他的掌玺大臣在国王不在时代签的，因此国王有可能目睹了莱奥纳多的最后时刻。我个人的看法是，我不太相信莱奥纳多因为他没有尽全力献身绘画事业而后悔冒犯了上帝，我倒是想象他在生命的最后一息还努力向国王解释他的疾病，分析它的症状：他手拿墨和笔，吃力地写着。他一定在笔记本里记下他是以怎样的方式、以怎样的厌恶心情和在怎样的痛苦中，看着灵魂离开了庇护它的躯壳的。

第十一章

痕迹

唯有真理是时间的女儿。

——莱奥纳多·达·芬奇

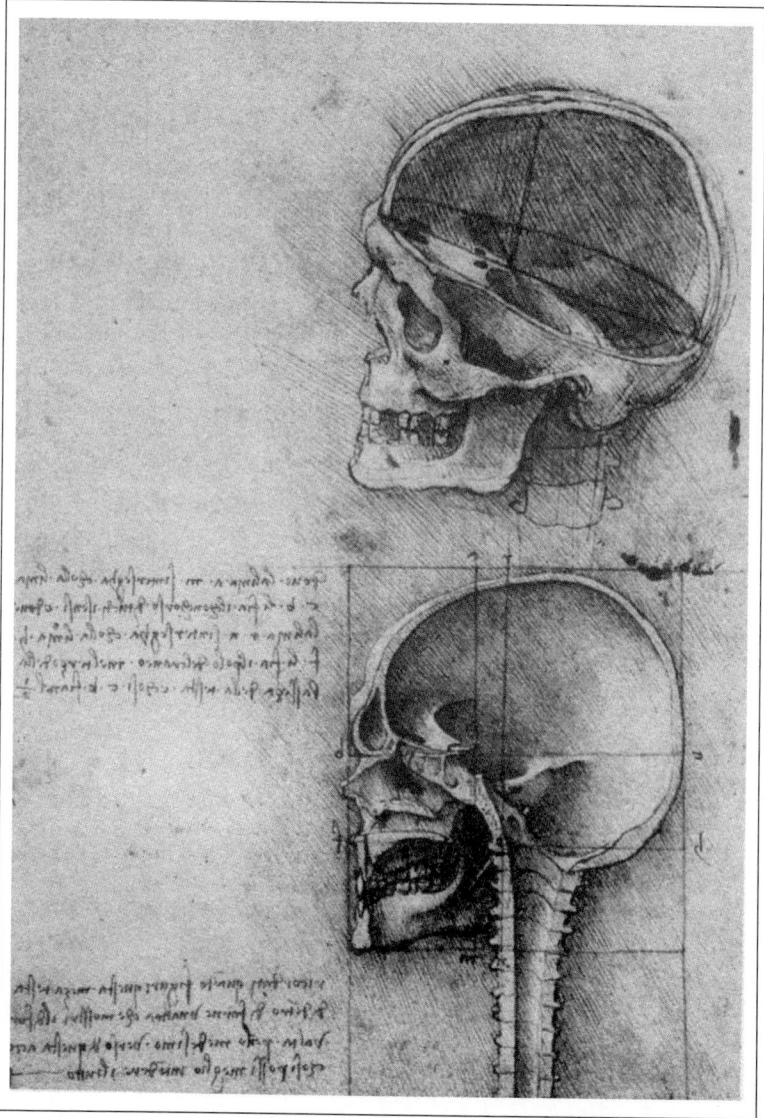

《头骨解剖图》
（温莎，皇家图书馆）

瓦萨里说："他在世时闻名遐迩，声名远播，备受尊崇；去世后更是誉满全球。"

瓦萨里在他的《名人传》第一版里提到莱奥纳多，言辞更为精彩："上天有时给我们送来一些人，他们不光是人，甚至还带有神性，以便让我们以之为榜样，仿效其行为，并使思想和智慧接近最高的境界。事实证明，那些机遇使然，研究和追随这些天才足迹的人，即使上天没有赋予或赋予他们很少的才华，他们至少也可以接近神参与的超凡作品。"为什么在1568年版本中他删了这几行字？为了给米开朗琪罗留下更好的位置？

他没有列出莱奥纳多这位大师直接培养的所有学生的名字，大概不无道理地认为他们是"上天赋予很少的才华"的一群，即缺乏创造辉煌业绩的天赋。保罗·约伏也说："达·芬奇没留下一个才华出众的弟子。"是不是因为他挑选弟子只是看中了他们出众的相貌，或是古怪的个性和忠诚，而不是因为他们的才华品质？除了萨莱和梅尔兹，瓦萨里还提到了乔万尼·安东尼奥·波尔特拉菲里奥和马尔科·多吉奥诺。无名氏嘉迪阿诺提到了佐罗阿斯特·德·佩列托拉、瑞乔·菲欧伦蒂诺和西班牙人费朗多（或名费尔南多·德·拉诺斯，他曾协助莱奥纳多绘制《安吉亚里战役》）。我们还知道许多其他学生的名字，但不清楚他们是何时进入工场的，也不知道他们在那里待了多久。还有一些人算不上真正在他身边工作的学生，他们受到了他的影响，抄袭他的作品、模仿他，我也提到过几个这样的人的名字。值得一提的还有切萨里·达·塞斯托，他是莱奥纳多的最有天赋的学生之一。还有文森佐、贝尔纳迪诺·德·孔蒂、切萨里·马尼、安德烈亚·索拉里奥、贝纳尔蒂诺·吕尼，以及索多玛和巴乔·班迪内利等人，他们大量借鉴莱奥纳多，但是又知道要有自己的个性和才气，跳脱出他的束缚；这些人没有被师父天才的光芒所遮盖。最后，还有一些人从他的工作方式——他的创造性——上学到了一些东西，但是没有局限于此，而是加以发展，比如皮耶罗·迪·科西莫、拉斐尔、乔尔乔内，直到蓬托尔莫、布隆兹诺……莱奥纳多的光芒照射到无数后辈，但在好几个世纪里，整个欧洲大陆对这方面的研究还是一片空白。

1519 年 6 月 1 日，弗朗切斯科·梅尔兹写信给莱奥纳多同父异母的兄弟们，通知他们艺术家莱奥纳多去世的噩耗。他在信中写道："他是我最好的父亲，他的去世令我感受到的痛苦难以用言语表达。只要我还活着，我就永远感受到他的去世给我造成的不幸，因为他每天给予我热烈的关爱。他是上天再也不能创造出来的人，对这样的人物的去世，每个人都痛悼不已。"

最后这几句话——"上天再也不能创造出来的人"，大概深深地镌刻在莱奥纳多的一个兄弟的脑海里。他是巴托洛梅奥，皮耶罗第四任妻子的儿子。他试图否定这句话。瓦萨里说他娶了芬奇镇郊区的姑娘——在这方面与卡泰丽娜非常相似，然后，"巴托洛梅奥希望生个儿子，他经常说及他兄弟的天才，请求上帝让他生出另一个莱奥纳多，第一个莱奥纳多现在已经去世（事实上是在十年前去世的），不久他果然如愿生了一个漂亮的男孩，他本想给他起名叫莱奥纳多，他的亲友却劝他用他父亲的名字，他便叫他孩子皮耶罗"。这孩子英俊如他的大伯，并很快表现出"惊人的活跃思维"，聪慧异于常人。星象学家朱利安诺·德尔·卡尔米纳和会看手相的神父都预言他的前途不可限量，但虽然前程似锦，却如昙花一现。有人教小皮耶罗认字，他自己学画，用泥塑像。他表现出少有的天才，他的父亲明白他向上帝的祈祷没有白费，"我的大哥在我儿子身上重生了"，上帝满足了他的愿望，奇迹发生了。他送如今名字是皮耶利诺·达·芬奇的儿子到佛罗伦萨去学习，住在和莱奥纳多有关的班迪内利家，然后又把他委托给雕刻家特利博罗。皮耶利诺很讨他的师傅和同学的欢心，他在雕塑方面尤其成功：他雕了喷泉，然后是大理石的酒神像，然后是铜水池上的小天使像，还有其他东西，都得到大家的好评。和他的伯父不同的是，他好像不吝啬他的才华，他到罗马去学习米开朗琪罗的手法。不幸的是，星象学家和手相学家的预言非常灵验，正当他的声名开始誉满整个意大利的时候，他被一场高烧夺去了生命，那是 1553 年在比萨，他才二十三岁。他留给我们几份亲手完工的雕塑品（在卢浮宫博物馆的《水神》，还有在佛罗伦萨的维奇奥博物馆的《参孙和腓利士人》），它们都显示出他将会成为什么样的艺术家。他的一个朋友贝内代托·瓦尔奇为纪念他写了一首诗，哀叹悲惨的命运夺走了"第二个达·芬奇"。

悲惨的命运仍不放过死后的莱奥纳多。关于他下葬昂布瓦斯的文件副本，日期为 1519 年 8 月 12 日，放在圣佛罗伦丁皇家教会，提到曾为他举行过临时的葬礼。三个月之后，遗体被体面地埋葬了。1802 年，拿破仑命令元老院议员修复昂布瓦斯在革命中严重受损的文物古迹。该议员认为圣佛罗伦丁小礼拜堂不值得保留。他在报告中写道："这一废墟

有碍观瞻。"他命人拆毁了它，棺材板和墓石用以修理城堡之用。他们
融掉了棺材上的铅，孩子们拾起瓦砾里散落的人骨做小木柱游戏。一位
园丁动了怜悯之心，拾起骨头，把它们埋在院子的角落里。然而不是所
有的棺材都被破开——大家不知道莱奥纳多的尸骨在何处。孩子们也
许摔碎了他的头骨，就如路易十二的加斯科尼弓箭手摧毁了巨马的泥
雕。1863 年，诗人阿瑟内·胡塞去翻圣佛罗伦丁教堂遗址的土地，发现
一整块骨架（有些人甚至说，有三块股骨）：折起的手臂、脑袋奇怪地
放在手上。不远处，是石块的残片，上面有被半摧毁的刻字："EO DUS
VINC..."——是莱奥纳多·达·芬奇？他觉得头骨相当大，里面该有不
寻常的大脑。他说："我们还没见过如此出色的聪明的脑袋，天生应该从
事智力活动……经过三个半世纪之后，死神还不能打掉这颗威严的脑袋
的傲气。"他给它做了模型，想让巴黎的骨相学家考察，并签了名以作
纪念。这些骸骨本来装在篮子里，后来不见了，再后来又被巴黎的伯爵
找了回来。1874 年，他命人把它们埋在城堡的圣于佩尔教堂的一块石板
下面，并刻了字，很诚恳的写上"假定那就是莱奥纳多·达·芬奇的遗
骸"。这石板现在还看得见，但那块可以说明问题的旧碑残片却没有得
到保留，只剩下雕刻的复制品（在巴黎国家图书馆里）。在每件事情上，
直到最后，都是不确定的，都是厄运……

弗朗切斯科·梅尔兹没有立刻回意大利，一份文件告诉我们，1519
年 8 月 20 日他还在昂布瓦斯，国王把他挽留下来，并付予年金。他留
下了仆人维兰尼斯。他向弗朗索瓦一世让了步——如果说他以前没这样
做过的话——他大概把莱奥纳多带到法国的图画让给了国王。大家想
到这可能是贝阿蒂斯提到的三幅作品（神父肯定国王付了《蒙娜丽莎》
4000 埃居，但没有证据可圆其说）。然后梅尔兹认真实现他这个师傅兼

朋友的最后愿望，他在 1520 年或 1521 年回到米兰，行李装满了师傅留给他的遗产：几千页的笔记本和所有的画幅，只留给他一人的所有工具和物件。

1523 年，大家在伦巴第又见到了他和萨莱（第二年，萨莱似乎被火枪杀死），他腾出瓦普里奥别墅的一个房间，用于存放师傅的草稿。梅尔兹很乐意把它们拿给客人观看，客人中有费拉拉的公爵派来的阿尔封索·贝内代托，梅尔兹给他看了解剖图和许多别的美丽的东西。他骄傲地打开草图和笔记本，洛马佐、吕尼、瓦萨里都曾轮番一一细看。他尤其着力于继续整理师傅的笔记，给它们分类，抄写其中某些部分，打算出版（有关艺术的论文的复印件已经在法国准备出版，因此切利尼才有可能在弗朗索瓦一世的宫廷里见识过它们）。

梅尔兹雇了两名抄写员，在他的领导下，他们整理出文集，那就是今天那本题为《论绘画》的书。但不知是何缘故，他们和先他们而去的莱奥纳多一样，没有完成编撰。没完成的草稿落到了米兰一位无名艺术家手里，后来又被乌尔比诺的公爵们得到，随后又由梵蒂冈所得。这份文集以其拥有者们的名字命名——被称为《乌尔比纳斯·拉丁诺斯抄本1270》（*Codex Urbinas latinus 1270*）。直到 1651 年才得以出版。

梅尔兹于 1570 年逝世。他娶了妻，生下儿子奥拉兹。奥拉兹的爱好和父亲的截然不同，父亲对莱奥纳多的崇拜大概已使他不胜其烦，他把莱奥纳多的全部文稿乱七八糟地塞在箱子里，弃置在瓦普里奥的仓库里面。他的家庭教师列里奥·嘉瓦尔蒂毫不费力地弄到了十三大本，又把它们让给托斯卡纳的大公。一个名不见经传的米兰修士玛赞塔收集了它们，他想把它们归还给梅尔兹的家人，梅尔兹的家人说他们还有许多，没什么用处，他们就把剩下的也给了他。事情传开了。许多爱好者闻讯后来到瓦普里奥，他们要什么他就给什么。有一个撒丁国王的雕刻家蓬佩奥·雷奥尼·达列佐弄到了许多，他设法要了两次，从玛赞塔手里的十三卷中要走了十卷。其余的落到某个波罗梅奥主教的手里（手稿C和另一本遗失了的手稿），还有两幅画：一幅画的是平常画家，另一幅是《萨伏瓦的查尔斯－埃玛纽埃尔》，这两幅现已丢失。莱奥纳多的手稿不断地被丢失，直至19世纪。

雷奥尼找到许多莱奥纳多散失的手稿，尺寸大小不一，包括各种主题，他把它们做了挑选，按他的爱好给它们分类，把它们粘在大纸上，把它们编成两大册。他给第一本取名为《机器的草图和莱奥纳多·达·芬奇的神奇艺术及其他——由蓬佩奥·雷奥尼收集》，由于它的尺寸大小和地图册一样，便取名为《大西洋抄本》（Code Atlanticus）；第二本现藏于温莎，装订用的木板已松散，书已被拆散了。雷奥尼在西班牙把他得到的笔记本的一部分卖了出去，1608年他死后，他的遗产继承人把剩下的让给了嘉列阿佐·阿尔科纳提伯爵。

阿尔科纳提把十一本笔记本留给了安布罗西亚纳的图书馆，其中有《大西洋抄本》，不久有些丢失了，大概是被盗了。其中一些纸页已丢失，如《提福兹欧手稿》（在提福兹欧图书馆）原有62页，阿尔柯纳提有54页，现在只剩下51页。

从17世纪初起，达·芬奇的画稿就成了珍品，尤其在英国。阿伦德尔爵爷为他自己也为国王查理一世弄到了许多。莱奥纳多的笔记本也出现在威尼斯。利顿爵士在19世纪末时在威尼斯找到了它们，又卖给一个叫约翰·福斯特的人（因此它们被称为"福斯特一／二／三卷"），然后他又转手给了维多利亚和阿尔伯特博物馆……

拿破仑在意大利战役中抢掠了许多艺术品、珍贵的文稿和各种珍品，他命人把莱奥纳多所有保留在米兰安布罗西亚纳图书馆的手稿运到巴黎。《大西洋抄本》于1815年归还给意大利了，但其他笔记本（用A、

B、E、F、G、H、I、L、M 编号的，以及被称为 B.N.2037 和 2038，或阿什伯恩汉 I 和 II 的——手稿 A、B 就从此开始）还在法兰西学院，从这个时候起，人们开始对莱奥纳多的文稿和画稿一样感兴趣了：万图利开始着手研究它们，然后是拉维松 – 莫里安开始了艰苦的抄写。除了《论绘画》（和关于水的文章的小文选）外，莱奥纳多的文章没有出版。他去世后三个多世纪，随着他的文章和手稿被了解，他作为建筑家、工程师、学者、思想家、作家等等的形象才渐渐地在人们心目中形成。

莱奥纳多的手稿——带有原来封面的各种不同大小的笔记、他有时为了方便携带折起来的单张纸片、从本子上撕下来的纸张（尤其是被一个叫古格尔莫·里布利的人）和被私人收藏家肆无忌惮地扯下来的插图——都分别被收藏在米兰的安布罗西亚纳和斯福尔扎城堡图书馆、巴黎的法兰西学院、温莎的皇家图书馆、伦敦的大英博物馆和维多利亚与阿尔伯特博物馆、牛津的基督教会学院图书馆、威尼斯学院美术馆、都灵的前皇家图书馆里。在佛罗伦萨的市政府、巴黎的卢浮宫博物馆、巴黎的美术学院、贝约纳的波那博物馆、纽约的大都会博物馆、南特的市图书馆、魏玛的施洛斯博物馆以及在私人收藏家那里都可以找到他的笔记本的残篇和草图。在私人收藏中唯一重要的笔记是《莱切斯特抄本》，它以之前拥有者的名字命名，在 1980 年伦敦的克里斯蒂拍卖行组织的公共拍卖中，由阿曼·汉默基金会以两千四百万法郎购得（后来又被微软的老板比尔·盖茨买去）……这是块巨大的拼图，秘密还没有完全揭开，而且那么多的手稿被弄丢了。人们认为现在只存有莱奥纳多三分之二的手稿，即原先的一万三千页中的七千页还在。也许有一天，某些资料还会出现，就如油画中从黑影出来的人物：如组成蓬佩奥·雷尼奥的战利品的重要笔记本在 1866 年消失了，又在 1965 年马德里国立图书馆的迷宫般的书柜中（《马德里 I、II 卷》）重新被人发现——它们的副本大大地增加了我们对达·芬奇在米兰期间的了解。

　　每个人都是一个谜，一般说来，时间愈久远，谜就变得愈复杂。对于莱奥纳多这位在绘画方面擅用明暗对比的魔术高手，其复杂就更不在话下了，我们怎能希望给他盖棺论定呢？任何生命、任何思想——不管留下怎样的痕迹——我们都不可能令它们完整无误地恢复本来面目，在一代代研究人员的热忱努力下，对莱奥纳多的研究已产生了最佳的结果，有了一个连贯一致的研究方法。这已经是巨大的成效了：它就能够使人领会瓦萨里所说的"天体"的反射和回声，感觉到从它身上迸射出来的光亮与和谐。

达·芬奇大事年表

1452　4 月 15 日，达·芬奇出生于佛罗伦萨附近的芬奇镇。

1468　韦罗基奥工场着手佛罗伦萨大教堂的顶塔金球的工作。

1472　达·芬奇加入佛罗伦萨画家行会。

1473　达·芬奇第一幅注明日期的画:《1473 年 8 月 5 日风景画》。

1476　被控以同性恋罪行，最后被判无罪。

1478　接到了第一个有官方文件证明的个人订单（但却没有开始
　　　绘制）。

1481　接到了《三博士来朝》的订单。

1482　迁居米兰，服务于米兰公爵卢多维科·斯福尔扎。

1483　完成《岩间圣母》。

1490　组织了"天堂节"。7 月，萨莱开始和他住在一起。

1493　潜心制作斯福尔扎铜马像的各种草图与模型。

1495　开始为米兰圣慈玛利亚修道院绘制壁画《最后的晚餐》。

1498　装饰了阿斯大厅。有可能进行了飞行器的第一次试飞。

1499　离开了被法国军队占领的米兰。

1500　返回佛罗伦萨。

1502　担任切萨雷·波吉亚的军事工程师。

1506　应米兰的统治者查尔斯·当布瓦斯之邀拜访米兰。

1507　被命名为路易十二的画家和工程师，认识了梅尔兹。

1513　接受教皇利奥十世的邀请前往罗马，可能绘制了都灵的自画像。

1516　离开意大利前往法国，居住于昂布瓦斯附近的克卢城堡。

1519　5 月 2 日，达·芬奇在克卢城堡逝世，享年六十七岁。

达·芬奇的绘画作品

由他亲手绘制（或者主要由他绘制）的作品：

《天使报喜图》，乌菲兹美术馆，佛罗伦萨。

《贝诺瓦的圣母》，隐修院博物馆，圣彼得堡。

《吉内芙拉·班奇的肖像》，美国国家美术馆，华盛顿。

《三博士来朝》，未完成，乌菲兹美术馆，佛罗伦萨。

《圣耶若姆》，未完成，梵蒂冈美术馆。

《岩间圣母》，卢浮宫，巴黎。

《音乐家肖像》，未完成，安布罗西亚纳，米兰。

《怀抱白鼬的女子》，波兰国家博物馆，克拉科夫。

《最后的晚餐》，圣慈玛利亚修道院，米兰。

阿斯大厅装饰画，斯福尔扎城堡，米兰。

《圣安娜、圣母与圣子》，未完成，卢浮宫，巴黎。

《蒙娜丽莎》，卢浮宫，巴黎。

《施洗者圣约翰》，卢浮宫，巴黎。

合作作品，工场创作的作品：

《耶稣受洗》，乌菲兹美术馆，佛罗伦萨。

《康乃馨圣母》，美术馆，慕尼黑。

《米兰女子肖像》，卢浮宫，巴黎。

《丽塔圣母》，近 1490 年作品，隐修院博物馆，圣彼得堡。

《岩间圣母》，英国国家美术馆，伦敦。

《酒神巴克斯》，卢浮宫，巴黎。

15 世纪的主要艺术家列表

佛罗伦萨：

契马布埃（Cimabue，约 1240—约 1302）

乔托（Giotto，约 1270—1337）

布鲁涅列斯齐（Brunelleschi，1377—1446）

吉贝尔蒂（Ghiberti，约 1380—1405）

多纳泰罗（Donatello，约 1386—1466）

安吉利科修士（Fra Angelico，1387—1455）

米开伦佐（Michelozzo，1396—1472）

乌切罗（Uccello，1397—1475）

多米尼科·威涅齐亚诺（Domenico Veneziano，1400—1461）

路加·德拉·罗比亚（Luca della Robbia，约 1400—1482）

马萨乔（Masaccio，1401—1428）

阿尔伯蒂（Alberti，1404—1472）

菲利普·利皮修士（Fra Filippo Lippi，约 1406—1469）

皮耶罗·德拉·弗朗切斯卡（Piero della Francesca，约 1410—1492）

戈佐利（Gozzoli，1420—1497）

卡斯塔尼奥（Andrea del Castagno，约 1423—1457）

巴多维内蒂（Baldo vinetti，1425—1499）

米诺（Mino da Fiesole，1429—1484）

狄赛德里奥（Desiderio da Settignano，约 1430—1464）

安东尼奥·波拉约洛（Antonio Pollaiuolo，1432—1498）

皮耶罗·波拉约洛（Piero Pollaiuolo，1443—1496）

韦罗基奥（Verrocchio，1435—1488）

波提切利（Botticelli，1444—1512）

基尔兰达约（Domenico Ghirlandaio，1449—1494）

西纽雷利（Signorelli，约 1450—1523）

莱奥纳多·达·芬奇（Léonard de Vinci，1452—1519）

洛伦佐·迪·克列迪（Lorenzo di Credi，约 1456—1537）

菲利皮诺·利皮（Filippino Lippi，1457—1504）

皮耶罗·迪·科西莫（Piero di Cosimo，1462—1521）

米开朗琪罗（Michel-Ange，1475—1564）

安德烈亚·德尔·萨尔托（Andrea del Sarto，1486—1530）

瓦萨里（Vasari, 1511—1574）

爱克（Jan van Eyck, 约 1390—1441）

皮萨内洛（Pisanello, 约 1395—约 1455）

斯夸尔乔内（Squarcione, 约 1397—1474）

魏登（Van der Weyden, 约 1400—1464）

包茨（Dierick Bouts, 约 1415—1475）

富凯（Jean Fouquet, 约 1420—约 1480）

图拉（Cosme Tura, 约 1430—1495）

安托内洛·德·梅西涅（Antonello de Messine, 约 1430—1479）

贝利尼（Giovanni Bellini, 约 1430—1516）

克里韦利（Grivelli, 约 1430—约 1495）

曼贴那（Mantegna, 1431—1506）

梅姆林（Memling, 约 1433—1494）

弗朗切斯科·迪·乔尔乔·马尔蒂尼（Francesco di GiorgioMartini, 1439—1502）

胡斯（Hugo Vander Goes, 约 1440—1482）

布拉曼特（Bramante, 1444—1523）

佩鲁贾（Le Péugin, 约 1445—1523）

耶若姆·博斯（Jérôme Bosch, 约 1450—1516）

平图里奥（Pinturicchio, 约 1454—1513）

卡尔帕奇奥（Carpaccio, 约 1455—1525）

格吕内瓦尔德（Grünewald, 约 1460—1528）

丢勒（Dürer, 1471—1528）

克拉纳赫（Cranach, 1472—1553）

乔尔乔涅（Giorgione, 约 1477—1510）

拉斐尔（Raphaël, 1483—1520）

提香（Titien, 约 1485—1576）

柯列乔（Le Corrège, 约 1489—1534）

荷尔拜因（Holbein, 约 1497—1543）

参考书目

D'Adda.—*Leonardo da Vinci e la sua libreria*（Milan, 1873）.

Alazard（J.）.—*L'Art italien au XVIes.*（H.Laurens, Paris, 1955）.

Alazard（J.）.—*Le Pérugin*（Laurens, Paris, 1927）.

Alberti de Mazzeri（S.）.—*Léonard de Vinci*（Payot, Paris, 1984）.

Amoretti（C.）.—*Memorie storicbe su la vita, gli studi e leo pere di Lionardo da Vinci*（Milan, 1804）.

Aston（M.）.—*Panorama du XVe siècle*（Flammarion, Paris, 1969）.*Atti del Convegno di studi vinciani*（Lèo S. Olschki, Florence, 1953）.

Audin（M.）.—*Histoire de Léon X*（Maison, Paris, 1850）.

Baratta（M.）.—*Curiosità vinciana*（Frat. Bocca, Turin, 1905）.

Beatis（Don A.）.—*Voyage du cardinal d'Aragon*（Librairie academique Perrin, Paris, 1913）.

Beck（J.）.— *Leonardo's rule of painting*（Phaidon Oxford, 1979）.

Beltrami（L.）.—*Documenti e Memorie riguardanti la vita e le opere di Leonardo da Vinci*（Frat. Treves, Milan, 1919）.

Berence（F.）.—*Léonard de Vinci, ouvrier de l'intelligence*（Payot, Paris, 1938）.

Berenson（B.）.—*Les Peintres italiensde la Renaissance*（Ed.de la Pléiade, Paris, 1926）.

Blunt（A.）.—*La Théorie des arts en Italie de 1450 à 1600*（Julliard, Paris, 1956）.

Bologna（G.）.—*Leonardo a Milano*（Istituto Geografico De Agostini, Novara, 1982）.

Bossebceuf（L.-A.）.—*Clos-Lucé, séjours et mort de Léonard de Vinci*（Tours,

1893）.

Bossi（G.）.—*Vita de Leonardo da Vinci*（Padoue，1814）.

Brewer（R.）.—*A Study of Lorenzo di Credi*（Florence，1970）.

Brion（M.）.—*Lénard de Vinci*（Ed. Albin Michel，Paris，1952）.

Brion（M.）.—*Léonard de Vinci*，avec des textes de Cocteau，Berl，Lebel…（Hachette，Paris，1959）.

Burckhardt（J.）.—*La Civilisation ant emps de la Renaissance*（Plon，Paris，1885）.

Busignani（A.）.—*Verrocbio*（Sadea éd.，Florence，1996）.

Calvi（G.）.—*Contributi alla biografia di Leonardo de Vinci*（Archivio Storico Lombardo，Milan，1916）.

Calvi（G.）.—*I Manoscritti di Leonardo da Vinci dal punto di vista cronologico, storico e biografico*（Zanichelli，Bologne，1925）.

Carone（S.）.—*Una famiglia lombarda*（Milan，1988）.

Cellini（B.）.—*Mémoires*（Ed. Sulliver，Paris，1951）.

Cennini（C.）.—*Le Livre de l'art, ou Traité de la peinture*, trad. V. Mottez（Paris, s.d.）.

Chastel（A.）.—*Le Madonne di Leonardo*（Giunti Barbèra，Florence，1985）.

Chastel（A.）.—*Art et bumanisme à Florence au temps de Laurent le Magnifique*（P.U.F.，Paris，1952）.

Chastel（A.）.—*Fables, formes, figures*（Flammarion，Paris，1978）.

Chasttel（A.）.—*Marsile Ficin et l'Art*（Droz，Geneve，1975）.

Chastel（A.）.—*Le Mytbe de la Renaissance*（Skira，Genève，1969）.

Chastel（A.）.—*Le Grand Atelier d'Italie*（Gallimard，Paris，1965）.

Chastel（A.）.—*Renaissance méridionale*（Gallimard，Paris，1965）.

Chastel（A.）.—*L'Art italien*（Flammarion，Paris，1982）.

Chauvette（H.）.—*Histoire de la littérature italienne*（Armand Colin，Paris，1906）.

Cianchi（M.）.—*Les Machines de Leonard de Vinci*（Ed. Becocci，Florence，1984）.

Cianchi（R.）.—*Ricerche e documenti sulla madre di Leonardo*（Giunti Barbera，Florence，1975）.

Cianchi（R.）.—*Leonardo e la sua famiglia, Mostra della scienza e technica di Leonardo*（Milan，1952）.

Clark（K.）.—*Leonardo da Vinci, An Account of his development as an artist*（Cambridge University Press，1939）.

Clark（K.）.et Pedretti（C.）.—*Drawings of Leonardo da Vinci, at Windsor Castle*（Londres，1968）.

Clark（K.）.—*Le Nu*（Paris，1969）.

Clausse（G.）.—*Les Sforza et les arts en Milanais*（éd. Leroux, Paris, 1909）.

Coignet（C.）.—*Françis Ier, portraits et récits du XVIe s.*（Plon, Paris, 1885）

Coleman（M.）.—*Histoire du Clos-Lucé*（Arrault et Cie, Tours, 1937）.

Collison-Morley（L.）.—*Histoire des Sforza*（Payot, Paris, 1951）.

Commynes（P.）.—*Mémoires*（Les Belles-Lettres, 1965）.

Connaissance de Léonard de Vinci, La Peinture de Léonard vue au laboratoire,
　《L'Amour de l'art》, n^os67-68（Paris, 1953）.

Cruttwell（M.）.—*Verrocchio*（Duckworth, Londres, 1904）.

Delumeau（J.）.—*La Civilisation de la Renaissance*（Arthaud, Paris, 1967）.

Duhem（P.）.—*Etudes sur Léonard de Vinci*（Hermann, Paris, 1906-1913）.　　。

Eissler（K.R.）.—*Lénard de Vinci（étude psychanalytique）*（P.U.F., Paris,
　1980）.

Ettlinger（L.）.—*Antonio and Piero Pollaiuolo*（Oxford, 1978）.

《Etudes d'Art》, n°s 8, 9, 10.—*L'Art et la Pensée de Leonard de Vinci*.
Communication du Congrès international du Val de Loire（Paris-Alger, 1953—
　1954）.

Les Fêtes de la Renaissance, Colloque du C.N.R.S., é tudes présentees par J. Jacquot
　（Paris, 1956—1960）.

Ferrero（L.）.—*Léonard de Vinci ou l'æ uvre d'art*（Paris, 1929）.

Francastel（P. et G.）.—*Le Style de Florence*（éd. P. Tisne, Paris, 1958）.

Freud（S.）.—*Un souvenir d'enfance de Léonard de Vinci*（Gallimard, Paris,
　1987）.

Fumagalli（G.）.—*Eros di Leonardo*（Sansoni ed., Florence, 1971）.

Funck-Brentano（F.）.—*La Renaissance*（Fayard, Paris, 1935）.

Gamba（C.）.—*Botticelli*（Gallimard, Paris, s. d.）.

Gilles（B.）.—*Les Ingénieurs de la Renaissance*（Hermann, Paris, 1964）.

Giacomelli（R.）.—*I modelli delle machine volanti di Leonardo da Vinci*（Rome,
　1931）.

Goldscheider（L.）.—*Léonard de Vinci（avec la vie de Vasari et d'autres Vite）*
　（Phaidon Press, Londres, 1959）.

Gombrich（E.H.）.—*New light on old masters*（Phaidon, Oxford, 1986）.

Guichardin（F.）.—*Histoire d'Italie*（Desrez, Pares, 1838）.

Guillerm（J.-P.）.—*Tombeau de Leonard de Vinci*（Presses universitaires de Lille,
　1981）.

Guillon.—*Le Cénache de Léonard de Vinci*, Essai historique et psychologique
　（Librairie Dumolard, Milan, 1811）.

Hauser（A.）.—*Histoire sociale de l'art et de la littérature*（S.F.I.E.D., Paris,

1984）.

Herlinn（D.）.et Klapish-Zuber（C.）.—*Les Toscans et leurs families*（Paris, 1978）.

Hevesy（A. de）.—*Pèlerinage avec Lénard de Vinci*（Firmin Didot, Paris, 1939）.

Houssaye（A.）.—*Histoire de Léonardde Vinci*（Paris, 1869）.

Huygue（R.）.—*La Joconde, musée* du Louvre（Fribourg, 1974）.

Kemp（M.）.—*Leonardo da Vinci,The Marvellous Works of Nature and Man*（Harvard University Press, 1981）.

Klaczko（J.）.—*Jules II*（*Rome et la Renaissance*）（Librairie Plon, Paris, 1898）.

Lacroix（P.）.—*Mœsurs, usages et costumes à l'époque de la Renaissance*（Firmin Didot, Paris, 1873）.

Lebel（R.）.—*Léonard de Vinci ou la Fin de L'humilite*（Presse du Livre, Paris, 1900）.

Lebey（A.）.—*Essai sur Laurent de médicis*（Librairie académique Pernh, Paris, 1900）.

Leonard de Vinci ingenieur et architecte, catalogue de l'exposition du musée des Beaux-Arts de Montreal（1987）.

Léonard de Vinci au Louvre（Paris, 1983）.

Léonard de Vinci et l'expérience scientifique au XVIe siècle, Colloques internationaux du C.N.R.S.（Paris, 1953）.

Léonard de Vinci（Cercle du Bibliophile, Novare, 1958）.

Léonard de Vinci, Nouvelle revue d'Italie（articles recueillis par M.Migon）（Rome, 1919）.

Leonardo da Vinci,Conterenze Fiorentine（articles de E.Solmi,M. Reymond,A.Conti, etc.）（Fratelli Treves, Milan, 1910）.

Leonardo e il' eonardismo a Napoli e a Roma（Giunti Barbera, 1983）.

Leonardo e l'incisione, Leonardo a Milano（Electa, Milan, 1984）.

Leonardo's Legacy, An International Symposium, University of California Press（Los Angels, 1969）.

Leonardo e Milano, Banca Populare di Milano（Milan, 1982）.

Leonardo Nature Studies, Johnson Reprint Corporation（Malibu, 1980）.

Leonardo da Vinci, Los Angeles County Museum, loan exhibition catalogue（Los Angeles, 1949）.

Le Lieu théâtral à la Renaissance, Colloque de Royaumont（C.N.R.S., Paris, 1981）.

Les Machines célibataires（Musée des Arts decoratifs, Paris, 1976）.

Malaguzzi—Valeri（F.）.—*La corte di Ludovico il Moro*（Hoepli, Milan, 1913-

1923 ）.

Machiavel.—*CEuvres complètes*（Gallimard, Paris, 1952）.

Marcel（R.）.—*Marsile Ficin*（Les Belles-Lettres, Paris, 1958）.

McMullen（R.）.—*Les Grands Mystères de la Joconde*（Ed.de Trévise, Paris, 1981）.

Merejkovski（D.）.—*Le Roman de Léonard de Vinci*（Calmann-Lévy, Paris, 1926）.

Michelet（J.）.—*Renaissance et Reforme*（Laffont, 1982）.

Micheletti（E.）.—*Les Médicis à Florence*（Becocci Editore, Florence, 1980）.

Milano nell'eta'di Ludovico il Moro, atti del convegno internazionale（Biblio. Trivulziana, Mialan, 1983）.

Monnier（Ph.）.—*Le Quattrocento*（Librairie académique Perrin, Paris, 1931）.

Motta（E.）.—*Ambrogio Preda et Leonardo da Vinci*（Archivio Storico Lombarbo, Milan, 1893）.

Müntz（E.）.—*Raphaël*（Hachette, Paris, 1900）.

Müntz（E.）.—*Léonard de vinci*（Hachette, Paris, 1899）.

Müntz（E.）.—*Histoire de l'Art pend ant la Renaissance*（Hachette, Paris, 1895）.

Néret（J.-A.）.—*Louis XII*（J.Ferenczi et fils, Paris, 1948）.

O'Malley（C.D.）et de C.M.Saunders（J.B.）.—*Leonardo on the human body*（Crown Publishers, New York, 1982）.

Pagliughi（P.）.—*La Scrittura mancina di Leonardo*（Comune di Milano, 1984）.

Passavent（G.）.—*Verrocchio*（Londres, 1969）.

Pater（W.）.—*The Renaissance*（Londres, 1893）.

Pedretti（C.）.—*Léonard de Vinci arcbitecte*（Electa Moniteur, Paris, 1983）.

Pedretti（C.）.—*The Royal Palace at Romorantin*（Cambridge, Mass., 1972）.

Pedretti（C.）.—*A chronology of Leonardo da Vinci's architectural studies after 1500*（Droz, Genève, 1962）.

Pedretti（C.）.—*A study in chronology and style*（Londres, 1973）.

Pèladan.—*La Dernière Leçon de Leonard de Vinci*（Chiberre, Paris, 1913）.

Perrens（F.）.—*La Civilisation florentine*（Librairie Quantin, Paris, 1893）.

Perrens（F.）.—*Histoire de Florence*（Hachette, Paris, 1877）.

Pope-Hennessy（J.）.—*Italian Renaissance Sculpture ε Italian Hight Renaissance Sculpture*（Phaidon, Oxford, 1985—1986）.

Popham（A.-E.）.—*Les Dessins de Léonard de Vinci*（Editions de la Connaissance, Bruxelles, 1952）.

Regard sur Léonard de Vinci, les 《Cahiers du Sud》, n° 313（Paris, 1952）.

Reti（L.）.—*Léonard de Vinci, l'humaniste, l'artiste, l'inventeur*（Laffont, Paris, 1974）.

Reymond（M.）.—*Verrocchio*（Librairie de l' art ancien et moderne, Paris, s.d.）.

Reymond（M.）.—*Bramante*（Laurens, Paris, s.d.）.

Rio（A.-F.）.—*Léonard de Vinci et sonécole*（Ambroise Bray, Paris, 1855）.

Rochon（A.）.—*La Jeunesse de Laurent de Médicis*（Les Belles-Lettres, Paris, 1963）.

Rodonachi（E.）.—*La Femme italienne à l'époque de la Renaissance*（Hachette, Paris, 1907）.

Rolland（R.）.—*Vie de Michel-Ange*（Librairie Hachette, Paris, 1911）.

Rosci（M.）.—*Léonard de Vince*（Ed. Mondadori, Milan, 1976）.

Rouchette（J.）.—*La Renaissance que nous a léguée Vasari*（Les Belles-Lettres, Paris, 1959）.

Ruskin（J.）.—*Le Val d'Arno*（Henri Laurens, Paris, 1911）.

Saint-Helme.—*Léonardet la Joconde*（Ed. Presse française, Paris, 1913）.

Scaglia（G.）.—*Alle origine degli studi tecnologici di Leonardo*（Giunti Barbera, Florence, 1980）.

Schneider（R.）.—*La Peinture italienne des origine sau XVI^{e}s. et du XVIe à nos jours*（Ed.G.Van Oest, Bruxelles, 1930）.

Scritti su Leonardo nelle biblioteche milanesi, Leonardo a Milano（Biblio. Trivulziana, Milan, 1982）.

Séailles（G.）.—*Léonard de Vinci, l'artiste et le savant, Essai de biographie psychologique*（Perrin et Cie, Paris, 1892）.

Sirén（O.）.—*Léonard de Vinci, l'artiste et l'homme*（Van Oest, Paris, 1928）.

Sizeraine（R.de La）.—*Béatrice d'Este et sa cour*（Librairie Hachette, Paris, 1920）.

Solmi（E.）.—*Leonardo da Vinci e la Republica di Venezia*（Cogliati, Milan, 1908）.

Solmi（E.）.—*La festa del paradiso di Leonardo da Vinci*（Barbera, Florence, 1904）.

Steinitz（K.T.）.—*Pierre-Jean Mariette ε le comte de Caylus and their concept of Leonardo da Vinci*（Zeitlin & Ver Brugge, Los Angeles, 1974）.

Stendhal.—*La Peinture en Italie*（Levy, 1854）.

Stites（R.S.）.—*The sublimation of Leonardo da Vinci*（Washington, 1970）.

Studi per il Cenaclo dalla Bib. Reale nel Castello di Windsor（Olivetti, 1983）.

Suarès（A.）.—*Le Voyage du condottiere*（Ed. Emile-Paul, Paris, 1956）.

Taborelli（G.）.—*Les Médicis à Florence*（Denoeel, Paris, 1981）.

Taine（H.）.—*La Philosophic de l'art en Italie*（Germer Baillère, Paris, 1880）.

Taine（H.）.—*Voyage en Italie*（Hachette, Paris, 1886）.

Terrace（C.）.—*L'Architecture lombarde de la Renaissance*（G.Van Oest, Paris et Bruxelles, 1926）.

Thiis（J.）.—*Leonardo da Vinci, The Florentine years*（London, s.d.）.

Todière（L.）.—*Histoire de Louis XII*（Mame, Tours, 1857）.

Tourette（G.de La）.—*Léonard de Vinci*（Albin Michel, Paris, 1932）.

Tout l'oeuvre peint de Léonard de Vinci（N.R.F., Paris, 1950）.

Truc（G.）.—*Léon X et son sicèle*（Grasset, Paris, 1941）.

Valéry（P.）.—*CEuvres*（La Pléiade, Gallimard, 1957）.

Vallentin（A.）.—*Léonard de Vinci*（Gallimard, Paris, 1950）.

Valentiner（W.R.）.—*Leonardo as Verrocchio's co-worker*, in《The Art Bulletin》
（University of Chicago, mars 1930）.

Vasari.—*Les Vies des meilleurs peintres, sculpteurs et architectes*, édition publiée
sous la direction d'André Chastel（Berger-Levrault, Paris, 1981—1987）.

Venturi（L.）.—*La critica e l'arte di Leonardo da Vinci*（Bologne, 1919）.

Verdet（A.）.—*Leonardo da Vinci, le rebelle*（Ed. Coarze, Paris, 1957）.

Verga（E.）.—*Storia della vita milanese*（Nicola Monetto, Milan, 1931）.

Vezzosi（A.）.—*Toscana di Leonardo*（Beccoci ed., Florence, 1984）.

Vulliaud（P.）.—*La Pensée ésotérique de Léonard de Vinci*（Paris, 1981）.

Weinstein（D.）.—*Savonarole et Florence*,（Calmann-Lévy, Paris, 1973）.

Winternitz（E.）.—*Leonardo da Vinci as a Musician*（Yale University Press,
1982）.

Young（G.F.）.—*Les Médicis*（Laffont, Paris, 1969）.

Zeri（F.）.—*Renaissance et Pseudo-Renaissance*（Rivages, Paris, 1985）.

Zeri（F.）.—*Le Mythe visuel de I'Italie*（Rivages, Paris, 1986）.